hanser**blau**

MORGAN DICK

MICKEY UND ARLO

Roman

Aus dem Englischen
von Wibke Kuhn

hanserblau

Die englische Originalausgabe erschien 2025 unter dem Titel
Favourite Daughter bei Doubleday Canada.

1. Auflage 2025

ISBN 978-3-446-28109-7
© 2025 J. Morgan Dick
Alle Rechte der deutschsprachigen Ausgabe:
© 2025 hanserblau in der Carl Hanser Verlag GmbH & Co. KG, München
Wir behalten uns auch eine Nutzung des Werks für Zwecke des
Text und Data Mining nach § 44 b UrhG ausdrücklich vor.
Umschlag: FAVORITBUERO, München
nach einem Entwurf von Charlotte Daniels, PRH UK
Motiv: © Ulas & Merve/Stocksy
Satz: Satz für Satz, Wangen im Allgäu
Druck und Bindung: GGP Media GmbH, Pößneck
Printed in Germany

MIX
Papier | Fördert
gute Waldnutzung
FSC
www.fsc.org
FSC® C014496

Für Cameron, Levi und Beckett

1

MICKEY

Erst durch die Traueranzeige erfuhr Mickey vom Tod ihres Vaters. Sie war nicht unter den Hinterbliebenen aufgeführt, was sie wenig überraschte. Es kränkte sie nicht einmal. Völlig ungerührt klatschte sie die Zeitung auf den Schreibtisch, schob sie beiseite und beschloss, nie wieder daran zu denken.

Sie drehte sich auf ihrem Stuhl herum, um das letzte Kind ihrer Vorschulklasse besser sehen zu können. »Das ist ja ein cooles Flugzeug.«

Ian blickte nicht auf. »Das ist ein Star Fighter.«

»Oh. Entschuldige.«

In der Dreiviertelstunde seit dem offiziellen Schulschluss hatte Mickey den Boden nach Taschentuchfetzen, Bleistiftstummeln und Knetresten abgesucht. Sie hatte Bastelkleber und Apfelmus von den Tischen gekratzt. Sie hatte Autos, Züge, Babypuppen mit glasigen Augen und rosarote Stethoskope weggeräumt. Jetzt war nur noch das Lego übrig. Und Ian.

Mickey ließ ihren Blick eine halbe Sekunde Richtung Toilette schweifen. Stunden waren vergangen. »Kann dein Star Fighter denn schnell fliegen?«

Ian murmelte etwas Unverständliches, streifte sich aus unerfindlichen Gründen die Schuhe von den Füßen und zog dabei den ihm so eigenen Schmollmund, als wäre die ganze Welt eine große Beleidigung.

Mickey musste ein Lächeln unterdrücken. Ian war ziemlich sicher ihr Lieblingskind.

Vom Flur näherte sich das Geräusch von Stiefeln und klirrenden Schlüsseln. Mickey fuhr herum, blickte forschend ins kampferfahrene Gesicht von Jean Donoghue, der Schulleiterin, und entdeckte …

Ein Stirnrunzeln. Verdammt!

»Hi, Ms Morris.« Jeans Stimme war so gekünstelt süß wie die Dose Cola Zero, die sie überallhin mitschleppte. »Hi, Ian.«

Ian warf ihr einen kurzen zornigen Blick zu und beschäftigte sich dann wieder mit seinen Legosteinen. Er war definitiv Mickeys Lieblingskind.

Nachdem Jean das Klassenzimmer durchquert und sich auf den Schreibtisch gesetzt hatte, zuckte sie kaum merklich mit den Schultern, womit sie Mickeys schlimmste Befürchtungen bestätigte: Es wurde Zeit, die Polizei zu verständigen.

»Sie geht nicht ans Handy?«, fragte Mickey.

»Ich hab's schon viermal versucht.«

Mickey fühlte, wie die Enttäuschung ihr kalt in den Körper fuhr. »Lass uns noch zehn Minuten warten, ja? Das hat sie verdient.« Laut Ians Akte war seine Mutter zwanzig und sein Vater abwesend.

Jean schüttete die restliche Cola in sich hinein und zerdrückte die Dose in ihrer Faust. Bröckeliges Make-up hatte sich in den Fältchen neben ihren harten grauen Augen abgesetzt. »So ist nun mal die Regel.«

Das war eine einfache Ausrede. Ja, Ians Mutter hätte um 15 Uhr 50 hier sein müssen, wie alle anderen Mütter. Sie hätte Ian vor dem Klassenzimmer mit einer Umarmung, einem Kuss und einem liebevoll vorbereiteten Snack aus Apfelschnitzen und Erdnussbutter begrüßen sollen. Aber sie war nicht schuld an der Situation. Wahrscheinlich steckte sie in irgendeinem Kellnerinnenjob fest, den sie hasste und der ihr Überstunden abverlangte, den sie aber nicht kündigen konnte, weil ihr Vermieter die Miete um 35 Prozent erhöht hatte. Und jetzt wollte Jean auch noch die Polizei rufen?

Mickey dachte an ihre eigene Mutter und das Ein-Zimmer-Apartment, das sie all die Jahre geteilt hatten. Ein leerer Kühlschrank, Strom, der manchmal abgestellt wurde. Und all das nur, weil ihr Vater –

Nein. Daran würde sie jetzt nicht denken. Sie würde nicht an ihn denken, und auch nicht an die Zeitung, die sie ordentlich weggeräumt hatte, als wäre sie nicht weiter bemerkenswert – nicht mehr als Material für die nächste Pappmaché-Bastelaktion.

Mickey holte tief Luft, was wenig nützte – das Blut rauschte ihr in den Ohren, und ein jäher Kloß hatte sich in ihrer Kehle gebildet. »Seine Mutter hat es nicht leicht.«

»*Ich* habe es auch nicht leicht. Ich habe heute Abend ein drittes Date mit dem Buchhalter.« Jean warf die leere Coladose in die Recyclingtonne neben Mickeys Schreibtisch, wo sie geräuschvoll auf dem Boden landete. »Das dritte Date. Ich muss wirklich los.«

Mickey war fassunglos. Dann wiederum auch nicht. Jean näherte sich ihrer Pensionierung und verbrachte den Großteil des Arbeitstages damit, TikTok-Videos von Menschen anzuschauen, die hyperrealistische Kuchen anschnitten. »Geh ruhig. Ich kann bleiben.«

»Das kann ich nicht zulassen.«

»Es macht mir wirk–«

»Bist du sicher?« Jean griff sofort nach ihrem Schlüsselbund und ließ ihn neben Mickeys Laptop fallen. »Hier sind die Schlüssel. Du bist ein Engel, ganz im Ernst. Du bist die geborene Vorschullehrerin.«

Das stimmte tatsächlich. Mickey hatte das Gesicht einer

Erzieherin, herzförmig und schlicht, mit einer breiten Stirn und weit auseinanderstehenden Augen, die einen gewissen Eindruck von Unschuld vermittelten. Sie hatte eine fröhliche Singstimme. Sie hatte ein Lächeln, bei dem sie sämtliche Zähne entblößte. Sie hatte die Geduld, sechsundzwanzig Paar Hände in sechsundzwanzig Paar Fäustlinge zu stopfen. Die Vorschule war ihre Berufung, ihr Schicksal, der einzige Grund, warum sie noch nicht in irgendeinem Graben ihr Leben ausgehaucht hatte.

»Dafür kriegst du eine Gehaltserhöhung.« Jean stieß ein bellendes Lachen aus. »Auch wenn ich das gar nicht kann. Aber wenn ich könnte, würde ich es tun. Das weißt du.«

Die Bezahlung war ein schlechter Witz, und Mickey hatte hohe Ausgaben.

Apropos … »Ich würde noch kurz auf die Toilette verschwinden, bevor du gehst.«

»Na klar, sicher.«

Mickey schnappte sich ihre Handtasche vom Schreibtisch und nickte Jean wissend zu. »Ist wieder diese Zeit im Monat.« Hätte ja stimmen können.

Jean hob drei Finger zum Gruß.

Mickey rannte ein paar Schritte, dann verfiel sie wieder ins Schritttempo. Rannte, ging. Rannte, ging. Schlängelte sich zwischen rautenförmigen Tischen und kleinen gelben Stühlen hindurch. Stieß die Toilettentür auf. Ließ sich auf einen der kindgerecht niedrigen Klodeckel fallen und wühlte in ihrer Handtasche. Portemonnaie, Sonnenbrille … eine Packung Feuchttücher, Pflaster … die Hillary-Clinton-Biografie, die sie sich vor acht Monaten aus einem Bücherschrank genommen und noch nie aufgeschlagen hatte.

Mickey packte das Kunstleder mit beiden Fäusten. Warum gab es überhaupt so große Handtaschen? Warum? Sie hatte sie aus Pflichtgefühl mit Quatsch gefüllt, und jetzt war es unmöglich, die Gegenstände, die kein Quatsch waren – die sie wollte, die sie brauchte –, in diesem Wust zu finden.

Hillary Clinton landete klatschend auf dem Boden. Ladegeräte und Kopfhörer quollen auf Mickeys Schoß. Hinten in der Kehle spürte sie Galle aufsteigen. Wo war sie? In ihrem Schreibtisch? Sie konnte sie nicht zu Hause gelassen haben.

Doch dann streiften ihre Fingerspitzen das kühle Plastik, und prompt lief der Kosmos wieder in den richtigen Bahnen, jeder aus dem Ruder gelaufene Mond und Stern glitt zurück auf seinen angestammten Platz. Da war endlich die billige Wasserflasche, die sie am Morgen gefüllt hatte, bevor sie ihre Wohnung verlassen hatte.

Sie schraubte den Deckel ab, hob den Wodka an ihre Lippen und trank in großen Schlucken.

Eine Glühbirne flackerte an der Decke, das Licht wurde schwächer und stärker und wieder schwächer. Mickey spürte, wie ihr Fokus zurückkehrte, sie fühlte sich unglaublich ruhig und ausgeglichen. Als hätte sie auf einmal übermenschliche Sehkraft entwickelt. Gab es dazu nicht sogar ein Gedicht? Irgendwas, dass man die Ewigkeit in ein Sandkorn bannen konnte und die Unendlichkeit in eine Stunde? Oder war es andersrum gewesen? Sie machte sich eine geistige Notiz, dass sie das nachher googeln wollte.

Nach ein, zwei weiteren Schlucken steckte Mickey die Flasche wieder ein und stand auf, ohne zu pinkeln. Erzieherinnen pinkelten nicht. Das hatten sie evolutionär überwunden.

Zurück im Klassenzimmer, starrte Jean bewundernd und entzückt auf ihr Handy. »Kannst du das glauben, dass das ein Kuchen ist und kein Skistiefel?«, fragte sie und hielt Mickey das Display unter die Nase.

»Nein.« Mickey musste einen Rülpser unterdrücken.

Jean begann sich aufzumachen. »Warte nicht länger als eine halbe Stunde.«

Dann waren sie wieder zu zweit.

Während Ian einen weiteren Star Fighter baute, setzte sich Mickey an den Schreibtisch und dachte vernünftige Gedanken. Es war falsch, ein Kind zu beaufsichtigen, wenn man getrunken hatte. Mickey wusste, dass es falsch war. Deswegen tat sie es auch nie, wirklich niemals, außer bei diesem einen Mal. Das hatte sie sich zur Regel gemacht während der Ausbildung: keinen Tropfen Alkohol bis zur Busfahrt nach Hause. Die eigentlich jetzt sein sollte, wie ihr das nagende Gefühl in ihrem Bauch in Erinnerung rief.

Aber wäre es nicht noch schlimmer, die Polizei zu holen? Ian in den wirbelnden Strudel des Jugendamts zu stoßen? Die meisten Pflegeeltern waren liebevoll und wohlmeinend, das bezweifelte Mickey gar nicht. Aber selbst wenn Ian an einem guten Ort landete, bei Menschen, die seine Kreativität zu schätzen wussten und sich gerne endlose Fakten über die Raumfahrt anhörten, würden sie ihn dennoch nicht so sehr lieben wie seine Mutter. Er würde sich für immer an heute erinnern als den Tag, an dem er seiner Mutter weggenommen wurde. *Inobhutnahme.* So hieß das offiziell.

Nein. Lieber sitzen bleiben und warten.

Mickey schlang sich die Arme um den Oberkörper. Sie dachte nicht an die Flasche in ihrer Tasche oder wie sehr sie noch einen Schluck wollte. Sie dachte definitiv nicht an ihren Vater. Nicht an sein tief aus dem Bauch kommendes Lachen, nicht an seine Tigger-Imitation, nicht an die Sommertage, an denen sie den Fluss runtergebummelt waren und Brotstücke für die Enten ins Wasser geworfen hatten. Er war gerne im Freien. Er lag gerne unter hohen Bäumen und stutzte die Sträucher im Garten, die mit den bauschigen weißen Blüten.

Mickey zuckte zusammen. Ihre Pobacke vibrierte.

ANRUFER UNBEKANNT

Schon das dritte Mal heute. Sie steckte das Handy wieder in die Jeans und vergrub ihre Hände in den Achselhöhlen, während sie durch das kleine Fenster des Klassenzimmers beobachtete, wie der Abend sich über den Himmel schob.

Zehn Minuten später vibrierte ihre Pobacke erneut.

ANRUFER UNBEKANNT

Mickey legte das iPhone auf den Tisch und starrte es an. Sie könnte rangehen, um zu erfahren, wer anrief. Ob es ein Callcenter war oder gar ein Scammer, der eine sofortige Überweisung von zehntausend Dollar verlangte, weil er sonst ein paar ziemlich interessante Sachen zu sagen hätte. Mickey könnte sie nach dem Wetter in Toronto oder Dallas fragen oder wo auch immer sie gerade waren. Sie könnte sich nach ihren Familien erkundigen und würde vielleicht erzählt bekommen, dass die Schwiegereltern unangemeldet zu Besuch gekommen waren und keine Anstalten machten, wieder zu gehen, oder dass die Teenager sich in ihren Kinderzimmern verschanzt hatten, vapeten und Cornflakes aßen. Manche würden lachen, manche vielleicht sogar weinen. Sie würde sich ganz in der Unterhaltung verlieren.

Sie wischte nach rechts, um das Gespräch anzunehmen. »Hallo?«

Eine halbe Sekunde hörte man nur statisches Rauschen.

»Michelle?«

Mickeys Kehle verschloss sich. Niemand nannte sie bei diesem Namen.

»Michelle Kowalski?« Eine raue, männliche Stimme.

»Ja?«, sagte sie. »Ich meine, nein. Aber im Grunde ja.«

»Okay.« Die zweite Silbe schlurfte hinterher: *Okaaaay.* »Entschuldigung – sind Sie es denn? Michelle Kowalski?«

»Ich bin Michelle Morris.«

»Oh. Ich bin auf der Suche nach Michelle Kowalski, der Tochter von Adam Kowalski.«

»Das bin ich. Auch. Irgendwie.« Mickey hatte Morris, den Mädchennamen ihrer Mutter, seit ihrem vierzehnten Lebensjahr benutzt. Obwohl sie sich vor fast dreißig Jahren von Mickeys Vater getrennt hatte, benutzte ihre Mutter immer noch seinen Namen, Kowalski, was derart krank war, dass Mickey nicht mal darüber sprechen konnte. »Mit wem spreche ich?«

»Tom Samson. Ich bin Rechtsanwalt in der Kanzlei Samson, Baker & Chen.«

Mickey fielen schlagartig die Steuererklärung ein, die sie noch nicht gemacht, die überfälligen Bibliotheksbücher, die sie nicht zurückgegeben, und der Schokomuffin, den sie im Alter von zehn Jahren geklaut hatte. Sie verspürte den starken Impuls, in Deckung zu gehen. »Ein Anwalt?«

Ians große blaue Augen blitzten auf, als sie die ihren für einen kurzen Moment trafen, bevor sie sich wieder der Raumfahrzeugflotte zuwandten, die er auf dem Teppich versammelt hatte: in Formation und kampfbereit.

»Ich rufe wegen Ihres Vaters an.«

Da waren sie wieder: sein Lachen, Tigger, das Brot, die Enten. Huckepack genommen werden. Seine breiten Schultern und der holzartige Geruch. Eistüten. Gummistiefel und Schlammpfützen. Ein kleines rosarotes Fahrrad, ohne Stützräder, und seine Stimme in ihrem Ohr, die ihr Mut machte: *Na los, Mickey. Du schaffst das.*

»Wir kümmern uns seit ein paar Jahren um seine Vermögensübergabe«, fuhr der Anwalt fort. »Ich bin nicht sicher, wie oft Sie mit ihm reden.«

Nicht ein einziges Mal in sechsundzwanzig Jahren. Und jetzt würden sie nie wieder miteinander reden können, was sowohl eine Erleichterung war als auch wiederum keine.

»Ich hab die …« Mickey biss sich auf die Zunge. *Die Todesanzeige*, hatte sie sagen wollen. »Ich meine, ich weiß Bescheid, dass er … dass er … tot ist.«

»Mein herzliches Beileid.«

Diese Worte hatten etwas zutiefst Beleidigendes. »Danke.«

»Ich … ähm … ich bin sicher, Sie wissen, worauf ich hinaus-will.«

Das wusste Mickey ganz bestimmt nicht.

»Er hat Sie in seinem Testament bedacht.«

Mickey behielt diesen Satz in ihrem Geist, drehte und wendete ihn immer wieder und untersuchte ihn von allen Seiten. *Er hat Sie in seinem Testament bedacht.* Sie wusste, was die einzelnen Wörter bedeuteten. Zusammen bedeuteten sie gar nichts. Sie waren ein Wortsalat. Ein Nicht-Satz. »Wie bitte?«

»Ihr Vater hat Ihnen einige …« Eine klitzekleine, aber bedeutsame Pause. »… Vermögenswerte hinterlassen.«

Vermögenswerte bedeuteten Grundbesitz, Investitionen, Anteile. Vermögenswerte bedeuteten Geld. Vermögenswerte waren das, was liebende Eltern ihren Kindern hinterließen – ein Geschenk von einer Generation an die nächste.

»Ich glaube, das ist ein Irrtum«, sagte Mickey.

Es wurde still in der Leitung. Sie konnte ihren eigenen Herzschlag hören und Ian, der die Melodie einer bestimmten Space Opera summte.

»Das ist vielleicht leichter von Angesicht zu Angesicht«, sagte der Anwalt. »Unsere Kanzlei ist downtown, oder ich könnte zu Ihnen kommen?«

Mickey holte die Zeitung hervor, schlug wieder die Traueranzeigen auf und musterte das Foto ihres toten Vaters. Er hatte sich nach sechsundzwanzig Jahren kein bisschen verändert. Na ja, ein bisschen schon. Aber abgesehen von dem kahlen Kopf und den herabhängenden Wangen hatte er immer noch dasselbe alte Charisma – das breite Grinsen und das Funkeln im Auge.

Leg auf, befahl sie sich.

»Michelle? Sind Sie noch dran?«

Leg sofort auf. »Ja. Ich bin noch dran.«

»Hätten Sie eventuell gleich heute Abend Zeit?«

Ian starrte Mickey jetzt mit undurchdringlicher Miene ganz ungehemmt an. Es war fast fünf. Er musste müde und hungrig und verängstigter sein, als er sich anmerken ließ.

Und Mickey benötigte definitiv ein paar Schlückchen aus ihrer Flasche.

»Könnten Sie mich abholen?«, fragte sie.

* * *

Das gelbe Blatt einer Pappel flog über den Gehweg und blieb an Ians Knöchel kleben. Er blickte hinunter, seufzte und starrte das Blatt für ein paar Sekunden mit leerem Blick an, bevor er es abschüttelte. Das war so ein deprimierender Anblick, dass Mickey fast die Tränen kamen.

Sie ging vor ihm in die Hocke, um mit ihm auf gleicher Höhe zu sein. »Bald bist du zu Hause.«

Er fummelte mit einem seiner Star-Fighter-Flugzeuge herum und hob das winzige Verdeck des Cockpits an, sodass man das Legomännchen im Inneren sehen konnte – einen Sumoringer, wenn Mickey sich nicht täuschte. »Meine Mom hat manchmal viel zu tun. Aber sie hat mich ganz doll lieb.«

Mickey wurde von dem jähen Verlangen gepackt, ihn mit nach Hause zu nehmen, ein warmes Bad einlaufen zu lassen, ihm eine Tasse heiße Schokolade in die Hand zu drücken, eine Geschichte vorzulesen und sein Lieblingsgericht zu kochen – Mac and Cheese, wie sie zufällig wusste. Aber das ging natürlich nicht. Stattdessen machte sie den Reißverschluss seiner Jacke zu und zog den eingeklappten Kragen heraus. »Natürlich hat sie das.«

Zehn Minuten warteten sie draußen mit dem Rücken zur Schule, lange Schatten baumelten von ihren Füßen. Der September war noch nicht ganz vorbei, aber die Tage waren schon deutlich kürzer, und in der Luft lag eine gewisse Schärfe. In dieser Gegend hatte der Winter die Angewohnheit, früh zu kommen und lang zu bleiben.

Ians Hose rutschte einen guten Fingerbreit über seine Hüfte, als er das Lego in die Tasche schob. »Darf ich rutschen?«

»Nein, tut mir leid. Das Auto kann jeden Moment hier sein.«

Mickeys Bauch machte einen Purzelbaum bei jedem vorbeifahrenden Wagen. Sie hatte vergessen zu fragen, was für ein Auto der Anwalt fuhr.

»Warum bist du aufgeregt?«, wollte Ian wissen.

»Ich bin nicht aufgeregt.«

»Warum wackelst du dann so mit deinem Fuß?«

»Ich wackel doch gar nicht mit dem Fuß.«

Ian legte die Stirn in Falten.

»Mein sogenannter Vater ist gestorben«, räumte Mickey ein. Kinder waren einfach die besten Lügendetektoren.

»Dein was-Vater?«

»Er hat es nicht verdient, dass man ihn Vater nennt, aber er ist es eben rein … formal gesehen.« Mickey schüttelte den Kopf. »War er.«

»Oh«, machte Ian, auf eine irgendwie weise Art.

Mickeys Leben war nicht total verkorkst. Sie hatte einen Bachelor-Abschluss. Sie aß gesunden Salat. Sie schaffte es, ihre Rechnungen zu bezahlen und eine kleine Zimmerpflanze am Leben zu halten. Sie hatte ihren Weg bis jetzt ganz gut bewältigt, und das fast ohne fremde Hilfe, danke der Nachfrage. Was war also schon dabei, wenn sie das eine oder andere Laster hatte? Es war doch bloß Schnaps. Manchmal ein Joint. Ab und zu mal eine Folge *Bridgerton*. Was machte das schon? Sie war eine dreiunddreißigjährige Frau. Wenn sie sich nach dem Heimkommen ein Glas Wodka genehmigen und acht Folgen einer spicy Regency Romance reinziehen wollte, dann war das verdammt noch mal ihre Sache.

»Ms Morris?«

Ein Mann kam auf sie zu, mit dem langsamen, leicht hinkenden Gang eines über Fünfzigjährigen mit alten Sportverletzungen. Er trug einen marineblauen Anzug und eine schmale Sonnenbrille, die Mickey schwer an die frühen Nullerjahre erinnerte.

»Sie müssen Mr Samson sein«, sagte sie.

Der Anwalt nahm die Sonnenbrille ab und blinzelte zu Ian. »Ist das Ihr ...?«

»Mein Schüler.«

»Aha«, sagte er nicht weniger perplex.

»Seine Mom hat's nicht hergeschafft, deswegen bringen wir ihn jetzt nach Hause«, sagte Mickey mit bestimmtem Ton. Sie würde an die Tür klopfen, und dann würde Ians Mutter aufmachen, verschwitzt und durch den Wind, noch immer in ihrer Kellnerinnenuniform, die sich Mickey als babyblaues Kleid vorstellte mit einer Knopfleiste an der Vorderseite. *Es tut mir so leid*, würde sie sagen und Ian fest in die Arme schließen. *Danke*. Und dann würde der Anwalt Mickey zu ihrem kleinen Apartment fahren, wo sie sich ihrem Abendprogramm widmen konnte.

»Tom.« Samson streckte ihm die Hand hin. Ian starrte sie nur an. »Ich hab … ähm …« Er ließ die Hand wieder sinken. »Ich hab gleich um die Ecke geparkt.«

Sie kletterten in einen glänzenden schwarzen Mercedes. Mickey setzte sich auf den Beifahrersitz und gab Ians Adresse in Google Maps ein. Ihr Handy begann Anweisungen auszuspucken, und dann fuhren sie auch schon los, glitten vorbei an den Shawarma-Buden, den halbfertigen Hochhäusern und den Zwangsvollstreckungsbescheiden der Innenstadt. Samsons Rasierwasser lag schwer in der Luft, wie ein torfiger Nebel.

Mickey zog die Zeitung aus ihrer Tasche, obwohl sie nicht wusste warum, sie wusste nicht mal warum sie sie überhaupt mitgenommen hatte. Sobald sie zu Hause war, würde sie sie wegschmeißen.

In tiefer Trauer nehmen wir nach langer schwerer Krankheit Abschied von Adam Kowalski, 61.

Er war also krank gewesen. Krebs? Die Leber? Warum war es ihr nicht egal?

Er wird in unserer Erinnerung weiterleben.

Leonora (Ehefrau) und Charlotte (Tochter)

Mickey klappte die Zeitung in der Mitte zusammen, dann nochmals in der Mitte und immer so weiter, bis sie sich nicht mehr weiter zusammenfalten ließ. Diese Charlotte musste inzwischen fünfundzwanzig sein, eine erwachsene Frau mit Reiseanekdoten und Kaffeevorlieben. Nicht mehr die kleine Prinzessin mit Rattenschwänzchen, die Mickey sich immer vorgestellt hatte. *Vorgestellt*, denn Mickey hatte nie ein Bild von ihr gesehen. Sie hatte nie den Wunsch verspürt.

Ihre Mutter hatte Mickeys Vater und seine neue Familie über die Jahre im Auge behalten, und wann immer sie einem gemeinsamen Bekannten begegnete, erkundigte sie sich beiläufig danach. Anschließend gab sie die Information an Mickey weiter, die sich nur die Ohren zuhalten konnte. (»Sie haben sie an einer Privatschule angemeldet, kannst du das glauben? Anscheinend spielt sie Golf. Eine Neunjährige.«)

Samson blickte zu Mickey hinüber und ließ seinen Blick von ihrer Brust zum Gesicht schweifen und wieder zurück. »Sie sehen Ihrer Mutter sehr ähnlich.«

Mickey überkam ein Anflug von Übelkeit. Dieser Kerl erinnerte sie an die BWL-Typen, denen sie in ihren frühen Zwanzigern begegnet war, diejenigen, die sie mit teurem Tequila abfüllten und ihr Becken auf der klebrigen Tanzfläche an ihrem rieben. Diejenigen, deren Anblick sie am nächsten Morgen nicht ertragen konnte. »Woher wollen Sie das denn wissen?«

»Ihr Vater hat mir mal ein Foto gezeigt.«

Mickeys Herz hämmerte gegen ihre Rippen. »Bitte nennen Sie ihn nicht so.«

»Der Gedenkgottesdienst ist morgen.«

Mickey ignorierte diese Aussage.

Als sie auf eine rote Ampel zurollten, beäugte Samson Ian im Rückspiegel. »Dein Flugzeug gefällt mir.«

»Das ist ein Star Fighter«, sagte Ian schlecht gelaunt.

Sie parkten vor einem hohen Haus, das nachträglich zwischen zwei bereits bestehenden Gebäuden errichtet worden war. Durch die Fenster konnte man in ein elegant eingerichtetes, helles Esszimmer blicken. Zwei gelbe Adirondack-Stühle standen auf dem gepflegten Rasen. Obwohl Mickey sich zweimal vergewisserte, dass es die korrekte Adresse war, war sie immer noch nicht sicher, dass sie hier richtig waren.

Sie drehte sich um und schaute zu Ian auf dem Rücksitz. »Wohnst du hier?«

Doch er hatte sich schon abgeschnallt, die Tür aufgemacht und rannte schnurstracks aufs Haus zu. Mickey konnte ihn gerade noch einholen und klingelte.

Der Mann, der aufmachte, hatte das Aussehen eines After-shave-Models, was sie vage abstoßend fand: Bartstoppeln, Schlafzimmerblick, halb aufgeknöpftes Hemd. Mickey schien er als Erste zu sehen – »Hi?« – und Ian als Zweiten: »*Hi!* Was ist los?«

Ian schob sich an ihm vorbei ins Haus und schüttelte den Rucksack ab, der fast kein Geräusch machte, als er auf dem Parkettboden aufschlug. Er verschwand um eine Ecke, eine Tür schlug zu.

Eine ungute Vorahnung breitete sich in Mickey aus. Irgendwas stimmte hier nicht.

»Sind Sie Ians Vater?«, fragte sie.

Der Mann lachte. »Sein Onkel.«

Mickey spähte an ihm vorbei, auf der Suche nach etwas, das auf Ians Mutter schließen ließ. Sie war bestimmt hier. Sie musste hier sein. »Und Sie wohnen hier?«

»Das ist mein Haus.«

Sein Haus. Also lebten sie alle zusammen?

»Sorry – wer sind Sie?«, fragte er, während sich ein Anflug von Sorge auf seinem Gesicht abzeichnete.

»Ich bin seine Vorschullehrerin«, sagte Mickey vorsichtig. »Ich hatte gehofft, kurz mit Evelyn sprechen zu können.«

Der Mann kratzte sich im Nacken, wobei er den Kopf weit genug nach vorn neigte, um eine schüttere Stelle auf der Oberseite zu offenbaren. »Ich dachte … ich dachte, sie hätte Ian mitgenommen. Sie ist heute Morgen weggefahren.«

Die Worte bohrten sich nacheinander in Mickeys Kopf, jedes fühlte sich an wie ein Splitter, der auch noch in der Wunde umgedreht wird. Heute. Morgen. Weggefahren.

»Evelyn ist Ihre Schwester?«, fragte sie, während ihre Gedanken rasten.

»Halbschwester.«

Mickey musterte ihn genauer. Sein Kiefer war zu kantig. Sein Bizeps zu ausgeprägt. Sein Haar war vorne zu einer Tolle geformt. Aber so blöd er auch aussehen mochte, dieser Typ war Ians nächster Verwandter. Das musste reichen.

»Vorschule beginnt Montag um neun«, sagte sie. »Kümmern Sie sich darum, dass er pünktlich da ist?«

Er zeigte auf sich selbst. »Ich?«

»Sie.«

»Ich kann mich nicht um ihn kümmern. Ich bin kein … kein … ich kann nicht.« Er errötete vom Hals bis in die Wangen. »Es geht einfach nicht.«

»Ich habe Ihren Namen nicht ganz mitbekommen«, sagte Mickey mit der festesten Stimme, die sie zustande brachte. Sie hatte noch einen schnellen Schluck aus ihrer Flasche genommen, bevor sie die Schule verlassen hatten, aber die Wirkung – die Ruhe, vielmehr: die Klarheit – war längst verflogen. Die Wolken hatten sich wieder über der Welt zusammengezogen. Sie musste dringend nach Hause.

»Christopher. Chris.«

Mickey streckte die Arme aus und legte ihm die Hände auf die Schultern. »Schauen Sie, Chris, die Lage sieht folgendermaßen aus. Dieser kleine Mensch da hinten braucht jemand, der ihm jetzt was zum Abendessen macht. Er braucht jemand zum Spielen. Er braucht jemand, der ihm ein Bad einlaufen lässt und ihm eine Gutenachtgeschichte vorliest. Und er muss in den Arm genommen werden. All diese Pflichten sind jetzt wohl oder übel Ihnen zugefallen. Heute Abend sind Sie dran. Wenn Sie sie nicht erfüllen, wird es niemand tun. Verstehen Sie mich?«

Seine Augen wurden bei jedem Wort größer. »J-j-ja.«

Mickey machte auf dem Absatz kehrt und begann zurück zur Straße zu gehen. »Neun Uhr am Montag. Vergessen Sie nicht, ein Mittagessen und einen Snack einzupacken.«

»Aber … was, wenn ich das nicht … hinkriege?«

Sie warf einen Blick zurück und musste feststellen, dass seine attraktiven Züge ein bisschen eingefallen waren. Ohne die arrogante Attitüde sah er seinem Neffen gleich viel ähnlicher. Vor allem die Augen und die Art, wie sie an der Außenseite etwas nach unten abfielen.

Sie trabte zurück zur Veranda, gab ihm ihre Nummer und schenkte ihm das, was sie für ein vertrauenerweckendes Lächeln hielt. »Rufen Sie mich an, falls« – und dabei meinte sie eigentlich: *sobald* –, »falls die Dinge aus dem Ruder laufen.«

Als sie wieder im Auto saß, hielt Samson einen aufgeschlagenen Ordner auf dem Schoß. »Ich komm gleich zur Sache«, sagte er.

Obwohl der Motor aus war, schnallte Mickey sich an. Sie wollte, dass es endlich vorbei war, egal worum es ging. »Bitte, nur zu.«

»Er hat Ihnen was hinterlassen – ein bisschen Geld.«

Mickey spürte, wie ihr die Kinnlade herunterklappte. Die erste Hälfte des Satzes hatte sie deutlich verstanden. Die zweite Hälfte nicht. Ihr Vater hatte immer nur genommen, nie gegeben.

Samson drückte ihr einen kleinen Umschlag in die Hand. »Die Auszahlung des Geldes ist geknüpft an Ihre Zustimmung und die Erfüllung mehrerer Bedingungen.«

Sie riss den Umschlag auf und schüttelte den Inhalt heraus: Es war nur ein einziger Bogen festes Papier. Hitze stieg ihr die Arme und den Hals hoch, als sie den kursiven Text überflog, den eleganten Rand. Sie wurde nicht schlau daraus. »Das ist ein Gutschein für sieben Therapiesitzungen.«

»Ja. Von …« Samson musste einen kurzen Blick in die Akte werfen. »Momentum Counselling.«

Mickey wedelte mit der Karte. »Und was soll das bedeuten?«

»Das sind die Bedingungen, die Sie erfüllen müssen.«

Bedingungen, das bedeutete ... Aber nein. Das konnte nicht stimmen.

»Ich bekomme das Geld also erst, wenn ich diese Therapie gemacht habe?«

»Kurz gesagt, ja.«

Mickey warf den Gutschein aufs Armaturenbrett. »Was zur Hölle?!«

»Es ist ein wenig ungewöhnlich.«

Mickey wurde jetzt immer heißer, ihr Hosenbund wurde langsam, aber sicher schweißfeucht. Sie drückte auf den Knopf an der Beifahrertür, um das Fenster herunterzulassen, aber es rührte sich nicht. »Was zur gottverdammten Hölle!«

»Hier ist noch ein Brief von ihm. Soll ich ihn vorlesen?«

Mickey schnaubte. In einer halben Stunde würde sie es sich zu Hause gemütlich machen mit einer Flasche Russian Standard. Sie brauchte diesen blöden Anwalt mit seiner blöden Sonnenbrille nicht. Sie brauchte die Cents nicht, die ihr Vater ihr gnädigerweise zuwarf. Sie brauchte überhaupt –

»*Meiner Tochter Michelle hinterlasse ich eine Summe von fünfeinhalb Millionen Dollar.*«

Mickey schnappte nach Luft oder versuchte es zumindest.

»*Ich gestehe mir ein, dass ich ihr als junger Vater Schaden zugefügt habe, und verstehe, dass professionelle Hilfe nötig ist, um ihn zu bewältigen. Ich verfüge daher, dass diese Summe in treuhändischer Verwaltung bleibt, bis Michelle sieben fünfzigminütige Psychotherapiesitzungen absolviert hat. Sollte Michelle diese Sitzungen nicht innerhalb von drei Monaten absolviert haben, soll das Geld stattdessen dem Sunrise Hospiz gespendet werden.*« Samson schlug die Akte zu. »Das war's.«

Micky bemühte sich zu schlucken, doch auch diese Fähigkeit schien ihr abhandengekommen zu sein. Oh Mann, warum war es so heiß?

»Ich gehe auch zur Therapie«, versuchte Samson das Ganze mit einem Achselzucken zu relativieren.

»Wirklich?«

»Wenn es mir hilft, dann kann es jedem helfen. Wirklich.« Als Samson seinen Kopf drehte, um sie anzuschauen, sah er seltsam verzweifelt aus. »Ich bin ein ziemliches Arschloch.«

»Hab ich mir schon gedacht«, sagte Mickey schwach. Die Worte *fünf* und *Millionen* beschrieben in ihrem Schädel einen wilden Zickzackkurs.

»Ich hatte eine Affäre mit einer jungen Mitarbeiterin meiner Kanzlei. Ich hab die beste Partnerin betrogen, die ich jemals hatte. Lydia – süß, lustig, klug. Sie ist Ärztin. Ärztin! Und das ist noch nicht mal die halbe Geschichte. Ich bin cholerisch. Ich bin ein Workaholic. Ich bin ein Narzisst. Ich bin misogyn.«

Mickey drückte wahllos irgendwelche Knöpfe am Armaturenbrett in dem Versuch, die Klimaanlage in Gang zu bringen. »Warum erzählen Sie mir das alles?«

»Weil Therapie hilft. Es hilft wirklich, zu jemand zu gehen und mit ihm über seine Probleme zu reden.« Er machte den Mund auf, wieder zu und wieder auf. »Und wer weiß! Vielleicht verstehen Sie sich ja richtig gut mit dieser Therapeutin.«

Da konnte Mickey bloß lachen.

2

ARLO

»Was soll ich mit seinen Schuhen machen? Die liegen hier bergeweise rum. Anzugschuhe und Sandalen und Jagdstiefel. Die Jagdstiefel! Davon hatte er bestimmt zehn Paar. Und Loafers auch, du weißt schon, die mit den kleinen Bommeln dran … Hat in seinem ganzen Leben nie was weggeworfen, der Mann.« Ihre Mutter drehte die Benachrichtigungskarte für die Beerdigung zweimal um, als hätte sie das Ding nicht schon achtmal gelesen. Beim dritten Umdrehen glitt ihr die Karte aus den Fingern und segelte auf den Marmorboden. Sie trug so lange Gelnägel, dass ihre Hände quasi nutzlos waren. »Ach, Scheiße.«

Arlo starrte das winzige Foto ihres Vaters an, das jetzt über Kopf auf dem Boden lag. Sie konnte das Gefühl nicht abschütteln, dass sie ihn enttäuscht hatte, sogar jetzt, nachdem sie vierzigtausend Dollar für die Beerdigung hingeblättert hatten. Dieser Empfang war völlig verkehrt. Es war es zu kalt hier drinnen, zu hallend. Es gab keine Sitzgelegenheiten. Und die Musik – oh Gott, diese Musik! »Läuft da gerade ABBA?«

Ihre Mutter verrenkte sich in ihrem Bleistiftrock, um die heruntergefallene Karte wieder aufzuheben, und nahm beim Aufstehen einen Schluck Riesling, wobei sie einen weiteren kirschroten Abdruck am Rand des Glases hinterließ.

Die Leute starrten, aber das taten sie schon den ganzen Tag. »Akzeptiert die Kleiderspende eigentlich auch Anzugschuhe aus den Achtzigern?«

»Vielleicht?«, sagte Arlo, deren Ohren klingelten von dem

ganzen gefühlsduseligen, klimpernden, discomäßigen Euro-trash. Ihr Vater hätte so was nie gehört. Er war eher zu haben für Jazz, Roots, Soul. Raue Stimmen, aufwühlende Balladen. Gefühl! Er war ein Mann mit ganz viel Gefühl.

»Was ist mit den Diabetikern?«, fragte ihre Mutter.

Und Zärtlichkeit. Niemand hatte so ein gutes Herz gehabt wie er. Er hatte keine Ballettaufführung verpasst, keine Aufführung des Schultheaters und kein Fußballspiel. Er hatte bei Arlos Hochzeit geweint. Er hatte sich ein *Ich hab's dir doch gleich gesagt* verkniffen, als sie zehn Monate später die Scheidung einreichte. Ihr Vater war immer für sie da gewesen, sogar am Tiefpunkt seiner Krankheit, und auch, als Anfang des Jahres Die Sache passierte und sie ihren Job verloren hatte.

Sieben Meter entfernt stand Arlos Ex-Chefin an einem ansonsten leeren Cocktailtisch mit einem Glas Rotwein und sah so ruhig und gefasst aus wie immer. Arlo wurde nicht schlau draus, ob Punams Anwesenheit eine berührende Geste war oder einfach nur ein Arschlochmove.

»Charlotte? Hörst du mir überhaupt zu?«

»Nein. Ja. Was?« Arlo öffnete Shazam auf ihrem Handy.

»Wer hat denn bitte so viele Schuhe? So viele hab ja nicht mal *ich*. Und ich bin wirklich schuhverrückt.« Ihre Mutter rückte den schwarzen, mit Federn verzierten Fascinator zurecht (der mindestens fünfzehn Zentimeter hoch war), den sie sich extra für diesen Anlass gekauft hatte. »Das ist doch alles völlig lächerlich.«

Arlo schäumte. »Es ist wirklich ABBA.«

»Vielleicht behalte ich die Schuhe einfach.«

»Warum spielen die das jetzt?«

»Wäre das denn so seltsam?«

»Was soll das denn, ist das hier etwa eine Feier zum Fünfzigsten? Ich klär das.« Arlo drängte sich durch die Menge.

Sie rannte ein paar Schritte, ging ein paar Schritte. Rannte, ging. Rannte, ging. Schlängelte sich zwischen auf Staffeleien gehängten Kränzen und Bedienungen mit Tabletts voller Kaviartartelettes hindurch. Sprang über ein heruntergefallenes Anzugjackett. Stützte ihre Ellbogen auf den Tresen. »Entschuldigen Sie.«

Der Barkeeper polierte gerade eine Champagnerflöte mit einer Leinenserviette. Bögen von weißem Licht blitzten auf dem Glas auf und setzten sich unter Arlos Augenlidern fest wie Sandkörner.

»Könnten Sie bitte die Musik wechseln? Mein Vater konnte ABBA nicht ausstehen. Auf den Tod nicht.«

Der Barkeeper polierte weiter sein Glas, ohne die Musik zu wechseln. Unter der Bar summte und gurgelte eine kleine Geschirrspülmaschine.

»Tut mir leid«, fuhr Arlo fort. »Es ist nur … es hätte ihm wirklich überhaupt nicht gefallen.«

Stoisch versetzte der Barkeeper seiner Champagnerflöte einen letzten Tupfer, stellte sie ab und drehte sich um zu einem silbernen MacBook, das aufgeklappt auf dem Tresen hinter der Bar stand.

»Danke«, sagte Arlo zu seinem Rücken. Sie verschränkte die Hände, mit denen sie in den letzten Monaten so oft ihrem Vater die Stirn abgetupft, ihm die Kissen aufgeschüttelt und ihm die Lippen mit einem kleinen rosa Schwamm befeuchtet hatte. Jetzt waren ihre Hände leer. Sie wusste nicht, was sie mit ihnen tun sollte. Noch wusste sie, was sie tun sollte, wie sie stehen sollte oder was für einen Gesichtsausdruck sie aufsetzen sollte. Sie stellte sich vor, wie ein Mensch aussah, dessen Vaters perlweiße Urne nicht auf einem Sockel vorne in dem Zimmer stand, und sie versuchte auszusehen wie so ein Mensch: lässig, reif, gefasst.

Ihr halber Vater war dort, ein Staubhaufen in einem Steingefäß, und die andere Hälfte lag fünf Autominuten von hier in der Erde. Es hatte große Diskussionen über die Aufteilung gegeben – wie viel vergraben und wie viel aufbewahrt werden sollte. Und noch mehr Diskussionen hatte es über die Auswahl des Grabsteins gegeben. Sie hatten sich zum Schluss auf einen senkrechten Stein geeinigt, aus Marmor mit Bronze-Akzenten und Gravur, der in einer zweiten Zeremonie in sechs Wochen enthüllt werden sollte. Und nein, das war nicht übetrieben.

Der ABBA-Song wurde unterbrochen. Eine Ballade von Ed Sheeran nahm seinen Platz ein. Und das war irgendwie … noch schlimmer?

»Sind Sie Charlotte?«

Ein Mann erschien neben Arlo. Um die fünfzig, mit einer breiten Stirn, einem Bolo Tie und einer Andeutung von silbernen Schläfen. Wahrscheinlich ein Kollege ihres Vaters.

»Ja«, sagte sie. »Aber ich werde Arlo genannt.«

»Das ist ja ein süßer Spitzname.«

Arlo wollte etwas Spitzes erwidern, ließ es dann aber bleiben. Weil sie ein lässiger, reifer, gefasster Mensch war. »Hat sich mein Dad ausgedacht.«

»Ah. Natürlich.« Der Mann wirkte verlegen. Arlo war zufrieden. »Ich bin Tom Samson, der Anwalt Ihres Vaters.«

»Freut mich.« Arlo wandte ihre Aufmerksamkeit wieder dem Barkeeper zu, der gerade angefangen hatte, einen halb gefrorenen grünen Cocktail zu mixen. Sie versuchte, das Rasseln des Mixers mit ihrer Stimme zu übertönen. »Entschuldigen Sie. *Entschuldigen Sie.*«

Samson legte seine Hand auf Arlos Ellenbogen. »Ich weiß, dass Sie und Ihre Mutter nicht gleich in die rechtlichen Dinge einsteigen wollen.«

»Genau«, sagte Arlo, die auf den geschmacklosen, juwelenbesetzten Siegelring an Samsons kleinem Finger starrte. »So ist es.«

»Aber wir drei sollten uns zusammensetzen. Möglichst bald.«

Endlich fing Arlo den Blick des Barkeepers ein. »Entschuldigen Sie. Das ist irgendwie ... auch nicht das Richtige. Haben Sie nicht vielleicht irgendwas Jazziges?«

Der Barkeeper deutete auf den Laptop. »Wollen Sie selbst mal schauen?«

Arlo biss sich auf die Innenseite der Wange. Sie verhielt sich herrisch und seltsam, oder? Aber es war ja nicht ihre Schuld. Schuld war dieser Tag und ihre leeren Hände und dieser blöde, nervige Anwalt, der sie immer noch anfasste. »Oh nein. Es ist Ihr ... Sie sollten aussuchen ... Aber vielleicht Ella Fitzgerald, wenn Sie so was haben?«

Der Barkeeper drehte ihr wieder den Rücken zu.

»Wissen Sie, wir müssen da ein paar Dinge glätten«, fuhr Samson fort. »Bei dem Testament. Wobei ›glätten‹ vielleicht nicht der richtige Ausdruck ist. Es ist ein bisschen kompliziert.«

Arlo gab ein unverbindliches Geräusch von sich. Warum redete dieser Kerl immer noch? Hatte er Schwierigkeiten, soziale Interaktionen zu lesen? Oder war er einfach nur total von sich eingenommen? Und versteckte tief sitzende Gefühle der Unzulänglichkeit hinter einer Maske der Arroganz? An jedem anderen Tag hätten solche Fragen sie interessiert.

»Ich will unbedingt vermeiden, dass Sie überrascht werden.«

Arlo brachte ihn zum Schweigen. »Bewitched, Bothered, and Bewildered« tönte aus dem Lautsprecher an der Decke, und dann war sie wieder sieben Jahre alt und tanzte auf den Füßen ihres Vaters durchs Wohnzimmer, während sich eine seiner LPs auf dem Plattenteller drehte. Er war so groß, und

Arlo war so klein, und für einen ganz kurzen Moment war alles perf–

Ihr Herz machte einen Satz, bevor sie den Tumult richtig wahrnahm. Nicht ein Geräusch, sondern drei: splitterndes Holz, zerbrechendes Porzellan und Ausrufe des Erstaunens. Auf der anderen Seite des Raumes war ein Cocktailtisch umgekippt, und eine ältere Frau in einem Jeans-Overall, deren Haare ihr in seidigen, dünnen Wellen über den Rücken fielen, bahnte sich einen Weg durch die gebräunten Tennisfreundinnen ihrer Mutter.

Arlo wusste sofort, wer das war.

»Verpisst euch! Alle miteinander.« Die Frau drehte sich um zum Sockel und heftete den Blick auf die Urne, die die Hälfte von Arlos Dad enthielt, ihr wunderbarer Dad, ihr Dad mit den breiten Schultern und dem holzigen Geruch.

Der Veranstaltungssaal verdunkelte sich in Arlos Peripherie. Alles wurde ausgeblendet – alles bis auf die perlweiße Urne. Sie musste als Erste dort sein.

Arlo machte einen Satz nach vorn. Bahnte sich grob einen Weg zum Sockel. Konnte die Frau gerade noch beim Handgelenk packen.

Ein Augenpaar unter Schlupflidern blickte sie an.

Das also war die erste Frau ihres Vaters. Deborah. Sogar jetzt, wo ihr Puls unter den Kuppen von Arlos Fingern schlug, schien sie nicht real zu sein. Sie war ein Hauch, ein Flackern, ein Nachbild der Person auf diesem Polaroidfoto, das ihr Vater in der untersten Schublade seines Schreibtischs aufbewahrte. *Wer – die?* hatte er an dem Tag gesagt, als er Arlo beim Schnüffeln erwischte. *Niemand. Das ist jemand von ganz früher.*

Als Deborah ihren freien Arm ausstreckte und die Urne in die Ellbogenbeuge klemmte, war es, als bewegte sie sich gleichzeitg mit rasender Geschwindigkeit und wie in Zeitlupe.

Arlo ließ sie los. Sie sah vor ihrem inneren Auge, wie Deborah die Urne fallen ließ, sah, wie die Asche sich auf dem Boden ausbreitete, sah, wie ein biblischer Wind durch den Veranstaltungssaal blies und die eine Hälfte ihres Dads für immer und ewig davontrug.

»Stell ihn zurück!«

Arlos Mutter kam in ihrem Bleistiftrock dazugestöckelt.

Die Unterhaltungen waren verstummt, alle Augen waren auf Deborah gerichtet. Die Caterer erstarrten mit ihren Tabletts voll Häppchen. Der Barkeeper, wie Arlo mit einem wütenden Stich bemerkte, schaut gebannt zu.

»Das ist mein Mann.« Ihre Mutter deutete mit einem spitzen Finger auf die Urne.

Deborah hob das Kinn, sodass sich die Haut darunter straffte. Sie war älter als Arlos Mutter, wesentlich älter. »Er war auch mein Mann. Frag seine Gläubiger.«

»Einmal tief durchatmen«, schlug Arlo vor. Sie stammelte etwas von Empathie und Perspektivenwechsel, hörte sich aber selbst kaum reden. Sie war viel zu beschäftigt damit, die Situation zu durchdenken und sich ein Szenario vorzustellen, in dem ihr geliebter Vater nicht unter den Schuhsohlen seiner Trauergäste endete.

»Du blöde Bitch.« Ihre Mutter baute sich vor Deborah auf und schob ihre Lippen einen Moment lang schließmuskelartig dicht nach vorn. »Weißt du, was du bist? Du bist ein *Parasit*.«

Deborah zog ihre kaum vorhandenen Augenbrauen hoch. »Ich bin nicht diejenige, die von Kopf bis Fuß in Gucci gekleidet ist.«

»Alexander McQueen«, giftete Arlos Mutter zurück. »Das ganze Outfit ist von Alexander McQueen.«

Arlo drängte sich zwischen die beiden. Niemand sonst würde die Situation deeskalieren können. Niemand sonst würde die Rolle des Erwachsenen übernehmen können.»Mutter, willst du nicht vielleicht einen kleinen Spaziergang machen?«

»Ich kann keinen Spaziergang machen. Diese blöde Ziege versucht gerade, mir meinen Mann zu stehlen.«

»Sie ist keine blöde Ziege«, widersprach Arlo. »Sie ist ein Mensch, und sie ist traurig.«

Ihre Mutter lachte. »Das sieht dir mal wieder ähnlich. Mitleid, Vergebung, Kumbaya. Tja, dumm gelaufen, denn ich werde ganz sicher nicht zulassen –«

»Stopp«, sagte Arlo so entschieden, dass eine Schockwelle durch die taufrische, Botox-unterspritzte Gesichtshaut ihrer Mutter lief. Sie legte ihr die Hände auf die Schultern und drehte sie herum. »Ich regel das hier.«

Ebenso, wie sie die Dinge mit dem Bestattungsinstitut, der Bank und den Kreditkartenfirmen geregelt hatte. Sie hatte neunzig Minuten im Standesamt angestanden, um einen Totenschein zu bekommen, eine medizinische Sterbebescheinigung und eine Sterbeurkunde, denn das waren anscheinend alles verschiedene Dokumente, und wer wusste schon, welche man tatsächlich brauchen würde. Während sie wartete, telefonierte sie mit allen möglichen Stellen, um die Krankenversicherung ihres Vaters zu kündigen, seine Betriebsrente, seine staatliche Rente, seinen Ausweis, seinen Führerschein, seine Lebensversicherung, seine Kfz-Versicherung und die Mitgliedschaft im Schützenverein.

Sie schaute in die Gesichter der Menge und sagte: »Habt ihr keine Anekdoten über meinen Vater, die ihr euch erzählen könnt? Oder Lachsschnittchen zum Essen? Gebt uns doch ein bisschen Raum.«

Die Gäste drehten sich weg, ganz Gemurmel und beschämte Mienen.

Arlo machte eine tiefe, reinigende Zwerchfellatmung, versuchte, ihre Mutter und die Kaviartartelettes zu vergessen und sich nur auf den Menschen zu konzentrieren, der gerade vor ihr stand. Sie konnte sich aus dieser misslichen Lage manövrieren. Die Worte waren da, sie musste sie nur pflücken.

»Deborah?«, begann sie sanft. »Was willst du wirklich?«

Deborah rückte die Urne zurecht. »Es ist nicht fair.«

Deborah schwieg, und auch Arlo sagte nichts – reine Berufserfahrung. Man musste den Leuten nur lang genug Zeit lassen, dann war die Wahrscheinlichkeit groß, dass sie von sich aus anfingen zu reden.

»Wie kann er so leicht davonkommen?«, fragte Deborah. »Ich mein es ernst. Ich will es wissen.«

»Ich würde es kein leichtes Davonkommen nennen«, sagte Arlo, wobei sie es vermied, an den aufgeblähten Bauch ihres Vaters zu denken, der sich deutlich unter der Krankenhausdecke abgezeichnet hatte.

»Wir müssen mit dem leben, was er getan hat. Mit dem, der er gewesen ist. *Er* muss das nicht. *Er* muss mit nichts davon leben. Ich schwör dir, manchmal … bin ich immer noch so wütend. Auf ihn. Und jetzt, wo er tot ist, weiß ich nicht mehr, wohin damit. Mit meiner Wut. Und ich habe es verdient, wütend zu sein. Er war ein gemeiner, egoistischer Trinker, der mein Leben und das meiner Tochter ruiniert hat. Michelle ist so was von kaputt, dass sie es nicht mal selbst merkt.«

Arlo zuckte zusammen. *Michelle.* Der Name war ihr schon immer ein Dorn im Auge gewesen.

»Wegen ihm habe ich mich klein gefühlt. Wertlos. Hilflos.« Deborahs Körper schloss sich um die Urne, sie drückte sie fest an ihre Brust, ihre abgespreizten Ellbogen wirkten wie zerbrechliche Flügel.

Arlo wusste augenblicklich, was sie dieser Frau antworten musste: »Menschen verändern sich im Laufe eines Lebens.«

Wut flammte hinter Deborahs Augen auf. »Ich will nicht hören, was für ein … was für ein guter Vater er für dich war oder sonst was. Was für ein guter Ehemann für deine … für deine …«

»Ich hab nicht ihn gemeint. Ich hab dich gemeint.«

Deborahs Unterkiefer klappte hinunter.

»Du wurdest sehr verletzt. Ich kann mir das gar nicht vorstellen. Aber inzwischen sind dreißig Jahre vergangen. Du bist jetzt nicht mehr hilflos. Du bist die Hauptfigur dieser Geschichte. Bitte, Deborah. Stell ihn wieder hin.«

Fünf Sekunden verstrichen, zehn, fünfzehn. Deborah sagte nichts, tat nichts. Arlo merkte, wie Zweifel sie beschlichen. Hatte sie sich verkalkuliert? Aber sie verkalkulierte sich nie.

In Deborahs Augen geriet etwas in Bewegung, ihre Verzweiflung verhärtete sich zu Entschlossenheit, und Arlo wusste, dass es vorbei war.

Deborah ging mit drei großen Schritten zu dem Sockel und stellte die Urne wieder drauf. Sie holte tief Luft und atmete sie mit einem Lachen wieder aus. »Du weißt ganz genau, was du sagen musst, oder?«

Und das war auch gut so. Denn Arlo war Psychologin.

Später kam Punam zu Arlo an die Bar und drückte ihr den Arm auf eine solche Art, dass es ihr gelang, Arlo mit dieser einen Berührung ein Gefühl von Wertschätzung und Akzeptanz zu vermitteln. Das war eine Fähigkeit, die Arlo sowohl bewunderte als auch verachtete. Punam hatte sie auf unbestimmte Zeit von ihrer Tätigkeit in ihrer Zwei-Personen-Psychotherapiepraxis freigestellt, aber trotzdem brachte es Arlo nicht fertig, diese Frau zu hassen. Nicht komplett jedenfalls.

»Wie geht's dir?«, fragte Punam.

Arlo setzte eine ernste Miene auf. »So ungefähr den Umständen entsprechend.« In Wirklichkeit ging es ihr absolut großartig. Es war berauschend, bis ins Herz von jemand vorzustoßen, seine Hoffnungen und Ängste abzubauen und diese Gefühle zu etwas Stärkerem zu schmieden – Tatkraft. Wie sie das vermisst hatte.

Punam blickte vage in Richtung des Sockels. »Ich weiß nicht, was das da grade war, aber es sah nicht einfach aus. Du hast es wirklich drauf, Arlo.«

Arlo verspürte einen Anflug von Stolz. War das verwerflich? Sie hatte immerhin eine Beinahe-Katastrophe mit Haltung und Takt umschifft. Und das trotz einer zu kurzen Nacht.

»Ich finde, du solltest zurückkommen«, fügte Punam so beiläufig hinzu, dass Arlo im ersten Moment nicht sicher war, ob sie richtig gehört hatte.

»Wohin?« Sicherlich nicht in die Arbeit.

»Ich habe mit der Ärztekammer gesprochen«, begann Punam.

Arlo hielt den Atem an. *Die Ärztekammer*: allmächtige Götter, die ihre Waagschalen mit Federn und Steinen ausglichen, die entschieden, welche Psychologen Erlaubnis zum Praktizieren bekamen und welche nicht.

»Und jetzt, nachdem der Gerichtsprozess abgeschlossen ist, haben sie ihre Zustimmung gegeben.«

Arlo wusste nicht, was sie sagen sollte. Punam wurde in der Therapeutenwelt heiß gehandelt. Sie hatte internationale Auszeichnungen gewonnen und Bücher veröffentlicht. Ein Kritiker der *New York Times* hatte sie als die nächste Brené Brown bezeichnet. Sie stylte ihren Pony in einer langen, seitlich gescheitelten Locke, die perfekt über ihre Stirn fiel und haarscharf am äußeren linken Augenwinkel vorbeilief. Es war schon Wunder genug, *eine* Gelegenheit für die Zusammenarbeit mit dieser Frau zu bekommen – aber gleich zwei?

Arlo würde ihr altes Büro zurückkriegen, sagte Punam, und nach den ersten sechs Monaten eine Gehaltserhöhung. Die benötigte Arlo zwar nicht – das Einstiegsgehalt lag bereits im sechsstelligen Bereich, ganz zu schweigen von dem Erbe, das ihr ins Haus stand –, aber wenn ihre Fähigkeiten so viel wert waren …

»Es gäbe natürlich eine Probezeit. Mit regelmäßiger Supervision und Fallbesprechungen. Wir würden die Sache erst mal ausprobieren, schauen, ob es passt. Schauen, wie du dich mit deinen Patienten machst. Aber im Grunde hast du die Stelle, sobald du bereit bist.«

Sobald ich bereit bin, dachte Arlo und starrte in ihr viertes Glas Wein. Sie war eigentlich jetzt schon ziemlich bereit. »Ich melde mich.«

»Ruh dich erst mal aus. Und gönn dir was Schönes.« Punam kicherte finster. »Das hast du dir nach diesem Mist weiß Gott verdient.«

Arlo hatte wirklich eine Kleinigkeit verdient. Vielleicht ein bisschen Spaß.

Sie bemerkte, dass Tom Samson sie vom anderen Ende der Bar aus beobachtete.

3

MICKEY

Darias Augen, die sonst so hart und stoisch dreinblickten, wurden vor Überraschung ganz weich. »Fünf Millionen Dollar?«

»Fünfeinhalb«, korrigierte Mickey. »Fünfeinhalb!«

Wie jeden Samstagabend saßen sie zusammen in Darias Küche bei einer Packung Grissini und einer Flasche Absolut Wodka. Mickey hatte ihre gut fünfzigjährige Nachbarin von gegenüber schon immer bewundert: Der slawische Akzent, der Kurzhaarschnitt und die permanent übellaunige Miene verrieten einen Menschen, der sich eindeutig nicht um die Meinung anderer scherte.

Daria kippte einen Wodka herunter, als wäre es Apfelsaft, und stellte das Schnapsglas dann energisch verkehrt herum auf den wackeligen Tisch. »Und wo ist Problem?«

Mickey wusste nicht, wo sie anfangen sollte. Sie hatte immer gewusst, dass ihr Vater reich war, aber nicht so reich, dass er fünfeinhalb Millionen Dollar vererben konnte. Und die Tatsache, dass er dieses Vermögen nutzte, um sie zu einem Psychologen zu locken … »Es ist einfach absurd. Das ist das Problem.«

»Absurd, in Therapie zu gehen?«, fragte Daria.

»Absurd, dass er sich selbst entlasten will von dem Trauma, das *er* mir zugefügt hat, indem er *mich* dasselbe Trauma noch mal durchleben lässt.« Mickey legte eine Pause ein, um sich selbst für ihre Eloquenz zu bewundern. »Das ist das Dümmste, Arroganteste und Egoistischste, was mir jemals untergekommen ist.«

Ein oranger Schatten sprang über die Kacheln und machte es sich zu ihren Füßen bequem.

Mickey schaute unter den Tisch zu Darias neuem Kätzchen, einem gefleckten Fellball namens Rybka. »Die hat echt solche Riesenohren.«

»Sie ist Savannah-Katze. Mit Leopardenblut. Sehr teuer.« Daria war eine erfolgreiche Künstlerin, zumindest behauptete sie das immer. Ihre Skulpturen, metallene Figuren in verschiedenen Graden der Nacktheit, trafen nicht ganz Mickeys Geschmack. »Wenn sie ausgewachsen, wird sie so groß wie Dobermann.«

»Das ist …« *Furchterregend*, dachte Mickey. »Cool.«

Daria schenkte ihr einen Blick, mit dem sie Metall hätte schmelzen können – noch so eines ihrer Talente.

»Was?«, fragte Mickey, als sie es nicht mehr aushielt.

»Arrogant und egoistisch – das bedeutet gleiche Sache, oder?«

»Das ist doch gar nicht der Punkt.«

»Ich glaube, es bedeutet gleiche. Warte – ich schaue nach.« Daria schlüpfte ins angrenzende Arbeitszimmer, einen Dschungel aus Lampen mit Fransen und antiken Landkarten. Während sie ein Polnisch-Englisch-Wörterbuch vom Bücherregal neben dem Fenster hievte, fiel das Sonnenlicht durch ihr blasses Kaftankleid, sodass ihre Beine als ein Paar schlanker Schatten zu sehen waren.

»Vergiss es«, sagte Mickey. Nach allem, was sie gestern durchgemacht hatte, könnte Daria zumindest etwas Empathie für sie zeigen. Sie hätte fluchen und mitfühlend stöhnen sollen. Den Kopf schütteln. Zumindest die Augen verdrehen. Zumindest das!

»Ja, wie ich gedacht.« Daria klappte das Wörterbuch zu, stellte es wieder ins Regal und kam zurück an ihren Platz am

Küchentisch. »Aber weißt du, ist einfache Sache. Du sitzt auf Stuhl, du redest mit Therapeutenmensch vierzig, fünfzig Minuten, du gehst nach Hause. Ich mache viel schwierigere Sachen für viel weniger Geld.«

»Ich glaube nicht, dass das so eine einfache Sache ist.« Mickey hatte in ihrer Jugend und in den frühen Zwanzigern genug Therapien gemacht – sie hatte sich vor dem Tempo-Altar auf den Boden geworfen und die Sachen gesagt, die von ihr erwartet wurden.

»Weil du traumatisiert bist?«, fragte Daria.

Mickey zuckte zusammen. »Ich bin nicht traumatisiert.«

»Du sagst das. Gerade.«

»Nee.« Hatte sie doch gar nicht! Oder?

»Noch keine Minute her. Du willst ›das Trauma nicht noch mal durchleben‹. Das ist, was du sagst.«

Mickey wühlte in ihrer Erinnerung, dieses Mal griff sie an der Tigger-Imitation und den bauschigen Blüten vorbei in einen dunkleren Winkel. Dort fand sie die Bierfahne ihres Vaters, seinen halb nackten Körper auf einem Sofa und die hübsche blaue Decke, die Mickey immer über ihn zog, wenn er schnarchte. Die nicht enden wollenden Anrufe der Inkassofirmen, das Klopfen der Umzugsunternehmen, die kamen, um …

Nein. Sie konnte nicht dran denken.

»Es war ein Trauma, aber ich bin nicht wirklich traumatisiert«, sagte Mickey. »Es geht ums Prinzip.«

Darias Augen öffneten und schlossen sich ein paarmal. »Und das ist?«

»Dass er gegangen ist. Als ich sieben war, ist er eines Tages einfach abgehauen. Er ist rausgegangen, um Brot zu kaufen, und ist nie zurückgekommen. Das ist wirklich so passiert. Weißt du, wie klischeehaft das ist?«

Daria verzog den Mund und schob die Zunge in eine Wange. »Du denkst immer noch dran, dieses Brot.«

»Wie auch nicht?«, gab Mickey zurück. »Brot hat den Lauf meines Lebens verändert.«

»Mein Vater war schlechter Mann auch, weißt du. Er hat mich und Mutter geschlagen, jeden Tag, dreizehn Jahre.« Sie rollte ihre Kleiderärmel hoch, um Mickey die blassen Narben über ihren Ellbogen zu zeigen. Lange Linien, die von kleineren geschnitten wurde, wie Bahnschienen. »Ich hatte Operation, um wieder Knochen einzusetzen. Weißt du, wie oft ich jetzt dran denke?«

Mickey schluckte schwer. »Wie oft?«

»Nie. Ich denke nie dran.« Die Ärmel rutschten wieder herunter, die Narben verschwanden. »Diese Therapie … vielleicht ist gute Sache für dich.«

»Ich will das Geld nicht.« Was sollte Mickey überhaupt damit anfangen? Sich ein Schiff kaufen? Eine Jacht? »Mein Gehalt ist mehr als genug.«

»Du wohnst in 45-Quadratmeter-Wohnung«, sagte Daria lachend.

Mickey verstand nicht, was daran so lustig sein sollte. »Du doch auch.«

Sie deutete auf Mickeys Kleidung, ein altes T-Shirt unter einer zugegebenermaßen schlecht sitzenden Cord-Latzhose. »Deine Sachen sind alle vom Superstore.«

»Ich bin eben sparsam.«

»Und du trinkst mehr als ich sogar.«

Ein stacheliges Gefühl kroch Mickey das Rückgrat hoch. Den Scheiß musste sich sich früher andauernd anhören. Von ihrer Mom. Immer nur *Ich mach mir Sorgen um deine Gesundheit* oder *Ich wünschte, du würdest nicht das komplette Wochenende durchschlafen* oder *Ich kann mir einfach nicht vorstellen, dass es normal sein soll, einen ganzen Liter Wodka in vier Tagen auszutrinken.*

Daria deutete mit einem Nicken auf Mickeys Glas. »Dieses da ist wievieltes?«

»Mein zweites«, sagte Mickey vorsichtig.

»Du hast fünf gehabt.«

»Stimmt nicht.« Selbstverständlich hatte sie fünf gehabt.

Darias Miene veränderte sich. Im ersten Moment konnte Mickey dieses winzige Lächeln nicht einordnen, dieses leichte Zusammenziehen der Augenbrauen. Dann verstand sie – es war Zuneigung. Daria betrachtete sie mit Zuneigung. Wie ihre Mom früher.

Mickey schüttete den restlichen Wodka herunter. Es war ein Fehler gewesen hierherzukommen. »Danke. Nächstes Mal geb ich einen aus.«

Es würde kein nächstes Mal geben.

»Du kommst morgen wieder?«, fragte Daria, wobei ihre Stimme vor Hoffnung ganz hell war. »Sonntags ich geh immer spazieren. Du kommst. Wir reden noch ein bisschen.«

»Ich muss mal in meinen Kalender schauen. Kann sein, dass ich schon was vorhabe.«

Darias Augen wurden wieder hart. »Verstehe.«

✷ ✷ ✷

Als Mickey am Montagmorgen in ihr Klassenzimmer kam, wurde sie schon von Jean erwartet. Die Direktorin hatte eine verdrossene Miene, die Mundwinkel hingen besonders tief herab. Neben ihr stand eine stark geschminkte fremde Frau in einem beigen Hosenanzug, die auf zwei iPhones ihre Mails checkte. Sie saßen auf winzigen Stühlen an einem winzigen Tisch und schauten todernst drein.

»Was ist passiert?«, fragte Mickey.

Jean und die Fremde sprangen auf und tauschten einen Blick.

Eine dritte Frau in einem knielangen gepunkteten Kleid, ebenfalls eine Unbekannte, saß an einem anderen Tisch und wischte ein regenbogenfarbiges Xylofon mit einem Feuchttuch ab.

»Hi«, sagte Mickey. »Wer sind Sie?«

Die Frau wischte das Xylofon noch eifriger ab.

»Wer ist das?«, fragte Mickey Jean.

»Deine Vertretung«, sagte Jean.

Mickeys Magen verknotete sich. Was immer hier passierte – es war nicht gut. Gar nicht gut. »Ich hab keine Vertretung angefordert.«

»Komm, lass uns in meinem Büro reden.«

»Nach Schulschluss vielleicht?«, sagte Mickey. »Ich muss meine Sachen vorbereiten. Hey – das gehört da nicht hin.« Die Vertretungslehrerin hatte das Xylofon auf das Regal neben dem Wandkalender gestellt statt auf das Regal neben der Alphabettafel, wie konnte sie es wagen?

Jean fasste sich unter die Brille und fuhr sich über die Augenlider, wobei sie mauvefarbenen Lidschatten auf ihre Wangen und rechts und links von der Nase verschmierte. »Mickey – in mein Büro.«

Etwas sagte Mickey aus Selbstschutz, dass sie nicht gehen sollte. Schreckliches erwartete sie in diesem Büro. »Ich will aber nicht.«

»Gut.« Jean ließ sich wieder auf den Stuhl sinken, die Hosenanzugfrau ebenfalls. »Wir können auch hier reden.«

Die Fingernägel der Hosenanzugfrau glänzten unter den Neonlichtern. Jeder Nagel war sorgfältig gefeilt und hatte einen grünen Punkt auf der Spitze.

»Ihr könnt gerne reden, aber ich muss meine Sachen vorbereiten. Montags stelle ich immer als Erstes die Tastkiste raus.« Mickey ging in die Ecke und nahm den Deckel von einem massiven Behälter mit geleeartigen Wasserperlen ab. Sie musste ihre Hände beschäftigen, normale Dinge tun. »Ich dachte, ich nehm heute mal diese Perlen statt Sand. Ian macht sonst immer zu viel Chaos.«

Die Hosenanzugfrau klappte ein in Leder gebundenes Notizbuch auf, nahm die Kappe von ihrem dicken, wahrscheinlich achtzig Dollar teuren Kugelschreiber und kritzelte etwas auf eine leere Seite.

»Wegen Ian sind wir hier«, sagte Jean.

Mickey erstarrte. Eine ganze Reihe von Bildern zog vor ihrem geistigen Auge vorbei, eins schrecklicher als das andere: Ian, wie er sich mutterseelenallein an einer Bushaltestelle zusammenkauerte, Ian, wie er mit seinen Spider-Man-Schuhen über Downtowns finstere Seitengassen wanderte, Ian, wie er auf einem Metalltisch lag, mit einem Zettel am Zeh und einem Y-förmigen Einschnitt im Brustkorb. Sie hätte ihn niemals bei diesem dubiosen, prolligen Onkel lassen sollen. »Was ist passiert? Geht es ihm gut?«

»Ian geht es gut«, sagte Jean.

»Wirklich?«

»Ja, wirklich.«

Mickeys Herz begann wieder zu schlagen. »Und was ist dann das Problem?«

Der Lidschatten war mittlerweile über Jeans ganzes Gesicht verteilt. »Warum dachtest du, es sei in Ordnung, ein Kind vom Schulgelände mitzunehmen?«

Die Hosenanzugfrau warf Jean einen scharfen Blick zu.

Mickey blinzelte. Hatte sie ein Kind vom Schulgelände mitgenommen? Na ja, schon.

»Ich … ich wollte doch bloß …« Sie hatte diesen Satz begonnen, ohne zu wissen, wie sie ihn zu Ende bringen sollte. Was passierte hier eigentlich gerade? Die Tastkisten. Sie nahm den Deckel von einer weiteren Tastkiste. Die Kinder würden bald hier sein, und sie brauchten taktile Stimulation. »Der Tag war zu Ende, und es war klar, dass seine Mutter ihn nicht mehr abholen würde.«

»Ich hab dir doch gesagt, dass du die Polizei rufen sollst.«

»Jetzt wollen wir mal nicht vom Thema abkommen«, sagte die Hosenanzugfrau. Es war das erste Mal, dass sie das Wort ergriff. In ihrer Stimme lag ein gewisses Knistern. »Tatsache ist doch …« Sie fixierte Jean mit aufgerissenen, auffordernden Augen.

»Tatsache ist«, sagte Jean, »dass du gefeuert bist.«

»In unbezahlten Urlaub entlassen«, sagte die Hosenanzugfrau.

»In unbezahlten Urlaub entlassen«, sagte Jean.

Dann folgten eine Menge juristischer Fachausdrücke und irgendwas von der Lehrergewerkschaft? Irgendwann bekam Mickey eine Visitenkarte in die Hand gedrückt. Von wem, hätte sie nicht sagen können. Die Welt hatte sich in Flecken aus Licht und Schatten aufgelöst. Als sie das Klassenzimmer wieder deutlicher wahrnahm, waren Jean und die Hosenanzugfrau aufgestanden, und die Vertretungslehrerin baute auf dem Teppich lauter falsche Spielzeuge auf – Schlösser, Bahnschienen, Dinosaurier.

»Nicht das.« Mickey nahm einen winzigen Bulldozer aus den weichen, warmen Händen der Vertretungslehrerin. »Das wollte ich entsorgen. Sidak und Ella streiten sich ständig darum.«

Die Vertretungslehrerin wich einen halben Schritt zurück, wobei ihre Augenbrauen unter dem Bettie-Page-Pony verschwanden. »Oh … ich dachte …«

»Und ich hol die Züge erst raus, nachdem wir den Morgen-kreis beendet haben.« Mickey schob die Vertretungslehrerin beiseite und hievte die Spielküche aus der Ecke. Es war un-glaublich unordentlich hier, aber sie hatte keine Zeit aufzuräu-men. »Wo sind die kleinen Ketchupflaschen? Hat jemand die woanders hingelegt?«

Mickey wandte sich der Vertretungslehrerin zu, die zum Whiteboard zurückgewichen war. »Haben *Sie* die woanders hingelegt?«

Sie schüttelte den Kopf. »Ich schwöre, ich …«

»Warum pfuschen Sie an meiner Küche rum?«, fragte Mi-ckey. »Warum …?«

Eine Hand legte sich auf Mickeys Bizeps.

Jean schaute sie traurig an. »Hey. Du musst wirklich auf-hören.«

Mickey zog sich hastig aus Jeans Reichweite zurück. Denn nein – ganz sicher nicht. Sie würde sich nicht bemitleiden oder beschwichtigen lassen. Das war ihre Klasse. Das waren ihre Kinder. Vom Schuljahr war gerade mal der erste Monat vergan-gen, und sie wusste jetzt schon, welche Kinder noch Hilfe beim Schuheausziehen brauchten, welche Kinder in Tränen ausbra-chen, wenn ihnen eine Wachsmalkreide zerbrach, welche Kin-der am ehesten ihre Hände in ihre eigenen …

Sie geriet ins Stolpern. Das Zimmer wurde in die Höhe kata-pultiert, ihr Blickfeld füllte sich mit Reihen von Lichtern, weiß gestrichenen Rohren und einem schimmligen Deckenpaneel. Der Boden kam ihr entgegen, und sie fiel flach auf den Rücken.

Schmerz strahlte von ihrer Schulter aus, mit der sie aufge-prallt war auf … was? Sie verdrehte den Arm unter sich und zog einen Plastikschneemann hervor. Seine Karottennase und einer seiner Arme aus Zweigen war bei dem Zusammenprall abgebrochen.

Jeans Stimme klang wie aus weiter Ferne. »Meine Güte!«

Die Hosenanzugfrau ragte über Mickey auf. Ihre Züge schienen länger und schmaler aus diesem Blickwinkel, als hätte man ihr ganzes Gesicht mit einem festen Griff zusammengedrückt.

»Es ist sieben Uhr fünfzig, Ms Morris. Die Kinder werden bald hier sein. Das ist ihr Klassenzimmer, der Ort, an den sie kommen, um Freundschaften zu schließen, Spaß zu haben und die Welt zu erforschen. Der Ort, an den sie kommen, um eine Routine zu haben.« Die Hosenanzugfrau lächelte. »Verlässlichkeit. Das ist das Schlüsselwort hier. Kinder brauchen verlässliche Erwachsene. Und das sind Sie im Moment nicht.«

Mickey stützte sich auf einen Ellbogen und musterte sich gründlich. Sie lag auf dem Boden. Der Rücken tat ihr weh. Ihre Lippe, auf die sie sich beim Fallen gebissen haben musste, schmeckte nach Blech und Salz. Und irgendetwas bäumte sich in ihrem Inneren auf – ein Gefühl, das sie nicht benennen konnte, es war dunkel, es kratzte sie wie mit Krallen, es drohte aus ihr herauszubrechen. Sie wusste nur eines: Wenn sie hierblieb, würde sie am Ende in Tränen ausbrechen. Die Kinder würden sie anstarren oder versuchen, sie in den Arm zu nehmen oder sich zutiefst verängstigt auf ihren Stühlen zusammenkauern.

Vielleicht hatte die Hosenanzugfrau ja doch recht.

Zähneknirschend warf sich Mickey auf die Seite und sammelte die Einzelteile des zerbrochenen Schneemanns auf. Nachdem sie sich aufgerappelt hatte, wollte sie der Vertretungslehrerin die Stücke in die Hand drücken, die jedoch verschränkte die Arme und schaute weg.

Mickey legte die Teile auf ein Regal. »Mit ein bisschen Alleskleber lässt sich das bestimmt leicht reparieren.«

Ihr Blick wanderte jetzt zu den Fächern, in denen die Kinder demnächst ihre Jacken deponieren würden, ihre Mützen und ihre *Paw Patrol*-Rucksäcke. »Sagten Sie *un*bezahlter Urlaub?«

Die Hosenanzugfrau war zu ihrem winzigen Stuhl an dem winzigen Tisch zurückgekehrt. »Solange die Ermittlungen dauern.«

»Was genau wird denn ermittelt?«, fragte Mickey. Was hatte sie getan? Ein vulnerables Kind nach Hause gebracht, wo es hingehörte. Das hatte sie getan.

Jean musterte sich in dem Ganzkörperspiegel neben der Leseecke und wischte sich die Wangen mit einem Tuch ab. Mickey hatte laminierte Kreise auf den Rahmen geklebt, von denen jeder mit einer anderen selbstbestätigenden Aussage beschriftet war (*Ich bin fleißig, Ich bin klug, Ich kann alles schaffen*). »Du kannst doch nicht einfach mit einem Kind in einem fremden Auto mitfahren, Mickey.«

»Aber das war kein …« Mickey biss sich auf die Zunge. Wenn sie jetzt den Anwalt erwähnte, würde sie es nur noch schlimmer machen.

»Sie bekommen Ihren nächsten Gehaltsscheck wie gehabt«, sagte die Hosenanzugfrau, die wieder auf zwei Handys gleichzeitig scrollte. »Und danach nichts mehr.«

4

ARLO

Arlo wachte mit einem torfartigen Geschmack in der Kehle auf. Der Geruch schien überall zu sein – in ihren Haaren, den Kissen, der Designer-Bettwäsche, für die sie einmal die Hälfte ihres Gehalts hingelegt hatte. Rasierwasser, fiel ihr wieder ein. Sie schüttelte die verschwommenen Visionen eines Mannes zwischen ihren Schenkeln und eines feuchten Gesichts an ihrem Hals ab. Denn ganz sicher nicht. Das war nicht wirklich passiert.

Sie griff unter die Decke und tastete sich selbst ab. Nackte Brüste waren nicht unbedingt ein gutes Zeichen, nein, doch Arlo klammerte sich an die Hoffnung. Es gab noch die winzige Möglichkeit, dass alles nur ein Traum gewesen war. Sie öffnete ein Auge, dann das andere, und spähte durch die verklebte Wimperntusche vom Vortag.

Da lag er, nackt auf den Decken: Der Testamentsvollstrecker des umfangreichen und komplizierten Erbes ihres Vaters, von dem Arlo über fünf Millionen Dollar erwartete. Der Anwalt.

Samson lag auf der Seite, Arlo zugewandt, die Hände unter einer Wange zusammengelegt. Schwarze Haare sprießten auf seiner Brust – viel dunkler als die melierten Strähnen auf seinem Kopf. Arlo tat sich selbst leid. Wissen über Samsons Körperbehaarung war ein Wissen, auf das sie gut verzichten konnte.

»Mr Samson«, sagte sie und schlängelte eine Hand unter der Decke hervor, um ihm einen Finger ins Brustbein zu piken. »Mr Samson.«

Als seine Augen sich flatternd öffneten, leuchtete in seinen Augen ein Wiedererkennen auf, eine Erinnerung, und zu guter Letzt Scham. Er verdrehte seinen Oberkörper, um ein bisschen mehr zur Decke zu schauen und ein bisschen weniger zu ihr. »Hi!«

Blitzartig stieg in Arlo die Erinnerung ihres Ex Hayden auf, wie er im Halbschlaf auf dem Ausziehsofa im Keller seiner Eltern lag, nachdem sie beide ihre Jungfräulichkeit verloren hatten. Hayden im Halbschlaf auf der Schweizer Matratze, die ihr Vater ihnen zur Hochzeit geschenkt hatte. Hayden schmollend, als die Lieferanten sie durch die Tür bugsierten. Sein Gesichtsausdruck sprach Bände: *Wer braucht sechstausend Federkerne? Was sind überhaupt* Federkerne?

»Warum hast du das gemacht?«, fragte Arlo den Anwalt, denn a) war es selbstverständlich nicht ihre Schuld und b) war sie neugierig. Was für eine faszinierende Entscheidung dieser Mensch getroffen hatte.

»Du meinst, warum ich mit dir …« Samson deutete zwischen sich und ihr hin und her.

»Ich bin halb so alt wie du.«

»Na ja, stimmt. Du bist jung und«, seine Wangen erröteten, »vollkommen hinreißend natürlich.« Er warf sich hin und her, bis er es endlich schaffte, die Decke über seinen Unterleib zu ziehen.

Bei der Beerdigung hatte Arlo ihn anmaßend und arrogant und im Großen und Ganzen ziemlich dumm gefunden. Doch es gab immer noch mehr zu entdecken. Blinde Flecken, Irrtümer. Ein Mensch war wie eine überreife Orange. Sie konnte nicht anders, sie musste einfach ihre Daumennägel hineingraben und zudrücken, bis ihr der Saft über die Handgelenke lief. »Und warum ist das für dich so wichtig?«

Samson runzelte die Stirn. »Ich versteh die Frage nicht ganz.«

»Warum ich? Warum jetzt? Was war so wichtig daran?«
Arlo biss sich auf die Zungenspitze. Sie hatte die schlechte Angewohnheit, zu viel zu reden, zu viele Fragen auf einmal zu stellen. Damit überforderte man seine Patienten nur. Völlig kontraproduktiv.

»Wahrscheinlich, weil ich … ähm, Probleme mit dem Älter-
werden habe?«

Arlo jubelte innerlich. Jetzt kamen sie der Sache schon näher. »Sprich weiter.«

»Ich meine, ich wohne alleine in einem Zwei-Millionen-
Dollar-Penthouse voller Red-Sox-Fanartikel. Ich habe es gut.
Ich weiß das.« Er sagte, wie abgesichert er sei und wie dankbar. Ja, er hatte sich immer eine Familie gewünscht. Nein, der
Wunsch war nicht erfüllt worden. Er war nicht verheiratet. Er
hatte keine Kinder. Er hatte nichts von dem, was er erwartet
hatte, in seinem jetzigen Alter zu haben. Er war fünfzig, und er
konnte sich nichts mehr vormachen. »Oh Gott! Was ist bloß los
mit mir? Das willst du sicher nicht hören.«

Arlo wünschte sich sogar nichts sehnlicher, als das zu hören.
Sie liebte diesen Scheiß. Den Leuten dabei zuschauen, wie sie
ihre ältesten und hässlichsten Gefühle herausholten und sie
bei gnadenlosem Tageslicht ausschüttelten … Den Leuten dabei zuhören, wie sie Gedanken aussprechen, die sie sich noch
nie eingestanden hatten … Das hatte eine Magie, die Arlo nicht
mehr erlebt hatte seit ihrer letzten Patientin, Laura Hedman,
einer Neunzehnjährigen mit einer ausgeprägten Angststörung
und einer Vorliebe für Landhausromantik. Arlo ging heute
noch das Herz auf, wenn sie daran zurückdachte, was sie gemeinsam erreicht hatten – die ganzen emotionalen Grenzen,
an denen sie gearbeitet hatten, die ganzen verzerrten Denkmuster, die sie schließlich doch niedergerungen hatten.

»Es ist gut, über diese Dinge zu reden.« Als Arlo die Schulter des Anwalts berührte, glitten seine Hände weg und enthüllten ein Paar breite, verquollene Augen. Reine Verletzlichkeit. Arlo bekam jedes Mal aufs Neue einen Schauer davon. »Du schulterst zu viel allein.«

Lauras Last war ebenfalls schwer gewesen. Am Ende konnte sie dem Gewicht keinen Widerstand mehr entgegensetzen. Ihre Eltern gaben Arlo die Schuld, und es folgten unbegründete Anschuldigungen, die sofortige Suspendierung, dann die Anhörung in diesem Gerichtssaal mit den blendend weißen Wänden, in dem Lauras Vater in die vorgehaltenen Hände geschluchzt und Lauras Mutter Arlo mit Verachtung angestarrt hatte, mit einem Hass, als würde Arlo den Verlust nicht auch betrauern. Als hätte Arlo die Türen des Gerichtssaals nicht wie ein Habicht beobachtet, wider besseren Wissens hoffend, dass das alles nur ein Irrtum war und dass Laura jeden Moment hereinkommen könnte, wiederbelebt, mit einem Lächeln und einer ihrer komplizierten seitlichen Flechtzöpfe.

Am Ende hatte doch der gesunde Menschenverstand gesiegt. Es war *reiner Zufall* gewesen, so formulierte es der Richter, als er die Klage abwies, dass Laura sich im Anschluss an eine Therapiestunde umgebracht hatte. *Eine Laune des Schicksals.* Es hätte genauso gut einen Tag treffen können, an dem sie zur Schule ging oder zum Einkaufen.

Arlo schenkte Samson ein Lächeln und schwang sich aus dem Bett. Sie griff sich einen Satinmorgenmantel aus dem Kleiderschrank und wickelte sich darin ein, um anschließend in ihren Schreibtischschubladen nach ein paar Flyern zu fischen.

»Es ist wichtig zu wissen, was es da draußen für Angebote gibt«, sagte sie und drückte ihm einen kleinen Stapel in die Hand. »Es gibt ein paar tolle Gesprächsgruppen und Treffen für Menschen, die neue Bekanntschaften machen wollen – falls dich das interessiert. Und eine Therapie wäre natürlich auch hilfreich.« Es war besser, wenn Samson bei einer Beratungsstelle anrief und sich einen anderen Therapeuten suchte. Sie konnte diese Gespräche mit ihm nicht fortsetzen, das wäre unangemessen.

Samson schob die Lippen vor, während er die Flyer durchblätterte. »Oh. Danke, aber ich habe schon jemand.«

»Wirklich?«, fragte Arlo. *Hat er nicht*, dachte sie insgeheim.

»Ich gehe zu einer privaten Therapeutin. Zweihundert Dollar die Sitzung.«

»Eine private Therapeutin.« Arlo ließ sich auf die Matratze sinken und fühlte sich seltsam enttäuscht.

»Aber sie ist ihr Geld wert. Sie hilft mir bei meinen kognitiven Verzerrungen. Wahrsagerei, Gedankenlesen, Alles-oder-nichts-Denken.« Samson zählte an den Fingern mit. »Und ich habe ein kleines Aggressionsproblem. Männer, du weißt schon – man hat uns nie beigebracht, wie wir unsere Emotionen regulieren können.«

»Okay«, sagte Arlo.

Ein Telefon klingelte am anderen Ende des Nachttischs. Samson griff hinüber und stellte es auf stumm. »Sorry. Das war die Erinnerung für meine Meditationsübungen.«

»Deine was?«

»Ich hab da so eine App. Geführte Visualisierungen. Mit ein bisschen Bauchatmung.«

Arlo stellte sich diesen Mann vor, wie er im Schneidersitz auf einer Yogamatte saß, seine Hände mit den Handflächen nach oben auf den Knien lagen, und sie konnte es nicht fassen. Das passte nicht zusammen. Sie hatte ihn als die Art von peinlichem, aber im Grunde harmlosem Mittfünfziger eingeschätzt, der den Leuten auf Partys auf die Nerven ging, ständig an seiner teuren Uhr herumfummelte und insbesondere Frauen herablassend über Investmentfonds belehrte.

»Ihr Psychologen leistet wirklich gute Arbeit«, sagte er. »Seit ich in Therapie bin, haben sich die Dinge für mich wirklich grundlegend geändert.«

Arlo durchquerte das Zimmer, ohne ein bestimmtes Ziel zu haben. Sie schob die Moleskine-Notizbücher beiseite, den Füller in Roségold, und setzte sich dann mit baumelnden Beinen auf die Schreibtischkante. Das Sonnenlicht fiel schräg durch das Fenster hinter ihr und brannte ihr ganz leicht auf dem Hals. »Das hier«, wie er zuvor deutete sie auf den Raum zwischen ihm und sich, »wird unsere Arbeitsbeziehung nicht beeinflussen, hoffe ich?«

»Unsere Arbeitsbeziehung?«, wiederholte Samson, wobei seine Stimme in die nächsthöhere Oktave glitt.

Sie hatte das Gefühl, die Oberhand verloren zu haben und sie zurückerobern zu müssen. »Du bist der Anwalt meines Vaters. Wir müssen uns immer noch zusammensetzen und uns um das Vermögen kümmern. Das Haus, das Erbe.«

Samson musterte eingehend seinen Daumennagel. »Ich hatte vorgehabt, mit dir und deiner Mutter einen Termin zu vereinbaren. Es hat da in den letzten paar Monaten ein paar Änderungen gegeben. Am Testament, meine ich.«

Änderungen, dachte Arlo finster. Ihr Vater hatte immer vorgehabt, das Erbe mehr oder weniger durch zwei zu teilen. Ihre Mutter würde das Haus behalten, das restliche Vermögen aber sollte fair zwischen Arlo und ihr aufgeteilt werden. Vielleicht hatte sich ihr Vater ja eine andere Aufteilung überlegt? Vielleicht hatte er Mutters kristallverzierte Manolos und ihre alkohollastigen Brunches und ihre 400-Dollar-Facials satt. Arlo zumindest hatte das schon lange.

»Reden wir doch einfach diese Woche drüber, okay?« Samson strich den Bettüberwurf auf seinem Schoß glatt. Zitterte er etwa? »Ihr könntet doch in meine Kanzlei kommen.«

»Warum sagst du es mir nicht jetzt schon?«, fragte Arlo.

»Wir sind in Downtown. Ganz zentral. Gut zu erreichen.«

Die Hitze in Arlos Genick wurde langsam schmerzhaft. Sie wollte wieder aufstehen, dachte aber, dass sie das merkwürdig aussehen lassen würde, wenn nicht sogar schwach. Eine dunkle Vorahnung hatte sie beschlichen. »Samson.«

Er kniff die Augen zu.

»*Samson.*«

Der Anwalt machte den Mund auf, und einen schrecklichen Moment lang dachte Arlo, er würde sich übergeben. Dann holte er hörbar Luft und sagte hastig: »Ihr kommt in seinem Testament nicht mehr vor.«

Arlo nahm diesen Satz in sich auf, drehte und wendete ihn und betrachtete ihn von allen Seiten. *Ihr kommt in seinem Testament nicht mehr vor.* Sie wusste, was die einzelnen Worte bedeuteten. Aber zusammengesetzt ergaben sie keinen Sinn. Es war ein Wortsalat, ein Nicht-Satz. »Was?«

Er war ganz blass geworden. »Ihr kommt nicht mehr drin vor.«

»Inwiefern?«

»Insofern, als er euch nichts hinterlassen hat.«

Arlo lachte. So ein schräger Witz. So ein schräger Anwalt.

»Tut mir leid«, sagte er. »Das muss wirklich schwer sein.«

Arlo fielen die Fürsorglichkeit und die Behutsamkeit in seiner Stimme auf.

»Du meinst das also ernst.« Auf einmal verschwamm ihr alles vor Augen, das Bett und der Anwalt verschmolzen miteinander. »Du meinst das wirklich ernst.«

Samson sagte etwas Freundliches und Beruhigendes. Arlo nahm es kaum wahr. Sie konnte kaum etwas wahrnehmen, nicht mal ihren eigenen Körper. Wo waren ihre Arme, wo ihre Beine?

Sie hatte sich die letzten acht Monate um ihren Vater gekümmert. Obwohl – stimmte ja gar nicht. Die Leute *kümmerten* sich um einen Goldfisch. Was Arlo für ihren Vater getan hatte – sie hatte ihn löffelweise mit Pudding gefüttert, ihm den teigigen Bauch eingeseift, ihn jeden Morgen auf einen Toilettenstuhl und wieder heruntergehoben –, war mit dem Wort *kümmern* nicht beschrieben. Das war Hingabe gewesen. Ganz zu schweigen von allem, was sie getan hatte, bevor seine Leber versagt hatte.

»Arlo? Arlo.«

Sie blinzelte, bis sie die Umgebung wieder scharf sah. Der Anwalt war ans Fußende des Bettes gerutscht und starrte mit einem herzzerreißend besorgten Blick zu ihr hoch, wobei seine Augenbrauen zu einem einzigen, pelzigen Strich verschmolzen.

»Sorry, was hast du gerade gesagt?«, fragte sie.

»Ich hab gefragt, ob du jemand zum Reden hast?«

»Wegen des Testaments?« Sicher hatte er das gemeint.

»Solche Gefühle sollte ein Mensch nicht alleine schultern«, fügte er hinzu.

»Oh«, sagte Arlo. »Du meinst jemand wie …« Einen Berater. Einen Therapeuten. Einen Profi. Den brauchte sie seiner Meinung nach – professionelle Hilfe. »Okay. Ja. Ja, ich bin versorgt.«

Nach längerem Schweigen fragte er, ob er duschen könne. Obwohl sie es ihm erlaubte, schien er zu zögern, bevor er aufstand.

»Könntest du …? Mir wäre es lieber, wenn du nicht zuschauen würdest.«

»Natürlich«, sagte Arlo und machte die Augen zu.

5

MICKEY

Mickey übersprang Frage 19 (*Würden Sie Ihren Konsum von Alkohol, Drogen oder verschreibungspflichtigen Medikamenten als problematisch beschreiben?*) und ging direkt weiter zum nächsten Abschnitt des Formulars, in dem sie gebeten wurde, eine Reihe von Behauptungen zu bewerten, auf einer Skala von *trifft überhaupt nicht zu* bis *trifft in hohem Maße zu*. Beim ersten Punkt kreiste sie *trifft teilweise zu* ein – die Behauptung hatte gelautet *Ich fühle mich traurig, deprimiert oder hoffnungslos* – und strich es gleich wieder durch. Sie wollte nicht übermäßig selbstbewusst wirken, aber auch nicht unentschlossen. Dieses Formular war ein Kunstwerk, ein Selbstportrait, das ihre neue Therapeutin ganz genau unter die Lupe nehmen würde. Dieses Formular bedeutete alles.

»Kommen Sie zurecht?«

Die Empfangsdame warf Mickey ein Zahnfleischlächeln zu.

»Sie haben gerade etwas vor sich hingemurmelt«, fügte sie hinzu. Das stimmte vielleicht sogar.

Nachdem sie das Formular abgegeben hatte, ließ sich Mickey auf demselben Stuhl im leeren Wartebereich nieder. Das Dekor erinnerte eher an eine schicke Skihütte als an eine Praxis – in einem Steinofen zuckte und fiepte sogar ein kleines Feuer –, was sie wenig wunderte. Schließlich hatte Adam Kowalski diese Praxis ausgesucht. Nur das Beste, um seine verkorkste Erstgeborene wieder in Ordnung zu bringen.

Mickey öffnete die Mail-App auf dem Handy. Nichts von

der Lehrergewerkschaft. Sie schloss die App wieder und öffnete sie erneut. Immer noch nichts. Irgendjemand hatte sie gestern angerufen und ihr mitgeteilt, dass eine Ermittlung eingeleitet worden sei, aber sie hatten ihr keine Termine nennen können. Würde sie wieder rechtzeitig zurück sein, um mit den Kindern Weihnachtsbasteleien zu machen? Filzschneemänner mit Kulleraugen? Pinguine aus Toilettenpapierrollen? Sie hoffte es inständig.

Am anderen Ende der Stadt rief jetzt eine Vertretungslehrerin Mickeys Kinder zurück an ihre Tische für den Vormittagssnack. In Mickeys Vorstellung war es immer noch die Frau mit dem gepunkteten Kleid, nur ihre Augen glühten jetzt dämonisch rot, und ihre Zähne hatten sich in ein scharfes Raubtiergebiss verwandelt. Sie würde die Kinder nicht daran erinnern, sich die Hände zu waschen, und würde ihnen auch nicht helfen, die Safttüten und Trinkjoghurts zu öffnen. Sie wäre viel zu sehr damit beschäftigt, irgendetwas Dämliches auf ihrem Smartphone anzuschauen, irgendeine Klatschseite wahrscheinlich, sodass die Kinder schmachtend und hungrig, durstig und joghurtlos bleiben würden. Später, wenn die Klasse sich für den Abschlusskreis versammelte, würde die Vertretung keins ihrer gewohnten Klatschspiele spielen. Kannte sie überhaupt das Lieblingslied der Kinder?

Wenn Mickey die Augen zumachte, konnte sie die Kinder auf dem vorderen Teppich im Klassenzimmer sitzen sehen, mit den schon aufgesetzten Rucksäcken und überkreuzten Beinen. Mit ihren molligen Bäckchen und den zerzausten Haaren.

»Mickey Morris?«

Die Frau an der Rezeption war nicht unbedingt das, was sie erwartet hätte. Um schon als Psychologin zu arbeiten, musste das Mädchen mindestens vierundzwanzig oder fünfundzwanzig Jahre alt sein. Sie trug einen Blazer und eine Brille mit rundem Drahtgestell und hatte ein Klemmbrett unter dem Arm. Aber ihre Haare waren so strähnig, so rot, und ihre Haut so nackt, so voller Sommersprossen – sie hätte genauso gut zwölf sein können.

»Ich bin Arlo.« Ihr ganzes Gesicht verzog sich zu einem Lächeln.

Mickey spürte eine seltsame Aufwallung von Zuneigung. »Hi!«

»Kommen Sie mit nach hinten.«

Arlo führte Mickey zu einer Tür am Ende des Flurs, wobei ihre massiven Absätze bei jedem Schritt ein lautes Geräusch machten. Die Schuhe waren klein, wie ihre Trägerin, vielleicht Größe 36. »Da wären wir.«

Mickey fuhr zurück, als sie beim Hineingehen ein bekanntes Gesicht sah, das sie von der hinteren Wand anstarrte. Jemand mit tadellos geschminkten Augen, kerzengerader Haltung und glänzender Lehrerinnenfrisur.

»Kümmern Sie sich nicht um den Spiegel«, sagte Arlo. »Auf der anderen Seite ist zwar ein Beobachtungszimmer, aber niemand verfolgt unsere Sitzung.«

Mickey wandte sich von ihrem Spiegelbild ab und betrachtete den Rest des Zimmers: pastellblaue Wände, eine Packung Taschentücher, der Kunstdruck eines Leuchtturms an einem Kiesstrand. Vertrautes Gelände, dachte sie finster.

Arlo zog die Tür zu und ließ sich auf einem Ledersessel an einem kleinen Tisch nieder. »Hatten Sie gut hergefunden?«

Das empfand Mickey sofort als gefährliche Frage, aber sie würde trotzdem drauf eingehen. Sie war während ihres Studiums in einem halben Dutzend ähnlicher Räume gewesen, meistens auf Drängen ihrer Mutter. Sie hatte mit Psychologen, Psychiatern, Psychotherapeuten, geprüften psychologischen Beratern und lizenzierten klinischen Sozialarbeitern gesprochen. Was zumindest bedeutete, dass sie dieselbe Sprache sprach wie diese Leute. Sie würde die richtigen Dinge tun, die richtigen Worte sagen und am Ende so schnell wie möglich abhauen – mit ihrem Geld. Ja, das würde sie schaffen. Sie konnte dieses Spiel spielen.

»Ja, gar kein Problem.« Mickey ließ sich auf den anderen Stuhl mit seinem übertrieben nachgiebigen Sitzkissen sinken, das ganz klar in der Absicht designt worden war, die Leute festzuhalten. »Es geht mir ziemlich gut. Ich dachte, ich komm einfach mal für ein Check-up vorbei, quasi als Vorsorge, wissen Sie?«

Für einen Moment blühte eine Stille zwischen ihnen auf.

»Also kein Verkehr oder so was?«, fragte Arlo.

»Oh.« Mickey stieß ein Lachen aus, obenhin und gutmütig, das Lachen eines wohlangepassten, stabilen Menschen, der ein ausgeglichenes Leben führte und Small Talk nicht mit ernst gemeinten Fragen verwechselte. »Nein, alles bestens.«

»Freut mich zu hören«, sagte Arlo und verschränkte ihre Hände. »Dann wollen wir mal anfangen.«

Sie begann mit dem üblichen Vortrag über ihre Schweigepflicht. Im Grunde war Arlo gesetzlich verpflichtet, Mickeys tiefste, dunkelste, ja, sogar kriminelle Geheimnisse zu bewahren, wenn sie nicht der Meinung war, dass Mickey Gefahr lief, anderen oder sich selbst zu schaden. Mickey wollte schon fragen, was zu »sich selbst schaden« zählte, überlegte es sich dann aber anders. Ein wohlangepasster, stabiler Mensch würde diese Frage wahrscheinlich nicht stellen.

»Wie ich sehe, haben Sie schon für sieben Sitzungen bezahlt, das finde ich toll. Die meisten kommen nämlich nur ein- oder zweimal. Schön, dass sie sich diese Investition geleistet haben.«

»Ich hätte da noch eine Frage«, unterbrach Mickey sie. »Ich

wollte wissen, ob ich die Sitzungen direkt nacheinander buchen kann?«

Arlo verengte ihre Augen leicht. »Direkt nacheinander?«

»So wie … äh …« Mickey überlegte schnell. »Eine Immersion sozusagen. Ein paar Tage am Stück.« Das gab es doch, oder? Bei Wellnessurlauben, Ashrams und so weiter?

»Normalerweise empfehle ich zwei Wochen Abstand zwischen den Sitzungen. Mindestens eine. Auf diese Art hat man Zeit zum Wachsen.« Die Therapeutin legte den Kopf auf die Seite, sodass ihr langer Hals zur Geltung kam. »Gibt es einen Grund, warum Sie die Sitzungen in so dichter Abfolge buchen wollten?«

Mickey überlegte nochmals. »Self Care. Ich dachte mir, ich tauche einfach mal ganz tief in mein Innerstes.«

»Warum ausgerechnet jetzt?«, wollte Arlo wissen.

»Hm?«

»Warum ausgerechnet jetzt diese Self Care?«

Verdammt, dachte Mickey. Sie hätte sich was zurechtlegen sollen, eine Hintergrundstory. Ihr wahres Ich war zwar vollauf akzeptabel und brauchte keine Hilfe, nicht im Geringsten, aber damit würde sie nicht durchkommen. Nicht hier. »Ähm …«

Arlos Blick wühlte sich durch Mickeys Haut, ihren Schädel, ihre Gehirnzellen.

»Ich weiß nicht«, sagte Mickey schließlich, um dem Ganzen ein Ende zu setzen.

»Schon okay. Wir können ja wieder darauf zurückkommen.« Arlo nahm das Klemmbrett auf den Schoß, was Mickey nicht unbedingt als gutes Zeichen wertete. »Erzählen Sie doch mal ein bisschen von sich selbst.«

Das war einfach: »Ich bin Vorschullehrerin. Seit zwölf Jahren.« Es konnte nicht schaden, das Ganze mit ein paar zusätzlichen Infos anzureichern. Spionen brachte man ja auch bei, dass sie sich so weit wie möglich an die Wahrheit halten sollten, wenn man sie befragte. Das hatte Mickey mal irgendwo gelesen.

Wieder dieses Lächeln, das jeden Muskel im Gesicht der Therapeutin erfasste. »Klingt lustig. Und anstrengend. Ihre Kinder müssen Ihnen sehr wichtig sein.«

Mickey entspannte sich etwas. »Das Wichtigste überhaupt.«

»Wer ist Ihnen sonst noch wichtig?«

»Ich habe viel von Murakami gelesen. Seltsames, traumartiges Zeug. Italo Calvino. Kafka. Ich mag Wes-Anderson-Filme. Vor allem die mit Bill Murr…«

»Okay. Aber wer sind die wichtigen Menschen in *Ihrem* Leben? Menschen, die Sie persönlich kennen.«

Die Hitze stieg Mickey in die Wangen. »Ich … verstehe nicht, warum das relevant sein sollte.«

»Menschen sind soziale Wesen. Der soziale Impuls unterscheidet uns von anderen Säugetieren.« Arlo machte einen Exkurs zum Vagusnerv, dem parasympathischen Nervensystem und irgendwas über Spiegelneuronen.

Mickey war nicht sicher, wie sie darauf reagieren sollte. Wie konnte sie sagen, dass sie Menschen hasste und nichts mit ihnen zu tun haben wollte, ohne leicht psychopathisch dazustehen? »Ich glaube, mir ist meine Unabhängigkeit einfach wichtig.«

»Verstehe.« Arlo kritzelte etwas auf ihr Klemmbrett, wahrscheinlich irgendetwas über Mickeys *Emotionen* oder *Denkinhalte*. Mickey fühlte sich, als wäre sie wieder neunzehn. Waren diese Leute denn nicht in der Lage, eine normale Unterhaltung zu führen? Mussten sie immer erforschen und untersuchen und sich Notizen machen? »Sie haben jemand namens Daria als Notfallkontakt angegeben. Wer ist das?«

Mickey rieb sich mit ihren plötzlich feucht gewordenen Handflächen über die Jeans. »Meine Nachbarin.«

»Stehen Sie sich nahe?«

»Sie wohnt schräg gegenüber von mir.«

Arlo machte sich erneut eine Notiz. »Familie?«

»Nein.«

»Gar keine?«

»Ich red nicht viel mit meiner Mutter.« Mickey zog sich den Pullover über den Kopf und knüllte ihn auf dem Schoß zusammen. Sie schaute auf die Wanduhr und stellte fest, dass von ihrer Stunde immer noch, um Gottes willen, siebenunddreißig Minuten übrig waren.

»Und Ihr Vater?«

Ihr Vater. In einem Paralleluniversum hätte er eines Tages mit einer Entschuldigung vor Mickeys Tür stehen und irgendein Geschenk mitbringen können, als Zeichen seines guten Willens. Blumen vielleicht. Oder einen Kuchen. Ja, genau, einen Nusskuchen. Und dann wären sie zusammen in Mickeys Küche gesessen und hätten jeder ein Stück davon gegessen.

»Der ist abgehauen, als ich noch klein war«, sagte Mickey.

Arlo beugte sich auf ihrem Sessel vor, wie ein Zuschauer bei einem Sportevent, bei dem viel auf dem Spiel steht. Musste spannend sein. »Klingt schwierig.«

Mickey biss die Zähne zusammen und brachte ein Schulterzucken zustande.

»Es fällt Ihnen schwer, über Ihren Vater zu reden, hm?«, fragte Arlo, während sie kritzelte und kritzelte.

»Eigentlich nicht.« Wenn es Mickey schwerfiel, dann nur, weil diese junge Frau so darin herumstocherte. Mickey hatte sich schon vor langer Zeit ein Urteil über ihren Vater gebildet. Und dafür hatte sie überhaupt erst an ihn denken müssen, was sie im Grunde nie tat.

»Ich wollte damit bloß sagen, dass wir oft komplizierte Gefühle für unsere Verwandten hegen«, erklärte Arlo. »Menschen sind kompliziert.«

Ein Lachen entschlüpfte Mickey durch die Nase und brachte ein bisschen von der Hitze mit, die sich hinter ihren Rippen angestaut hatte. Sie konnte einfach nicht anders. »Menschen sind total schlicht gestrickt.«

Arlos Stift kam jäh zur Ruhe. »Inwiefern?«

6

ARLO

»Und Ihr Vater?« Arlo warf einen Blick auf die Wanduhr und stellte fest, dass von der Stunde immer noch – oh Gott, bitte nicht! – siebenunddreißig Minuten übrig waren. Siebenunddreißig Minuten, bis sie in ihr Büro zurückgehen und die Facebook-Seite ihres Vaters durchscrollen konnte, die ganzen Nachrichten, die er ihr geschickt hatte, und die ganzen Fotos von ihm, die sie auf ihrem Handy hatte. Das hatte sie mehr oder weniger jeden Tag gemacht, seit der Anwalt die schrecklichen acht Worte ausgesprochen hatte: Ihr kommt in seinem Testament nicht mehr vor.

»Der ist abgehauen, als ich noch klein war«, sagte Mickey mit etwas zu gleichmütiger Stimme. Sie hatten hier an etwas gerührt, ein altes Trauma freigelegt, und jetzt versuchte Mickey, es eilig wieder zuzuschütten.

Was es bedeutete, von einem Elternteil verlassen zu werden, hatte Arlo nie selbst erfahren müssen – bis letzte Woche. Obwohl nein, das stimmte nicht ganz. Sie war kein Kind mehr, und ihr Vater hatte sie nicht ausgesetzt. Er hatte eine Änderung an seinem Testament vorgenommen, das war alles, eine kleine Änderung, zu der er absolut berechtigt war. Aber warum? Warum hatte er sich dagegen entschieden, ihr fünfeinhalb Millionen Dollar zu vermachen, wie er es immer vorgehabt hatte, und hatte stattdessen ihren Namen gestrichen und ihr … nichts vermacht?

Arlo beugte sich vor, um sich wieder auf ihre neue Patientin zu konzentrieren. Sie musste raus aus ihrem eigenen Kopf und in den einer anderen Person hinein – und Körpersprache war nun mal ein entscheidender Faktor bei der Etablierung jeder therapeutischen Verbindung. »Klingt schwierig.«

Ein Muskel bewegte sich in Mickeys Gesicht, bevor sie ein Schulterzucken zusammenbrachte.

»Es fällt Ihnen schwer, über Ihren Vater zu reden, hm?« Arlo machte sich ein paar schnelle Notizen auf ihrem Klemmbrett. *Gepflegte Erscheinung. Geordnete Denkmuster. Verdrängte Emotionen.*

Verärgerung blitzte in Mickeys Augen auf. »Eigentlich nicht.«

»Ich wollte damit bloß sagen, dass wir oft komplizierte Gefühle für unsere Verwandten hegen«, sagte Arlo, um ein bisschen zurückzurudern. Sie war zu früh zu weit gegangen. »Menschen sind kompliziert.«

Mickey lachte durch die Nase. »Menschen sind total schlicht gestrickt.«

»Inwiefern?«

»Erwachsene handeln aus Eigeninteresse. Manchmal kuscheln wir uns vielleicht aneinander, um ein bisschen Wärme zu bekommen, aber wenn der Hunger zuschlägt, kämpfen wir bis zum Tode um einen … Rehkadaver oder was weiß ich.«

»Rehkadaver?« Arlo schaute auf ihre Notiz *geordnete Denkmuster* und strich sie wieder durch.

Mickey wand sich auf ihrem Stuhl, wurde einen Moment größer, um dann wieder in sich zusammenzusacken. »Ich will bloß sagen, dass die Leute immer das tun, was für sie das Beste ist. Auch wenn das bedeutet, dass sie jemanden hintergehen müssen.«

Aber das stimmte doch nicht! Menschen waren von Natur aus ehrenwert und gütig. Von Natur aus gut! Das gehörte zu

Arlos Glaubenssätzen und war ihr Leitgedanke als Therapeutin. Sie überkam ein wohliger Schauer, wenn sie nur daran dachte.

»Deswegen geb ich mich mit Menschen nicht ab«, fügte Mickey hinzu. »Deswegen rede ich nicht mit ihnen.«

»Sie reden nicht mit Menschen?«, fragte Arlo so sanft sie konnte, denn … wow, das war ja mal eine richtig bemitleidenswerte, paranoide, wütende Frau!

Mickey strich sich die verirrten Haarsträhnen aus den Augen. »Ich … was ich sagen wollte … ich rede natürlich mit Menschen. Natürlich rede ich mit Menschen. Ich rede ja jetzt grade mit Ihnen. Aber ich passe auf, dass ich ihnen nicht zu nahekomme. Menschen können gar nicht anders, als einen zu enttäuschen. Sogar die guten. Vor allem die guten. Die besten Freunde, die Verwandten. Das sind die Menschen, die einem am übelsten mitspielen.«

Das löste irgendetwas in Arlos Gehirn aus, und die Worte des Anwalts tönten wieder durch ihre Gedanken. *Ihr kommt in seinem Testament nicht mehr vor.* Und wieder. *Ihr kommt in seinem Testament nicht mehr vor.* Und wieder. *Ihr kommt in seinem Testament nicht mehr vor.* Irgendwann begann die Betonung zu wechseln. *Ihr kommt in seinem Testament nicht mehr vor. Ihr kommt in seinem Testament nicht mehr vor. IHR kommt in seinem Testament nicht mehr vor.* Doch der Satz wurde nie milder, jede Variante so brutal wie ihr Vorgänger.

»Menschen machen manchmal seltsame Dinge«, sagte sie. Plötzlich war ihr ganz schwummrig. »Aber wenn uns ein geliebter Mensch, wie Sie es formuliert haben, übel mitspielt, dann wird es sicher einen Grund gegeben haben.«

»Egozentrik«, sagte Mickey unverblümt. »Selbsterhaltungstrieb. Dafür sorgen, dass man selbst an erster Stelle steht. Das ist der Grund. Das ist alles, was es zu verstehen gibt.«

Nein. Nicht bei ihrem Vater. Arlo würde es beweisen, wenn nötig.

Sie schaute Mickey in die Augen und sagte: »Bei allem Respekt, da kann ich Ihnen nicht zustimmen.«

Tom Samsons persönlicher Sekretär stocherte gerade mit einer Gabel in seinem Blattspinat herum, als Arlo hereingestürmt kam und beide Hände flach auf seinen Schreibtisch legte. Sie hatte sorgfältig über ihren Gesichtsausdruck nachgedacht, sich für einen stählernen Blick und eine gewisse Leg-dich-nicht-mit-mir-an-Miene entschieden. Es sah so aus, als würde es funktionieren. Mit großen Augen rollte der Sekretär auf seinem Stuhl zurück und drückte die Salatschüssel an die Brust.

»Ich muss ihn sprechen«, sagte Arlo und deutete mit einem Nicken auf die Rauchglaswand hinter dem Schreibtisch des Sekretärs. Samson war da hinten, eine graue, menschenförmige Gestalt, die geduckt vor einem Computer saß. »Es ist dringend.«

Der Sekretär schüttelte den Kopf und brachte ein Geräusch durch einen Mundvoll Spinat hervor, das Arlo interpretierte als ein *Ganz sicher nicht*. Ein paar Quinoa-Körner regneten auf sein Hemd herunter.

»Ich geh einfach rein. Danke.« Arlo stürzte sich auf die Klinke und machte einen Schritt in Samsons Zimmer, geradewegs in eine Wolke aus Blumenduft hinein. Sie blieb abrupt stehen.

Der Anwalt blickte von seinem Schreibtisch auf und zog die Augenbrauen in die Höhe. Ein Ölzerstäuber neben ihm versprühte in regelmäßigen Abständen seinen Duft, während Instrumentalmusik aus Samsons Laptop waberte – Harfen, Flöten und Geigen, vage keltische Klänge. Die zarte Musik in Kombination mit dem Lavendelduft löste etwas aus in Arlo.

Am liebsten wäre sie auf dem Teppich zusammengesackt, um dort für immer in Embryonalstellung zu verharren.

Der Sekretär platzte hinter ihr herein. »Es tut mir wirklich leid, Mr Samson, ich konnte sie nicht aufhalten.«

Als Samson aufstand, war Arlos erster Gedanke, dass er unglaublich faltig aussah – nicht nur sein Gesicht, sondern seine ganze Erscheinung. Eine Ecke seines halb in die Hose gesteckten Hemdes schaute ihm aus dem Hosenlatz. Sie bemerkte, dass auf dem Sofa an der Wand ein Kissen und eine zusammengeknüllte Decke lagen.

»Schon gut, Dean«, beruhigte Samson seinen Sekretär.

Der Sekretär – Dean – warf Arlo einen Seitenblick zu und verließ das Zimmer. Mit einer Hand zog er die Tür hinter sich zu, mit der anderen stocherte er zwischen seinen Backenzähnen herum.

Samson nahm das Kissen und die Decke vom Sofa und ließ sie auf den Boden fallen. Er räumte einen leeren Take-out-Behälter vom Beistelltischchen, ein trübes Scotch-Glas und eine große Flasche Sojasoße.

»Entschuldige die Unordnung.«

Er zog einen Stuhl herüber und setzte sich drauf und bot Arlo mit einer vagen Geste das Sofa an. »Was kann ich für dich tun?«

Arlo versuchte, wieder ihre Leg-dich-nicht-mit-mir-an-Miene heraufzubeschwören. »Warum hat er das gemacht?«

Samson presste seine Lippen aufeinander. Er überlegte ganz offensichtlich, was er sagen sollte, aber das war Arlo absolut nicht recht. Sie war nicht hergekommen, um sich abfertigen zu lassen. Sie war hergekommen, um Antworten zu erhalten.

Menschen sind total einfach gestrickt. Das hatte ihre neue Patientin gestern gesagt. Aber das stimmte nicht. Menschen waren nicht einfach gestrickt. Ihr Vater zum Beispiel musste gute Gründe gehabt haben – gute, tiefe, entschieden un-einfach gestrickte Gründe –, Arlo aus seinem Testament zu streichen. Er hätte das niemals aus Eigennutz gemacht und schon gar nicht aus Trotz. Vielleicht hatte er es als Kompliment verstanden. Ja, das war es. Arlo war so eine starke, unabhängige Frau, dass sie gar kein Erbe brauchte.

»Meinst du –«

»Du weißt, was ich meine«, sagte sie.

»Ich kann nicht über die Angelegenheiten meiner Mandanten sprechen.« Er legte seine Fingerspitzen aneinander und verhielt sich plötzlich ganz professionell, trotz zerknitterten Anzugs und nackter Füße.

Das wollte Arlo so nicht hinnehmen. »Er ist zu dir gekommen und hat dich aufgefordert, es zu tun, oder? Er muss doch einen Grund genannt haben.«

»Damit würde ich meine Schweigepflicht verletzen.«

»Er *hat* es dir also gesagt.«

»Du bist doch Therapeutin. Du verstehst so was doch.«

Arlo empfand das als eine kleine Beleidigung. Warum sollte sie irgendwas verstehen? Die ganze Situation war völlig unverständlich. »Lass das.«

»Was soll ich lassen?«

»Davon auszugehen, dass du weißt, was in meinem Kopf passiert.«

»Ich geh von überhaupt nichts aus.«

»Du kennst mich nicht, okay?«

Samson verschränkte seine Finger und drückte so fest zu, dass die Knöchel weiß wurden. Sie hatte ihn gereizt. Gut. »Ich habe nicht gesagt, dass ich –«

»Und du hast auch meinen Vater nicht gekannt. Er war ... er war ...«

Arlo suchte nach einem passenden Adjektiv. Erinnerungen

waren in ihr hochgekommen, und ihre eine Hälfte war wieder fünf, und sie saß auf dem Schoß ihres Vaters vor einer Eisdiele. Dann ritt sie in Disneyland auf seinen Schultern. Dann standen sie an einer Achterbahn an, und später schlief sie an seiner weichen Baumwollschulter ein, während sie auf einen Umzug warteten. Die Fotos von diesem Ausflug waren alle verwackelt, doch sie hatten sie trotzdem behalten, hatten sie in die Plastiktaschen eines Albums mit kariertem Einband gesteckt.

»War er wütend auf mich?« Was für ein gewaltiger Gedanke. Er schlitzte sie auf, er drosch von innen auf sie ein. »Denn wenn er wütend auf mich war, verstehe ich einfach nicht warum.«

Samson legte sich die Hände auf den Bauch. Sie stiegen und sanken mit seiner Atmung. »Das Leben kann ganz schöne Scheißüberraschungen bereithalten«, sagte er leise.

Das Feuer, das Arlo in ihrem Brustkorb angefacht hatte, erlosch langsam. Hinter Samsons wichtigtuerischem Auftreten versteckte sich eine Mustergültigkeit, die sie nicht leugnen konnte. Er erinnerte sie an jemanden. Natürlich nicht an Hayden. Zunächst mal war Hayden in Arlos Alter. Er hatte einen Bart und einen Man Bun und machte Klimmzüge an einer Stange, die man am Türrahmen befestigen konnte.

»Aber du?«, sagte Samson. »Du kommst schon klar. Du bist noch jung genug.«

»Wofür?«, fragte Arlo.

Samson stand auf, und seine Knie machten ein leise knackendes Geräusch. Erst nachdem er das Zimmer durchquert und die Sojasoße in einem Mini-Kühlschrank hinter seinem Schreibtisch verstaut hatte, antwortete er. »Dich neu zu erfinden.«

Dann kam es ihr: Tom Hanks. Er erinnerte sie an den Tom Hanks in der Mitte der Nullerjahre, der gut aussehende, wenn auch leicht teigige Mann, der in einem Flughafenterminal strandet und sich in Catherine Zeta-Jones verliebt. Der Tom Hanks ihrer Kindheit. Ja, dieser Mann war unter seiner Schale zutraulich und weich. Er würde ihr helfen, wenn sie ihre Trümpfe richtig ausspielte.

»Wie ist dir mein Dad vorgekommen, als er die Änderungen vorgenommen hat? Sag mir zumindest das.«

Samson kam vor seinen Schreibtisch und schob sich die Hände in die Taschen. »Er stand kurz vorm Tod.«

Na danke, dachte Arlo. »Ja, das weiß ich.«

»Müde. Er kam mir müde vor.«

Arlo stemmte sich vom Sofa hoch und stellte sich neben Samson, wobei sie ihm so nahekam, dass sie die Mitesser auf seiner Nase zählen konnte. »Ich war jeden Tag im Krankenhaus.«

Samson wich zurück, bis er an die Schreibtischkante stieß. »Das wusste er bestimmt zu schätzen.«

»Hast du das schon mal für jemand gemacht? Ihn bis zum Tod gepflegt?«

»Als meine Mutter starb, war ich gerade seltsam drauf«, sagte Samson, hauptsächlich zum Boden. In kurzen Abständen schaute er hoch zu Arlo. Sie spürte, wie er langsam auftaute, in ihren Händen zu Ton wurde.

»Man gibt sich selbst auf«, sagte sie.

»Meine Schwestern waren ohnehin besser darin, sich um sie zu kümmern«, erklärte Samson. »Jemand zu pflegen ist … na ja, ich bin nicht gut in so was.«

»*Ich* schon«, sagte Arlo und versuchte, nicht zu sehr über patriarchalische Rollenzuweisungen nachzudenken. Endlich gewann sie an Boden. Samson würde jeden Moment die Wahrheit sagen. »Ich war großartig darin. Ich hab ihm vorgelesen, ihm die Zehennägel geschnitten und ihm die Füße eingecremt.«

Samson wand sich. »Das ist sehr ehrenhaft.«

»Ich hab ihn umgezogen und ihm die Zähne geputzt.«

Samson schluckte, sodass sein Adamsapfel ein-, zweimal auf und ab tanzte. »Wow!«

»Ich hab ihn gebadet. Komplett. Ich hab sogar darauf geachtet, seinen Hod–«

»Stopp – bitte.« Samson warf die Hände hoch. Sieg. »Ich hab etwas, das dir helfen könnte. Einen Moment.«

Arlo wartete, bis er das Zimmer verlassen hatte, bevor sie sich vorbeugte, den Kopf zwischen ihren Beinen hängen ließ und einen tiefen Seufzer ausstieß.

Es würde eine Erklärung für alles geben. Selbstverständlich würde es eine Erklärung geben! Ihr Vater war ein guter Mann. Nein, er war nie trocken geworden. Der Alkohol hatte sein Blut durchdrungen, seine Gehirnzellen und jede einzelne seiner Beziehungen, bis zum bitteren Ende, als die letzten gesunden Zellen seiner Leber zu Narbengewebe wurden. Aber das war nicht seine Schuld. Wenige Leute kämpften gegen eine Sucht und kamen siegreich hervor. Davon abgesehen hatte er Arlo zum Lachen gebracht. Er sang ihr lustige Lieder vor. Er schickte ihr zu jedem Valentinstag eine Rose und einen Teddy. Das alles wog die gebrochenen Versprechen, die Lügen und die klirrenden leeren Flaschen auf dem Boden seines BMWs auf.

»Warum hängst du da so kopfüber?«

Arlo schoss so schnell wieder hoch, dass sie Sternchen sah.

Samson war mit einem dampfenden Keramikbecher zurückgekommen, einer kleinen Karaffe Milch und ein paar Papiertütchen Zucker. Er stellte alles auf dem Tisch ab.

Arlo sank das Herz. »Ich dachte, du bringst mir geheime Unterlagen oder so was.«

»Das hier ist besser. Bengal Spice. Du weißt schon – der mit dem Tiger.« Er formte Daumen und Zeigefinger zu einem Kreis und küsste sie, um zu unterstreichen, wie lecker er den Tee fand. »Richtig guter Stoff.«

»Guter Stoff«, wiederholte Arlo langsam. Sie wusste nicht recht, was sie sonst hätte sagen sollen.

Samson musste etwas Düsteres in ihrer Miene wahrgenommen haben, denn sein eigenes Grinsen verschwand. »Du brauchst mich nicht, um zu erfahren, wer das Geld bekommen hat.«

Arlo bewegte sich langsam auf die Tür zu. Was für eine ungeheure Zeitverschwendung! »Hör zu, wenn du mir nicht helfen willst –«

»Du brauchst mich nicht, *weil du es nämlich schon weißt.*«

Arlo schüttelte den Kopf. Rätsel. Erst hatte er ihr Tee eingeschenkt, jetzt schenkte er ihr Rätsel ein.

»Ich schwöre dir«, sagte sie, »ich habe keine Ahnung. Ich habe nicht den blassesten Schimmer.«

»Abgesehen von deiner Mutter und dir – wen wollte dein Vater wohl sonst noch versorgt wissen? Komm schon. Das liegt doch auf der Hand.« Samson ließ sich aufs Sofa plumpsen und nippte an dem Tee, den Arlo nicht angerührt hatte. »Deswegen ist es ja auch so schwer zu akzeptieren.«

※ ※ ※

Deborah Kowalski gärtnerte gerne. Kürbis, Kohl, Zwiebeln, Erbsen, alte Tomatensorten – ihre Facebook-Seite war mit Fotos übersät, die nur so vor Rot, Grün und Gelb explodierten. Als Arlo runterscrollte, sah sie, dass Deborahs Freunde ähnlich ungeschminkte, wettergegerbte Sechzig- und Siebzigjährige waren. Sie gingen zum Wandern in die nahe gelegenen Berge und trafen sich in ihren Wohnzimmern zu Häkelabenden. Deborah war immer nur in einem von drei Outfits zu sehen: in einer cremefarbenen Stoffhose mit einem geblümten Top, in einem altbackenen braunen Wickelkleid oder in der Jeans, die sie zur Beerdigung von Arlos Vater angehabt hatte. Und immer, wirklich *immer* trug sie denselben Fischerhut.

Man hätte sich keine Frau vorstellen können, die Arlos Mutter unähnlicher gewesen wäre.

Arlo scrollte wieder nach oben und inspizierte das Profilfoto, eine unscharfe Nahaufnahme vor einem undefinierbaren Gewässer. Deborah war sonnengebräunt und fröhlich. Allem Anschein nach zu urteilen, war ihr Leben doch noch ganz gut geworden. Natürlich hatte ihre Ehe mit Arlos Vater – und deren Zerbrechen – eine hässliche Narbe hinterlassen. Aber das lag mittlerweile Jahrzehnte zurück. Sein Versuch, die Bilanz im Nachhinein auszugleichen, war ehrenwert, aber unnötig.

Sie machte eine neue Seite auf und googelte Deborahs Namen. Zu den Haupttreffern gehörte ein LinkedIn-Profil ohne Bild und Text, die Ergebnisse eines Halbmarathons von 2013, und der Link zu einem kleinen, feinen Friseursalon in einer Vorstadt. Arlo klickte darauf.

Deborah war also Friseurin. Sie war spezialisiert auf Färben und bot zehn Prozent Rabatt für Neukunden. Unter ihren persönlichen Informationen befand sich ein Button: *Jetzt buchen*.

Arlo sprang auf und ging zum Kühlschrank, wo sie in dem kleinen Spiegel an der Tür einen Blick auf sich erhaschte. Ihre Frisur war längst rausgewachsen, die Haare strähnig. Ein Haarschnitt würde eine, vielleicht zwei Stunden dauern: reichlich Zeit, um sich kennenzulernen und die Dinge zu besprechen.

Nein. Nein. Einfach so an Deborahs Arbeitsplatz auftauchen? Das würde Arlo nicht tun. Sie konnte es nicht. Auch wenn sie es wollte. Auch wenn sie das Geld verdiente und Deborah nicht. Wenn Arlo eines sicher wusste, dann, dass Deborah das Geld ihres Vaters nicht verdiente. Wo war Deborah denn gewesen, als die Ärzte anfingen, das Leberversagen ihres Vaters als *Endstadium* zu bezeichnen? Wo war Deborah denn gewesen, als sich ihr Vater zwei Beine gebrochen hatte bei dem Versuch, von einem Balkon in Las Vegas in den Pool zu springen? Wo war Deborah denn gewesen, als ihr Vater in einer Schneeverwehung vor einer Kneipe einschlief und drei Zehen verlor?

Arlo war die größte Beschützerin ihres Vaters gewesen. Sie hatte die verschiedenen Gemüsesorten für sein Mittagessen klein geschnitten und in einem riesigen Tupperware-Behälter vorbeigebracht. Sie hatte den Apotheker angerufen, um sicherzugehen, dass sie seine Tabletten nur in speziellen Blisterpackungen ausgaben. Sie hatte schon als Zehnjährige daran gedacht, Toilettenpapier zu kaufen und die Stromrechnung zu zahlen und ein Brathähnchen zum Abendessen mitzunehmen. Nicht Deborah. Deborah hatte überhaupt nichts gemacht.

»Keinen Finger hat sie gerührt«, murmelte Arlo anderthalb Stunden später, als sie mit der Schulter die Tür zu Diva Hair Designs Ltd. aufdrückte. Eine Folge von drei aufsteigenden Tönen bemühte sich, sich gegen den Song durchzusetzen, der aus den Lautsprechern an der Decke dudelte. Arlo erschrak: ABBA.

Deborah fegte gerade ein paar Haarsträhnen unter dem einzigen Friseurstuhl hinter dem Empfangstresen hervor.

Arlo hüstelte.

Deborah gab durch nichts zu erkennen, dass sie sie gehört hatte, denn sie sang weiter lauthals »Chiquitita« mit, während sie den Holzboden fegte. Es war ein kleiner Raum, der noch kleiner wirkte, weil er mit allem möglichen Krimskrams zugestellt war: Kerzen, Traumfänger und Regale, in denen Shampooflaschen und Salzlampen in drei Reihen hintereinanderstanden.

Arlo schlug leicht auf die Glocke, die einen blechernen, flüchtigen Ton von sich gab. Was für ein unglaublich mäßiger Kundenservice. »Deborah. *Deborah*.«

Als sie aufblickte, machte Deborah ein übertrieben überraschtes Gesicht, um dann ihren Besen gegen die Wand zu lehnen und hinter den Tresen zu stürzen. »Tut mir leid! Ich hab nicht gesehen … oh.« Sie lächelte mit so aufrichtiger Wärme, dass sich Arlos Zehennägel in den Stiefeln aufrollten. »Du bist es. Hallo, Schätzchen!«

Arlo durchlief ein Schauder. *Schätzchen* war ein liebevoller Kosename. *Schätzchen* bedeutete eine Nähe und Zuneigung, die sie nicht wollte. Sie war nicht hierhergekommen, um sich beglucken zu lassen. Sie war hierhergekommen, um zu begreifen, wie Deborah so viel Geld von einem Mann annehmen konnte, mit dem sie fast drei Jahrzehnte lang nicht gesprochen hatte. Wie konnte sie diesen Diebstahl vor sich selbst rechtfertigen, dieses grobe Unrecht?

Doch statt der würdevollen Rede, die Arlo geistig vorbereitet und auf der Herfahrt immer wieder geprobt hatte, brachte sie nur heraus: »Er hat sich für uns entschieden.«

Deborah zuckte ganz leicht zusammen, als hätte sie einen winzigen Peitschenschlag bekommen.

Arlos Magen machte einen Satz. Hatte sie das wirklich gerade gesagt? *Er hat sich für uns entschieden*? Das war die Art von Äußerung, die eine wütende Jugendliche ausstieß, bevor sie in ihr Kinderzimmer stampfte –

Doch in Deborahs Augen sah man eher Mitgefühl als Gekränktheit. »Ich glaube, du könntest einen Haarschnitt brauchen.« Sie nahm einen Friseurumhang aus einer Schublade und schwang ihn durch die Luft wie ein Torero. »Olé, olé!«

Arlo zögerte. Die Aussicht, Zeit allein mit dieser sehr quirligen, sehr blonden Frau zu verbringen, erschien ihr plötzlich gar nicht mehr attraktiv. Zehn Sekunden nach Beginn ihrer Begegnung hatte Arlo sich schon blamiert. Was tat sie hier überhaupt? »Oh … ich …«

Deborah wies mit einem kurzen Nicken auf den Friseurstuhl. »Geht aufs Haus.«

»Nein danke.«

»Na komm schon, Schätzchen.«

»Ich kann wirklich nicht.«

Deborah blickte zur Decke. »Weißt du was? Warte mal kurz. Ich muss schnell andere Musik anmachen, sonst werde ich wahnsinnig. Es gibt ein paar alte Schachteln, die ABBA einfach vergöttern. Ich meine – manche von ihren Songs haben mir auch gefallen. Aber ihre Klamotten, die haben mir wirklich gefallen. Ist das peinlich? Du weißt schon – diese Stiefel, die Schlaghosen, die Minikleider mit den Katzen drauf. Weißt du, welche ich meine? Aber wahrscheinlich bist du zu jung dafür.«

Sie fummelte an einem alten grünen iPod herum, wobei sie unablässig quasselte und quasselte. Arlo wurde von einem Moment auf den anderen von Schwindelgefühl und einer Art Lähmung befallen, wie eine Fliege, die von einer Spinne eingesponnen wird.

»Meine Generation hatte es wirklich gut. Was habt ihr Jungen heutzutage? TikTok? Taylor Swift? Obwohl, die stört mich gar nicht so. Ich mag, dass sie ihre eigenen Lieder schreibt. Und sie hat tolle Haare, eine tolle Naturwelle. Sie glättet sie natürlich, weil alle Frauen das Gegenteil von dem Haar haben wollen, das sie haben. Das erinnert mich an etwas, was meine Mutter immer gesagt hat …« Deborah redete immer weiter.

»Chiquitita« brach ab.

»Echt übel, wenn ein Elternteil stirbt, oder?« Plötzlich war Deborah hinter Arlo, und ihre kalten Fingerspitzen lagen auf Arlos Nacken. Sie machte den Umhang ein bisschen zu fest.

»Ich war beide Male ein völliges Wrack. Hey – möchtest du vielleicht ein bisschen Tee? Ich hab Bengal Spice, den mit dem Tiger.«

»Warum bieten mir immer alle Tee an?« Arlo war sich halb bewusst, dass sie eine Hand im Kreuz hatte, die sie auf den Friseurstuhl zuschob. Deborahs und ihr Spiegelbild füllten einen Spiegel, der von glitzernden Lichtern gerahmt war.

»Wahrscheinlich wollen sie, dass es dir besser geht. Was natürlich dumm ist. Entschuldige.«

Sobald Arlos Hintern die Sitzfläche berührt hatte, drehte Deborah den Stuhl um 180 Grad. Arlo starrte wie gelähmt in die Höhlen von Deborahs Nasenlöchern.

»Meine Eltern sind beide an Krebs gestorben. Meine Mutter hatte ihn in der Lunge – sie war eine starke Raucherin. Mein Vater hatte ihn in der Blase. Mein Vater ist schnell gestorben, aber meine Mutter – die war ewig im Hospiz, was natürlich bedeutete, dass ich auch ewig im Hospiz war. Das ist ein Vollzeitjob. Man muss ihnen vorlesen, sie füttern, im Bett waschen und all so was. Und dann ist es vorbei. Zack.«

»Zack«, sagte Arlo schwach.

Deborah nahm eine Schere aus ihrer Schürze, glättete Arlos Pony und begann zu schneiden. Arlo musste ein Niesen unterdrücken, als sie die abgeschnittenen Haare in die Nase bekam.

»Dein Vater hatte genau dieselbe Haarfarbe, als ich ihn kennenlernte.«

Erneut versuchte Arlo, ihre würdevolle Rede abzurufen, aber das Beste, was sie zustande brachte, war: »Was machst du mit dem Geld?«

Ihr Blickfeld verwischte, als Deborah den Stuhl wieder zurückdrehte. Eine Kindheitserinnerung an einen Jahrmarkt, den sie mit neun Jahren einmal besucht hatte, Neonlichter, helle

Farben, Attraktionen, von denen ihr schwindlig wurde. Viel Gekreische.

Deborah verstrubbelte Arlo den Pony mit ausdrucksloser Miene. »Mit welchem Geld?«

Arlo umklammerte die Stuhllehnen, um sich festzuhalten. »Vom Erbe meines Vaters.«

»Er hat mir nichts hinterlassen«, sagte Deborah, und zum ersten Mal schlich sich Bitterkeit in ihre Stimme, »obwohl es nett von ihm gewesen wäre.«

Arlo beobachtete sie genau im Spiegel. Sie fummelte nicht nervös herum oder blinzelte zu viel. Sie wurde nicht rot oder mied Arlos Blick oder zeigte sonst irgendwelche Anzeichen dafür, dass sie log. Deborah drehte lediglich den Kopf zur Schulter, um ein Gähnen zu verstecken. Während sich um ihre Friseurinnenaugen neue Fältchen bildeten, wurde Arlo klar, dass kein Mensch, der gerade fünfeinhalb Millionen Tacken kassiert hatte, so … fertig aussehen würde.

»Du meinst das im Ernst«, stellte Arlo fest, obwohl es als Frage gemeint war.

Deborah machte ihre Schere mehrmals auf und zu. »Schätzchen, ich bin zu alt für schlechte Scherze.«

Arlo betrachtete die Sammlung von Shampooflaschen und Haarsprays auf dem Tresen, die verschiedenen Lockenstäbe, den Stapel mit den Modezeitschriften – alles außer ihrem eigenen Spiegelbild. Es reichte schon, dass sie spürte, wie sie selbst errötete, sie musste es nicht auch noch sehen. »Etwas Merkwürdiges ist mit seinem Testament passiert. Er hat einen Batzen Geld beiseitegelegt für jemand, den ich … den wir nicht kennen.«

Deborah lachte finster. »Tja, dann hoffen wir mal, dass es nicht für Michelle ist.«

»Michelle.« Arlo fiel auf, dass sie den Namen noch nie laut

ausgesprochen hatte. Es hatte nie einen Grund dafür gegeben. Das andere Kind ihres Vaters hatte in seinem oder Arlos Leben keine Rolle gespielt.

»Sie ist deine …«

»Ich weiß, wer sie ist.«

Deborah nahm eine Handvoll von Arlos Haaren und schnitt zwei Fingerbreit ab. »Ich kümmer mich mal um deine kaputten Haarspitzen.«

»Danke, aber das ist nicht nö–«

»Man sollte die Macht von glatten Haarspitzen nie über-schätzen.« Deborah zog die Nase kraus. »*Unter*schätzen? Man sollte sie nie *unter*schätzen.«

Arlo schaute hilflos zu, wie sich Haarenden auf ihren Schul-tern sammelten. »Wo ist Michelle?«

Die folgende Stille war ein dunkles Nichts, ein endloser Tunnel, ein Wurmloch in eine andere Dimension. Mindestens zehn verschiedene Gefühlsausdrücke wanderten über Debo-rahs Gesicht.

»Weißt du es nicht?«, fragte Arlo.

Deborahs letzter Gesichtsausdruck ließ Angst erahnen.

»Du *willst* es nicht wissen.«

Deborah zuckte mit den Schultern.

»*Willst* du es wissen?«

Sie verbarg ihr Kinn einen Moment an ihrer Schulter.

»Deborah? Deborah.«

Als sie die Schere wieder in die Tasche steckte, zeichnete sich Resignation in ihrem Gesicht ab. »Es ist schwer, den Men-schen, die man liebt, Grenzen zu setzen.«

7

MICKEY

Im veganen Café in der Vitrine neben der Kasse war unappetitliches Hippie-Essen, Brokkoli-Quinoa-Häppchen und nicht gebackene Powerballs, jeweils zu einer einen Meter hohen Pyramide geschichtet. Mickey knöpfte sich die Strickjacke bis obenhin zu und bestellte einen Kaffee. »Starke Röstung«, sagte sie und ließ die Sonnenbrille herabgleiten, als sich das Licht der spätnachmittäglichen Sonne rücksichtslos durchs Fenster wälzte. »Und bitte nicht ganz voll machen.«

»Wollen Sie ihn bulletproof?«, fragte der Barista, ein Junge im Studentenalter, dessen trendig kantige Brille keine Gläser hatte.

»Was?«, fragte Mickey.

»Mit Butter.«

»Im Kaffee?«

»Keine Sorge – die Kühe wurden mit Gras gefüttert.«

»Jetzt versteh ich gar nichts mehr«, meinte Mickey.

Sie hatte ein anderes Universum betreten, eines mit Zitronengras im Blumentopf, hängenden Sukkulentenpflanzen und mit Kreide auf herzförmige Tafeln geschriebenen Dalai-Lama-Zitaten. Nachdem sie sieben Dollar bezahlt hatte, suchte sie sich einen Platz in der Ecke neben einem Trio von Mittzwanzigern, die gerade mit leuchtender Haut und Applewatches aus ihrem Yogakurs gekommen waren. Perfekt, dachte sie und schlug ihr Notizbuch auf. Sie machte ihren Kugelschreiber mit einem Klick schreibbereit und lauschte.

»Du bist nicht nachsichtig genug mit dir.« Eine der Yogis, ein Strich von einer Person, die lediglich einen Sport-BH trug, nippte etwas Gelbes, Schaumiges aus einer Tasse.

»Genau«, pflichtete ihr eine andere bei, die von Hals bis Fuß in einen eng anliegenden, orangen Sportdress gekleidet war. »Du trägst die ganze Zeit diese Unsicherheit mit dir rum. Und du versuchst es nicht zu ändern. Du … chillst nur, sag ich mal.«

Die mit dem Sport-BH nickte. »Du sitzt es aus.«

»Genau«, sagte das Verkehrshütchen. »Du sitzt deine Gefühle aus.«

Mickey notierte sich die Phrasen und gab ihr Bestes, um mit der Unterhaltung Schritt zu halten. So ein Debakel wie letzten Mittwoch in der Therapiestunde würde es nicht noch einmal geben. Nächste Woche würde sie die Sitzung mit so viel Psychologen-Sprech beginnen, dass sie jeden täuschen konnte.

»Danke, Mädels«, sagte die dritte Yogi, die mit dem Rücken zu Mickey saß: hoher Haarknoten, langer Hals. »Es ist eben schwer, dafür Raum zu schaffen. Aber ich glaube, ihr habt recht. Ihr könnt den Schmerz in der einen Hand halten und mit der anderen nach Ruhe, Frieden, vielleicht sogar …« Eine bedeutungsvolle Pause. »… Freude greifen.«

»Das ist so schön«, sagte der Sport-BH.

Mickey bekam schon Krämpfe in der Hand. Jackpot!

»Es geht darum, sein Bewusstsein zu erweitern«, sagte der Lange Hals. »Man könnte ständig zehn verschiedene Dinge fühlen …«

Eine Espressomaschine erwachte sprotzend zum Leben, und der Rest des Satzes ging im Lärm unter.

»Entschuldige«, sagte Mickey, nachdem der Lärm wieder aufgehört hatte, »könntest du das vielleicht noch mal wiederholen?«

Langer Hals warf einen Blick über die Schulter. Perfekte Augenbrauen. Wie nicht anders zu erwarten. »Wie bitte?«

»Das Letzte, was du da grade gesagt hast.« Mickey warf einen Blick auf ihre Mitschrift. »Nach ›sein Bewusstsein zu erweitern‹. Du hast gesagt: ›Man könnte ständig zehn verschiedene Dinge fühlen‹ … und den Rest konnte ich nicht mehr hören.«

Langer Hals glotzte sie wortlos an.

»Schreibst du da etwa unsere private Unterhaltung mit?«, wollte der Sport-BH wissen.

»Oh Gott«, kam es vom Verkehrshütchen.

»Schon gut – es ist zu Forschungszwecken.« Mickey wollte so tun, als würde sie einen Anruf bekommen, doch als sie ihr Telefon aus der Tasche zog, sah sie, dass sie tatsächlich gerade angerufen wurde. Von einer unbekannten Nummer. Die Lehrergewerkschaft? »Sorry, ich muss da kurz ran.«

Sie huschte mit ihrem Kaffee nach draußen, griff sich einen Stuhl und wischte nach rechts. »Hallo?«

Eine zittrige Stimme. »Ms Morris? Mickey?«

Während sie das Telefon zwischen Kinn und Schulter klemmte, zog Mickey den Plastikdeckel von ihrem Kaffeebecher und begann ihn mit Wodka aufzufüllen, der seinen Weg aus Mickeys Tasche in ihre Hände gefunden hatte. Halb fünf war ein bisschen früh für den ersten Drink, aber immerhin war es näher am Abend als am Morgen. »Ja?«

»Hier ist Chris. Der Onkel von Ian.«

Mickey brachte die Flasche wieder in die Senkrechte. »Oh. Hallo.«

Dann hörte man das unverwechselbare Gewimmer eines verstörten Kindes.

»Tut mir leid, aber ich wusste nicht, wen ich sonst anrufen sollte.«

✳ ✳ ✳

Krankheit lag über dem Haus und legte sich auf das nicht zu-sammengerechte Laub, den Gehweg, die Treppe voll mit Flyern und verschnürten Zeitungen. Und dazu Panik – ein Geruch, der unter der Eingangstür heraussickerte und Mickey ins Gesicht schlug. Ja, in diesem Haus war ein krankes Kind.

Auf ihr Klingeln öffnete niemand die Tür, also ging sie einfach hinein. »Hallo?«

Mit der Tür stieß sie gegen einen Haufen Schuhe – zum Großteil Männerschuhe –, die aus dem offenen Schrank gepurzelt waren. Feine Lederhalbschuhe, ein paar Sportschuhe mit Netzeinsatz. Ians Spider-Man-Turnschuhe.

»Chris?«, rief Mickey mit einem beklemmenden Gefühl in der Brust.

Es war kurz vor Sonnenuntergang, aber alle Lampen waren aus. Die einzige Lichtquelle im Zimmer kam von einem flackernden Fernseher, in dem ein Sportprogramm lief. Er war stumm geschaltet, die Lippen des Moderators bewegten sich geräuschlos. Mickey warf ihre Jacke aufs Ledersofa und legte ihre Handschuhe darauf.

An der Decke hörte man Schritte vom Obergeschoss. Irgendjemand ging dort auf und ab – wahrscheinlich in Panik über etwas, das gar nicht so schlimm war. Bestimmt hatte Ian einfach nur Magen-Darm. Mickey würde ihn kurz in die Arme nehmen, dem Onkel ein paar Tipps geben, und sich dann wieder in die Sicherheit ihres eigenen Lebens zurückziehen. Ganz einfach.

Sie ging hoch, wobei sie den verstreuten Socken und Legosteinen auf den Stufen auswich. Im oberen Flur brannte Licht, und Ians Rucksack lag geöffnet und entleert auf dem Boden wie ein ausgenommener Fisch. Mickey konnte Wasser rauschen hören und die murmelnde Stimme eines Mannes.

Sie fand Chris über das Waschbecken gebeugt, mit nacktem

Oberkörper, wie er sich gerade abwusch. »Oh Gott«, sagte er. »Oh Gott!«

Mickey blieb vor der Tür stehen, wo es nicht ganz so sehr nach Kotze roch.

Er zwängte seinen ganzen Kopf unter den Wasserhahn. »Oh Gott, oh Gott!«

Sie streckte eine Hand ins Badezimmer und stieß ihn zwischen den Schulterblättern an.

Mit einem Aufschrei warf sich Chris zurück in den Handtuchständer. Ein gerahmtes Bild von Peyton Manning klapperte an der Wand.

»Immer mit der Ruhe«, sagte Mickey. »Ich bin's.«

Erst wurde sein Gesicht von Wiedererkennen überschwemmt, dann von Dankbarkeit. »Gott! Sei! Dank! Ich bin so froh, dass Sie hier sind. Sie müssen mir helfen.«

»Alles gut, Mann«, sagte Mickey. »Entspann dich.« Irgendwie war es grotesk, Chris in dieser Situation noch zu siezen.

»Er übergibt sich die ganze Zeit. Jedes Mal, wenn ich denke, dass er fertig ist, und ich es schaffe, ihn wieder ins Bett zu bringen, dauert es ungefähr acht Minuten. Dann wacht er *wieder* auf und kotzt wirklich überallhin, bis in den letzten Winkel.« Chris deutete auf die Badewanne und das zusammengeknüllte Bettzeug, das darin lag. »Ich hab keine Laken mehr. Ich hab ihn jetzt in einen Schlafsack gepackt. Ich hab ihm einen Topf nebens Bett gestellt, aber so weit schafft er es nie. Als würde er nicht wissen, wie es geht.«

Sie musste sich bemühen, nicht zu lachen. Der arme Kerl war völlig überfordert.

Chris legte seine tropfnassen Hände auf Mickeys Schultern. Das Gewicht war … angenehm, beschloss Mickey. Auf eine seltsame Art angenehm. »Du musst mir helfen«, wiederholte er.

Sie konnte nicht anders, sie musste ihn anstarren. Seine

graublauen Augen, seine langen Wimpern, seine Wangenknochen. Seine Wangenknochen, oh Gott! Bei ihrer ersten Begegnung hatte sie ihn viel zu glatt gefunden. Aber so, mit blut-
unterlaufenen Augen und kurz vorm Wahnsinn und mehr als
nur ein bisschen lächerlich, fand sie ihn unwahrscheinlich,
übermenschlich gut aussehend.

»Du solltest den Wasserhahn abstellen«, sagte sie.

Ian nahm ungefähr fünf Prozent des übergroßen Bettes in
Chris' Zimmer ein. Mit rosarotem, glänzendem Gesicht warf er
sich hin und her in einem rutschigen grünen Schlafsack, dessen Reißverschluss bis unter seine Achseln zugezogen war. Er
stöhnte: Ein Geräusch, das schlimmer war als ein Zahnbohrer,
ein Zugunglück, ein einstürzendes Gebäude.

»Weißt du, was ich die ganze Zeit denken muss?«, fragte
Chris. »Was, wenn er Patient Null ist? Der erste Fall eines töd-
lichen Grippevirus, das sich in der Luft verteilt und neunund-
neunzig Prozent der Weltbevölkerung auslöschen wird?«

»Hör doch auf mit so einem Quatsch«, sagte Mickey und
legte den Handrücken auf Ians Stirn. Warm – viel zu warm.

»Und wenn er mich jetzt schon angesteckt hat?«

»Er ist dehydriert. Hast du ein isotonisches Getränk oder so
was?«

Chris ging hinaus und kam dreißig Sekunden später mit
einer ganzen Kiste orangem Gatorade zurück.

Mickey half Ian beim Aufsetzen und stopfte ihm ein paar
Kissen in den Rücken. »Hallo, Kumpel. Hier, trink mal ein bisschen was.«

Pflichtschuldigst nahm er einen Schluck, aber prompt kam
es wieder hoch. Gatorade regnete über den Schlafsack, die Matratze und Mickeys nackte Arme.

Ian schaute Chris aus verschlafenen Augen an. »Gehen wir
morgen trotzdem noch zum Basketballspielen?«

Chris wich langsam zurück, als wäre Ian ein gefährliches Raubtier. Feigling. »Mal schauen, Kleiner.«

Mickey zog den Reißverschluss auf bis zu Ians Knien. »So, das ist doch schon mal besser.« Sie drehte sich zu Chris um und versuchte, nicht zu tadelnd zu klingen. »Wolltest du ihn braten?«

»Ist er denn zu heiß?«, fragte Chris, der mittlerweile die Türschwelle erreicht hatte.

»Er ist schweißgebadet.«

»Tja, ich weiß nicht.« Er schob die Unterlippe vor. »Ich weiß überhaupt nichts.«

Nachdem sie Ian noch ein bisschen mehr Gatorade in den Mund geträufelt hatte, kippte Mickey das Fenster und fand einen mitgenommenen Stoffhasen auf dem Boden neben dem Bett. Sie rieb seine Nase an Ians Nase, bis er lächelte, dann legte sie den Hasen in seine Halsgrube. Seine Augenlider senkten sich flatternd.

»Woher wusstest du, was zu tun ist?«, fragte Chris ein paar Augenblicke später, als Mickey die Tür hinter ihnen zuzog. »Ist das so ein Frauending? Das muss ein Frauending sein.«

Mickey schluckte einen Kommentar über patriarchalische Geschlechternormen herunter. Um diesen gut aussehenden Mann musste sie sich jetzt nicht mehr kümmern. Ihre Arbeit hier war beendet. Jetzt konnte sie nach Hause gehen und …

»Möchtest du einen Drink?« Chris fuhr sich mit der Hand durch die Haare. »Mir ist definitiv nach einem.«

Der Likörwagen war schon schön, das musste man ihm lassen, mit den glänzenden Regalböden und glitzernden Flaschen. Doch am besten gefiel Mickey das Geräusch, das er machte. Das leise Klackern der Räder, als Chris den Wagen von der Wand zog. Das Klirren der Gläser, die Schulter an Schulter daraufstanden. Dezent. Harmonisch.

»Ich hab nicht oft Gesellschaft, deswegen ist dieses Ding hier noch ziemlich voll.« Er griff zwei Gläser vom unteren Regal. »Eis?«

»Nein, nie«, erwiderte Mickey.

Sie setzte sich auf das große Ledersofa und zog die Beine unter ihren Körper. Chris hatte den Fernseher ausgeschaltet und eine Lampe in der Zimmerecke angeknipst, sodass der Raum in ein bernsteinfarbenes Dämmerlicht getaucht wurde. Draußen hatte es angefangen zu regnen.

Chris reichte ihr zwei Fingerbreit Scotch und setzte sich ans andere Ende des Sofas. »Ich hatte eine höllische Woche.« Er arbeitete im Finanzwesen, irgendwas mit Wertpapieren. Mickey verstand die Einzelheiten nicht und machte sich auch nicht die Mühe nachzufragen. Interessanter als seine Tätigkeit fand sie die Art, wie er darüber redete: in gequälten Ausbrüchen, die Worte quollen nur so aus ihm heraus.

»Diese Woche hab ich es endgültig gemerkt: Ich bin nicht fürs Vatersein gemacht.«

»Du hast doch noch Zeit.« Mickey schätzte ihn auf sechsunddreißig, siebenunddreißig, dieses Alter, in dem ein Mann sowohl Status als auch Jugend hatte. Einen Likörwagen und eine funktionierende Leber. »Du könntest das schon. Du strahlst eine Art Vater-Energie aus.«

Er schnupperte an seinem Glas. Er hatte die Angewohnheit, das Glas direkt vor sein Gesicht zu halten, als wollte er sich dahinter verstecken. »Nein, ganz bestimmt nicht.«

»Du hast ihn ›Kleiner‹ genannt.«

»Was?«

»Du hast Ian ›Kleiner‹ genannt.«

»Nein, hab ich nicht.«

»Oh doch, hast du.«

»Unmöglich«, sagte er. Wurde er gerade rot?

»Ich hab's gehört. Und hab mir gedacht: Ist dieser Typ fünfzig oder was?«

Ein Muskel an seinem Kiefer zuckte, und Mickey wurde klar, dass sie ihn beleidigt hatte. »Sorry«, sagte sie.

Chris winkte ab. »Ich kann mir mich nur schwer als Vater vorstellen. Ich hatte selbst nie wirklich einen.« Er ließ das Glas sinken, sodass man seine gerunzelte Stirn sehen konnte. »Meiner ist ziemlich früh abgehauen.«

»Meiner auch.« Mickey nahm einen manierlichen kleinen Schluck von ihrem Scotch. Sie versuchte, ihr Glas nicht vor Chris leer zu trinken, aber er war zum Händeringen langsam.

»Dann verstehst du das ja. Es geht nicht darum, dass ich glaube, ich wäre ein guter oder schlechter Vater. Vorstellung überhaupt ist … unmöglich.«

Als Chris in der Mittelstufe war, war seine Mutter von einem Typen namens Steve schwanger geworden, der als Vertreter von Abnehmpillen von Tür zu Tür zog. »Der war auch nicht besser. Er war scheiße zu meiner Mutter und scheiße zu Evie. Vielleicht ist sie deshalb so geworden.« Als Heranwachsende war Evie ständig bei irgendwas erwischt worden – wie sie Amphetamine an ihre Schulkameraden verkaufte oder Lidschatten im Einkaufszentrum mitgehen ließ. Sie hatte Ian mit fünfzehn auf die Welt gebracht. »Im Juni sind sie hier mit Sack und Pack aufgetaucht. Sie meinte, es wäre nur für einen Monat, höchstens zwei.«

»Das ist eine starke Leistung, sie einfach so bei sich aufzunehmen«, meinte Mickey.

»Damals hab ich gar nicht drüber nachgedacht, was wirklich dumm von mir war.« Er schaute über die Sofalehne auf sein schummrig beleuchtetes Zuhause. »Aber meine Wohnung hat sich ganz schön leer angefühlt, nachdem meine Ex ausgezogen ist.«

Ein ziehendes Gefühl befiel Mickeys Bauch. Sie hatte Chris als jemanden eingeschätzt, der ein Date nach dem anderen hatte, aber vielleicht hatte sie sich getäuscht. Vielleicht hatte er seine Ex-Freundin wirklich geliebt. Vielleicht hatte er ihren sportgestählten, knapp-1,80-Körper mit der mühelos makellosen Haut vergöttert, so wie ihre durch und durch komischen Witze. Wahrscheinlich waren sie gemeinsam auf Langstreckenläufe gegangen und hatten hinterher zusammen komplizierte Gerichte gekocht. Und hatten nicht weniger als viermal in der Woche Sex.

Mickey gestattete sich einen Schluck. »Was machst du jetzt?«

Chris starrte in sein Glas. »Evie kommt wieder zurück. Und meine Mutter kommt vielleicht nächste Woche zum Helfen runtergeflogen. Also … es kommt alles in Ordnung, keine Sorge.« Er wiederholte es leise, als würde er mit sich selbst sprechen: »Es kommt alles in Ordnung.« Als er aufblickte, spiegelte sich in seinen Augen das Licht der Lampe, und seine Iris war einen Moment lang richtig golden. »Das wollte ich noch fragen: Hast du Ärger bekommen, als du ihn neulich Abend nach Hause gebracht hast?«

Mickey bekam ein bisschen Scotch in den falschen Hals und hustete Feuer. »Warum?«

»Jemand von der Schule hat angerufen«, sagte Chris.

Die Hosenanzugfrau, dachte Mickey bitter. »Ich wurde beurlaubt. Vorläufig.« Sie hustete erneut. Irgendetwas in ihrem Inneren löste sich, verstopfte Kanäle wurden wieder frei. »Aber ich find schon eine Lösung. Da hab ich gar keinen Zweifel. Und finanziell … ich komm schon klar.« Scheiß doch auf alles. »Ich bin neulich zu einem ganzen Haufen Kohle gekommen. Besser gesagt, ich *werde* zu einem ganzen Haufen Kohle kommen, sobald ich meine Therapie abgeschlossen habe.«

Eine Falte erschien zwischen Chris' angenehm buschigen Augenbrauen. »Sobald du *was*?«

Mickey erzählte, was mit dem Anwalt passiert war und alles, was er ihr über das Testament gesagt hatte. Die ganze elende Geschichte kam mit überraschender Leichtigkeit aus ihr heraus, vielleicht, weil Chris aufrichtig interessiert wirkte. Je mehr sie erzählte, desto größer wurden seine Augen.

»Wow«, sagte er, als sie fertig war. »Fünfeinhalb Millionen?«

»Jupp«, sagte Mickey.

»Aber du musst zuerst diesen … diesen Kram hinter dich bringen.«

»Jupp.«

Er lehnte sich zurück und schwieg einen Moment. »Das ist ja echt gestört.«

»Und *wie* das gestört ist«, sagte Mickey, die sich zutiefst bestätigt fühlte. Endlich jemand, der sie verstand. »Danke.«

»Hast du schon angefangen?«

Mickey fiel die erste Sitzung wieder ein, und sie stöhnte.

»*So* gut gleich, hm?«, fragte Chris.

»Sie hat die ganze Zeit darüber geredet, was meine Ziele sind«, sagte Mickey, wobei sie mit derselben selbstgerechten Verärgerung vibrierte, die sie in diesem dämlichen kleinen Zimmer empfunden hatte. »Was meine Werte sind, was ich erreichen will. Ich find das total anmaßend. Warum sollte ich irgendwas erreichen wollen? Mir geht's gut. Ich zahle meine Steuern. Ich halte bei Rot an. Ich bereite niemandem Ärger.«

Chris hob sein Glas, um ihr zuzuprosten. »Du hast absolut recht.«

»Und wenn ich mit niemandem was zu tun haben will, ist das doch meine Sache.« Besser, sich die Enttäuschung zu ersparen und jeder persönlichen Bindung von vornherein aus dem Weg zu gehen. Ihr Vater war schließlich nie mit einem Nusskuchen vor der Tür aufgetaucht. Es hatte keine Gelegenheit gegeben, ihm von ihrem Leben oder ihren Schützlingen oder sonst irgendwas zu erzählen. Seine Augen waren nicht feucht geworden, als er einen Schritt zurücktrat und die Frau bewunderte, die sie geworden war. Nichts davon war passiert, weil ihr Vater letztendlich doch nur ein weiteres Arschloch in einem Meer von anderen Arschlöchern war. Aber das hatte die Therapeutin nicht gelten lassen wollen. »Stimmt's?«

Chris sah aus, als wäre er seinerseits in Gedanken versunken. »Meine Schwester«, sagte er und schüttelte kläglich den Kopf. »*Meine Schwester*. Ich meine – ist das zu fassen? Hat mich einfach mit ihrem fünfjährigen Sohn allein gelassen.«

»Genau genommen hat sie ihren fünfjährigen Sohn mit dir allein gelassen, nicht umgekehrt.«

»Ich habe keinen Schimmer, was ich hier tue.«

»Da muss ich dir recht geben.«

»Er ist wie eine fremde Art.«

Chris war damit nicht weit von der Wahrheit entfernt. Kinder waren kategorisch anders als Erwachsene. Eine andere Lebensform: klebrig, laut, wild. Gut. Dass Mickey so gerne Zeit mit ihnen verbrachte, war nicht so sehr auf Mutterinstinkte zurückzuführen als vielmehr auf Überlebensinstinkte. Wenn sie mit Kindern zusammen war, fühlte sie sich immer, als würde sie vor einem Feuer sitzen. Das alles sagte sie mit etwas schwerer Zunge.

Er legte den Kopf auf die Seite. »Das war echt deep, weißt du das?«

Mickey musste lachen. Manchmal klang er wirklich wie ein verpeilter Surfertyp.

»Ich mein das ernst. Du bist weise. Die Weisheit strahlt richtig von dir ab.«

»Na ja«, meinte Mickey.

Sie warf einen Blick nach draußen, wo es inzwischen Nacht geworden war. Die Straßenlaternen gaben ihren Schein nach unten ab, riesige Lichtnetze, die die Windschutzscheiben der Autos, Asphaltflächen und gemähte Rasenstückchen beleuchteten.

»Aber ist das denn eigentlich wirklich so schlimm?«, hakte Chris nach. »Sieben Sitzungen insgesamt? Stell dir doch einfach vor, du würdest ... 300 000 Dollar pro Sitzung bekommen.«

»Hast du das gerade im Kopf ausgerechnet? Ich bin beeindruckt.«

Er rutschte auf seinem Sitz herum und kam ihr so nah, dass sein Knie das ihre berührte. »Wovor hast du Angst?«

Mickey dachte an die Flasche in ihrer Tasche und überlegte, was dieser Mann wohl dazu sagen würde. Was er zum Beispiel gesagt hätte, wenn er gesehen hätte, wie sie sich heute um vier Uhr nachmittags einen üppigen Schuss Wodka in ihren Kaffee gegossen hatte? Wenn er gesehen hätte, wie sie verstohlene Schlücke im Bus genommen hatte? Würde er einen Witz machen und es abtun, nur um sie hinterher besorgt anzuschauen? Und, was noch viel wichtiger war: Warum kümmerte sie das?

»Vor nichts«, sagte sie. »Ja. Vor gar nichts.«

8

ARLO

Es gab siebzig Michelle Kowalskis auf Facebook, einund-
dreißig auf Instagram und neunzehn auf TikTok. Die jüngste
war sieben, die älteste vierundsiebzig. Sie arbeiteten als Kin-
dermädchen, Ärztinnen, Barkeeperinnen, Maniküristinnen,
Milchbäuerinnen, Klempnerinnen, Reinigungsangestellte und
Buchhalterinnen. Sie wohnten in Portland, Dublin, Danzig,
New Jersey, Chennai, Winnipeg, Iowa City und Kapstadt. Michelle Kowalski, Michelle Kowalski, Michelle Kowalski. Die
Welt wimmelte nur so von ihnen.

»Erzähl mir von diesem nächsten Herrn«, sagte Punam, die
die Liste mit Arlos Patienten durchging. Sie saßen sich in einem
kleinen Besprechungsraum der Praxis gegenüber, zwischen
ihnen eine mittlerweile leere Teekanne.

»Er ist ... ähm ...« Arlo verkleinerte rasch das Facebook-
Fenster, rief den Ordner auf ihrem Desktop auf, in dem sie ihre
Falldokumentationen speicherte, und scrollte durch die Fallge-
schichte. »Er ist ein ehemaliger Turner. Auf nationalem Niveau.
Letztes Jahr PTBS-Diagnose. Er hat eine Missbrauchsvorge-
schichte, emotional und verbal.«

»Von Trainerseite?«

»Selbstverständlich.«

»Ich hab früher viel mit Schwimmern gearbeitet«, sagte
Punam. »Andere Sportart, gleicher Mist. Ich finde in solchen
Fällen die ACT ganz hilfreich, die Akzeptanz- und Commit-
ment-Therapie.«

Arlo war mit der ACT vertraut. Sie hätte Punams Erläuterung nicht gebraucht. Doch bevor Arlo protestieren konnte, hatte Punam losgelegt, und war schon mitten in einem Vortrag über funktionale Verhaltenstherapie. Dieses Mentorenarrangement war ja ganz nett, fühlte sich oft aber völlig unnötig und irgendwie erniedrigend an.

»Der Schlüssel steckt wirklich in der Vorstellung vom Selbst als Kontext«, sagte Punam.

»Das Selbst als Kontext«, wiederholte Arlo andächtig, während sie Facebook wieder aufmachte. Wenn man den Suchergebnissen glauben wollte, wohnte nur eine einzige Michelle Kowalski in einem 150-Kilometer-Radius. Jemand mit einem gemalten rosaroten Handabdruck als Profilbild. Andere Bilder gab es nicht auf der Seite, nur ein paar Kommentare von 2009, als ihr acht Leute zum Geburtstag gratuliert hatten.

Über den Tisch dozierte Punam weiter. »Das beobachtende Selbst. Das ist eine ganz andere Perspektive, die sich um die Frage dreht: ›Wenn ich selbst etwas bemerke, wer ist dann fürs Bemerken zuständig?‹«

Arlo nickte ununterbrochen und nahm gelegentlich Augenkontakt auf, um Interesse zu heucheln.

Auf Michelles Facebook-Profil waren unter der Rubrik »Info« ihre Lieblingsfilme aufgeführt (*Die Royal Tenenbaums*, *Doktor Schiwago*, *Snatch*) und ihre Lieblingsbands (Modest Mouse, The Shins, Joni Mitchell). Sie klang nach einer, die Schallplatten sammelte und ihre Zigaretten selbst drehte.

Punams Stimme wurde lauter und leiser, als würde sie durch statisches Rauschen im Radio sprechen. »... den Kontakt mit dem gegenwärtigen Moment ermöglichen ... sich innerlichen und äußerlichen Erlebnissen zuwenden ... einen transzendenten Sinn für sein Selbst zu entwickeln ...«

Arlos Gedanken kreisten um verschiedene mögliche Versionen von Michelle. War sie obdachlos? Saß sie im Gefängnis? Drogensüchtig? Obwohl Deborah keine näheren Angaben zu den Dämonen gemacht hatte, mit denen ihre Tochter zu kämpfen hatte, wäre Arlo nicht überrascht, wenn Michelle richtig krasse Probleme hätte. Sich-irgendwo-in-einer-billigen-Pension-verkriechen-und-Klebstoff-aus-einer-Papiertüte-schnüffeln-mäßige Probleme. Schlimm genug, dass ihr Vater sich gezwungen sah, Arlo ihres rechtmäßigen Erbes zu berauben und es stattdessen Michelle zuzuschustern.

Aber warum denn alles? Musste er ihr wirklich gleich alles geben?

»Hast du jetzt ein paar Ideen, wie du ansetzen kannst?« Punam faltete die Hände und lehnte sich zurück.

Arlo blinzelte zum gefühlt ersten Mal nach mehreren Minuten. Der Vortrag war offenbar zu Ende. »Ja, definitiv.«

Zwei Grübchen erschienen rechts und links von Punams Lächeln, zwei Einbuchtungen, die gerade tief genug waren, um einen kleinen Finger hineinzubohren. Manchmal malte sich Arlo in Gedanken aus, wie sie das tat – Punam einen Finger ins Gesicht zu bohren.

»Last but not least haben wir …« Punam schaute ans Ende der Liste. »Mickey Morris?«

Arlo erinnerte sich an die blonden Haare der Frau, ihren rosa Lippenstift und ihre offensichtlichen Bindungsprobleme. »Wir haben erst eine Sitzung gehabt, und was ich bis jetzt sehen kann, ist eine große Angst, anderen Menschen zu nahe zu kommen. Eine von diesem Lehn-die-Welt-ab-bevor-sie-dich-ablehnt-Typus.«

»Und, wie sieht dein Plan aus?«

Arlo leckte sich über die Lippen, die sich gesprungen anfühlten. »Mein Plan?«

Wieder diese Grübchen.

»Dein Interventionsansatz«, verdeutlichte Punam.

»Ich … ähm … hab mich noch nicht entschieden.« Arlo verspürte einen Stich von Panik. Sie war zu beschäftigt gewesen mit Samson und Deborah und den hypothetischen Michelles, um zum Planen zu kommen. Nicht, dass so viel Planung nötig wäre. Mickey Morris war auf Arlos Schreibtisch gelandet wie ein säuberlich verpacktes Paket. Sie musste nur noch das Klebeband abziehen, das Papier zurückschlagen und die Seitenteile hochklappen. Kinderleicht.

Punams Lächeln verschwand. »Du kommst mir zerstreut vor.«

Arlo spürte, wie sie in sich zusammenschrumpfte, als sich Punams stark geschminkte Augen in sie bohrten. »Ich bin nicht zerstreut.« Sie klappte ihren Laptop zu. »Ich bin ganz hier.«

»Ich wollte dich schon die ganze Zeit fragen, wie es dir geht.«

Arlo schnürte es den Brustkorb zusammen. Hoffentlich lief das nicht auf das hinaus, was sie befürchtete.

»Wegen des Prozesses«, fügte Punam hinzu, und ja, da war es auch schon. Da war *sie*. Laura. Die freundliche, rührende, chronisch depressive Laura. Laura, die die Geburtstagsfeiern ihrer Freundinnen in einem besonderen Notizbuch aufzeichnete und Dankeskarten in geschwungener Schönschrift schickte. Arlo hatte noch ein paar davon in ihrer Schreibtischschublade. Sie holte sie ab und zu heraus und fuhr mit den Fingerspitzen über die unregelmäßige Oberfläche des selbstgeschöpften Papiers. *Danke für alles*, stand auf einer. *Du hast mir echt das Leben gerettet.*

Arlo schoss in die Höhe und ging zum Fenster, wobei ihr das Herz in der Kehle flatterte. Sie hatte genug von diesem Tisch, von diesem Zimmer. »Was genau meinst du?«

»So etwas zu verarbeiten, ist nicht gerade das Einfachste.«

Doch Arlo hatte es bereits verarbeitet. Sie hatte reflektiert, reframed, war jedes ihrer Therapiegespräche noch einmal durchgegangen und zu dem Schluss gekommen, dass ihre Rolle in Lauras Geschichte sich mit fünf kurzen Worten zusammenfassen ließ: »Es war nicht meine Schuld.«

Punams Stimme war weicher geworden, als sie zu Arlos Rücken sprach. »Niemand hat jemals Schuld. Das weißt du.«

Arlo schaute dem abendlichen Berufsverkehr zu, diesen ganzen normalen Menschen, die von ihren normalen Arbeitsplätzen nach Hause fuhren. Was machte für einen Ladeninhaber einen schlechten Tag aus? Geringe Umsätze? Und für einen Buchhalter oder einen PR-Beauftragten? Für die bedeuteten schlechte Tage Zahlen, die nicht aufgingen, abgeschickte Mails mit Rechtschreibfehlern. Doch Arlo war sich ziemlich sicher, dass niemand von diesen Leuten bei der Arbeit jemals die Schuld an einem Todesfall zugeschoben wurde.

Sie drehte sich vom Fenster weg. »Du bist eine großartige Therapeutin, Punam, aber du bist nicht meine Therapeutin.«

»Gehst du denn in Therapie?«, fragte Punam.

Arlo musste ein Lachen unterdrücken. Gott bewahre, dass irgendjemand sich mal auf ihre Seite stellte! »Ich bin doch freigesprochen worden, oder? Die Klage wurde abgewiesen. Ende, aus.«

»Siehst du? Das, genau das, meine ich.« Punam spießte die Luft mit ihrem Stift auf. »Genau das macht mir Sorgen. Es ist noch nicht vorbei. Es wird nie vorbei sein, solange du lebst. Diese Sache gehört zu dir, und wenn du sie nicht zumindest zur Kenntnis nimmst, wird sie gären. Glaub mir – ich weiß, dass ich im Laufe der Jahre bei mehr als nur ein paar Patienten Mist gebaut habe.«

»Aber ich hab doch gar keinen Mist gebaut.«

»Glaubst du das wirklich? Ganz unvoreingenommen gefragt.«

Arlo suchte in Punams Gesicht nach Missbilligung, fand aber nur Güte, was irgendwie noch schlimmer war. »Ich muss noch ein bisschen was vorbereiten für diese neue Patientin.« Sie wandte sich wieder dem Tisch zu und begann ihre Sachen zusammenzupacken, wobei sie darauf achtete, ihren Laptop langsam und vorsichtig in die Hülle gleiten zu lassen, statt ihn reinzuschieben und wegzurennen, wie sie es am liebsten getan hätte. »Das war dir ja wichtig.«

✱ ✱ ✱

»Aber es regnet doch«, sagte Mickey am nächsten Morgen, während sie einen Ellbogen auf den Empfangstresen stützte und sich die Sehnen in ihrem Hals spannten. Arlo konnte die Stresshormone geradezu riechen.

»Kein Problem.« Arlo zauberte die zwei Regenschirme hervor, die sie von zu Hause mitgebracht hatte: einen schwarzen, und einen rosaroten mit lila Punkten. »Welchen hätten Sie gerne?«

Mickey musterte mit gerunzelter Stirn die Regenschirme. »Ich kann mich nicht entscheiden.«

Arlo reichte ihr den rosafarbenen. »Der passt zu Ihnen.«

»Meinen Sie?« Mickey nahm den Griff des Schirms in die Hand. »Na ja, vielleicht schon.«

Die Stadt durchlief den schmalen Grat zwischen Herbst und Winter. Es war Mitte Oktober, der Himmel war bewölkt und die Kälte beißend. Wind wehte aus allen möglichen Richtungen durch die Straßen, ließ den Regen von der Seite kommen und wirbelte Blätter von den Gehwegen auf. Passendes Wetter für einen Moment der persönlichen Herausforderung und Veränderung, dachte Arlo,. Diese Exkursion war eine ihrer besseren Ideen.

»Warum eigentlich ein Spaziergang?«, wollte Mickey wissen, als sie losgingen.

»Heute findet in einem Bistro hier in der Straße eine Veranstaltung namens ›Plauder-Café‹ statt«, erklärte Arlo. Sie würden von einem Tisch zum anderen gehen und sich mit Fremden unterhalten – Speed-Dating für sozial Isolierte. Mickey würde das gar nicht gefallen, aber das war ja gerade der Sinn der Sache. Nach anfänglicher Scheu würden die Unterhaltungen und die Menschen und das Gefühl von Verbundenheit sie in beschwingte Stimmung versetzen. Arlo ebenso. Sie brauchte das heute.

»Vorher und hinterher bewertest du deine Laune, um zu sehen, welchen Effekt es hatte.« Arlo hatte Seitenstechen und massierte sich. Ihr schnelles Gehtempo hatte sich zu einem Fast-Joggen entwickelt, die Schaufenster und die dürren Pappeln nahm sie nur im Augenwinkel war. Sie war nicht sicher, wer von ihnen die Geschwindigkeit vorgab. »Es ist ein Experiment, nicht mehr.«

»Dieses Bistro ist aber nicht vegan, oder?«, fragte Mickey düster.

»Nein.«

»Ah, gut.«

Mickey ergab sich dem Ausflug achselzuckend und stufte ihre Laune bei vier von zehn Punkten ein, ungefähr das, was Arlo auch getippt hätte. Weniger erwartbar war das gemischte Publikum im Café: Jugendliche in hellen Baggyjeans, Punks mit Tattoos am Hals und stachelbesetzten Lederjacken, Mütter mit Babys, muskelbepackte Bodybuilder-Typen und ein alter Mann in einem hautengen T-Shirt mit der Aufschrift »Playa del Carmen«. Trotz ihrer Unterschiede hatten sie sich hier versammelt, um ein Gemeinschaftsgefühl zu kultivieren. Gab es etwas Profunderes?, fragte sich Arlo, während der alte Mann ihr ein zahnlückiges Grinsen zuwarf. Ihr ging schier das Herz über vor Liebe zu ihrem Nächsten.

Kurz darauf setzten sich Mickey und sie an einen freien Tisch, und eine von den Baristas ließ eine Glocke vorne im Lokal ertönen, was das Startsignal war.

Mickey versank in ihrem Sessel. Die üppigen Kissen schienen sie völlig zu verschlucken. »Moment – also, was soll ich hier jetzt noch mal machen?«

»Dich mit deinem Tischnachbarn unterhalten«, sagte Arlo und versuchte, nicht zu grinsen. Ihre neue Patientin war zynisch und streitlustig, doch Arlo würde ihre Mauern schon bald einreißen.

»Und worüber?«, fragte Mickey.

»Essen, Musik, das Wetter. Alles Mögliche.«

»Und was bringt mir das?«

Arlo erklärte ihr die Macht der oberflächlichen Unterhaltung, und dass sich die Belege dafür häuften, dass Small Talk Verbundenheit und Wohlbefinden förderte.

»Das ist ja interessant«, sagte Mickey matt. Was sie meinte, war: *Das ist doch alles Blödsinn, und du bist ein dummes kleines Mädchen, das nicht weiß, wovon es redet.*

Doch Arlo blieb ungerührt. Es war kein Blödsinn. Sie war weder klein noch dumm, und sie wusste sehr wohl, wovon sie redete. Sie hatte zur Vorbereitung dieser Exkursion sieben Forschungsartikel gelesen, inklusive zwei randomisierte kontrollierte Studien! »Was haben Sie zu verlieren?«

»Als Erstes: Was, wenn ich gar keine Verbindung zu diesen Menschen haben will?«, fragte Mickey mit einem Blick über ihre Schulter. »Was, wenn die alle ganz furchtbar blöd sind?«

Irgendjemand musste dieser Frau richtig übel mitgespielt haben. Oder vielleicht war es auch andersrum. Vielleicht rührte Mickey Misstrauen gegenüber Menschen von ihrem eigenen

Selbsthass her. An irgendeinem Punkt in ihrer Vergangenheit hatte sie sich schlecht gegenüber anderen verhalten, und jetzt betrachtete sie sich als eine böse Kraft in der Welt.

»Schauen Sie«, sagte Arlo, die vor Empathie fast anschwoll, »ich arbeite mit Menschen, die wirklich schlimme Dinge getan haben. *Richtig* schlimme. Höchst illegale, höchst unmoralische Dinge. Aber ein schlechter Mensch ist mir noch nie begegnet.«

Mickey machte die Augen sehr langsam auf und zu, was Arlo nicht unbedingt besonders ermutigend fand.

»Alle Menschen verdienen Mitgefühl«, fügte sie rasch hinzu. Jemand steuerte ihren Tisch an. »Jeder trägt eine angeborene Güte in sich. Glücklichsein ist eine universelle Erfahrung, aber Leiden ist es auch. Wir sitzen alle im selben Boot.«

»Den Schmerz in der einen Hand halten«, sagte Mickey trocken, »und mit der anderen nach der Freude greifen?«

Arlo war nicht sicher, was sie davon halten sollte. »Genau.«

Ein Typ im Anzug stellte seinen Kaffee auf den Tisch und ließ sich auf den dritten Sessel plumpsen. Glatt rasiert, Bolo Tie. Es war …

Es war Tom Samson, wurde Arlo mit einem scheußlichen Schlag klar. Der Anwalt.

Samson überkreuzte die Beine, entkreuzte sie wieder und überkreuzte sie dann andersrum. Er war noch blasser als sonst, er war geradezu entsetzt. Kein Wunder.

»Hallo«, sagte Arlo mit einem Anfall von Übelkeit. Sie würde ganz normal agieren. Sie würden ein paar Minuten freundlich plaudern, dann würde die Barista mit ihrer kleinen Glocke läuten, und sie würden alle mit ihrem Leben weitermachen wie gehabt. Da würde sie durchkommen. »Ich bin …«

»Sie sind's«, sagte Mickey und blickte Samson an.

Samsons Blick glitt langsam hoch von seinen Händen, und

sie tauschten einen Blick, der nach … Wiedererkennen aussah?

»Sie… Kennen Sie sich schon?«, fragte Arlo.

Samson schaute wieder auf seine Hände.

»Flüchtig«, sagte Mickey.

»Beruflich«, fügte Samson hinzu.

Ein kleiner furchtsamer Knoten zog sich in Arlos Magen zusammen. *Beruflich?* Was sollte das heißen? Er war Mickeys Anwalt? Es gab nicht allzu viele Erbrechtsanwälte in der Stadt, nahm Arlo an. Die Sache gefiel ihr nicht. Es gefiel ihr nie, wenn ihr berufliches und privates Leben sich überschnitten. Neulich hatte sie den ehemaligen Turner im Supermarkt entdeckt und sich für sage und schreibe vier Minuten hinter einer Cupcake-Auslage versteckt, damit ihr Patient sie ja nicht sah, während er starr auf die Regalwand mit den Brotlaiben schaute. Entscheidungen waren ihm immer schwergefallen.

Nach einem Augenblick verlegenen Schweigens stand Samson auf. »Vielleicht such ich mir einfach einen anderen Tisch.«

»Nein«, sagte Mickey in so scharfem Ton, dass der Anwalt fast zusammenzuzucken schien. »Bleiben Sie.«

Arlo konnte den Ausdruck, der auf Mickeys Gesicht entstand, nicht einordnen, aber er erinnerte sie an das Meme mit der Frau und den mathematischen Gleichungen, die um sie herumschwebten.

Samson setzte sich wieder. Dann starrten sie sich alle eine Weile an.

Arlo griff nach einer der Karteikarten, die in der Tischmitte gestapelt waren, und rüstete sich mit ein paar positiven Sätzen: Sie war eine erfahrene Therapeutin. Sie kam auch mit einer so ungünstigen Situation wie dieser zurecht. Alles würde gut werden. Sehr, sehr gut. »Wollen wir mit einem Stichwort anfangen?«

Mickey stützte einen Ellbogen auf ihr Knie, stützte das Kinn auf ihre Faust und lächelte zuckersüß. »Wir haben gerade gesagt, was für eine tolle Veranstaltung das hier ist. Finden Sie nicht auch?«

»Ja.« Samson nippte von seinem Kaffee. Milchschaum blieb ihm an der Oberlippe hängen.

»Wir sind gekommen, um die angeborene Güte in unseren Mitmenschen zu entdecken«, sagte Mickey. »Und Sie?«

Arlo war nicht sicher, worauf das Ganze hinauslief, aber es gefiel ihr nicht. »*Würdest du lieber in die Vergangenheit reisen und deine Vorfahren treffen*«, las sie laut von der Karte vor, »*oder in die Zukunft, um deine Ururenkel zu treffen?*«

»Ich wollte mal was Neues ausprobieren«, sagte Samson.

»Sie sind einsam«, stellte Mickey fest.

Samson knöpfte den obersten Knopf an seinem Hemd auf. Als eine Locke von schwarzem Brusthaar hervorquoll, fiel Arlo wieder der Morgen in ihrem Schlafzimmer ein, und der Flyer, den sie ihm gegeben hatte, mit Veranstaltungen für einsame Menschen. Anscheinend hatte er den Flyer nicht nur gelesen, sondern sich tatsächlich entschlossen herzukommen. Doch Arlo vestand nicht, warum Mickey so erpicht darauf zu sein schien, ihn deswegen zu piesacken.

»Haben Sie jemals darüber nachgedacht, warum Sie einsam sind?«, fragte Mickey, und wenn die Alarmglocken in Arlos Kopf nicht schon losgegangen wären, dann hätten sie jetzt laut gebimmelt. *Warum* war eine gefährliche Frage, die man am besten in den sicheren vier Wänden eines Sprechzimmers erörterte. *Warum* führte zu Zweifeln, Schuldgefühlen und Scham. *Warum* war ein Pulverfass.

»Wie bitte?« Der Schaum auf Samsons Oberlippe begann zu verschwinden.

»Es muss doch einen Grund dafür geben«, sagte Mickey.

»Niemand ist von Geburt an einsam. Wenn wir es jetzt sind, dann ist es das Ergebnis unserer eigenen Entscheidungen.«

»Wahrscheinlich«, meinte Samson. »Ja. Ja, stimmt.«

Arlo entdeckte ein Zittern in seiner Stimme und beschloss einzugreifen. Ihr fiel die Karte in ihrer Hand wieder ein. »Ich würde ganz sicher lieber meine Vorfahren treffen. Was meinen Sie? Mickey?«

Doch Mickeys Blick war fest auf Samson gerichtet. »Wollen wir uns das nicht mal ein bisschen näher anschauen? Sagen Sie – mit wem hatten Sie Ihr letztes Date?«

»Das müssen Sie nicht beantworten«, sagte Arlo zu Samson. An der Art, wie er sich zusammenrollte wie eine Garnele, sein Kinn auf die Brust drückte und die Schultern hochzog, sah sie ihm an, dass es ein heikles Thema war.

»Ihr Name?«, drängte Mickey.

»Sie hieß Lydia«, sagte Samson leise. »Heißt. Sie heißt Lydia.«

Mickey nickte. »Weiter. Erzählen Sie uns von ihr.«

»Sie ist Gastroenterologin«, sagte Samson. »Sie ist natürlich klug. Hübsch. Lustig.«

Arlo legte Mickey eine Hand auf den Ellbogen, in der Hoffnung, dass diese Geste nicht zu bevormundend war. Sie wollte Güte und Wärme und Zuwendung vermitteln, aber ihre Patientin musste verdammt noch mal mit diesem Mist hier aufhören.

»Medizin – das ist ein wirklich anspruchsvoller Beruf, oder?« Mickey schüttelte Arlos Hand ab. »Und, was ist dann schiefgelaufen?«

»Wir haben uns auseinandergelebt«, sagte Samson, was offenkundig gelogen war. Er lief rot an.

Mickey zog ein gespielt verwirrtes Gesicht. »*Tatsächlich?*«

»Ja«, sagte Samson.

»Hmmm«, machte Mickey.

»Was?« Dem armen Samson brach der Schweiß aus. »Ja, tatsächlich.«

Mickey lehnte sich zurück. »Okay.«

Schweigen breitete sich aus, und für selige fünf Sekunden dachte Arlo, dass es jetzt überstanden war. Sie hatte gerade die nächste Karte gezogen und wollte sie vorlesen, als Samson herausplatzte: »Okay. Ich hab sie betrogen. Ich hab's getan, ich hab sie betrogen.«

»Sie haben *was*?« Arlo konnte nicht anders, sie musste einfach nachfragen. Betrügen war an der Tagesordnung. Die Hälfte ihrer Patienten tat es. Aber Samson? Mit seinem Lavendelöl und seinem Tom-Hanks-Gesicht?

»Mit wie vielen Frauen insgesamt?«, fragte Mickey. »Kellnerinnen, Praktikantinnen?«

Arlo sah sie vor ihrem inneren Auge: eine lange Reihe von forschen jungen Frauen mit glatter Stirn und strahlendem Lächeln und minimaler Zellulitis. Frauen wie sie. Und plötzlich wurde ihr klar: Samson war ein Arschloch. Und sein Arschlochtum hüllte ihn so dick ein wie sein torfartiges Rasierwasser. Zuvor war ihr das nicht aufgefallen. Sie hatte mit ihm geschlafen, aber es war ihr nicht aufgefallen, weil sie ihn für einen wichtigtuerischen, aber letztlich doch weichherzigen Dummkopf hielt, während er in Wirklichkeit ein hinterhältiger Player war.

»Es war eine jüngere Kollegin, keine Praktikantin.« Samson machte für einen Moment die Augen zu. »Okay … es gab da auch mal eine Praktikantin.«

»Weil Sie ein Player sind«, sagte Mickey.

Samsons Lippe zitterte. »Bin ich nicht. Zumindest will ich das nicht sein.«

»Ein Frauenfeind«, fuhr Mickey fort. »Ein Narzisst.«

»Hören Sie auf.« Samson begann auf seinem Stuhl vor und zurück zu schaukeln.

»Ja – *hören Sie auf*«, sagte Arlo, ein bisschen beängstigt davon, wie verärgert Mickey gerade wirkte, wie rachsüchtig. Was versuchte sie, hier zu gewinnen?

»Und wissen Sie was?«, sagte Mickey. »Es ödet mich total an. Sie sind ein weiterer *dieser Männer*. Männer, die Frauen ihr ganzes Leben lang verarschen und dann, wenn sie das mittlere Alter erreicht haben, plötzlich allein aufwachen.«

Die Leute fingen an herüberzustarren.

»Männer, die die Realität nicht akzeptieren können …«

Samson leckte sich über die Schneidezähne, während Mickey redete, gleichzeitig atmete er hörbar durch die Nase aus. Er war ganz offensichtlich kurz davor, etwas zu tun – vielleicht würde er einen Wutausbruch bekommen oder sogar gewalttätig werden. Arlo blickte auf den gepunkteten Regenschirm, den Mickey auf die Armlehne ihres Sessels gelegt hatte und stellte sich vor, wie Samson ihn sich schnappte. Stellte sich vor, wie er ihn über seinem Kopf schwenkte wie eine Waffe und auf alles eindrosch, was nicht niet- und nagelfest war.

»… nämlich dass man erntet, was man sät.«

Samson ballte seine Hände zu Fäusten. Arlo war kurz davor, sich zwischen Mickey und ihn zu werfen – um Mickey vor dem bevorstehenden Schlag zu schützen –, als Samson eine Faust vor den Mund hob, sein Gesicht verzog und anfing zu weinen. Er weinte, wie Arlo noch nie in ihrem ganzen Therapeutenleben einen Mann hatte weinen sehen. Er vergoss große, dicke Tränen, die ihm über die Wangen liefen und dunkle Flecken auf dem Revers seiner Jacke bildeten. Er weinte so laut und holte dazwischen so zittrig Luft, dass es im Café ganz still wurde und die Leute sich um ihn scharten: die Bodybuilder, eine von den Müttern und die Barista mit ihrer kleinen Glocke.

Der alte Mann in dem Playa-del-Carmen-T-Shirt wirkte besonders besorgt.

Was auch immer Mickey sich von der Konfrontation erhofft hatte – ihren großen Augen und dem offenen Mund nach zu urteilen, war es ganz sicher nicht dieser Zusammenbruch gewesen.

»Wir gehen«, sagte Arlo entschieden und griff nach ihren Mänteln.

Sie saßen zusammen auf einer Parkbank auf der anderen Straßenseite und schauten einer vorbeiwatschelnden Kanadagans zu. Es hatte aufgehört zu regnen, und die Sonne kam langsam wieder raus, sodass die nassen Federn des Vogels glänzten. Er blieb stehen, reckte seinen langen Hals und fixierte sie mit drohendem Blick. Arlo hielt den Atem an. Sie war zu müde, um eine weitere Konfrontation zu erwägen – nicht mal für eine Gans hatte sie noch die Kraft.

»Tja«, sagte sie, nachdem der Vogel weitergewatschelt war und sie ausatmen konnte. »Das ist jetzt der Teil, wo ich Sie bitte, Ihre Stimmung ein zweites Mal zu bewerten.«

Mickey grub ihre Absätze in die Erde, wobei es ihr offensichtlich egal war, dass ihr der Matsch auf die Beine spritzte. Vielleicht lag es am Licht, oder vielleicht an der Tatsache, dass sie gerade einen erwachsenen Mann zum Weinen gebracht hatte, aber sie war ein bisschen grau im Gesicht, und ihre Mundwinkel waren zu einer trägen, fast katatonischen Grimasse heruntergezogen. »Zwei? Vielleicht eine Drei?«

»Also schlechter als vorher.« Ergab Sinn. Andere Menschen zu attackieren, brachte den Leuten selten die Befriedigung, die sie sich davon erhofften.

»Ich wusste, dass mir das nicht helfen würde«, sagte Mickey leise und starrte ins Nichts.

Arlo verspürte eine Welle der Empathie und des Wohlwollens für ihre Patientin. Sie war nicht sicher, woher das kam, diese Angewohnheit, Menschen am meisten zu mögen, wenn sie sich richtig mies verhielten, aber die Eigenschaft hatte ihr in ihrer Therapeutinnenlaufbahn immer gute Dienste geleistet.

»Woher kannten Sie den Typen?«

Mickey schien ihre nächsten Worte mit Bedacht zu wählen. »Er hat das Erbe meines Vater geregelt.«

»Verstehe«, sagte Arlo, während ein Feuerwerk in ihren Synapsen explodierte.

Sie wollte eine Million Fragen stellen. Wann war Mickeys Vater gestorben? Wenn es noch nicht so lange her war, hatte sie schon geweint? Was für eine Art von Beziehung hatten sie gehabt? Hatte Mickey ihn gepflegt, so wie Arlo? Hatte sie ihren Vater auch zwischen Dialyse und Physiotherapie hin- und herchauffiert, vom Endokrinologen zum Hepatologen, zum Ernährungsberater, zum Orthetiker, zur ambulanten Wundversorgung in die Klinik? Kannte Mickey auch den Gestank eines Liegegeschwürs Stufe drei?

Das alles würde warten müssen.

»Hat er Ihre Situation ... ausgenutzt?«, fragte Arlo, die Angst vor der Antwort hatte. Hoffentlich hatten sie nicht beide mit dem Anwalt geschlafen.

Mickey schnaubte. »Nein.«

Gott sei Dank, dachte Arlo.

»Er hat mir ein bisschen von seinen Problemen erzählt«, sagte Mickey und rieb sich mit den Händen übers Gesicht. »Dass er in Therapie geht.«

»Er hat sich Ihnen also anvertraut«, sagte Arlo. Sie beschloss, das Risiko einzugehen und ihrer Patientin eine unangenehme Wahrheit zu sagen: »Und Sie haben diese Information dann benutzt, um ihn öffentlich zu demütigen.«

Mickey atmete ausgedehnt und langsam durch die vorgeschobenen Lippen aus. »Jupp.«

»Und, hat's geholfen?«

»Nein, nicht wirklich.«

Mickey blickte Arlo für eine halbe Sekunde an, was Arlo als einen kleinen Sieg verbuchte. Ein schmaler Spalt hatte sich aufgetan – ein gekipptes Fenster zu Mickeys Innenwelt. Arlo würde es Stück für Stück weiter öffnen, Sitzung für Sitzung, bis sie hineinklettern konnte.

Die nächste Gans watschelte vorbei.

»Vor denen hatte ich schon immer Angst«, sagte Mickey und zog eine Grimasse.

9

MICKEY

Als Mickey am Freitagabend bei Chris vorbeigeschaut hatte, war sie geradewegs, ohne anzuklopfen – über das Stadium waren sie mittlerweile hinaus –, ins Wohnzimmer gelaufen. Ian saß im Schneidersitz einen Meter vor dem Fernseher und schaute *Peppa Wutz*. Er hatte wieder ein bisschen Farbe im Gesicht und übergab sich nicht mehr, was ein gutes Zeichen war.

Mickey ließ sich neben ihn auf den Teppich sinken. »Hey.«

Ian hob eine Hand zum Gruß, ohne die Augen vom Bildschirm zu nehmen. »Hey.«

Im Fernsehen ließen die Schweinekinder einen Drachen steigen. Wenn sie sich richtig erinnerte, würde sich der Drache gleich in einem Baum verfangen, und der Schweinevater musste die Äste hochklettern und ihn durch geschickten Einsatz seiner Hufe losschütteln. Das war fraglos die langweiligste Kindersendung aller Zeiten, und Mickeys Hass darauf brannte in den tiefsten Winkeln ihres Wesens.

»Gute Folge«, sagte sie.

Ian zuckte mit den Schultern.

»Wie viel Fernsehzeit bekommst du gerade so?«

»Zu viel.«

Mickey hatte Chris' Einladung zum Abendessen angenommen, weil sie sich noch Sorgen um Ian machte, aber auch aus praktischen Überlegungen heraus. Sie hatte alle Läden der Umgebung leer gekauft, die Mikrowellengerichte im Sortiment hatten, und war mittlerweile auf Toast und/oder Cornflakes als Mahlzeiten umgeschwenkt. Der nächste große Supermarkt war nur eine kurze Busfahrt von ihrer Wohnung entfernt, doch schon der Gedanke daran, aufzustehen, dorthin zu fahren, eine Münze für den Einkaufswagen herauszusuchen und auf der Suche nach Tiefkühlgerichten durch diese kilometerlangen, grell beleuchteten Gänge zu laufen, war zu viel. Außerdem spielte auch die Tatsache eine Rolle, dass sie nur noch 181,91 Dollar auf dem Konto hatte.

»Wie war es heute mit der neuen Erzieherin?« Mickey hatte eigentlich nicht vorgehabt, das zu fragen. Tatsächlich hatte sie sich sogar dezidiert dagegen entschieden. Irgendjemand anders leitete jetzt ihre Gruppe und mischte ihre sorgfältig durchdachte Tischordnung auf, während sie zu Hause saß und nichts tat. Wenn sie davon hörte, würde sie das verrückt machen, und sie war in dieser Woche schon einmal zum Äußersten getrieben worden. Und doch konnte sie nicht anders.

Ians Miene war ernst. »Sie singt nicht.«

»Oh«, sagte Mickey zutiefst verstört. Wie konnte jemand Vorschule unterrichten, ohne zu singen? Das wäre so, als würde man Fahrrad fahren ohne Reifen. Als würde man ohne Raketentreibstoff ins Weltall starten.

»Sie tanzt nicht.«

»Oh nein.« Vorschullehrerinnen mussten tanzen. Sie mussten springen, sich schütteln, albern herumwackeln und sich im Kreis drehen.

»Und sie hilft mir nicht beim Handschuheanziehen.«

»Oh nein, nein, nein.« Mickey stemmte sich vom Boden hoch.

Sie hatten ihr ihre Klasse weggenommen – ihre Lebensaufgabe. Das war schlimm genug. Aber sie durch eine Erzieherin zu ersetzen, die nicht sang oder tanzte? Was für eine unfassbare Kränkung. Und wer würde jetzt am meisten unter diesem Versagen zu leiden haben? Die Kinder. Sie würden nie die Wochentage lernen, wenn die Lehrerin sich weigerte, das entsprechende Lied zu singen.

Ian war jetzt auch aufgestanden. »Wo gehst du hin?«

Mickey hielt inne. Sie hatte gar nicht gemerkt, dass sie sich bewegt hatte. »Nirgendwohin.«

Er stellte sich zwischen sie und die Haustür. »Warum läufst du hier rum?«

»Ich lauf doch gar nicht rum. Bin ich rumgelaufen?« Auf und ab gegangen. Sie war auf und ab gegangen. »Tut mir leid.« Sie kniete sich vor ihm hin, um mit ihm auf Augenhöhe zu sein. »Das war verwirrend. Aber ich gehe noch nicht. Ich bleibe zum Abendessen.«

Ian senkte den Kopf. Ein Stückchen rosa Knetmasse – oder war es Joghurt? – war hinter seinem Ohr eingetrocknet. »Kein Abschiedslied?«

Unter Mickey tat sich ein kleiner Abgrund auf. »Kein Abschiedslied.«

Ian ließ sich wieder auf den Teppich plumpsen. Die Schweine waren jetzt auf einem Riesenrad, und die Fahrt wurde immer schneller, sodass die Farben und Geräusche der Welt um sie herum verwischten.

Chris erschien in der Küchentür. Er trug Ofenhandschuhe und eine nagelneue Schürze mit einem aufgedruckten Riesenpfeil und einem derben Spruch über Würste. »Wow! Du siehst ja … wow!«

Sie hatte sich extra einen Lidstrich gezogen, Lippenstift aufgetragen und ihr liebstes Pulloverkleid aus dem Schrank geholt. Es war nicht viel.

»Kann ich dir was anbieten?« Er riss sich die Ofenhandschuhe von den Händen und fuhr sich durchs Haar. »Wasser? Oder ich hab auch Malzbier.«

»Keinen Whiskey?«

»Ich hab gestern Abend schlechten Wein erwischt und musste alles wegwerfen.« Chris deutete mit einem Kopfnicken auf die hölzerne Vorrichtung im Alkoven unter der Treppe – der Likörwagen, wie Mickey jetzt erst blinzelnd merkte. Nur ohne Likör. »Tut mir leid.«

Sie ging zu dem Wagen und inspizierte die Lücken im Staub, wo vorher die Flaschen gestanden hatten. »Du hast alles weggeworfen?«

»Da war schon richtig altes Zeug dabei.«

»Du hast überhaupt nichts mehr im Haus?«, fragte Mickey – sie krächzte es vielmehr heraus. Das Sprechen fiel ihr plötzlich schwer.

»Ist das okay?«, fragte er.

Sie hatte einen Schnapsladen unten an der Straße gesehen. Der hatte noch auf. Sie konnte versuchen, die Sache ganz lässig einzufädeln: *Wäre doch schade, wenn wir zu so einem guten Essen keinen Wein hätten,* konnte sie sagen. *Soll ich nicht kurz um die Ecke und welchen besorgen? Einen Malbec vielleicht? Nein, nein – es macht mir wirklich nichts aus. Es dauert nicht länger als zehn Minuten.*

Dann merkte sie, wie Ian sie aus dem Augenwinkel beobachtete.

»Malzbier klingt gut.«

Mickey lungerte am Küchentisch herum und schaute Chris beim Kochen zu. Wie könnte sie seine Fähigkeiten in Sachen Kinderbetreuung besser einschätzen, als herumzusitzen, während er arbeitete? Es machte keinen Spaß. Sie mochte die dampfige Wärme in der Küche nicht. Sie mochte die Gerüche von Sahne und Zitrone nicht oder die Art, wie sie sich in ihrer Kehle vermischten. Sie mochte Chris' hübsches Lächeln *defini-*

tiv nicht oder seine lustigen Witze oder seine charmante Anekdote, wie er dieses Gericht zum ersten Mal zubereitet hatte, damals, als er sein Auslandssemester in Burgund gemacht hatte. Nein, nichts davon gefiel ihr auch nur annähernd.

Chris stocherte mit einem Holzlöffel in der Pfanne herum. »Ich hasse diese Sendung mit den Schweinen.«

Mickey lachte. Sie hatten Ian im anderen Zimmer allein gelassen.

»Ich glaube, wir alle haben eine Sendung, die wir hassen«, meinte sie.

»Manchmal träume ich von diesen Schweinen.« Chris fuchtelte mit dem Holzlöffel in der Luft herum, wobei er die Schürze, die Arbeitsplatte und die Fliesen mit Sahnesoße bespritzte. »Sie besuchen mich im Traum. Im Traum, Mickey.«

Diese Kombination – seine Stimme und ihr Name – ließ sie stutzen.

»Ian hat so ein Buch. ›Fünf-Minuten-Geschichten‹ heißt das Ding und ist ungefähr fünf Zentimeter dick. Aber dummerweise will er nie bloß eine hören.«

Sie suchte sich einen Gegenstand in ihrem Blickfeld aus – eine Flasche Weißweinessig – und starrte ihn an, um ihren Puls zu beruhigen. Doch dann erwischte sie sich bei der Überlegung, ob dieser Essig wohl trinkbar war, ob er immer noch Spuren von Alkohol enthielt, wie er ihre Kehle auf dem Weg nach unten wärmen würde, und schon schlug ihr Herz wieder schneller.

»›Noch eine‹, sagt er immer. ›Noch eine.‹ Wenn ich Nein sage, fängt er an, mit Gegenständen zu schmeißen. Ich bin eine Geisel in meinem eigenen Haus.«

Was war eigentlich mit sehr altem Apfelsaft? Der wurde doch sicher irgendwann zu Alkohol, oder? Da passierte doch irgendwas mit diesen verschiedenen Zuckerarten.

»Wie viele musst du ihm am Ende dann immer vorlesen?«, fragte sie und grub ihre Fingernägel in die Handflächen. Sie musste sich wirklich zusammenreißen.

»Alle. Ich les ihm alle vor. Das dauert eine Stunde.« Er musste über sich selbst lachen – eine Eigenschaft, die Mickey nicht oft bei Menschen beobachtete. Ganz gewiss nicht bei erfolgreichen, alleinstehenden Mittdreißigern mit angenehm muskulösen Unterarmen.

»Du gewöhnst dich ganz sicher dran«, sagte sie. Jetzt wurde sie zu allem Überfluss auch noch zittrig.

»Tja, das werde ich Gott sei Dank nicht müssen.« Jetzt lachte Chris nicht mehr. Er hob die Deckel von verschiedenen Töpfen und spähte hinein, als würde er etwas suchen, was er versehentlich hineingelegt hatte. »Meine Mutter kommt bald. Und dann übernimmt sie das Ganze.«

Mickey gefiel diese Vorstellung nicht, obwohl sie den Grund nicht hätte benennen können. »Wann?«

»Sie muss noch klären, wann sie sich freinehmen kann, aber sobald das geregelt ist, kommt sie.« Er stützte die Hände in die Hüften und betrachtete die Töpfe mit vorgeschobenen Lippen. »Was wollte ich eigentlich grade machen?«

»Bist du sicher, dass du dich auf sie verlassen kannst?«, fragte Mickey. »Auf deine Mutter, meine ich.«

»Na ja, in der Vergangenheit nicht immer«, räumte Chris ein. Wenn sie auch nur im Entferntesten wie Mickeys Mutter war, dann würde sie definitiv nicht kommen, und diese Geschichte würde sich um einen Onkel und seinen Neffen drehen. Konnte der Onkel seine Selbstzweifel ausblenden und das Banner der Elternschaft ergreifen? Würde der Neffe lernen, sein verletztes Herz wieder aufs Spiel zu setzen? Das war der Stoff sentimentaler Vorabendserien. Mickey konnte das Gelächter aus der Konserve geradezu hören.

»*Abwaschen.* Das wollte ich als Nächstes machen.« Er drehte sich um und ging zur Spüle. »Ich hatte eher Pech, wenn es um zuverlässige Eltern ging.«

Vielleicht war es die Hitze in der Küche oder das Rauschen des Wasserhahns, die Mickeys Zunge lockerten. »Ha! Ich auch.«

Chris warf ihr einen Blick über die Schulter zu. »Echt?«

Mickey dachte zurück an einen kalten, dunklen Februartag in ihrem letzten Studienjahr. Der mauvefarbene Teppich im Flur vor der Wohnung ihrer Mutter. Wie die Stimme ihrer Mutter unter der Tür hervorkam, als Mickey am Türknauf rüttelte und rüttelte, während ihre Schultern unter dem Gewicht des Rucksacks voller Lehrbücher schmerzten und ihre eiskalten, tauben Zehen in den Stiefeln wehtaten. »Hat deine Mutter auch mal die Schlösser ausgetauscht?«

Chris drehte den Wasserhahn zu und wandte sich schweigend um.

Sein attraktives Gesicht hatte sich zu einem mitleidsvollen Ausdruck zusammengezogen – Mitleid mit *ihr*. Weil sie sich ihm anvertraut hatte. Mickeys Magen machte einen Satz.

Sie sprang auf. »Ich helfe dir.«

Chris schaute sie verdutzt an. »Oh … Du musst nicht …«

Dann verstand er. »Du könntest die Kartoffeln in eine Schüssel tun? Und die grünen Bohnen auch?«

Mickey tat, was er gesagt hatte, und trug alles zum Tisch. Sie war dankbar, für ein paar Momente Abstand von Chris zu haben. Ian, erinnerte sie sich. Eigentlich war sie wegen Ian hier.

»Das mag ich nicht«, sagte der Fünfjährige und zog einen Flunsch, als er wenige Minuten später vor seinem Teller saß.

Mickey presste die Lippen zusammen. Diese nächsten Momente würden entscheidend sein.

»Natürlich magst du das«, sagte Chris. »Das ist richtig lecker.«

»Es sieht komisch und eklig aus«, sagte Ian.

»Ich hab vorhin gesehen, wie du deine eigenen Popel gegessen hast.«

Ian drehte sich auf seinem Stuhl zur Seite, um seinen Körper von dem Essen abzuwenden und zur Wand zu schauen. »Hab ich gar nicht.«

»Wenn du das isst, bekommst du hinterher ein Eis.«

»Ich will aber kein Eis.«

Chris nahm eine Hühnerbrust und begann, das Fleisch in Würfel zu schneiden. »Okay, dann Kekse. Ich hab auch Kekse.«

»Ich will aber keine Kekse.«

»Was willst du dann?«

»Ich will Fünf-Minuten-Geschichten.«

In der Fernsehserie über ihr Leben wurde jetzt eine Nahaufnahme von Chris und der hervortretenden Vene an seiner Stirn gezeigt. Er war erstarrt, während seine Gabel auf dem Weg zu seinem Mund war.

»Mama sagt, dass beim Geschichtenvorlesen Blumen im Kopf wachsen«, sagte Ian.

»Deine Mama ist aber nicht hier«, sagte Chris und schob sich ein Stück Fleisch in den Mund.

»Und?«, sagte Ian.

»Und damit ist die Sache vom Tisch.«

»Was heißt das?«

Chris kaute sein Hühnchen, als wollte er ihm Schmerzen zufügen. Fleischfetzen flogen in seinem Mund herum, als er sprach: »Das heißt, dass das nicht passieren wird.«

»Warum nicht?«, fragte Ian.

»Weil ich die Geschichten nicht mag.«

»Warum?«

»Weil es zu viele sind.«

»Warum?«

Stille fiel über die Küche. Mickey hielt den Atem an.

»Warum?«, wiederholte Ian.

Chris ließ seine Gabel fallen und grub sich die Handballen in die Augenhöhlen. Da war er: der Gipfel, der große Moment, der Punkt, an dem sich die Zeit verlangsamte und die Streichermusik anschwoll, und dann rutschten die Zuschauer ganz weit vor auf ihre Sofakanten. Gleich würde der widerstrebende Held seinem Pflichtgefühl nachgeben, seinen Mund aufmachen und sagen …

»Wir können die Fünf-Minuten-Geschichten lesen.«

In dieser Sekunde, an diesem Tisch, inmitten seiner Gourmet-Kochkunst, starb der unbekümmerte Junggeselle und stieg als Elternteil wieder aus der Asche auf. Mickey hätte es überall erkannt. Eltern hatten ein unnachahmliches, erschöpftes Gesicht.

Frohlockend nahm sie einen Schluck von ihrem Malzbier. Das war's. Ihre berufliche Verpflichtung war erfüllt. Ian und Chris würden sich irgendwie umeinander kümmern, und sie musste sich keine Sorgen machen. Sie musste überhaupt nicht mehr an sie denken.

»Ich will aber, dass Miss Mickey mir auch welche vorliest.«

Ihr Name war von Ians blasser kleiner Zunge gesprungen und in seiner quietschigen kleinen Stimme durch die Luft geflogen, und jetzt schaute er sie an mit dieser Intensität, wie sie nur ein Kind fertigbrachte. Drei, vier, fünf Sekunden später hatte er immer noch nicht weggeschaut.

»Wär das okay?«, fragte Chris. Du liebe Güte, jetzt wurde sie von beiden angestarrt.

Mickey umklammerte ihr Glas Malzbier. Es war frisch und kalt, so kalt wie ein Glas Wodka direkt aus dem Tiefkühlfach, und wenn sie die Augen zumachte, konnte sie sich einreden, dass es wirklich Wodka war. Dieser starke, reinigende Geruch. Der Geschmack wie ein angenehmes Messer auf ihrer Zunge.

»Wir können aufräumen, das Eis essen und den Gremlin ins Bett bringen. Ich glaube, er könnte ein Bad vertragen. Und dann …« Chris zuckte mit den Schultern.

»Und dann?« Sie war sich nicht sicher, ob er ihr gerade Sex vorschlug. Sie glaubte eher nicht, was sie mehr als alles andere ängstigte und verblüffte.

»Ich weiß nicht«, meinte Chris. »Rumhängen? Fernsehen schauen?«

»Wie?«, fragte Mickey. »So richtig mit Popcornmachen? Ein Brettspiel spielen? Auf dem Sofa unter einer Decke einschlafen, während wir uns alte Folgen von *The Office* anschauen?«

»Warum nicht?«, fragte er.

»Wie eine Fam…« Das Wort wollte ihr nicht über die Lippen kommen. Kein Wunder. Die Situation war nicht typisch für Mickey. Sie freundete sich nicht mit Leuten an bei Hühnchen und Malzbier. Sie bewegte sich allein durch die Welt. Das Leben war ein Einzelkampf, und wer etwas anderes behauptete, wollte sich nur betäuben.

Mickey sprang auf.

»Wohin willst du?«, fragte Chris.

»Auf die Toilette.« Mickey musste sich beherrschen, nicht zu rennen.

Nachdem sie die Tür abgeschlossen hatte, beugte sie sich über das schmutzige Waschbecken und versuchte durchzuatmen. Zwei von den drei Glühbirnen über dem Spiegel waren durchgebrannt.

Ich liebe dich, aber ich muss diese Grenze ziehen. Das waren die Worte ihrer Mutter gewesen, die Worte, die tatsächlich aus ihrem Mund gekommen waren, als wäre sie so reif, so psychologisch hoch entwickelt. Als wäre sie nicht eine von diesen Arschlochmüttern, die das Zeug ihrer Tochter in Mülltüten gestopft und auf den Flur gestellt hatte. Seitdem waren zehn Jahre vergangen, doch Mickey dachte oft daran. Weil sie hoffnungslos dumm war. Weil sie schwach war. Weil sie den Kampf nicht aufgeben konnte, egal, wie oft die menschliche Spezies auf sie eintrat.

Heute Abend, zum Beispiel, war sie geradewegs reinmarschiert.

»Du bist so erbärmlich«, flüsterte Mickey dem Mädchen im Spiegel zu, dem albernen Mädchen mit dem matten Lippenstift und dem uneleganten Pulloverkleid, das sie schon vor zehn Jahren getragen hatte, dem Mädchen, das noch immer versuchte dazuzugehören.

Ein Impuls stieg in ihr hoch.

Sie schaute unter dem Waschbecken nach, fand aber nur Toilettenpapier und Seifenschachteln. »Komm schon«, sagte sie und knallte die Schranktüren zu.

Dann entdeckte sie es. Dort – im Spiegel über ihrer rechten Schulter. Ein Medizinschränkchen.

✻ ✻ ✻

Mickey ging durch die Straßen mit einem dumpfen Schmerz im Bauch und einer Flasche blauem Mundwasser in der Ellbogenbeuge. Es war ein langsamer Prozess, dieses Dahingehen, als würde sie durch einen dichten Wald oder eine Flut waten oder durch das Niemandsland auf einem Schlachtfeld im Ersten Weltkrieg, eine von diesen weiten Ebenen, auf denen Pferde mit aufgedunsenen Bäuchen in Bombenkratern lagen und die Sterne oben zersprangen und die Schwerkraft einem die Füße so weit nach unten zog, immer weiter runter in den Schlamm, sodass einen in den nächsten hundert Jahren kein Mensch finden würde.

»Seltsam«, sagte sie und führte die Flasche wieder an die Lippen.

Sie war geradewegs aus dem Badezimmer zur Haustür marschiert, ohne sich zu verabschieden. Ein absolut mieses Verhalten, weswegen ihre Gedanken jetzt wohl auch unweigerlich zu Tom Samson sprangen, zu seinem grau melierten Haar und seinem kleinen Bolo Tie und seinen Krokodilstränen.

Mickey nahm den tiefsten Atemzug ihres Lebens, öffnete die Arme weit und sang laut in die Nacht hinaus: »*Oh, the Goodbye Train is coming, see you soon! Choo! Choo! Oh, the Goodbye Train is …*«

Da ertönte die abgehackte Automatenstimme von Google Maps. »Sie haben das Ziel erreicht.«

»Hab ich das?« Mickey schaute auf ihr Handy. »Scheiße, tatsächlich!«

Das Bürohochhaus zog sich unendlich in die Höhe, seine kleinen Lichter kletterten bis in die Unendlichkeit. Es war neun Uhr an einem Freitagabend, aber sie konnte sich gut vorstellen, dass er noch hier war, entweder Überstunden machte oder mit einer Sekretärin rumknutschte. Außer er hatte sich die Woche freigenommen, um sich von dem Vorfall im Café zu erholen. Mickey hielt sich die Augen zu, doch das half überhaupt nichts, denn vor ihrem inneren Auge spielte sich die Szene immer wieder ab, wieder und wieder und wieder.

»Geht's Ihnen gut, Miss?«

Mickey spreizte zwei Finger und linste hindurch. Ein Security-Mitarbeiter stand vor der gläsernen Drehtür mit den Händen in den Taschen und einer so puffigen Jacke, dass sein Kopf winzig aussah. Sein Gesicht war freundlich, aber der Stand breitbeinig, und Mickey hatte den Eindruck, dass er sie, ohne zu zögern, plattmachen würde, wenn es die Situation erforderte.

Mickey zog sich die Jacke über der Brust zusammen und

drückte die Flasche mit dem Mundwasser gegen die Rippen. »Es ist wegen meinem F-F-F-Freund.«

Es war ihr schon immer leichtgefallen, an Security-Typen vorbeizukommen, und heute war es nicht anders. Ein paar Tränchen, ein paar Schniefer, ein paar Lügen, wie sie ihm eigentlich ein Geburtstagsgeschenk als Überraschung auf den Schreibtisch hatte legen wollen, aber es dann vergessen hatte, wie schlecht sie sich jetzt fühlte, wie sehr sie ihn doch liebte, bla, bla, bla, und bingo – war sie auch schon drinnen und überquerte mit großen Schritten den Marmorboden der Lobby.

Nachdem sie das Verzeichnis an der Wand überflogen hatte – *Rechtsanwaltskanzlei Samson, Baker & Chen*, 11. Stock –, drückte sie auf den Fahrstuhlknopf und stieg in einen goldenen Aufzug. Alle vier Wände waren mit Spiegeln verkleidet, von denen keiner einen hübschen Anblick abgab, weshalb Mickey die Augen zumachte und sich an der Stange festklammerte, bis die Kabine jäh abbremste und die Türen mit einem Seufzer aufglitten.

Obwohl der Empfangsbereich leer war, brannten noch alle Lichter, und das halbe Büro war besetzt mit Angestellten, die über ihre Notebooks geduckt an den Schreibtischen saßen, neben sich Kaffeetassen oder Bierdosen oder beides. Niemand schenkte Mickey auch nur die geringste Aufmerksamkeit. Sie war hier so irrelevant wie das Konzept von Tag und Nacht.

Sie suchte das Namensschild mit der Aufschrift THOMAS SAMSON III und marschierte ins Zimmer, wo sie von einem süßlichen Blumenduft und Wellengeräuschen begrüßt wurde. Mickey musste sich an der Wand abstützen, so erdrückend war die meditative Atmosphäre.

Samson lag zusammengerollt und zugedeckt auf dem Sofa, hatte seine großen Glieder an die Brust gezogen. Akten waren um ihn auf dem Boden verstreut. Er erinnerte Mickey an eine

Art großes, ergrauendes Baby. Sie tat ihm einen Gefallen und ließ das Licht aus.

Sie duckte sich und kam langsam immer näher zu ihm, bis sich ihre Nasenspitzen berührten. »Hey.«

Seine Augen öffneten sich.

»Himmelherrgott!« Er warf die Decke von sich, schwang die Füße vom Sofa und stolperte rückwärts in einen Farn in der Zimmerecke. Er trug nur Unterwäsche.

»Sie haben jetzt schon geschlafen?«, fragte Mickey. »Es ist doch erst halb zehn oder so.«

»Verdammt!« Er rieb sich mit der Handfläche übers Gesicht. »Wirklich. Was zum Teufel …«

»Und warum riecht es hier drinnen nach alter Dame?«

»Das ist Lavendel. Aus dem Diffuser.« Er deutete auf eine Vorrichtung, die in regelmäßigen Abständen Öl versprühte. Sie stand auf dem Tisch neben etwas, das Mickey als eine Klangmaschine für Babys identifizierte, die weißes Rauschen erzeugte. »Ich mag's.«

Mickey setzte sich auf die Kante seines Schreibtischs. »Ja, hat was.«

Seine karierten Boxershorts waren leicht nach oben verrutscht, er zupfte sie wieder runter und arrangierte sein Gemächt neu, dann ging er zum Sofa zurück und zog sich die Decke auf den Schoß. Als er zu Mickey hochblickte, mischten sich Besorgnis und Widerwille auf seinem Gesicht. »Wow! Sie sehen … wow!«

»Ich bin ein schrecklicher Mensch«, sagte sie.

»Was?«

»Ich habe Sie gedemütigt.« Sie hatte ihrer Therapeutin beweisen wollen, dass sie falschlag, was die angeborene Güte der Menschen anging, und war sicher gewesen, dass Samson einen misogynen Wutanfall erleiden würde, wenn sie nur an den

richtigen Stellen stocherte und bohrte. Doch statt Mickey anzu-
brüllen oder einen der Regenschirme zu packen und sie damit
zu bedrohen, wie sie es sich ausgemalt hatte, hatte er etwas
viel Schlimmeres getan. »Sie haben geweint. Sie haben *geheult*.«

»Ich hab's nicht vergessen«, sagte er.

»Ich hab noch nie jemand so heftig weinen sehen. Und ich
unterrichte in der Vorschule.«

Samson wand sich. »Okay, es reicht.«

»Ich war schrecklich. Bin. Schrecklich.«

Ian hatte wahrscheinlich nicht geweint, nein, das sah ihm
nicht ähnlich. Er hatte Mickey wahrscheinlich davonlaufen
sehen, hatte gehört, wie die Haustür quietschend auf- und wieder zuging, und das Ganze mit einem Achselzucken akzeptiert.
Er hatte diesen Abend wahrscheinlich bereits zusammen mit
all seinen bisherigen Enttäuschungen tief in sich vergraben.
Und Chris ... entschuldigte sicher ihr Verhalten, er würde sich
sagen, dass sie schon gute Gründe dafür gehabt hatte. Es würde
ihm nicht in den Sinn kommen, dass sie sein Mundwasser ent-
wendet und getrunken hatte.

Mickey unterdrückte einen Rülpser mit Pfefferminzaroma.
»Finden Sie nicht?«

Sein Blick blieb an der Flasche unter ihrem Arm hängen, die
zu verbergen sie sich jetzt keine Mühe mehr machte. Dieser
Mann hatte sie eh schon von ihrer schlechtesten Seite kennengelernt.

»Ich weiß nicht«, sagte er.

Sie schluckte hörbar. Ihre Zunge wurde schwer, sie stolperte
über die Wörter. »Sie sind ein absoluter Widerling. Aber das ist
keine ... keine 'tschuldigung.«

Samson hielt sich einen Augenblick eine Faust vor den
Mund. Endlich begann er sauer auszusehen. Gut. Das hatte sie
auch verdient. Sie hatte jede giftige Predigt verdient, die er ihr

gleich um die Ohren hauen würde. »Ich bin verkorkst. Ich weiß das. Aber ich geb mir wenigstens Mühe. Verstehen Sie? Ich versteck mich wenigstens nicht.«

Sie nahm noch einen Schluck. Das Mundwasser brannte auf dem Weg durch ihren Schlund. »Sehe ich aus wie jemand, der sich versteckt?«

»Sie sehen aus wie jemand, der krank ist«, gab Samson zurück.

Mickey ließ den Kopf hängen. Wirklich? Mehr brachte er nicht zustande?

»Sie brauchen Hilfe«, fügte er hinzu, oder vielleicht tat er es auch nicht. Vielleicht hatte er überhaupt nichts gesagt, und Mickey erinnerte sich nur an all die anderen Male im Laufe der Jahre, wenn eine besorgte Freundin oder Lehrerin sie beiseitegenommen hatte, um die immergleiche verlegene Rede zu halten: Sucht war eine Krankheit, eine furchtbare Krankheit, aber nichts, wofür man sich schämen musste, jedenfalls heutzutage nicht mehr, und ob sie nicht eine Broschüre mit Adressen haben wolle? Vielleicht eine Visitenkarte mit Nummern von Krisenhotlines? Sie könnte die Karte doch in ihrem Portemonnaie aufbewahren, für den Fall der Fälle.

Mickey rang um eine intelligente Antwort – irgendetwas über die Gesellschaft und den Drang, die Dinge pathologisieren zu wollen. Die Gedanken waren da, aber der Satz wollte sich nicht zusammensetzen.

»Was wollen Sie?«, fragte Samson, und diesmal wusste Mickey es mit Sicherheit, denn sie hatte gesehen, wie seine Lippen sich bewegten.

»Ich will meine Vorschulklasse unterrichten«, sagte sie. »Dann will ich nach Hause kommen und alleine in einem stillen Zimmer sitzen. Mehr will ich nicht.« Das war alles, was sie jemals gewollt hatte. War das wirklich zu viel verlangt? Ja, sie trank, aber nur am Ende des Tages oder manchmal in der Mitte des Tages, nur manchmal, aber es war ihr unmöglich, es zu lassen. Es gehörte einfach zu ihr.

Samson schüttelte den Kopf. »Sie wollen was anderes.«

Die Hitze wanderte aus ihrem Bauch hinunter in die Zehen und hinauf in die Wangen. Sie zerrte an ihrer Jacke, aber es gelang ihr nicht, sie auszuziehen. »Nein.«

»Doch.« Sein Körper näherte sich ihrem.

»Warum kommen Sie mir so nahe?«

»Weil ich Angst habe, dass Sie umkippen könnten.«

»Was wollen Sie eigentlich von mir? Sie sind kein … kein Gedankenleser.« Das klang weinerlicher, als Mickey beabsichtigt hatte. Die Giftigkeit, die sie im Café überkommen hatte, verließ sie.

»Wie viel von diesem Zeug haben Sie getrunken?«

Die Welt schmolz zusammen. Eine ganze Flutwelle überspülte sie und zog sich wieder zurück.

»Mickey? Mickey!«

Der Boden unter ihr gab nach.

10

ARLO

Punam ließ eine ganze Weile verstreichen, bevor sie wieder sprach. »Erklär's mir noch mal.«

Arlo berichtete den Vorfall genau so, wie er sich zugetragen hatte: das Plauder-Café, Tom Samson, seine Krokodilstränen. Sie hätte lügen können, aber es gab keinen Grund dafür. Eine kreative Therapieidee war ohne ihr Verschulden schiefgelaufen. Ja, Mickey hatte eine Szene gemacht, und ja, sie hatte einem arglosen Dritten ein emotionales Trauma zugefügt – aber das alles zeigte nur, wie sehr sie selbst litt. Und sie war aus der Begegnung mit einer enorm verbesserten Einsicht in ihre eigenen Gefühle hervorgegangen. Eigentlich war es eine ziemlich erfolgreiche Sitzung gewesen.

»Ich würde nicht sagen, dass das eine besonders gute Idee war«, sagte Punam.

Arlo biss sich auf die Innenseite ihrer Wange. »Warum … warum nicht?«

Sie saßen sich während der heutigen Supervision an Punams Schreibtisch gegenüber. Das Büro war klein aber hell, die Wände waren übersät mit akademischen Zeugnissen und Zertifikaten von Freiwilligenorganisationen und Fotos von dem Cottage am See, von dem sie ständig redete, das sie aber kaum jemals zu besuchen schien.

»Du hast eine Patientin in eine Umgebung gebracht, die sie getriggert hat. Eine Umgebung, die zufällig voll anderer empfindlicher Menschen war.«

Arlo fiel die warme Atmosphäre wieder ein, das angenehme Summen von Small Talk, der alte Mann mit dem Playa-del-Carmen-T-Shirt. Das konnte man wohl kaum als eine Umgebung bezeichnen, die jemand unweigerlich *triggern* musste. »Das war eine ganz normale Verhaltensaktivierung.«

»Aber war sie sicher?«

Natürlich war sie sicher gewesen. Arlo hatte Mickey schließlich nicht zum Klippenspringen mitgenommen. Sie hatten sich einfach nur zu einem kleinen Plausch hingesetzt, und daran war sicher grundsätzlich nichts Gefährliches. »Sie hat vorher ihr Einverständnis gegeben.«

»Aber wusste sie, welcher Unternehmung sie da zustimmt?« Punam beugte sich vor und stützte ihre Ellbogen auf den Tisch. »Kannte sie die Risiken? Kanntest *du* die Risiken? Unsere Arbeit ist schon schwer genug, wenn nur zwei Leute zusammen in einem Zimmer sitzen.«

»Wir sind auf eine Situation gestoßen, die meine Patientin gefordert hat«, sagte Arlo und bemühte sich, nicht zu angespannt zu klingen. Punam und ihre ganzen Abers. »Fordernde Momente sind gut. Sie bedeuten, dass wir Fortschritte machen.«

»Ich mach das schon eine ganze Weile, Arlo. Ich weiß, was du mit fordernden Momenten meinst.«

Punams fünfundsechzig Jahre lagen in der Tat schwer auf den Falten an ihrem Hals und der pergamentartigen Haut unter ihren Augen. Sie saß vor einer älteren Frau, die sich an das bisschen Einfluss klammerte, das sie noch hatte, rief Arlo sich in Erinnerung. Punams Macht schwand immer mehr, egal, wie viele Ferienhäuser sie besaß.

»Natürlich«, sagte Arlo. »Entschuldige.«

Punams Gesichtszüge wurden besorgniserregend weich. »Ich möchte dich nur eines fragen.« Mitleid. Ihr Gesicht verzog sich gerade in furchtbarem, erbärmlichem Mitleid. »Vertraust du dir im Moment selbst?«

Laura Hedman kam aus einem dunklen Winkel in Arlos Kopf hervor, genau so, wie sie zu ihrer letzten Therapiestunde erschienen war: mit Schmetterlingsbrille und kükengelbem Nagellack. Sie hatte über ihre Uni-Seminare gesprochen, ihre Freunde, ihre Pläne fürs Wochenende. Sie hatte so leicht gewirkt, so fröhlich, so, als wäre alles in bester Ordnung.

Das komplette Gegenteil zu dem, was sie in dem schrecklichen Brief beschrieben hatte.

Arlo verscheuchte die Erinnerung. Doch die Gelbe-Nagellack-Laura war nur eine von vielen, bald kamen andere, die ihren Platz einnahmen. Da war die Prüfungsphasen-Laura mit ihren beigen Strickjacken, zittrig vom vielen Koffein und einer Tendenz zum Katastrophendenken. Die gepflegte Laura, die Lippenstift und übergroße Blazer trug und sich so unglaublich viel Mühe gab. Die von den Neunzigern inspirierte Laura, die Space Buns und Lidschatten in Metallic-Farben trug. Außerdem gab es noch die müde Laura, die rastlose Laura, die Wimperntusche-übers-ganze-Gesicht-verteilt-Laura. Und so weiter, und so weiter, diese ganzen Lauras, die immer nur ausbrechen wollten. Vebrannte Erde hinterließen. An Orten auftauchten, an denen sie nichts zu suchen hatten.

»Die Café-Sache war ein Fehler.« Glaubte Arlo das wirklich? Nein. Aber die Wahrheit war jetzt nicht wichtig. Wichtig war, dass sich Punams finstere Miene wieder entspannte und Arlo aus diesem Zimmer rauskam. »Komm schon. Du weißt doch, welche Fortschritte meine anderen Patienten machen.«

Der Turner mit seiner PTBS, die Ärztin mit der Essstörung, die Hausfrau mit Schlafstörungen – ihnen allen ging es besser. Warum? Weil Arlo eine hervorragende Therapeutin war.

Punam legte den Kopf schräg. »Denkst du noch über Laura nach?«

»Nein«, antwortete Arlo.

Punam legte den Kopf schief.

»Du wartest darauf, dass ich rede. Ich kenne den Trick«, sagte Arlo, während sich die Hitze in ihrer Magengrube aufbaute. Doch es würde nicht funktionieren. Sie würde sich nichts entlocken lassen, weil es einfach nichts zu sagen gab. Arlo hatte Laura sehr effektiv therapiert. Laura hatte es selbst oft gesagt. *Danke, dass du mich noch reingequetscht hast. Ich weiß echt nicht, was ich ohne dich machen würde.* Außerdem waren manche Erinnerungen bloß das: Erinnerungen. Nicht alles musste gleich etwas bedeuten.

Punam bewegte ihren Kopf langsam wieder in die Senkrechte. Sie war echt gut.

»Ein bisschen«, gab Arlo zu. »Ich hab ein kleines bisschen an sie gedacht.«

»Nur ein kleines bisschen?«

»Es ist nicht produktiv, zu lange über etwas nachzudenken.«

»Mh«, machte Punam, obwohl ihr Ton kein zustimmender war. Ihr Blick wanderte zu einem gerahmten Foto auf ihrem Schreibtisch: die Steinfassade ihres Cottage in der Abenddämmerung. Dann blickte sie mit solch einer laserartigen Intensität auf, dass Arlo sich kerzengerade aufrichtete. »Tja, jetzt hast du einen Fehler gemacht. Du hast noch eine ganze Reihe von Fällen, denen du dich widmen musst. Wie können wir deine Batterie wieder aufladen und sicherstellen, dass du für die nächste Woche bereit bist?«

Es gab eine richtige Antwort. Arlo musste sie nur noch aussprechen.

»Vielleicht«, sagte sie, wobei sie sich innerlich wand bei der

Aussicht auf das, was auf sie zukam, »ein bisschen freie Zeit mit meiner Familie verbringen?«

✳ ✳ ✳

Sie lag mit ausgestreckten Armen und Beinen im begehbaren Kleiderschrank, in ihrem beigen Hosenanzug, der an allen möglichen und unmöglichen Stellen spannte. Ihr Gesicht war vom Oberteil des seidenen Lieblingspyjamas ihres Vaters bedeckt.

»Mutter?« Arlo stieß sie mit einem Fuß an. »Mom.«

Sie richtete sich auf wie Dracula, wenn er aus seinem Sarg aufsteht. Das Pyjamaoberteil plumpste ihr auf den Schoß und legte die silbrig nachgewachsenen Haarwurzeln, den schlampig aufgetragenen Lippenstift und einen Strang künstlicher Wimpern frei, der von einem Augenwinkel herabbaumelte.

Arlo zuckte unwillkürlich zurück. »Mein Gott!«

Ihre Mutter blickte nach links und rechts. Auf dem Boden neben ihrem Fuß fand sie einen von Daddys Schlipsen und starrte ihn forschend an, als hätte sie noch nie eine Krawatte gesehen und könnte nur Vermutungen anstellen, zu welchem Zweck sie diente. Dann senkte sie den Kopf und brach in Tränen aus.

Arlo hatte ihre Mutter erst zweimal weinen sehen. Beim ersten Mal war Arlo elf und beobachtete vom Wohnzimmersofa aus, wie ihre Eltern sich über eine Dinnerparty stritten und ob ihre Mutter zu viel Dekolletee gezeigt hatte, ob sie zu mürrisch gewesen war oder ob sie einen Gin Martini zu viel getrunken hatte. Beim zweiten Mal war Arlo siebzehn, und ihre Mutter hatte fünfundvierzig Minuten in der Warteschleife verbracht, um von einem Clinique-Vertreter zu erfahren, dass man ihre Lieblingsnachtcreme aus dem Sortiment genommen hatte.

133

Sie stählte sich innerlich, kniete sich neben ihre Mutter und strich über die harten Huckel ihrer Wirbelsäule. »Es ist hart. Ich weiß, dass es hart ist.«

»Ich hatte es vergessen«, sagte ihre Mutter. Ihre künstlichen Wimpern hatten sich komplett gelöst und hingen nun am Klippenrand ihres Wangenknochens. »Für einen Sekundenbruchteil hatte ich vergessen, dass er tot ist. Passiert dir das auch? Du wachst am Morgen auf, und im ersten Moment ist alles normal. Wie vorher. Und dann fällt es dir wieder ein.«

»Ja, Mom. Ich weiß, was du meinst.«

Ein wolkenloser Himmel füllte das kleine Fenster über der Garderobe. Da draußen liefen glücklichere Menschen herum, schnitten ein Stück von ihren Frühstücks-Tostadas ab oder eilten mit Hafer-Cappuccinos in der Hand die Straße entlang. Arlo nicht. Arlo würde den ganzen Tag hier verbringen, ihrer Mutter den Rücken tätscheln und die Sachen ihres Vaters aussortieren. Nur damit sie Punam am Montag in die Augen schauen und sagen konnte: *Die Zeit zu Hause hat mir wirklich geholfen aufzutanken. Du hattest recht – Selbstfürsorge ist so wichtig.*

»Wo sind sie?«, fragte Arlo.

Ihre Mutter führte sie ins Wohnzimmer, wo Schuhe das Sofa bedeckten, den Tisch, den halben Boden. Joggingschuhe, Gummistiefel, Loafers, Oxfords, Fußballschuhe, Sandalen, Golfschuhe und mindestens fünf Paar Eishockeyschlittschuhe. Manche Schuhe waren abgetragen und dreckig, andere brandneu und noch in ihren Schuhkartons.

»Ach du Scheiße«, sagte Arlo.

Ihre Mutter seufzte. »Ich weiß. Er hat sie überall versteckt.«

Arlo hatte dieses zwanghafte Aufbewahren immer dem Umstand zugeschrieben, dass ihr Vater früher arm gewesen war. Die ersten paar Ehejahre waren ihre Eltern arm gewesen.

Für Arlo, die nur Markenklamotten und Luxusautos gekannt hatte, klang diese Zeit wie ein Märchen.

Sie holte eine Plastiktonne aus dem Lagerraum und begann sie zu füllen.

»Hey, Moment!« Ihre Mutter riss ihr ein Paar abgewetzte, graue Pantoffeln aus der Hand. »Die nicht. Die hat er jeden Tag getragen.«

»Okay.« Arlo nahm ein Paar Anzugschuhe in die Hand.

Ihre Mutter nahm ihr auch die wieder ab. »Die sind aus italienischem Leder. Die hat er erst vor einem halben Jahr gekauft. Du kannst doch nicht … ich meine, es ist doch albern, die alle zu verschenken. Die sind doch neu.«

Es würde ein langer Tag werden. »Willst du sie etwa tragen?«

»Na ja, vielleicht.«

»Aber das sind doch Herrenschuhe.«

»Na und?«

»Du trägst Größe vierzig.«

Ihre Mutter stellte die italienischen Loafers wieder hin und schlüpfte mit hochgerecktem Kinn hinein. »Na?«

Arlo betrachtete sie. »Du siehst aus wie ein spießiger Clown.«

»Ich hab dich nicht um Hilfe gebeten, okay?«

»Doch, hast du.«

»Warum fängst du nicht hiermit an.« Ihre Mutter dirigierte Arlo zur Bar, wo ein paar von den persönlichen Gegenständen ihres Vaters wie Ausstellungsstücke in einer Museumsvitrine ausgelegt waren. Armbanduhren, Füller. Sein Pass. »Such dir aus, was du davon haben willst.«

Arlo hob das Portemonnaie ihres Vaters an die Nase, um daran zu schnuppern, doch das verblasste braune Leder hatte seinen Geruch verloren. Seine Kreditkarten steckten darin, ein nagelneuer Hundert-Dollar-Schein, ein abgelaufener Bootsführerschein, ausgeblichene Kassenbons und ein zusammengefaltetes Foto. Im ersten Moment wusste Arlo nicht, was sie auf dem ausgeblichenen Foto sah. Eine unglaublich junge, schnurrbärtige Version ihres Vaters saß in Jeans und T-Shirt auf einer Picknickbank, auf seinem Schoß ein kleines Mädchen mit Zöpfen. Sie schaute hingerissen zu ihm hoch, ihr Lächeln strahlte so hell wie ihr weißblondes Haar. Sie musste am Boden zerstört gewesen sein, als er weniger als ein, zwei Jahre nachdem dieses Foto gemacht worden war, wegging und ein neues Leben ohne sie begann.

Arlo faltete das Foto wieder zusammen, dann noch mal und noch mal, bis es nicht mehr ging. Danach schob sie es in die Tasche ihres Pullovers. »Kann ich dich mal was fragen?«

Ihre Mutter tapste gerade in einem Paar Cowboystiefel von Arlos Vater herum und schichtete ohne erkennbaren Grund Schuhe von einem Haufen um auf einen anderen. »Und zwar?«

»Glaubst du, dass alle Menschen furchtbar sind?«

Ihre Mutter und die Flip-Flops, die sie gerade in die Hand genommen hatte, erstarrten. Ihr Gesichtsausdruck war unergründlich.

»Ich meine … von Natur aus«, fügte Arlo hinzu, wobei sie kurz an Samson dachte. Mit wie vielen trauernden Töchtern hatte er wohl im Laufe der Jahre geschlafen? War das eine seiner Maschen? Und wie konnte Arlo sich so in ihm getäuscht haben? Sie täuschte sich sonst nie in Menschen. »Sind Menschen einfach nur … böse?«

»Ich bin nicht sicher, was du meinst«, antwortete ihre Mutter.

»Früher dachte ich – das denke ich noch *immer* –, dass die Menschen komplex sind. Aber dass diese Komplexität einfach zu verstehen ist. Menschen bestehen aus Schichten von Erfahrungen.« Das hatte sie nicht gut formuliert. »Ich hab immer gedacht, wenn man richtig tief bohrt, ins tiefste Innere vordringt, dann sind die Leute dort … nicht böse. Verstehst du, was ich sagen will?«

Ihre Mutter schwieg eine geraume Weile. Sie legte die Flip-Flops aus der Hand und wandte sich mit rausgestreckter Brust zu Arlo. »Ich bin nicht schwach, okay?«

»Aber … das hab ich doch gar nicht gesagt.«

»Dein Vater hatte ein riesengroßes Herz. Er war ein guter Mann. Wäre er es nicht gewesen, wäre ich nicht bei ihm geblieben. Für eine Psycho…Psychotherapeutin verhältst dich sehr unsensibel.«

»Aber ich wollte doch gar nicht …« Arlo war nicht mehr sicher, was sie eigentlich gewollt hatte.

»Er war krank, das war alles.«

»Das hab ich nicht vergessen«, sagte Arlo. Wie hätte sie das auch vergessen können? Sie hatte die Sucht ihres Vaters seit Kindertagen gemanagt. Das war lange her und doch so präsent, dass es Arlo nicht wundern würde, wenn ihr kindliches Ich irgendwo da draußen noch immer dabei war, die Kotze ihres Vaters aus einem Teppich zu waschen.

»Und wenn er einen Schritt zu weit gegangen wäre – wenn er mich geschlagen hätte zum Beispiel –, dann wäre ich gegangen. Wirklich. Ich wäre bereit gewesen. Und das hier alles?« Ihre Mutter deutete auf sich. »Die Rollkragenpullover und die Hosenanzüge und die Perlenketten? Die wollte ich tragen. Weil ich ihn glücklich machen wollte. Das war meine Entscheidung.« Ihre Stimme zitterte: »Er hatte das größte Herz von allen. Aber ich hätte es getan.«

Eine Frage stieg in Arlo auf. Sie konnte sie nicht zurückhalten. »Hast du es gewusst?«

»Was gewusst?«, fragte ihre Mutter, während sie an den verknoteten Ärmeln des Schlafanzugoberteils zupfte, das sie sich um die Hüfte gebunden hatte.

»Dass er mich enterbt.«

Ihre Mutter presste sich das Pyjamaoberteil an die Brust. »Der Anwalt war hier. Ein paar Tage nach der Beerdigung.«

»Und?« Arlo erwartete nicht, dass ihre Mutter ihren Anteil mit ihr teilen würde. Sie wollte kein Mitleid. Was sie wollte, war, dass jemand bitte, um Gottes willen, es ihr einfach erklärte, hier, jetzt, in ganz einfachen Worten, denn sie hatte versucht, es alleine herauszufinden, sie hatte es wirklich versucht, aber keine von ihren Erklärungen ergab einen Sinn. Das sah ihrem Vater nicht ähnlich. Er würde nicht einfach jemand benutzen und dann wegwerfen – schon gar nicht Arlo.

Ihre Mutter zuckte mit den Schultern. »Er wird seine Gründe gehabt haben.«

Arlo griff in ihre Tasche und umschloss das Foto mit der Faust. »Ist das alles? ›Er wird seine Gründe gehabt haben‹? Mehr hast du nicht zu sagen?«

»Er hat sich um uns gekümmert.« Ihre Mutter trat dicht an sie heran und wischte ihr mit einem Zipfel des Schlafanzugoberteils über die Wangen. »Wir haben uns um ihn gekümmert, und er hat sich um uns gekümmert. Also – ja. Er wird seine Gründe gehabt haben.«

Ein schrecklicher Gedanke brodelte auf in Arlo.

»Glaubst du, dass er sie mehr geliebt hat als mich?«, fragte sie.

Ihre Mutter lächelte traurig. »Das frage ich mich auch schon lange.«

11

MICKEY

Das war nicht ihr Bett. Mickey war sich dessen sicher, noch bevor sie die Augen aufschlug. Die Matratze war zu fest. Das Laken zu straff. Das Kissen war gestärkt und rau und roch nach Chemie. Sie hörte fremde Töne, ratternde Räder, Schritte mit verschiedenen Quietschgeräuschen und Schnarchen.

Sie drückte sich hoch und zuckte zusammen, als sie ein schmerzhaftes Zwicken in ihrer linken Ellbogenbeuge verspürte, wo sich ein Gummiröhrchen durch ihre Haut bohrte. Über Mickeys Schulter hing eine halb leere Flasche mit Kochsalzlösung an einem Infusionsständer. Ja, es war wie befürchtet.

Ihre Handtasche. Wo war ihre Handtasche? Sie hatten ihr Pulloverkleid genommen und durch dieses billige gepunktete Ding ersetzt, was bedeutete, dass sie mit dem Rest ihrer Sachen auch irgendetwas gemacht hatten. Sie aufgehängt, an einem sicheren Ort verstaut. Hoffentlich. Gab es etwas Schrecklicheres, als sein iPhone zu verlieren?

Sie ließ den Blick durchs Zimmer schweifen. Nichts auf dem Tischchen neben ihr, nichts auf der Abstellfläche über dem Waschbecken. Auf dem Stuhl – ja! Da lag sie: ihre dumme, schöne, riesengroße Tasche, zusammen mit ihrem Mantel und ihren Schuhen. Auf dem Schoß von Tom Samson.

Er schnarchte mit weit offenem Mund und in den Nacken geworfenem Kopf.

Mickey presste ein einziges Wort aus ihrer strapazierten Kehle: »Hey!«

Er machte ein kleines pfeifendes Geräusch, ließ aber ansonsten keine Anzeichen erkennen, dass er aufwachen würde. Licht fiel vom Flur herein und tauchte ihn in einen gelblichen Schein.

»Hey«, sagte sie wieder, so laut sie es herausbekam. Der Klang ihrer eigenen Stimme kratzte sie im Ohr.

Samsons Kopf schnellte hoch. Er hustete und räusperte sich. »Hi!«

Mickeys Nase begann zu prickeln. Sie war hier und ihre Handtasche dort drüben – eine unüberwindbare Distanz. »Ich brauche meine Tasche.«

»Was?«

»Meine Handtasche.«

Samson folgte ihrem Blick. »Oh.« Seine Augenbrauen sanken herab und zogen sich gleichzeitig zusammen. »Du willst nicht gehen, oder? Ich glaube nicht, dass du ...«

»Das ist meine Handtasche«, sagte Mickey, als sich eine Flutwelle in ihr erhob, die sie nicht zurückhalten konnte. Es war die Erinnerung an Ians kleines Stimmchen, aber auch an Chris' dämliche Schürze und die Kindersendung mit den Schweinen und an einen goldenen Fahrstuhl. Sirenen. Eine holprige Fahrt. Ein herb-zusammenziehender Geschmack in ihrem Mund. Die Flutwelle enthielt all diese Erinnerungen auf einmal. »Ich will sie haben.«

»Sie ...« Er erstarrte. »Sie weinen ja.«

»Ja, ich weine. Ich hab nichts. Die haben mir meine Sachen weggenommen, meine Handtasche, mein H..., mein Ha...« Sie konnte das Wort nicht herausbringen.

»Okay, okay.« Er stand ungeschickt auf und näherte sich langsam.

Mickey riss Samson die Handtasche aus den Händen und kippte den Inhalt auf ihren Schoß. »Ich bin dreiunddreißig Jahre alt. Fast vierunddreißig. Ich muss wissen, wo meine Handtasche ist. Wenn ich nicht weiß, wo meine Handtasche ist, was bin ich dann? Dann bin ich nichts.« Das Handy rutschte heraus, schmal und glänzend: ein Wunder menschlicher Innovation, das sie nie wieder für selbstverständlich hinnehmen würde. »Sogar meine Vorschulkinder können auf ihre Rucksäcke aufpassen.«

»Warum tragen Sie eigentlich eine Hillary-Clinton-Biografie mit sich rum?«

Mickey drückte sich das Handy ans Herz. »Weil ich sie irgendwann mal lesen werde, okay? Und jetzt lassen Sie mich in Ruhe.«

Das tat er auch. Er ging nicht, aber er gab ihr Raum zum Atmen und trat ans Fenster, obwohl es da nicht viel zu sehen gab. Die Backsteinfassade eines anderen Gebäudes, eine Dachrinne, ein Streifen sternloser Himmel.

»Sie sind ganz schön hingeknallt«, sagte er nach einer Weile. »Im einen Moment ging es Ihnen noch gut, im nächsten lagen Sie auf dem Boden.«

Ja, da war ein Boden gewesen. Teppich, da war sich Mickey ziemlich sicher. Dieses kratzige Zeug, das in Büros lag.

»Wann war das?«, fragte sie. »Ich meine, vor wie vielen Stunden?«

»Ich weiß nicht, acht vielleicht? Neun?« Als er sich vom Fenster abwandte, sah sie nur noch seine Silhouette. Mickey war dankbar, dass sie ihn nicht richtig sehen konnte als er sagte: »Jemand kommt, um mit Ihnen zu sprechen. Die Sozialarbeiterin.«

»Über den … den …« Mickey befahl sich, mit dem Weinen aufzuhören. Sie schämte sich nicht. Warum sollte sie sich auch schämen? Es war ihr Körper, ihr Mundwasser. Okay, genau genommen nicht ihr Mundwasser. Aber egal.

»Ja. Darüber.«

Er trat ins Licht, und Mickey suchte sein Gesicht nach einem Vorwurf ab, fand aber nichts. Ihre Erleichterung war prompt und unerwartet.

»Und das hat man Ihnen erzählt?«, fragte sie.

Er ließ sich wieder auf den Stuhl sinken.

»Ich habe behauptet, ich bin Ihr Vater.«

Mickey fühlte, wie sich eine neue, sanftere Flutwelle erhob. Was für ein Widerling dieser Anwalt war. Was für ein wunderbarer, wunderbarer Widerling.

»Was?«, fragte er. »Warum schauen Sie mich so an? Ich dachte mir, irgendjemand sollte für Sie da sein und auf Ihre Handtasche aufpassen. An Orten wie diesen geht alles Mögliche verloren …. Scheiße! Was hab ich gesagt? Es tut mir leid. Weinen Sie nicht wieder. Oder tun Sie's von mir aus. Tut mir leid. Ich bin ein Trottel. Weinen Sie ruhig, wenn Sie weinen wollen.«

»Das ist das Netteste, was irgendjemand jemals für mich getan hat«, sagte sie.

»Im Ernst?« Sein Ton verriet traurige Ungläubigkeit.

Mickey konnte mit Samsons Freundlichkeit kaum umgehen, vor allem in Anbetracht der Tatsache, dass Mickey ihn erst vor ein paar Tagen grundlos wüst beschimpft hatte.

»Es tut mir wirklich … äh …« Leid. Es tat ihr leid. War es so schwer, das auszusprechen? »Ich hätte Sie nicht … Sie hatten nicht verdient, dass …« Herrgott! »Wissen Sie, was ich meine?«

Samson beugte sich vor, stützte seine Ellbogen auf die Knie und richtete seine Nase zum Boden. »Ich hab alles verdient, was Sie mir da gesagt haben. Alles. Um die Wahrheit zu sagen, haben gar nicht Sie mich zum Weinen gebracht. Ich musste weinen, weil ich so ein jämmerliches Stück Scheiße bin.«

Ein leichtes Klopfen an der Tür.

»Guten Morgen!«

Sie hatte eine belegte Stimme, kurzes mausgraues Haar und eine Miene, die an schlecht gelaunte Grenzbeamten oder Schulkantinen-Mitarbeiterinnen erinnerte.

»Sind Sie die Sozialarbeiterin?«, fragte Mickey zweifelnd. Die Frau war mindestens siebzig und stank nach Zigarettenrauch.

Sie stellte sich als Vera vor. »Stört es Sie, wenn ich das Licht anmache?«

»Es wäre mir lieber, wenn es ausbleibt«, sagte Mickey.

Vera, die ihre Hand schon zum Lichtschalter gehoben hatte, ließ sie wieder fallen. »Okay, mir ist es egal.« Sie nickte Samson zu. »Hallo!«

»Ich will, dass er bleibt«, sagte Mickey zu ihrer eigenen Überraschung.

»Okidoki.« Vera hievte sich auf das andere leer stehende Bett und schnaufte, als sie den Gummizug ihrer Hose zurechtzupfte.

Zunächst stellte sie Mickey ein paar einfach Fragen – wie alt sie war, wo sie wohnte etc. Vera kritzelte ein paar Worte auf ihrem Klemmbrett, das sie im Dämmerlicht hin und her drehte und ab und zu blinzelnd näher ans Gesicht führte. »Moment!« Sie zog einen Blackberry von ungefähr 2010 aus der Tasche und beleuchtete damit ihre Formulare. »Na bitte. Okay, dann schauen wir mal. Nehmen Sie Drogen? Wenn ja, welche und wie oft?«

Mickey verschränkte die Finger auf ihrem Schoß und drückte zu. »Was soll das überhaupt heißen? ›Drogen‹. Ist nicht alles eine Droge?«

»Alkohol und Drogen.«

»Ich will nicht darüber reden«, sagte Mickey.

Vera legte mit ungerührter Miene ihr Klemmbrett beiseite. »Okay.«

»Im Ernst?«, fragte Mickey, weil noch nie jemand das Thema so einfach fallen gelassen hatte.

»Warum nicht? Macht mir das Leben einfacher. Aber schauen Sie, wollen wir nicht diesen ganzen Krempel hier vergessen«, sie deutete auf das Klemmbrett und rümpfte die Nase, »und uns ein bisschen unterhalten?«

Mickey warf einen Blick zu Samson, der sie mit einem unmerklichen, aufmunternden Nicken bedachte.

»Okay«, sagte sie.

»Wer ist für Sie da?«, fragte Vera.

Mickey schnaubte. »Warum fragt mich das jeder?«

»Für die meisten von uns ist das wichtig«, sagte Vera. »Nicht für alle, das kann ich Ihnen garantieren. Aber für die meisten.«

»Ich gebe mich nicht mit Menschen ab. Menschen sind das Schlimmste.«

»Okay. Ihre Entscheidung.«

Was für eine miese Sozialarbeiterin, dachte Mickey.

»Erzählen Sie mir von gestern Nacht«, sagte Vera.

Mickey berichtete, woran sie sich erinnern konnte, von dem Französischen, den sie bei Chris hingelegt hatte, bis zu dem Zusammenbruch in Toms Büro. Sie sprach so emotionslos wie möglich, und hielt sich genau an die Fakten. Wenn es jemals eine Zeit für die Spionagetaktik gegeben hatte, dann jetzt.

»Hmm.« Vera legte sich nachdenklich einen Finger auf die Lippen und tat das, was solche Menschen immer taten, wenn sie darauf warteten, dass ein Patient weiterredete. Aber es würde nicht funktionieren. Mickey würde sich nicht dazu verleiten lassen, irgendetwas zu sagen, weil es nämlich nichts zu sagen gab. Sie hatte etwas zutiefst Selbstzerstörerisches getan, aber sie lebten in einem freien Land, und hier durften die Bürger jederzeit schlechte Entscheidungen treffen.

»Hmm«, machte Vera erneut.

Mickey drückte ihre Handtasche an sich. Sie konnte sich selbst nicht leiden. Wenn dieser ganze Vorfall ihr eines gezeigt hatte, dann das.

»Hmm«, machte Vera wirklich ein drittes Mal.

»Mannometer, was wollen Sie denn?«, schnauzte Mickey sie an.

Samson sprach, bevor Vera reagieren konnte: »Wenn Sie sich wirklich nicht für andere Menschen interessieren, warum strengen Sie sich dann so an, ihnen aus dem Weg zu gehen?«

Diese Frage bohrte sich schmerzlich tief in Mickeys Kopf.

»Ich gehe ihnen ja nicht wirklich aus dem Weg«, sagte sie.

»Aber warum isolieren Sie sich dann?« Toms Augen waren wild und hell geworden. *Nimm mich dran*, sagten sie. *Ich weiß die Antwort.* »Wenn es Sie wirklich keinen Deut schert, was andere machen oder sagen oder von Ihnen denken?«

»Ich isoliere mich doch gar nicht.« Dieses Wort beschwor Bilder von gebrechlichen Senioren und depressiven Menschen herauf.

»Sie geben sich bloß nicht mit Menschen ab«, sagte Tom, und zeichnete Anführungszeichen in die Luft. »So haben Sie es formuliert.«

»Na ja, so hab ich das nicht gemeint. Und ich dachte außerdem, dass *sie*«, Mickey deutete mit einer Kopfbewegung auf Vera, die zum ersten Mal lächelte, seit sie hereingekommen war, wobei sie eine Reihe von schlechten Zähnen und hellrotem Zahnfleisch entblößte, »hier die Fragen stellt.«

»Dieser Chris zum Beispiel«, sagte Tom. »Wenn er und das Kind Ihnen wirklich egal sind, verstehe ich nicht, warum sie davongerannt sind. Wir rennen davon, wenn wir Angst haben.«

Mickey dachte darüber nach. Ja, sie war aus Panik davongerannt. Aber auch aus Verwirrung. Ihre Beziehung zu Ian hatte früher jeden Morgen begonnen, wenn er in die Klasse gestolpert kam, und sie hatte jeden Nachmittag geendet, sobald er wieder davonstolperte. Jetzt war sie ein Mensch, der bei ihm zu Hause auftauchte, um Fernsehen zu schauen und Gutenacht-geschichten vorzulesen und mit seinem attraktiven Onkel zu Abend zu essen, einem Mann, der freundlich und interessant war und rätselhafterweise Single. Es ergab einfach alles keinen Sinn.

»Wir bekommen Angst bei Dingen, die uns wichtig sind«, sagte Tom. »Bei Menschen, die uns wichtig sind.«

Mickey war nicht dumm. Sie sah ein, dass er recht hatte. Sie wusste auch, dass es vergebens war.

»*Wenn* es da draußen irgendwo Leute geben sollte, die ich nicht hasse«, sagte sie nach einem Blick auf ihren Infusions-ständer, »und *wenn* ich mit ihnen Zeit verbringen wollte …« Mickey konnte den Satz nicht zu Ende sprechen, obwohl ihr die Worte im Kopf dröhnten. *Warum sollten* sie *dann Zeit mit* mir *verbringen wollen?*

»Ja«, seufzte Tom. »Das ist der schwierige Teil.«

✳ ✳ ✳

Am selben Nachmittag wischte Mickey die Fußbodenleisten sauber, leerte die Recyclingtonne, staubsaugte die Teppiche, schnitt sich die Zehennägel, bingte fünf Folgen von *Bridgerton* und wendete sich dann noch einmal den Leisten zu. Elfeinhalb Stunden nachdem Tom sie zu Hause abgesetzt hatte, fiel ihr nichts mehr ein, das sie hätte putzen, reparieren oder anschauen können. Sie nahm einen Schluck Russian Standard-Wodka direkt aus der Flasche und kniete sich auf den Schlafzimmer-boden neben eine Steckdose. Mit angehaltenem Atem steckte sie ihr Handy in das Ladegerät und das Ladegerät in die Steck-dose. Das Apple-Logo erschien vor einem strahlend weißen

Hintergrund und schwebte dort für drei unglaublich lange Sekunden. Sie tippte ihre PIN ein, und dann tauchte der Home-Bildschirm auf.

Eine rote Sprechblase oben rechts neben dem Telefon-Icon zeigte an, dass sie vier Anrufe verpasst hatte. Vier. Das war schlecht. Oder gut. Sie konnte sich nicht entscheiden. Vier verpasste Anrufe bedeuteten, dass er sich Sorgen um sie gemacht hatte. Es bedeutete, dass sie ihn belastet hatte. Aber vielleicht bedeutete es ja auch, dass sie ihm wichtig war? Zumindest ein bisschen?

Mickey tippte auf die Textnachrichten.

Wo bist du hingegangen?
Kommst du wieder zurück?
Ich hoffe, es geht dir gut

Sie starrte die letzte Nachricht eine geraume Weile an. Mickey war es nicht gewohnt, Raum in den Köpfen anderer Menschen einzunehmen. Aber sie war es auch nicht gewohnt, Raum in einem Krankenhaus einzunehmen, und es war dennoch passiert. Das Papierband um ihr Handgelenk bewies es.

Mit aufblitzendem Licht und dem gewaltsam trillernden Klingelton, den sie abgrundtief hasste, den zu ändern sie aber zu bequem war, brach das Handy in ihren Händen los. Es schlug mit dem Display nach unten auf dem Boden auf.

Sie drehte es mit einer Bewegung ihres Fingers um und schrak zurück. Chris rief sie an. Schon wieder. Zum fünften Mal. Wahrscheinlich um sie anzuschreien, ihr zu sagen, wie sehr ihr Verschwinden den armen Ian aufgewühlt hatte und was sie sich eigentlich dabei gedacht habe, einfach so rauszurennen. Üble Gedanken türmten sich in Mickeys Kopf auf, so unbarmherzig wie dieses gottverdammte Scheißhandy, das immer weiterklingelte. Wie war es möglich, dass es immer noch klingelte? Sie musste es zum Schweigen bringen.

Sie wischte nach rechts, um das Gespräch anzunehmen. »Hallo?«

»Bist du tot? Bist du gestorben?« Seine Stimme war hitzig – nicht unbedingt wütend, aber etwas in der Richtung. »Was ist passiert?«

»Ja, tut mir leid. Ich hab plötzlich so ein seltsames Bauchweh bekommen, und äh …« Sie hielt das Handy zwischen Schulter und Hals eingeklemmt und zerrte an dem Krankenhausarmband. Es gab nicht nach.

»Bauchweh.«

»Das hab ich ganz oft in letzter Zeit – so einen stechenden … Schmerz.« Sie stellte das Handy auf Lautsprecher und ging zu ihrem Basteltisch in der Ecke, um nach einer Schere zu suchen. Sie machte gerade glitzernde neue Namensschilder für ihre Kinder, obwohl sie nicht mehr ihre Erzieherin war, und nein, das war nicht seltsam. »Ich glaube, ich hab ein Magengeschwür oder RDS oder …«

Ein Schnitt, und das Krankenhausarmband fiel von Mickeys Handgelenk.

»Ich hab einfach die Nerven verloren«, sagte sie. »Und bin davongerannt. Geschichten vorlesen und Filmabend und – weißt du, was ich meine? Ich bin es nicht gewohnt, bei so was dabei zu sein. Und es gibt Dinge, bei denen ich auch gar nicht dabei sein sollte. Ich will mit dir befreundet sein, aber nicht so tun, als wäre ich die Vertretung für Ians Mutter. Ich werde nicht jedes Mal alles stehen und liegen lassen und zu dir gerannt kommen, wenn er sich übergibt oder eine Gutenachtgeschichte braucht.« Sosehr sie sich das auch wünschte. Aber das war nicht der Punkt. »Du kannst mich nicht so behandeln.«

Mickey ließ das Krankenhausarmband in einen Abfalleimer

unter dem Tisch fallen und wartete auf das Freizeichen, das unweigerlich ertönen würde, nachdem Chris aufgelegt hatte.

»Du hast recht«, sagte er stattdessen. »Tut mir leid. Soll ich ehrlich sein? Ich mag es, wenn du bei uns bist. Und nicht nur wegen Ian. Ich meine, du weißt natürlich besser als ich, was du tust, aber das ist nicht – das ist nicht der Grund, warum … Ich … ich mag dich einfach.«

Mickey ließ sich auf einen Stuhl fallen. Er mochte sie. Er *mochte* sie. Aber auf welche Art? Mochte er sie auf eine kumpelhafte, Komm-wir-gehen-zu-einem-Pub-Quizabend-und-essen-Hot-Wings-Art? Oder mochte er sie auf eine andere Art? Und wie konnte sie das herausfinden? Sie könnte ihn einfach fragen, was natürlich nicht infrage kam. So viel Verletzlichkeit würde sie umbringen.

»Hallo? Mickey?«

Aus dem Nichts ploppte eine Idee auf und drehte Runden in ihrem Kopf. »Ich hab am dritten Dezember Geburtstag«, hörte sie sich selbst sagen.

»Alles Gute im Voraus.«

»Vielleicht lad ich ein paar Leute zum Essen ein. Und natürlich gibt es auch was zu trinken.«

»Schön«, sagte er mit einem Lächeln, das Mickey irgendwie hören konnte. »Das klingt toll.«

Sie schnappte sich eine Quetschflasche mit türkiser Glitzerfarbe und fügte dem Namensschild, das sie für Ian gemacht hatte, noch einen Extraschnörkel hinzu. Es brauchte ein bisschen mehr Glitzer – mehr Pep. Außerdem würde ihr der nächste Satz leichter über die Lippen kommen, wenn ihre Hände beschäftigt waren. »Ich finde, du und der Kleine solltet auch kommen.«

In der Leitung blieb es eine quälend lange Viertelsekunde still.

»Am dritten, hast du gesagt?«

»Am dritten«, krächzte Mickey.

»Das Dumme ist nur, dass Ian da vielleicht schon weg ist.«

Sie stand vom Basteltisch auf und ging zurück zur Steckdose, wo das Handy am Ladekabel hing. »Was meinst du mit ›weg‹?« Das Wort passte nicht zu Ians Namen.

»Wieder bei meiner Schwester.«

Mickey nahm die Flasche Russian Standard und spähte auf den Flaschenboden. Ob nun in fünf Minuten oder in fünf Stunden, früher oder später würde sie aufstehen und eine neue Flasche aus dem Kühlschrank holen, und die würde sie dann auch austrinken. Nicht, weil sie es unbedingt wollte oder brauchte. Sie wusste einfach nur, dass es passieren würde. »Hast du endlich von ihr gehört?«

»Ich glaube, er ist jetzt nur noch eine Woche bei mir. Maximal zehn Tage.«

Theoretisch wusste sie, dass es das Beste für alle Beteiligten war, wenn Ians Mutter zurückkam. Theoretisch. Und dennoch.

✳ ✳ ✳

Das letzte Mal, dass Mickey einen Geburtstag gefeiert hatte – so richtig gefeiert – war vor über zehn Jahren auf einer Reise nach Holland gewesen. Im gleichen Jahr, in dem Taylor Swift ein Lied darüber veröffentlichte, dass sie zweiundzwanzig Jahre alt war, und Mickey hatte das immer als einen Hauch von göttlicher Lenkung empfunden. Während sie Fahrrädern und Trambahnen auswich, wanderte sie im Regen dahin auf der Suche nach einer Unterkunft. Irgendwann hatte sie in ein Hostel eingecheckt, in dem sie ein paar Austauschstudenten aus Serbien oder Slowenien kennenlernte. Mickey war ziemlich sicher, dass auch eine Bootsfahrt im Spiel gewesen war.

Sie war stolz auf sich, weil sie diese Erfahrung gemacht hatte, die Kanäle mit den Schwänen und das nasse Kopfsteinpflaster. Obwohl ihre Mutter geweint hatte, als Mickey vier Tage später nach Hause kam, mit einem ordentlichen Jetlag und lauter Eintrittsstempeln auf den Armen, von Bars, an die sie sich schon nicht mehr richtig erinnern konnte.

Mickey dachte nur noch selten an die Erlebnisse. Und bei der dritten von den erforderlichen sieben Sitzungen, dachte sie definitiv nicht daran.

»…vier Gäste mit mir«, sagte Mickey. Daria hatte ihre Geburtstagseinladung ebenfalls angenommen und pflichtschuldigst angeboten, ein Dessert mitzubringen, von dem Mickey noch nie gehört hatte. »Das ist wahrscheinlich nicht besonders viel, oder? Ist es trotzdem eine Party, wenn wir nur zu viert sind?« Fünf. Tom wollte sie auch einladen. »Wissen Sie, was ein Napoleonkuchen ist?«

»Googeln wir doch einfach mal.« Arlo zückte ihr Handy.

Es gab so viel zu tun. Mickey musste sich eine Tischdekoration überlegen, ein Outfit aussuchen und entscheiden, was für Essen sie bestellen würde. »Soll ich Mitgebseltüten machen? Meine letzte Geburtstagsparty war in der sechsten Klasse. Ich weiß noch, dass wir da Mitgebseltüten hatten.«

»Ach du Scheiße, sieht das gut aus!« Arlo zeigte Mickey ihr Display und wischte ein paar Bilder durch: wechselnde Schichten von lockerem Teig und Buttercreme, auf denen Beeren verschiedenster Art lagen. Es sah wirklich gut aus. »Macht den jemand für Sie?«

»Ja, meine Nachbarin von gegenüber.«

»Nicht schlecht.« Arlo legte ihr Handy wieder weg. »Tja, *meine* Nachbarin schreibt mir immer nur passiv-aggressive Nachrichten wegen zu lauter Musik, was ja im Grunde genommen dasselbe ist wie so eine komplizierte Torte.«

Mickey gestattete sich ein Lachen.

Die heutige Therapiestunde fühlte sich anders an. Zunächst einmal hatte sie keine Angst davor gehabt. Ein Teil von Mickey war tatsächlich gerne hier, in diesem winzigen Zimmer mit einer Frau, die aussah wie die kleine Meerjungfrau. Sie hatte schon unangenehmere Therapeuten gehabt. Diese hatte zumindest keine Hemmungen zu fluchen.

»Ich vergesse immer, wie viel Arbeit es macht, Gäste einzuladen«, sagte Arlo.

»Absolut«, nickte Mickey.

Arlo blätterte durch die Papiere auf ihrem Klemmbrett. Es musste schon das dritte oder vierte Mal sein, seit Mickey sich hingesetzt hatte. Sie schaute immer wieder auf eine Seite ziemlich weit hinten. Waren das die Notizen vom letzten Mal? Vielleicht konnte sie sich nicht mehr daran erinnern, worüber sie gesprochen hatten. »Warum wollen Sie ausgerechnet dieses Jahr eine Party machen?«

»Ich dachte einfach, es wäre nett«, sagte Mickey. »Sie wissen schon – Leute zusammenbringen zum Essen, für ein paar Drinks.«

»Ein paar Drinks«, sagte Arlo mit aufblitzenden Augen.

Mickeys Bauch zog sich zusammen. Hatte sie daran gedacht, ihre Fahne mit einem Schluck Milch zu verschleiern, bevor sie aus dem Haus ging? Nein. Sie hatte sich nicht mal die Zähne geputzt. Oder hatte sie es vielleicht gemacht und konnte sich nur nicht dran erinnern? Vielleicht war es gar nicht wichtig. Sie saßen ja nicht so nahe beieinander, und Wodka war ohnehin praktisch geruchslos. Vielleicht hatte Arlo ihn gar nicht wahrgenommen.

»Ich habe gerade noch mal einen Blick auf Ihr Aufnahmeformular geworfen«, sagte Arlo, »und gesehen, dass Sie die Frage mit den Drogen unbeantwortet gelassen haben.«

Verdammt! Sie hatte es definitiv gerochen.

»Hab ich das?«, sagte Mickey. »Das muss ich übersehen haben.«

»Das sagt mir, dass es sich lohnen könnte, da noch mal genauer hinzuschauen. Macht es Ihnen was aus?«

Ja, es machte Mickey was aus. Das ging Arlo nichts an. Und tat Mickey denn nicht schon genug? Sie veranstaltete eine Party. Mickey! Eine Party! »Meinetwegen.«

»Manche Bewältigungsstrategien helfen kurzfristig, aber nicht langfristig. Diese Fragen helfen mir – uns –, zu verstehen, ob das Trinken Sie dorthin bringt, wo Sie hinwollen.« Arlos Ton war so urteilsfrei, dass es schon wieder beleidigend war.

»Ich hab doch schon Ja gesagt«, meinte Mickey. »Schießen Sie los.«

Arlo las laut von einem Blatt vor: »*Haben Sie jemals überlegt, ob Sie Ihren Alkoholkonsum reduzieren sollten?*«

Was für ein Bullshit! »Nein«, antwortete Mickey.

»*Frustriert es Sie, wenn andere Ihr Trinkverhalten kritisieren?*«

»Nein.«

Arlo ließ das Klemmbrett sinken und hielt ihren Stift waagrecht zwischen den Fingern, auf eine Art, die gelehrt wirkte. So lernbegierig, so interessiert. Als wäre Mickey eine Fallstudie, über die man nachgrübeln musste.

Doch sie war keine Fallstudie. Sie war ein Mensch, und Menschen konnte man nicht auf eine Reihe von Testfragen reduzieren, die sich irgendein Suchtforscher in den Achtzigerjahren ausgedacht hatte. Das hier war nichts als ein standardisierter Fragebogen. Mickey wusste das, weil sie haargenau dieselben Fragen schon mindestens siebenmal in ihrem Leben beantwortet hatte. »Was?«

»Ich war nicht sicher, ob Sie noch was sagen wollten.«

»Ach so«, sagte Mickey. »Nein. Nächste Frage?«

»*Hatten Sie schon mal Schuldgefühle wegen etwas, das Sie getan haben, als Sie getrunken hatten?*«

Mickey fiel ein, wie sie mit einem Mordskater aus dem Flugzeug aus Amsterdam gestiegen war. Ihrer Mutter bei der Gepäckrückgabe in die Arme gefallen war. Wie sie in die gemeinsame Wohnung gekommen waren, in der immer noch Luftschlangen und Heliumluftballons an der Decke hingen und ein nicht angerührter Kuchen auf dem Küchentisch stand. Kerzen lagen schief und krumm in der geschmolzenen Glasur. »Nein.«

»*Haben Sie schon mal ein Konterbier getrunken, um Ihr Zittern in den Griff zu bekommen oder einen Kater loszuwerden?*«

»Ich …« Mickey zögerte und wog innerlich ab, wie viel sie von der Wahrheit enthüllen sollte. Sie hatte ihren ersten Schluck heute Morgen um 7 Uhr 56 getrunken, aber das war nicht ihre erste Handlung gewesen. Sie hatte sich vorher die Haare gekämmt und Unterwäsche angezogen. Und sie hatte den Alkohol mit trockenem Toast kombiniert. Außerdem tranken viele Leute schon zum Frühstück. Das machten doch alle so beim Brunchen. »Ein ›Konterbier‹? Das hab ich noch nie gehört.«

Arlo zuckte mit den Schultern. »Einen Drink am Morgen.«

»Früher hab ich das nur am Wochenende gemacht«, sagte Mickey, weil dieser Punkt doch für sie sprechen musste. Sie trank nie unter der Woche – erst auf der Busfahrt nach Hause. Außer bei dem einen Mal, mit Ian. »Aber das hat sich geändert seit der Kündigung.«

Arlo schob die Lippen vor, ein Blick tiefster Konzentration, als würde sie sich aufrichtig bemühen zu verstehen. »Inwiefern hilft Ihnen das?«

Diese Frage überraschte Mickey. Die hatte ihr noch niemand gestellt.

»Ich weiß nicht. Es füllt wahrscheinlich die Zeit.« Oder milderte sie ab. Schliff die scharfen Kanten dieser unerträglichen Realität ab, die sie für sich geschaffen hatte. Irgendwas in dieser Richtung. »Es ist einfach schön.«

Arlos Mund verzog sich zu einer nachdenklich-finsteren Miene. »Es ist einfach schön.«

»Ja. Wie eine Belohnung.«

»Eine Belohnung.«

»Warum wiederholen Sie eigentlich alles, was ich sage?«

»Manchmal hilft es, wenn wir die Worte hören, die wir gerade ausgesprochen haben.«

»Wir?« Mickey begann diese Frau jetzt wirklich zu hassen.

Arlo nahm ihre Brille ab und legte sie zusammengeklappt auf den Tisch. Ihre Augen schimmerten, klein und diamantenhart und seltsam vertraut. »Gab es in Ihrer Familie starke Trinker?«

Mickey kratzte sich die Unterarme, die Handgelenke, überall, wo diese dämlichen Eintrittsstempel gewesen waren. Alles juckte. »Ja, meinen Vater. Warum?«

12

ARLO

»Gab es in Ihrer Familie starke Trinker?«

Mickey begann, ihre Arme so plötzlich und zwanghaft zu kratzen, dass Arlo sich fragte, ob sie gerade eine Art taktile Halluzination erlebte. »Ja, meinen Vater. Warum?«

Arlo fühlte einen positiven Adrenalinschwall. Sie hatte gehofft, in der heutigen Sitzung auf Mickeys Vater zu sprechen zu kommen. Doch dann war Mickey mit einer ziemlichen Schnapsfahne aufgetaucht, und das Gespräch hatte eine andere Richtung genommen. Außer wenn es alles auf dasselbe zulief – der Alkohol, Mickeys Vater, ihr tief empfundenes (und bis jetzt nicht eingestandenes) Bedürfnis, geliebt und akzeptiert zu werden. Oh Mann, Menschen waren wirklich hochinteressante Geschöpfe.

»Niemand trinkt von Natur aus«, sagte Arlo und versuchte, nicht moralisierend zu klingen. Mickey war dem Fragebogen gegenüber nicht besonders aufgeschlossen gewesen, und sie musste gut aufpassen, wo sie hintrat. »Es ist ein erlerntes Verhalten.«

Ein kratziges Lachen entkroch Mickeys Kehle, fast ein Husten. Ihr Hals war mehr oder weniger verschwunden, die Schultern hatte sie bis zu den Ohren hochgezogen. Ein Wasserspeier in einer rosa Strickjacke. »Von meinem Vater hab ich gar nichts gelernt. Das kann ich Ihnen garantieren.«

»Wann ist er gestorben?«, fragte Arlo.

»Vor ungefähr einem Monat.«

Arlos Adrenalinspiegel verdoppelte sich. *Meiner auch*, wollte sie schon sagen, doch da begann sich ihr Herz zusammenzukrampfen. *Meiner auch!* Doch das sagte sie nicht. Sie sagte es nicht, weil sie eine gute Therapeutin mit gesunden Grenzen war. Selbstenthüllungen dieser Art – *Stellen Sie sich vor! Mein Vater ist auch vor kurzer Zeit gestorben. Das war sehr traumatisch für mich, und ist es immer noch, und jetzt hinterfrage ich alles, was ich über ihn zu wissen glaubte!* – lenkten die Konzentration vom Patienten ab und waren deswegen kontraproduktiv. Sie sollte jetzt lieber Mickey genauer ins Visier nehmen und ihr inneres Bewusstsein ein bisschen fördern.

»Es fällt Ihnen schwer, über ihn zu reden, hm?« Arlo zeigte mit ihrem Stift auf Mickey. »Sie machen sich gerade ganz klein.«

Mickey musterte sich stirnrunzelnd im Beobachtungsspiegel, unternahm aber keine sichtbare Bemühung, die Haltung zu ändern. Wenn überhaupt verstärkte sich ihre krumme Haltung noch, was Arlo seltsamerweise bewunderte. Respektlosigkeit war eine Eigenschaft, die sie an Leuten immer gut fand, nicht zuletzt an ihrem Vater.

»Wie war er so?«, fragte Arlo. Sie überlegte, ob Mickeys Vater wohl auch italienische Lederloafers gehortet hatte.

Mickey nahm sich ein Taschentuch aus der Schachtel auf dem Tisch und begann es in kleine Stückchen zu zerreißen, die sich auf ihrem Schoß sammelten. Sie warf einen Blick auf die Uhr, Arlo verlor die Verbindung zu ihr.

»Nennen Sie mir eine Sache.« *Bitte*, dachte Arlo. Nur die eine.

»Ich erinnere mich …« Mickey lächelte halb in sich hinein. »Ich erinnere mich an seinen Schnurrbart. Der war groß und irgendwie … sandfarben.«

»Erzählen Sie weiter«, bat Arlo.

»Ich erinnere mich daran, wie ich mit ihm durch den Park

gerannt bin. Er hat viel mit mir gespielt, als ich klein war. Er hat mich immer hochgehoben und durch die Luft geschwungen. Ständig. Entweder hat er mit mir gespielt, oder er lag ausgeknockt auf dem Sofa. Entweder das eine oder das andere.«

Der Lustige Papi und der Müde Papi, wie Arlo die beiden früher genannt hatte.

»Ich erinnere mich noch daran, wie er uns immer angeschrien hat. An die Beschimpfungen, die er meiner Mutter an den Kopf geworfen hat.«

Der Wütende Papi – seine beängstigendste Variante. Die, die mit den Türen knallte und Teller zerschmiss.

»Ich erinnere mich auch noch daran, wie ich manchmal auf seinem Schoß saß und nicht wusste, wovor ich mehr Angst hatte – ihn so nahe bei mir zu haben oder zu wissen, dass er früher oder später verschwinden würde. Wie krank ist das denn? Einen Elternteil zu haben, der so fürchterlich ist und ihn … trotzdem zu lieben.« Es war etwas leicht Durchgeknalltes an der Art, wie sich Mickeys Lippe kräuselte, als sie das sagte. »Ihn zu brauchen.«

Eine Hitzewelle rollte Arlo das Rückgrat hoch. »Wenn Sie das sagen, klingt es richtig erbärmlich.«

»Ist es ja auch. Erbärmlich.« Mickey streifte sich mit den Handflächen über den Schoß, und die Tempo-Stückchen segelten auf den Boden.

»Kinder können sich nicht aussuchen, an wen sie sich binden«, sagte Arlo. Das stimmte zwar, aber keine Mutter und kein Vater war nur gut oder nur schlecht. Es war nicht gerecht, wenn man die Fehler von den Erfolgen trennte. Ja, mein Vater war ein Trinker. Ja, er hat ein Chaos nach dem anderen angerichtet, um das Arlo sich kümmern musste. Aber er hatte auch seine guten Seiten – die ganzen So-tun-als-ob-Spiele, Fangen und Tic-Tac-Toe, das Fahrradfahren, Huckepackreiten, die Wasserballonschlachten, die Bratz-Puppen aus der limitierten Auflage, die er ihr gekauft hatte, die Bücher, die er ihr vorgelesen hatte, und später die Skistunden, die Fahrstunden, die Beach-Boys-Mitsingerei, die hochnotpeinliche Befragung jedes männlichen Wesens, das ihr näher kam als drei Meter, wie er bei ihrem Schulabschluss geweint hatte und dann bei ihrer Hochzeit, als sie ihn mit dem Lied »God Only Knows« für den Tanz des Vaters mit der Braut überrascht hatte. »Aber ich frage mich: Diese negativen Gefühle, die Sie nie loslassen konnten – die Scham, die Verbitterung …«

Ärger flammte in Mickeys Augen auf. »Ich bin nicht verbittert, und ich schäme mich auch ganz bestimmt ni…«

»Geht es dabei eigentlich um Ihren Vater?« Arlo machte jetzt Druck. Sie musste es tun. Sie standen kurz vor einem Durchbruch. »Manchmal lenken wir unsere emotionale Energie auf Leute, die uns nahestehen, weil wir Angst haben, sie auf uns selbst zu richten. Lieber hyperfokussieren wir auf andere – oder die Erinnerung an sie –, als in unser Innerstes zu schauen.«

»Keiner musste auf meinen Vater hyperfokussieren. Seine Fehler sprangen einen geradezu an.«

»Aber wie alt waren Sie denn, als er Sie verlassen hat?«

»Ich …« Mickeys Gesicht wurde ausdruckslos. »Ich habe Ihnen nie erzählt, dass er uns verlassen hat.«

»Oh.« Hatte Mickey das nicht irgendwann erwähnt? »Tut mir leid. Ich … ich glaube, das hab ich irgendwo in Ihrer Krankenakte gelesen.«

Arlo hatte keinen Zugriff auf die Krankenakten ihrer Patienten, doch die Lüge schien Mickey zufriedenzustellen. Sie wendete ihre Aufmerksamkeit jetzt wieder den Tempo-Fetzen zu ihren Füßen zu, beugte sich vor und fing an, sie einen nach dem anderen aufzusammeln, legte jeden Fetzen ordentlich in ihre hohle Hand.

»Ich war sieben«, sagte sie.

»Aber kann eine Siebenjährige ein Elternteil denn wirklich kennen? Und sich akkurat an ihn erinnern? Das ist eine ganz andere Frage. Kindheitserinnerungen werden aus vagen Gefühlen und den Erzählungen anderer Leute konstruiert.« Arlo wusste selbst nicht mehr so richtig, was sie da gerade sagte.

Mickey straffte den Rücken. »Ich habe überhaupt nichts ›konstruiert‹. Ich kannte ihn, okay? Ich kannte dieses ... dieses dämliche Schlurfen seine Schritte. Ich kannte seine Lieblingssender. Ich kannte das Geräusch, das seine Bierdose beim Öffnen machte. Er stürzte eine Bierdose immer gleich am ...«

Ihr Mund ging auf und zu und auf und zu, als wäre eine Sicherung in ihrem Gehirn durchgebrannt und als würden jetzt alle Signale durcheinanderfunken.

»Gleich am Morgen?«, fragte Arlo. »Ein Konterbier?«

Der Kreis ihres Gesprächs hatte sich geschlossen: von Mickeys Trinkgewohnheiten zu ihren Verlustängsten und wieder zurück. Arlo hätte es nicht besser planen können. Trotzdem hatte sie ein nervöses Gefühl im Bauch, und irgendwann in den vergangenen fünf Minuten hatte sich der positive Adrenalinschwall in einen negativen verkehrt.

Arlo lenkte ihren Prius an den Bordstein, riss den Schalthebel auf Parkstellung und taumelte hinaus in den Schnee. Sie wusste, was sie zu tun hatte. Und auch wenn manche Leute es falsch nennen mochten: Sie sah keinen Grund, sich schuldig zu fühlen, dass sie in ein Anwaltsbüro einbrach, um nach vertraulichen Dokumenten zu suchen. Sie hatte es verdient, mit Sicherheit zu wissen, wer das ganze Geld ihres Vaters bekommen würde. Sie hatte es verdient, einen Namen, eine Adresse, eine Telefonnummer zu erfahren. Ja, es war mitten in der Nacht. Ja, sie hatte einen rosa Flanellschlafanzug an. Was machte das schon? Sie war ausgezogen, um sich Gerechtigkeit zu verschaffen.

Der Wachmann, der auf einem Hocker in der Lobby saß, betrachtete sie mit Vorahnung und Mitleid. Er machte sich gar nicht die Mühe aufzustehen. Machte sich nicht mal die Mühe, seine Zeitung zusammenzufalten – ein Boulevardblatt mit der Abbildung eines Autounfalls auf dem Titelblatt. »Kann ich Ihnen helfen, Madam?«

»Mein Freund arbeitet oben in der Kanzlei.« Sie steigerte sich in eine erfundene Geschichte hinein, wie sie vergessen hatte, ihm ein Geschenk für den morgigen Jahrestag im Schreibtisch zu verstecken. Es fiel ihr nicht schwer, ihrer Stimme einen verzweifelten Ton zu verleihen.

Der Security-Mitarbeiter legte seufzend die Zeitung auf den Schoß. »Wie heißt Ihr Freund?«

»Tom Samson. Er ist Rechtsanwalt.«

Er kratzte sich an seinem kahlen Kopf und blinzelte sie eine ganze Weile an, bevor er in Gelächter ausbrach. Nicht, dass Arlo sich davon hätte irritieren lassen. Gerechtigkeit! Hier ging es um Gerechtigkeit!

Der Wachmann stand von seinem Hocker auf und wischte mit einer Magnetkarte über einen Sensor an der Wand. »Ist dieser Tom Samson gut zu Ihnen?«

Tom Samson war ein schmieriger Player, der sich seine Beute gerne unter trauernden Frauen suchte. Und schlimmer noch: Er war ein Stein in der bürokratischen Mauer, die Arlo von dem trennte, was ihr rechtmäßig zustand. Sie hasste ihn und alles, wofür er stand.

»Er ist der Beste«, sagte Arlo.

Der Wachmann lächelte, gar nicht mal unfreundlich. »Das glaub ich Ihnen aufs Wort.«

Der Aufzug war voll verspiegelt. Um ihren eigenen Blick zu

meiden, schaute Arlo zu, wie die Zahl der Stockwerke immer weiter stieg: sieben, acht, neun … Sie wühlte in ihrer Manteltasche nach dem Foto aus dem Portemonnaie ihres Vaters, dem Foto von Michelle.

Dieses gestörte Urteilsvermögen sah ihm überhaupt nicht ähnlich. Ihr Vater traf solide Entscheidungen und erteilte gute Ratschläge. Er hatte jeden Fehler vorausgesehen, den Arlo machen würde. *Ist dieser Baum nicht ein bisschen zu hoch zum Raufklettern? Hast du nicht ein paar zu viel Kurse belegt dieses Semester? Ist dieser Junge, dieser Hayden, nicht ein bisschen zu durchschnittlich für dich? Ich meine … ein Klempner? Wirklich?*

Ein Signalton erschallte. Der Boden begann sich zu bewegen. Die Fahrstuhltüren und die Leiste mit den Knöpfen rutschten zur Seite, und Arlo fiel gegen die Wand, wobei sie ihr Spiegelbild mit der Schulter rammte.

Sie griff nach dem Messinggeländer, um sich festzuhalten. Der Signalton – Musik, er war Musik – hämmerte durch ihre Gehörgänge und die grauen Zellen ihres Thalamus.

Ihr Handy. Mein Gott, es war bloß ihr Handy.

UNBEKANNTE NUMMER

Sie tippte auf den roten Knopf, um den Anruf abzulehnen. Ihr Klingelton, das Thema aus Tschaikowskis *Schwanensee*, verstummte.

Die Fahrstuhlkabine kam mit einem überraschenden Achterbahneffekt zum Stehen, und die Türen glitten auf.

Der Empfangsbereich war in Schatten gehüllt und voll seltsamer Umrisse: die scharfen Winkel von Armlehnen, die lange Wirbelsäule einer Flurlampe, eine Pflanze mit Blättern, die aussahen wie ausgefahrene Krallen. Ein einsamer Staubsauger stand mitten im Zimmer. Die Sekretärinnen und Assistenten waren weg, und die Büros bis auf ein paar wenige Ausnahmen dunkel.

Die Tür zu Samsons Büro war nur angelehnt.

Arlo fuhr mit einem Finger an der Spalte zwischen Tür und Rahmen entlang. Es war so einfach und so richtig. Gestern hatte sie den ganzen Tag das Gefühl gehabt, an eine gedankliche Grenze zu stoßen, etwas zu umkreisen, was sie noch nicht sehen konnte. Jetzt wollte sie sich der Sache stellen – sich *ihr* stellen.

Keine Blumendüfte heute Abend, nur ein schwacher Moschushauch, als Arlo die Tür aufdrückte und eintrat. Sie ließ den Blick durch den Raum gleiten: Schreibtisch, Minikühlschrank, Akten, Sofa, schlafender Mensch, Beistelltisch …

Ihr Blick ging wieder zurück zu dem Menschen. Zu Samson, der mit einer bis zur Nase hochgezogenen Decke auf dem Rücken lag, während seine nackten Füße über das Sofaende hinausragten. Ordner, lose Schriftstücke und leere Chipstüten umgaben ihn wie einen traurigen Schrein.

Arlos Blick wanderte zwischen dem Anwalt und der Tür hin und her. Sie war unfähig, sich zu bewegen. Verdammte *Scheiße*, dachte sie. *Verdammte Scheiße, verdammte Oberscheiße!*

Weiß Gott, wie lange sie dort so stand. Lang genug, dass der Schweiß den Gummizug ihrer Schlafanzughose durchtränken konnte. Lang genug, um jeden möglichen nächsten Schritt abzuwägen.

Möglichkeit 1: Wegschleichen und vergessen, dass sie jemals hergekommen war. Akzeptieren, was sie bekommen hatte: nichts. Kein Geld, keine Antworten. Und dieses Nichts würde sie dann für den Rest ihres Lebens mit sich rumtragen, während diese schwer zu fassende Michelle die hart verdiente Kohle ihres Vaters verprasste. Arlo stellte sich vor, wie sie irgendwo an einem Strand lag, an einem Cocktail aus einer Kokosnussschale nippte, während die Wellen träge ans Ufer schwappten und die Palmen in der Ferne schwankten. Eine große Sonnenbrille verbarg ihr Gesicht.

Dann war da noch Möglichkeit 2.

Arlo schlich auf Zehenspitzen hinter den Schreibtisch, ließ sich Millimeter um Millimeter auf den Stuhl sinken, um irgendwelche Quietsch- oder Knarzgeräusche zu vermeiden, und drehte sich herum, um die Reihe von Aktenschränken hinter dem Schreibtisch zu mustern. A–C. D–F. G–I. J–L. Bingo! Sie hielt den Atem an, streckte die Hand aus und zog am Griff.

Abgeschlossen.

Okay, das würde also doch nicht so glatt laufen, wie sie am Anfang gedacht hatte. Aber es war immer noch alles im grünen Bereich. Absolut, absolut im grünen Bereich. Zu jedem Schloss gab es einen Schlüssel.

Sie tastete in den Schreibtischschubladen herum, sie fand Stifte, Fläschchen mit Aromaölen, VISA-Geschenkkarten, eine tibetanische Klangschale, Visitenkarten von Massagetherapeuten und Immobilienmaklern, Räucherstäbchen und eine Sammlung von Potenzmitteln. Aber keinen Schlüssel.

Dann fiel ihr eine Kerbe in der Tischplatte auf. Sie schob die losen Blätter und Post-its beiseite und legte einen viereckigen Bereich frei, den man aufklappen konnte.

Arlo vibrierte innerlich von den Zehenspitzen bis zum Scheitel. So fühlte es sich also an, ein Verbrechen zu begehen. Ich leiste *Widerstand*, korrigierte sie sich. Sie leistete einfach nur Widerstand.

Sie griff nach dem Deckel, zog ihn hoch und fand …

Staub und ein einzelnes 10-Cent-Stück.

»Ach, komm schon«, sagte sie und ließ den Deckel wieder fallen.

Ein Schnarchen dröhnte durchs Zimmer.

Arlo schreckte zurück auf dem Stuhl, der an die Aktenschränke stieß und einen entsetzlichen Lärm machte. Als wieder Stille eingekehrt war, stand sie auf.

Samson hatte sich auf den Rücken gerollt, doch seine Augen waren – glücklicherweise – noch geschlossen.

Arlo drehte sich der Magen um, Speichel füllte ihren Mund. Vielleicht würde sie ein Bußgeld zahlen müssen. Ins Gefängnis wandern. Ihre Zulassung verlieren – ihre Karriere. Das, was sie am besten konnte, das Einzige auf der Welt, was sie erfüllte. Und wofür? Es war mitten in der Nacht. Sie hatte einen rosa Flanellpyjama an und durchwühlte den Schreibtisch eines Anwalts nach … was eigentlich? Was tat sie hier?

Ihr Blickfeld verengte sich, und für einen Moment konnte sie nur noch den Streifen graues Licht sehen, der durch die Tür hereinfiel. Doch als sie am Sofa vorbeiging, bereits auf der Flucht, fiel ihr Blick auf eine der Akten, die auf dem Boden lagen, und sie hielt inne. KOWALSKI, M. M für Michelle.

Ihre Knie fanden den Weg zum Boden. Die Akte fand den Weg in ihre Hände. *Verdammter Jackpot!*

Ein verschleimtes Räuspern brach aus Samsons Kehle hervor. Seine Lider flatterten.

Shit.

Er wachte gerade auf.

Shit!

Die Tür. Konnte sie es bis dahin schaffen? Nein.

Arlo machte ihren Mantel auf, drückte sich Michelles Akte an den Bauch und zog den Mantel wieder zu.

Samsons Augen öffneten sich. Sie war dem Untergang geweiht. Sie war erwischt worden. Sie war erwischt worden, und jetzt war ihr Leben vorbei. Der Wachmann mit dem kleinen Kopf würde sie in Handschellen abführen und der Polizei übergeben. Sie würde die Nacht in einer dieser Verwahrungszellen verbringen, in denen sich fünfzig Insassen eine Toilette teilen mussten. Ihre Mutter würde kommen und eine Kaution hinterlegen. Und wenn Punam diese Neuigkeit hörte, dann würde sie den Kopf schütteln und sagen: *Ich wusste es. Ich wusste, dass dieses Mädchen ihr ungeheures Potenzial verschenken würde in einem fehlgeleiteten Akt der Selbstüberschätzung.*

Doch statt fluchend aufzuspringen, wie Arlo es eigentlich erwartet hätte, rieb sich Samson übers Gesicht und stöhnte, wobei er eher gekränkt als überrascht klang. »Ist das dein Ernst? Sag mir, dass es hier nicht um diese Café-Geschichte geht.«

Ein winziger Hoffnungsstrahl schien durch den Untergang.

Die Café-Geschichte. Die Café-Geschichte! Vielleicht war Arlo nicht in einem fehlgeleiteten Akt der Selbstüberschätzung hergekommen. Vielleicht, *vielleicht* war sie hier, um über diese Café-Geschichte zu reden!

»Ich ... ich wollte mich entschuldigen«, sagte sie.

Samson schwang seine Beine vom Sofa und setzte sich aufrecht hin, wobei er durch zusammengekniffene Augen sein Büro betrachtete. »Und das konntest du nicht bei Tageslicht machen? Wie spät ist es überhaupt?«

»Drei vielleicht? Ich konnte nicht einschlafen.« Das war tatsächlich die Wahrheit. Sie war die ganze Nacht wach gelegen, geplagt von Visionen einer gesichtslosen Michelle. »Du bist von *meiner* Patientin runtergemacht worden. Ich hätte sie nie in dieses Café mitnehmen dürfen.«

Samson stieß ein verschleimtes Husten aus und rieb sich über den Kiefer. Sein Gesichtsausdruck hatte nichts Ungläubiges – kein Verengen der Augen oder Hochziehen der Brauen. Er sah müde und ... nachdenklich aus. Aber war das gut oder schlecht?

Arlo sog ihre Unterlippe ein, damit sie nicht anfing zu zittern.

»Du hast meine Nummer«, sagte er schließlich. »Du hättest einfach anrufen können.«

Der Untergang begann sich zu verziehen. Er kaufte ihr die Lüge ab. Sie war gerettet!

»Du hast recht.« Arlo schielte wieder zur Tür. Ihre Zukunft wartete da draußen, hell und warm und unversehrt. »Ich geht jetzt besser.«

Seine Stimme traf ihren Rücken, als sie sich schon in Sicherheit wähnte. »Warte!«

Arlo erstarrte mit der Klinke in der Hand. Ein harter Klumpen bildete sich in ihrer Kehle.

»Du bist gekommen, um etwas Nettes zu sagen – um Verantwortung für etwas zu übernehmen, und das ist nicht einfach. Wenn das einer weiß, dann ich. Also … äh … Wir sollten irgendwo hingehen. Ich lade dich zum Frühstück ein.«

»Ich hab keinen Hunger«, sagte Arlo zur Tür.

»Dann eben einen Kaffee. Es gibt ein Café hier in der Straße, das rund um die Uhr geöffnet ist.«

Arlo blickte über die Schulter zurück und stellte fest, dass Samson seine Decken abgeworfen hatte und ein kleines Stück von seinem Penis durch ein Loch in seiner Boxershorts herausschaute.

Sie packte die Klinke fester: »Ich kann nicht. Ich hab noch ein paar Dinge zu tun.«

»Zum Beispiel?«

»Ich muss mich für die Arbeit fertig machen.«

»Um vier Uhr morgens?«

»Ich brauch immer lange für meine Haare.«

Zweifel schlich sich in seine rot geäderten Augen. »Oder bist du wegen was ganz anderem hier?«

So knapp. Sie war so knapp davor gewesen.

Sie ließ die Klinke los. »Natürlich nicht.«

Zehn Minuten später setzten sie sich in eine rote Kunstledernische im wahrscheinlich wärmsten Diner aller Zeiten. Hitze bedrängte Arlo von allen Seiten: die Heizung zu ihren Füßen, der schwache Schleier aus Dampf und Rauch aus der Küche und das Feuer unter ihren eigenen Rippen, das ihre Organe langsam, aber sicher in Dörrfleisch verwandelte.

»Ganz schön warm hier drinnen«, sagte Samson. »Ist dir nicht zu warm?«

»Nein, ich find es angenehm.« Arlo schob sich die Brille auf der Nase nach oben. Sie rutschte sofort wieder herunter. »Alles bestens.«

»Warum ziehst du den Mantel nicht aus?«

»Passt schon.«

Das war wie Hot Yoga. Arlo würde tropfen und taumeln und jeden Moment davon hassen. Aber danach – oh Gott, danach! Diese Erleichterung! Sie würde hinausgehen, die spröde Novemberkälte auf ihrem Gesicht spüren und Michelle Kowalskis Akte aufreißen. Jede Sekunde – jedes Schweißtröpfchen – brachte Arlo näher an diesen Moment.

»Vielleicht nehm ich Rührei.« Samson schlug die Speisekarte auf. »Aber die haben hier auch echt guten French Toast.«

Nicht mehr lang, dann würde Arlo eine Telefonnummer haben. Dann konnte sie Michelle am Vormittag anrufen.

»Oh, aber die Tostadas …«

Oder – *oder* – Arlo konnte einfach unangekündigt bei ihr zu Hause auftauchen, als lustige Überraschung. Warum nicht? Sie waren immerhin Schwestern. Arlo würde geradewegs auf die Tür zumarschieren und laut, selbstbewusst und zielstrebig anklopfen.

»Nein, das ist nicht das Richtige. Wenn ich zu früh zu viel esse, macht das seltsame Dinge mit meinem Magen. Dann bekomm ich immer einen Blähbauch – kennst du das? Hast du das auch schon mal erlebt?«

Und dann würde Arlo endlich wissen, wie Michelle aussah.

Samson schnalzte mit der Zunge. »Hast du dich schon entschieden?«

»Ja!« Arlo hatte nicht vorgehabt, so laut zu antworten, rief ihre Antwort aber geradezu heraus.

Eine Bedienung in einer schlecht sitzenden Bluse erschien mit einem Block in der Hand. »Schon ausgesucht?«

Samson stützte seine Ellbogen auf den Tisch und drückte sich die Fäuste in die Wangen, während er die Speisekarte mit neuerlichem Eifer studierte. »Mach du erst.«

Arlo bestellte einen Kaffee und schob die Speisekarte über den Tisch.

»Was gibt es heute für eine Suppe?«, erkundigte sich Samson.

»Vor zehn gibt es keine Suppe«, erwiderte die Bedienung.

Er stieß einen missbilligenden Laut aus. »Sind die Eier aus Freilandhaltung?«

Die Kellnerin schob die Lippen nach vorne. »Was bedeutet das?«

Samson runzelte erneut die Stirn. »Ich glaub, ich brauch noch ein bisschen.«

»Oh Gott, jetzt such dir halt was aus«, sagte Arlo, die es nicht mehr aushielt.

»Ich weiß aber nicht, was ich …«

Arlo nahm ihm die Speisekarte aus der Hand und gab sie der Bedienung. »Er nimmt Eier und Toast. Spiegeleier. Vollkornweizentoast.«

Die Kellnerin kritzelte etwas auf ihren Block. »Ihr zwei seid echt süß.«

Als sie davonging, schaute Samson Arlo mit einer Art Ehrfurcht an und sagte: »Ich wusste es bis gerade nicht, aber was du bestellt hast, war genau das, was ich wollte.«

»Ich bin gut darin, Menschen zu lesen«, sagte Arlo. Manchmal zumindest.

Samson errötete langsam, aber sicher. »Hör mal, jetzt hast du dir die Mühe gemacht, zu mir zu kommen, um dich für deine … äh … deine Patientin zu entschuldigen. Ich sollte auch für ein paar Dinge Verantwortung übernehmen.«

Arlo wurde von einer düsteren Vorahnung befallen. Er wollte doch wohl nicht etwa …

»Die Beerdigung deines Vaters.«

»Das müssen wir nicht besprechen«, sagte sie.

»Ich habe dich schamlos ausgenutzt. Du hast getrauert, und ich habe es ausgenutzt. Es tut mir leid.«

Arlo spürte, wie sie ihm gegenüber erweichte. Dieser arme Kerl. Er versuchte so sehr, sich zu ändern, sich zu bessern. Das Mindeste, was Arlo tun konnte – vor allem, nachdem sie nachts in sein Büro eingebrochen war und seine Sachen gestohlen hatte –, war, ihm mit ein wenig Aufrichtigkeit zu begegnen. »Danke, aber das ist nicht nötig.«

Arlo war erwachsen. Sie hatte keinen besonders starken Sextrieb, aber dennoch – wenn der Impuls sie überkam, war es ihr gutes Recht, jeden zu vögeln, der gerade verfügbar und gewillt war. Und der Impuls *hatte* sie überkommen. So sah die beunruhigende Wahrheit aus: Samson hatte ihre Trauer ausgenutzt, hatte sie auf der Beerdigung ihres Vaters getröstet und ihr ein Glas Wein nach dem anderen eingeschenkt, doch es hatte ihr gar nicht so viel ausgemacht.

»Ich sage nicht, dass es okay ist, sich One-Night-Stands auf Beerdigungen aufzureißen, aber wenn ich ehrlich bin, ich …« Oh Gott, sie würde es tatsächlich aussprechen: »Ich wollte wirklich mit dir schlafen.«

»Aber warum? Du bist … Ich meine … schau dich doch mal an. Ich bin sicher, du hast die Nummer von zehn Kerlen auf deinem Handy, die du hättest anrufen können. Ich versteh nicht, wieso du auf mich verfallen bist. Ich bin doch nur ein x-beliebiger alter Typ.«

Arlo hatte keine gute Antwort parat.

Ihr zwei seid echt süß, hatte die Bedienung gesagt. Wie genau »süß«? Ganz sicher nicht als Paar. Mit Samson konnte man sich leicht unterhalten, vor allem wenn man bedachte, dass er ein Anwalt war, und er sah irgendwie auch gut aus. Aber als Freund? Für Arlo? Er war mindestens zwanzig Jahre älter als sie. Das war fast so, als hätte sie Sex mit …

Arlo ließ den Gedanken sofort fallen.

»Du machst dich kleiner, als du bist«, sagte sie.

Samson zog eine Braue hoch. »Bin ich etwa kein alter Typ?«

»Du bist ein *attraktiver* alter Typ.«

»Oh«, sagte er mit einem ironischen Lächeln. »Na, danke.«

Es trat eine nicht unangenehme Schweigepause ein.

»Apropos«, sagte Samson, »entschuldige mich kurz, ich muss auf die Toilette. Meine Blase ist auch nicht mehr, was sie mal war.«

Arlo sah seinen Hinterkopf über die obere Kante der anderen Sitznischen auf- und abwippen. Dann riss sie ihren Mantel auf.

Kühle Luft strömte gegen ihr Schlüsselbein, die Grube unter ihrer Kehle, ihre Achselhöhlen. Sie kam plötzlich. Sie war gnädig. Es war der Hauch der Zukunft.

Sie klappte die Akte einen Spaltbreit auf. Die erste Seite war leer bis auf ein Wort: VERTRAULICH. In einer Zeile ziemlich weit oben auf der zweiten Seite stand BEGÜNSTIGTE. Es folgten drei Namen, und die Zeit schien sich zu verlangsamen.

Michelle Kowalski AKA Michelle Morris AKA
Mickey Morris

Arlo klappte die Akte zu und setzte sich drauf.

»Du siehst krank aus.«

Samson war wieder in die Nische geglitten. Eine braune Tasse Kaffee mit abgesplitterten Rändern war vor Arlo erschienen, was bedeutete, dass die Kellnerin in der Zwischenzeit am Tisch gewesen sein musste. Arlo war nicht sicher, wie viel Zeit vergangen war, weil diese ganzen Böller in ihrem Schädel explodiert waren. Jede Explosion löschte eine weitere Region in ihrem Hinterhirn aus. Auf Wiedersehen, Hirnbrücke! Lebwohl, Medulla! Nie wieder würden diese Neuronen Arlos Vitalfunktionen lenken. Nie wieder würde sie atmen oder niesen oder schlucken. Wegen Mickey. Wegen Mickey?

»Geht's dir gut? Musst du dich gleich übergeben?« Samson streckte eine Hand über den Tisch und legte sie ihr auf die Stirn.

Arlo schlug sie weg.

Ein winziger Teil von ihr musste es doch vermutet haben. Ihre Geschichten deckten sich zu sehr: die toten Väter, die Tatsache, dass sie beide mit Samson bekannt waren. Und die Art, wie Mickey von ihrem Vater sprach, als wäre er allein verantwortlich für jeden Schmerz und Kummer, der sie jemals befallen hatte. Und doch würde Mickey sein Geld bekommen, nicht Arlo. Mickey, die ihn nie richtig gekannt hatte. Mickey, die noch so viel wachsen musste. Arlo verstand es immer noch nicht. Aber sie musste es verstehen.

Die Böller zischelten noch ein bisschen und verpufften dann komplett.

»Wie ist sie so?«, fragte Arlo. Sie folgte einem Instinkt. Samson musste die Wahrheit gekannt haben. Aber er wusste nicht, dass Arlo auch im Bilde war, was ein paar interessante Möglichkeiten barg. »Michelle.«

»Wie bitte?« Samson trank gerade große Schlucke Wasser aus einem schlecht abgewaschenen Glas.

»Du hast sie doch kennengelernt oder zumindest mit ihr geredet. Erzähl mal. Wie ist sie so?«

»Ich kann weder bestätigen noch leugnen, dass …«

»Tom, es ist okay.«

Er stellte sein Glas auf den Tisch und begann, es immer einen Viertelkreis weiterzudrehen. »Sie ist … ein Mensch. Sie hat ihre Sorgen und Nöte wie wir alle. Probleme. Aber sie ist warmherzig, glaube ich. Freundlich.«

Das stimmte. Arlo hätte bloß nicht erwartet, diese Worte aus seinem Munde zu hören. Nach den ganzen Beschimpfungen, die Mickey ihm im Café an den Kopf geworfen hatte, bezeichnete er sie jetzt als *freundlich*?

»Was hat sie mit dem Geld vor? Weißt du das?«

Samson starrte einen Moment in die Ferne, dann lachte er. »Ein Teil von mir glaubt, dass sie es alles einer wohltätigen Einrichtung oder so schenken wird. An jemand, der es verdient hat.«

Ja, dachte Arlo, während in ihrem Gehirn das nächste Feuerwerk begann. Das sähe Mickey ähnlich.

13

MICKEY

»Ich glaube, ich hab gleich einen epileptischen Anfall.«

Chris rieb sich die Augen und zog den Kopf in den Kragen seines Cabanmantels. Mit gutem Recht. Grelle Lichter erleuchteten die umfunktionierte Lagerhalle, der Boden war eine endlose Reihe von Trampolinen, die sich durchbogen, wieder nach oben schnellten und Hunderte von Kindern in die Luft schleuderten. Dabei rempelten sie sich ständig gegenseitig an, was mit Geschrei und manchmal auch mit Blut endete.

»Ja, ziemlicher Albtraum«, räumte Mickey ein, die gerade die letzten zwei Fingerbreit von Bier- und Schaumresten am Boden ihres Plastikbechers schwenkte. »Deswegen gibt's hier ja auch Alkohol.«

Sie saßen nebeneinander auf einer Bank am Rande des Geschehens, sein linker Oberschenkel streifte fast ihren rechten. Mickey konnte sie geradezu spüren, diese Nicht-ganz-Berührung, als würden seine Moleküle durch ihre perlen.

Ian war irgendwo dort in der Mitte, sprang auf und ab in seinem Darth-Vader-T-Shirt und den limettengrünen Kniestrümpfen, die der Trampolinpark jedem aufzwang, der diese Hallen betrat. Sein Haar war gewachsen und fiel ihm jedes Mal flach aufs Gesicht, sobald er sprang, und flog wieder in die Höhe, sobald er dem Trampolin entgegenraste.

»Wie ist es möglich, dass ein Paar Socken achtzehn Dollar kostet«, meinte Chris. »Außerdem hättest du wirklich nicht zahlen müssen.«

Zusammen mit den Socken, dem Eintrittspreis und dem Bier hatte der heutige Ausflug Mickey knapp hundert Dollar gekostet – das war mehr als die Hälfte des Betrages, den sie noch auf dem Konto hatte.

»Das ist das Mindeste, was ich tun konnte nach dem letzten Mal«, sagte sie. »Und schau dir an, wie glücklich er ist. Das war eine gute Idee.«

»Meinst du das ernst?« In Chris' Stimme hörte man Zweifel, aber auch Hoffnung.

»Du machst das großartig.« Mickey berührte sein Knie auf eine Art, die eigentlich süß gemeint war, dann aber doch befremdlich ausfiel. Statt ihm die Hand mit einer kurzen, zarten Bewegung aufs Bein zu legen wie ein ganz normaler Mensch, hatte sie ihn quasi versehentlich mit spitzen Fingern gepikt und ihm dann mit zwei Fingern aufs Knie getrommelt, wie ein Morseoffizier, der Nachrichten von einem Schiffsunglück weitergibt.

Sie zog ihre Hand zurück und setzte sich drauf. Das war kein Date.

»Bis jetzt hatte ich schon genug Schwierigkeiten damit, meine eigene Wäsche zu waschen und mir selbst was zum Essen einzupacken.«

»Ich weiß genau, was du meinst«, versicherte Mickey.

Es war doch eine Art Date. Er hatte gefragt, ob sie am Freitagabend mit ihm ausgehen würde. Ob sie sich zu einer bestimmten Zeit an einem bestimmten Ort treffen wollten, aus keinem anderen Grund als dem, zusammen Zeit zu verbringen. Er trug ein kariertes Hemd, das genau auf der Trennlinie zwischen schick und lässig lag, und roch nach Rasierwasser. Sie trug Wimperntusche und einen BH.

Er verlagerte sein Gewicht leicht, und bumm, da passierte es – ihre Beine berührten sich, sie berührten sich jetzt richtig, so wie in dieser ersten Nacht bei ihm. Der Regen, der Scotch. »Ich muss dir was gestehen. Es könnte sein, dass ich dir einen falschen Eindruck vermittelt habe.«

Mickey trank das Bier aus und stählte sich innerlich. Was er neulich am Telefon zu ihr gesagt hatte, war gar nicht so gemeint gewesen. Er mochte sie nicht. Er empfand überhaupt nichts für sie. Sie war ein Niemand. Ein flüchtiger Gedanke, ein Staubkorn im Wind.

»Ich kann nicht wirklich kochen.« Chris inspizierte die Falten auf seinen Handflächen. »Dieses französische Gericht, das ich für dich gekocht hab, ist eines von drei Rezepten, die ich kenne. Ganz im Ernst: drei. Ich bin sechsunddreißig Jahre alt und muss immer noch zwischen drei Gerichten wechseln.«

»Welche sind die anderen beiden?«

»Kann ich nicht sagen. Das ist zu peinlich.«

»Na komm«, sagte Mickey. »Jetzt musst du es verraten.«

»Also, eines ist Spaghetti.«

»Klar.«

Er zog sein Knie auf die Bank und drehte sich so, dass sein Schienbein gegen die Seite von Mickeys Oberschenkel drückte. »Und das dritte … da mach ich einfach ein Grilled-Cheese-Sandwich – ein richtig großes –, und dann wärm ich mir eine Dose Tikka-Masala-Soße auf und dippe das Brot da rein. Manchmal ess ich die Soßenreste mit einem Löffel auf.«

»Ehrlich gesagt klingt das total lecker«, sagte Mickey, die sich alle Mühe geben musste, sich zu konzentrieren. OBERSCHEN-KEL-SCHIENBEIN-KONTAKT!

»Es ist auch wirklich lecker! Danke, jetzt geht's mir gleich viel besser.«

Schweigend beobachteten sie Ian.

»Warum gluckst er wie ein Huhn?«, fragte Mickey.

»Er ist komisch«, sagte Chris liebevoll. »Wirklich richtig komisch.«

Sie mussten beide lachen, und eine ganze Zukunft schien sich zu manifestieren. Sie würden jeden Morgen nebeneinander auf dem Sofa in seiner Wohnung sitzen und French-Press-Kaffee trinken. Sie würden sich einen Hund anschaffen und ihn Ruby nennen. Sie würden sich darüber kabbeln, wer wem nachts die Decke klaute und in welcher Farbe sie das Wohnzimmer streichen sollten.

Mickey fühlte ein trockenes Jucken in der Kehle, das sie an den leeren Becher in ihrer Hand erinnerte.

Chris' Gesichtsausdruck wurde wieder ernst. »Du bist der erste Mensch, der mir das Gefühl gegeben hat, dass ich das wirklich schaffen könnte. Jemand versorgen. Ein Kind.«

Mickey warf einen Blick über ihre Schulter zu den ganzen müden Eltern, die am Getränkestand Schlange standen, samt und sonders mit verquollenen Augen und gebeugtem Rücken, reif für ein Getränk. *Trinken ist ein erlerntes Verhalten*, hatte Arlo gesagt. Aber traf das nicht auf alles zu? Gehen, sprechen, in den Ellbogen husten. Erlerntes Verhalten, erlerntes Verhalten, erlerntes Verhalten. Na und? Die Weihnachtszeit stand bevor, die Saison der frühen Sonnenuntergänge und überzogenen Kreditkarten, und diese Menschen hatten sich einen Drink verdient. *Sie* hatte sich einen Drink verdient. Was machte es aus, dass es schon ihr vierter – oder fünfter? – war.

»Ich glaube immer noch, dass Evelyn zurückkommt. Wirklich. Aber ich glaube mittlerweile auch, dass wir in der Zwischenzeit zurechtkommen werden, er und ich. Und das verdanken wir dir.« Er schüttelte den Kopf. »Ich meine, ich hab schon verstanden, was du am Telefon gesagt hast, dass du nicht die Vertretung für seine Mutter spielen willst. Du bist nicht sie. Du bist du. Natürlich bist du du. Das klang jetzt doof.«

Mickey starrte auf den glänzenden Rest in ihrem Becher. Würde es verzweifelt rüberkommen, wenn sie sich diese letzten paar Tropfen in den Mund schüttete? Wahrscheinlich schon. Es war ja kaum noch genug drin, um ihre Lippen zu befeuchten.

»Was ich eigentlich sagen wollte, ist: Danke.«

Gedanken wie diese besetzten ihren Kopf in letzter Zeit Tag und Nacht. Wie viele Minuten noch bis zum nächsten Drink. Woher würde er kommen. Was würde er kosten.

»Gern geschehen.« Sie tätschelte ihm wieder das Knie, diesmal auf eine matronenhafte Art, so wie eine ältere Frau einem Großneffen das Knie tätscheln würde, nachdem er ihr ein Stück Kuchen gebracht hatte. Dann sprang sie auf. »Ich hol mir noch eins. Möchtest du auch noch was?«

Er blinzelte ein paarmal, bis die Emotion von seinem Gesicht verschwunden war. »Nein danke.«

Mickey trabte zum Getränkestand und reihte sich in die lange Schlange ein. Verzweiflung setzte ein. Nur eine Bedienung hinter der Kasse bedeutete, dass sie ewig würde warten müssen.

✳ ✳ ✳

Am Tag ihres vierunddreißigsten Geburtstags wachte Mickey auf und schnappte nach Luft. Ein Albtraum, an den sie sich schon kaum mehr erinnern konnte, irgendwas mit einem Kellnerinnenjob, den sie vor über zehn Jahren an den Nagel gehängt hatte. Die Vergangenheit konnte einem manchmal körperlich zusetzen, sie wühlte sich ungerechterweise in die Gehirnwindungen und zwischen die Zähne und unter die Rippen.

Mickey stand auf und trank nichts. Sie ging ins Badezimmer und trank nichts. Sie warf sich Wasser auf die Wangen und tupfte sie trocken und rieb sie üppig mit nicht komedogener Gesichtscreme mit Sonnenschutzfaktor 30 ein und trank nichts. Sie warf sich einen Bademantel über und trank nichts. In der Küche zog sie die Jalousien hoch, starrte auf den sauberen Schnee, der die Straße bedeckte, und trank nichts. Sie steckte die letzte Brotscheibe in den Toaster und trank nichts, und als es hart und schwarz wieder heraussprang, trank sie auch nichts.

In ihrem Kopf war nur noch Platz für Gedanken, die nichts mit Trinken zu tun hatten: was für Musik sie heute Abend auflegen würde, was für Essen sie bestellen könnte und dass ihre ganzen Klamotten reif für die Tonne waren. Sie nahm jedes einzelne Stück aus der Kommode – Jeans, Strickjacken, Midiröcke, Maxiröcke – und fand an jedem etwas zu bemängeln. Die Sachen stapelten sich auf dem Boden.

Mickey legte sich auf den Rücken in diese ganzen falsch aussehenden, sich falsch anfühlenden Klamotten. Sie studierte den Stuck an der Decke, und als er anfing zu verschwimmen, machte sie die Augen zu. Als die Dunkelheit ebenfalls unerträglich wurde, machte sie die Augen auf und studierte wieder die Decke. Und so ging es dann weiter, Augen auf, Augen zu, Augen auf, Augen zu, bis sie sich irgendwann aufsetzte, vor jäher Kälte schauderte und nach ihrem Handy tastete. Es waren zwanzig Minuten vergangen.

Sie stolperte ins Wohnzimmer und wickelte sich in eine Decke vom Sofa. Ihr Haaransatz war schweißfeucht, ihr Schädel verging fast vor Hitze, während ihr ein Kälteschauer die Glieder zusammenzog, ganz so, als könnte ihr Körper sich keinen Reim mehr auf die Temperatur der Luft machen, die ihn umgab.

Aber warum? Heute war doch nichts anders als gestern oder vorgestern. Nichts hatte sich seit der letzten Woche geändert. Diese Verwirrung, dieses alles durchdringende, irgendwie eklige Gefühl – das hatte sie der Therapeutin zu verdanken. Sie stocherte zum Spaß in Mickeys Seele herum und nervte mit ihren Theorien. Nur weil Mickey morgens und im Bus und im Trampolinpark trank, bedeutete das noch *lange* nicht, dass sie so war wie ihr Vater.

Mickey ließ sich auf den Boden sinken und starrte zu einer anderen Decke empor, zu einem anderen Stuckmuster. »Ich bin ihm überhaupt nicht ähnlich!«, verkündete sie.

Wenn ihr Vater hier wäre – wenn er jemals mit diesem Nusskuchen aufgetaucht wäre –, dann hätte er Mickey stolz betrachtet und gesagt: *Du hast recht. Natürlich hast du recht. Ich bin ein mieser Dreckskerl, ein Dieb, ein Alles-kaputt-Macher, während du, meine Tochter, ein Sonnenstrahl bist, eine mutige und elegante Heldin, eine wahrhaft kultivierte Erwachsene.*

Sie hatte den Klang seiner Stimme längst vergessen, aber wenn er in ihrer Vorstellung sprach, dann mit dem tiefen, sonoren Timbre des Darth-Vader-Sprechers James Earl Jones.

Ich meine – schau dich doch mal an! Du hast einen Bachelor-Abschluss.

»Stimmt«, sagte Mickey zum Stuck.

Und du hast einen Farn!

»Stimmt auch.«

Also warum machst du dir dann solche Sorgen?

Mickey setzte sich auf. Ihr Unterbewusstsein hatte recht: Sie konnte etwas trinken. Sie hatte Geburtstag, und sie hatte Durst, und die Wodkaflasche stand vor ihr auf der Arbeitsplatte. Das Ganze musste keinen tieferen Sinn haben. Sie würde sich ein Gläschen gönnen, unter die Dusche springen und den Tag beginnen.

Sie konnte kein sauberes Glas finden, deswegen goss Mickey den Wodka in eine Tasse und hielt die Tasse noch ein Weilchen in der Hand, um sich zu beweisen, dass sie es durchaus erwarten konnte. Dann setzte sie den Becher an die Lippen und nippte. Nicht viel, oh nein – gerade so viel, um das Zeug richtig schmecken zu können, aber keine absurden Mengen.

Sie schluckte den Wodka runter, und schon setzten sich die zersplitterten Teile ihres Universums wieder zusammen. Ein bisschen mehr Licht fiel durch die Fenster herein. »Dream a Little Dream of Me« stieg in Spiralen vom Plattenspieler auf, ein Lied so voll und real und gewunden wie ein Stück Seil, dass sie es fast greifen und sich um die Handgelenke wickeln konnte. Ihr Körper krümmte sich und zog sich rhythmisch zusammen.

Mickey stellte den leeren Becher in die Spüle, doch dann nahm sie ihn wieder heraus. Sie fühlte sich gut, so gut, dass sie dachte, sie sollte sich noch einen einschenken und danach vielleicht gleich noch einen. Sie drehte sich noch ein bisschen im Kreis. Wenn es jemals einen Anlass zum Tanzen gegeben hatte, dann ihren vierunddreißigsten Geburtstag. Es war egal, dass sie allein war. Warum war es sozial akzeptiert, am Morgen mit anderen zu tanzen, aber nicht allein? Andere Vierunddreißigjährige lebten eben zufällig mit Mitbewohnern oder Lebensgefährten zusammen. Nur weil sie nicht dieses Leben führte … nur weil sie niemand hatte …

Aber Mickey hatte ja Bekannte. Zumindest eine Handvoll. Drei Erwachsene und ein Kind würden heute zu ihrem Geburtstagsessen kommen.

Sie hielt mitten in einer Drehung inne. Ihr Geburtstagsessen. Sie hatte immer noch nicht entschieden, was sie essen würden, was sie anziehen sollte oder sonst irgendwas. Und sie würde putzen müssen, eine Last, die sich so schwer anfühlte, dass sie wieder zu Boden ging.

Mickey verzichtete auf die Tasse, setzte die Flasche einfach direkt an die Lippen und nahm einen Schluck, denn … denn … scheiß doch drauf.

Daria kam zehn Minuten zu früh mit einer Tortenglocke, einer Flasche Wein und ihrer Katze. »Nimm du«, sagte sie und reichte Mickey schwungvoll die Weinflasche. »Ich tu Kuchen in Kühlschrank.«

Sie schob sich an ihr vorbei in die Wohnung und setzte Rybka auf den Boden. Beide hatten eine abgehackte Art, sich zu bewegen, als würden sie sich von einem Fleck zum anderen teleportieren, wie Figuren in einem schlechten Stop-Motion-Film. Eine Sekunde dort, in der nächsten Sekunde weg.

Daran merkte Mickey, dass sie sehr, sehr betrunken war.

Zu ihrer Verteidigung musste gesagt werden, dass sie zwar den ganzen Tag über getrunken hatte, dies aber sonst praktisch nie tat. Sie tat es nie, weil sie keine Alkoholikerin war und den Alkohol deswegen auch nicht brauchte. Logisch!

»Wo ist dein Dekantierer?«, rief Daria von irgendwoher.

Mickey stellte überrascht fest, dass sie vor der Tür stand, und schloss sie. Die Tür machte dabei ein so tolles, zischendes Geräusch, dass sie nicht anders konnte und sie einfach noch ein paarmal auf- und zumachte. Prrssshhhh!

»Mickey?«

Sie wirbelte herum. »Mhmmm?«

Daria stand mit verschränkten Armen hinter ihr. »Du hast keinen Dekantierer.«

Mickey gab einen entschuldigenden Laut von sich. Musste sie einen Dekantierer haben? War das etwas, das alle guten Erwachsenen besaßen, so wie einen Schongarer? Mickey besaß nämlich einen Schongarer.

»Ich bringe«, sagte Daria und schritt wieder auf den Flur hinaus.

Mickey ging in die Küche, um sich zu sammeln. Außer es gab nichts zu sammeln, weil sie gar nicht so betrunken war? Ihr Spiegelbild in der Mikrowellentür war kaum das eines stockbesoffenen Menschen. Sie trug Lidstrich und Lippenstift und ein goldenes Abendkleid, von dem sie gar nicht gewusst hatte, dass sie es besaß. Der Tisch war mit Tellern und Takeout-Behältern gedeckt. Sah nach Indisch aus. Irgendwann musste ein Lieferant da gewesen sein.

Daria nahm ein Stück Naan aus dem Korb und ließ es gleich wieder fallen. »Feucht.«

Mickey fuhr zusammen. Sie hatte gar nicht mitgekriegt, dass Daria wieder reingekommen war.

»Was?« Daria hielt eine Dekantierkaraffe aus Glas gegens Licht. Es war ein formloses Ding, mit einem breiten Unterteil und einem Hals, der in einem seltsamen Winkel abstand. Der Wein sammelte sich schimmernd am Boden.

»Habichaganichgesehn.«

Daria stellte die Karaffe ab, auch ihre Augen waren auf Halbmast.

Mickey bemühte sich, ihren Kopf zu schütteln. Sie hatte nicht vorgehabt, so zu lallen. Ihre Zunge war zu groß für ihren Mund geworden. Oder ihr Mund war geschrumpft. Entweder das eine oder das andere. »Hab dich … da …« Sie konnte verständliche Worte bilden. Sie konnte es, wenn sie sich richtig, richtig konzentrierte. »… gar nicht … gesehen.«

Daria sagte etwas auf Polnisch und ging davon.

Mickey goss sich ein bisschen Wein ein. Beziehungsweise goss sich der Wein von selbst ein, er strömte bereitwillig durch die Tülle und ins Glas.

Sie war also betrunken. Es war nicht ihre Schuld. Definitiv, absolut nicht ihre Schuld. Und solange sie den Mund hielt, würde es niemand merken.

Die Klingel läutete und entfesselte ein entsetzliches Rauschen.

Mit perfekter Koordination von Armen und Beinen ging

Mickey langsam und zielstrebig auf den Knopf an der Wand zu, mit dem sie ihren Gast hereinlassen konnte. Es gelang ihr erst im zweiten Anlauf, den Knopf zu treffen, und sie starrte weiter auf die Tür. Als es schließlich klopfte, stand Tom auf dem Flur, mit einer Schüssel, in der Salat zu sein schien.

»Alles Gute zum Geburtstag!« Er beugte sich vor und legte einen Arm um sie, ohne dass sich ihre Oberkörper berührten, und klopfte ihr steif auf den Rücken. Tränen glitzerten in seinen Augen, als er sie wieder losließ. »Mist! Das sollte nicht passieren. Aber in der Adventszeit, du weißt schon. Die Feiertage rücken näher, und dass ich, in meiner derzeitigen Situation, zu so etwas eingeladen werde? Ich hab nicht so viel … äh … sozialen Umgang.«

Mickey verzog ihren Mund zu einer Grimasse des Mitleids und zuckte mit den Schultern.

»Verstehst du, was ich meine?«

Sie legte ihm eine Hand auf die Schulter und drückte sich die andere aufs Herz.

»Genau.« Tom deutete mit einem Nicken auf seine Salatschüssel. »Oh … ich hoffe, du magst Chiasamen.«

Er gesellte sich zu Daria ins Wohnzimmer, wo die beiden sich einander vorstellten und sich schon bald über ihre liebsten Wes-Anderson-Filme unterhielten, während Mickey in der Küche beim Wein blieb. So weit, so gut. Sie konnte diese Party überstehen. Bei narzisstisch veranlagten Menschen konnte man sich ja glücklicherweise darauf verlassen, dass sie über sich selbst redeten. Sie würde ihren Mund kein einziges Mal aufmachen müssen, außer um etwas zu essen. Essen war wahrscheinlich keine schlechte Idee.

Mickey griff sich das Körbchen mit dem Naan und langte zu.

»… nicht so gut wie *Die Royal Tenenbaums*«, sagte Daria gerade. »Seine ganzen neuen sind alle Müll, ich schwöre.«

»Meinst du das wirklich ernst? Sag mir, dass du das nicht ernst meinst. Tom warf Mickey einen Blick über den Sofarücken zu. »Was machst du denn da ganz alleine?«

Mit Sucht hatte Mickey nichts zu tun. Wie auch? Wie könnte sie, eine gebildete, halbwegs erfolgreiche Frau mit einem Schongarer süchtig sein? Süchtige führten ein viel aufregenderes Leben als sie. Süchtige schnieften Koks von Glastischen in verrauchten Hinterzimmern oder warfen kleine Pillen ein, während Laserstrahlen und Strobolichter über ihre Köpfe glitten. So war Mickey überhaupt nicht. Sie war Vorschullehrerin.

»Bill Murray sollte in Rente gehen«, meinte Daria.

»Das ist das Grausamste, was ich in meinem ganzen Leben gehört habe«, sagte Tom.

Daria lachte. Mickey hatte Daria noch nie lachen hören.

»Ich mein's ernst«, sagte Tom. »Du bist richtig gemein.«

Mickey riss mit den Zähnen noch ein Stück Naan ab. Sie arbeitete sich ziemlich schnell durch den Korb, das war aber egal. Sie hatte ja wahrscheinlich dafür bezahlt. Und sie konnte aufhören, wann immer sie wollte.

Es klingelte erneut. Mickey bezog ihre Stellung an der Tür.

»Tut mir leid, dass wir so spät dran sind«, entschuldigte sich Chris. »Hier hat jemand ewig gebraucht, bis er fertig war.«

Ian lächelte Mickey in einer Minibomberjacke von unten an und hielt ihr einen Strauß aus Lilien und Schleierkraut hin. »Die haben wir für dich gekauft. Die riechen echt gut.« Sein kürzlich erst geschnittenes Haar war zu einem winzigen Irokesen gegelt worden.

Mickeys Arme hatten Mühe mit dem überraschenden Gewicht des Blumenstraußes.

Ian begann zu singen: »Haaappyyy biiirthdaaay tooo youuu. Haappyyy biiirthdayyy tooo youuu. Haaa…«

»Noch nicht, Kumpel«, sagte Chris und tätschelte Ian die Schulter. »Noch nicht.«

Tom kam um die Ecke. »Wer hat denn hier so ein tolles Organ?«

Rybka strich um die Beine der Gäste.

»Warum hat die so große Ohren?«, fragte Ian.

»Weil sie Teil Leopard ist«, sagte Daria.

Ian streichelte die Katze zwischen den Augen. »Cool.«

Während ihre Gäste sich selbst miteinander bekannt machten, schlüpfte Mickey wieder in die Küche und wühlte in den Schränken nach einer Vase. Das Beste, was sie finden konnte, war ein staubiger Zylinder aus violettem Kunststoff, den sie vor Urzeiten mal in einem Ein-Dollar-Geschäft gekauft hatte. Sie ließ Wasser hineinlaufen und zwängte die Blumenstängel hinein. Die armen Dinger. Wie schade, dass solche erstklassigen Lilien so enden mussten. Mickey senkte in stiller Anteilnahme den Kopf.

Chris häufte sich noch mehr Biryani auf seinen Teller. »Also, wie fühlt sich das an? Wieder ein Jahr älter. Dumme Frage, oder? Ich weiß gar nicht, warum die Leute so was immer fragen. Ist ja nicht so, als wärst du heute irgendwie anders als gestern.«

Mickey störte seine Angewohnheit, immer zu viel zu reden, überhaupt nicht. Jeder Vorwand war ihr recht, wenn sie ihn nur anstarren konnte. Mit jeder Minute, die vergangen war, seit sie sich zum Essen hingesetzt hatten, neigte sich das Zimmer um ein Grad. Chris war der einzige Fixpunkt, der sie aufrecht hielt.

Tom war optimistisch, wie es seinem Wesen entsprach: »Die Menschen verändern sich mit jeder Minute.«

Daria war ungläubig, wie es ihrem Wesen entsprach: »Du glaubst das? Wirklich?«

»Mensch sein bedeutet sich weiterentwickeln«, sagte Tom. »Wir bemühen uns, wir wachsen. Ganz einfach.«

»Bin nicht sicher, dass das in jedem Fall stimmt«, sagte Chris leise. Er wandte sich zum Kopfende des Tisches, an dem Ian auf einem Stapel von Wörterbüchern saß, die Daria netterweise zur Verfügung gestellt hatte. »Was meinst du, Kumpel? Verändern sich die Menschen?«

Ian schob ein paar Stücke Chicken Tikka Masala mit einem Löffel über seinen Teller. »Ich bin größer, als ich früher war.«

»Das ist wirklich eine tiefgründige Aussage«, bemerkte Tom.

Daria musste zum zweiten Mal an diesem Abend lachen. Sehr seltsam.

»Du hast den ganzen Abend fast noch kein Wort gesagt«, stellte Chris plötzlich fest, und seine mandelförmigen Augen bohrten sich mit der Hitze von tausend Sonnen in Mickey.

Sie zuckte mit den Schultern und versuchte, beiläufig dreinzuschauen, während ihr das Herz im Brustkorb zusammenschrumpfte.

»Ganz im Ernst«, sagte Chris. »Was ist denn los?«

Daria warf ein: »Lass sie in Ruhe. Geburtstage und Frauen – du weißt doch, ist kompliziert.«

Tom hob die Hände. »Genug gesagt.«

Für einen kurzen, seligen Moment hielt Mickey sich für gerettet.

»Warum bist du so traurig?«, fragte Ian mit leicht vorgeschobenen Lippen. Natürlich war er derjenige, der es so formulierte. Seine scharfen Kinderaugen hatten ihren Bullshit pfeilgerade durchschaut.

Schweigen legte sich um Mickeys Schultern und drückte sie Richtung Boden. Ihre Gäste schauten zu ihr, ließen das Besteck ruhen und hatten das Essen auf ihren Tellern vergessen. Sie musste eine Antwort geben – idealerweise eine zusammenhängende.

Mickey zwang ihre Leber per Willenskraft, schneller zu arbeiten. Und siehe da! Der Alkohol verließ ihr Blut Milligramm für Milligramm, die Moleküle teilten sich in immer kleinere Atome, bis sie irgendwann gar nicht mehr existierten. Sie fühlte, wie Logik und Vernunft und motorische Koordination wieder in ihren Körper zurückkehrten. Wenn der nächste Atemzug ihre Lungen verließ, würde sie wieder stocknüchtern sein.

Sie setzte sich kerzengerade hin, nahm einen würdevollen Gesichtsausdruck an und sagte: »Chhhhhabeutburzta.«

»Oh«, sagte Ian, in einem solchen Ton klaren Verstehens, dass Mickey ihren Kopf am liebsten auf den Tisch gelegt und nie wieder hochgenommen hätte.

»Bist du etwa dicht?«, fragte Chris.

Mickey versuchte, eine verneinende Antwort zu geben, aber alles was aus ihrem Mund kam, war ein Schluckauf.

Daria hatte ihren Kopf in den Händen vergraben. Die schmiedeeiserne, unerschütterliche Daria.

»Tatsächlich.« Chris grinste. Er fand es lustig. »Du bist hackedicht.«

»Bichnich«, sagte Mickey.

Chris stieß sie mit den Schultern in einer vernichtend kumpelhaften Art an. »Muss dir doch nicht peinlich sein.«

Mickey stellte fest, dass sie stand. Es war ihr nicht peinlich. Es gab nichts, was ihr hätte peinlich sein müssen. Und das sagte sie auch oder versuchte es zumindest. Was herauskam, war ein Salat aus Verben und Pronomen und Präpositionen. Sie schnappte sich die Dekantierkaraffe vom Tisch.

»Setz dich, Mickey«, sagte Daria.

Aber warum sollte sie? Es war ihre Wohnung. Es war ihre Party. Es war ihr verdammter Geburtstag!

»Fluch nicht vor dem Kind«, sagte Tom.

Hatte sie das gerade laut gesagt?

»Ja«, sagte Tom.

Das Zimmer neigte sich noch mal um zehn Grad. Wo war Mickeys Glas?

Jemand fasste sie am Ellbogen.

»Hey«, sagte Chris. »Alles wird …«

Da zerbrach die Luft in Millionen von Einzelteile.

Ihre Hand war offen und leer. Wo war die Karaffe abgeblieben? Die hatte sie doch eben noch in der Hand gehalten.

Ian drückte sich die Hände aufs Gesicht. Sein Mund stand offen, und heraus kam der unchristlichste Ton, den Mickey jemals gehört hatte. Sie hatte keine Ahnung, wie so ein enormer Schrei von einem so kleinen Menschlein kommen konnte. Diese ganzen Geräusche – Mickey konnte sie gar nicht mehr unterbringen.

»Sein Auge«, sagte jemand. »Er hat einen Glassplitter ins Auge gekriegt.«

»Geh«, sagte jemand anders. »Geh, schnell, wo ist sein Mantel?«

»Sei doch nicht so dumm, ruf den Notarzt.«

In ihrer Panik konnte Mickey die Stimmen nicht mehr voneinander unterscheiden. Auch die Umgebung hatte ihre klaren Konturen verloren. Holz, Glas, Wein, Mensch – es war alles zu einer großen, schrecklichen Dunkelheit zusammengeflossen.

»Ian, Kleiner, ist schon gut. Alles wird gut.«

»Ist das als Notfall?«

»Natürlich ist das ein Notfall. Mann, er könnte sein Auge verlieren.«

»Ich schwör dir, es wird alles wieder gut.«

Ein Kind war verletzt. Ein Kind war verletzt, und Mickey war schuld. Sie konnte ihn immer noch irgendwo im Zimmer, irgendwo in der Dunkelheit, heulen und nach Luft schnappen hören. Sie versuchte, hindurchzuschwimmen, ihn zu erreichen, aber irgendetwas bekam sie zu fassen und zog sie zurück. Große Arme umschlangen sie. Sie kämpfte dagegen an, trat, schrie, machte alles, alles irgendwie Mögliche, um sich zu befreien, aber nichts, nichts funktionierte.

Ihre Füße hoben vom Boden ab. Jemand hatte sie hochgehoben und trug sie jetzt durch die Küche, den Korridor hinunter in ihr Schlafzimmer. Legte sie ins Bett.

»Du bist jetzt keine Hilfe«, sagte Tom. Ja, das war Tom. Er materialisierte sich vor ihr mit einem Gesichtsausdruck angewiderten Mitleids. »In deinem Zustand bist du keinem eine Hilfe.«

14

ARLO

Arlo ordnete die gestohlene Akte zwischen ihre nicht gestohlenen ein, sperrte den Aktenschrank ab und umschloss den Schlüssel mit der Faust, sodass das gezackte Metall sie in die Handfläche stach. Es war zehn Uhr früh am Montagmorgen, und sie hatte jede Menge zu tun. Sie musste ihre Sitzungen vorbereiten und Überweisungen überprüfen. Doch sie konnte sich zu nichts aufraffen.

Es war unethisch, seine Halbschwester zu therapieren. Vor allem deswegen unethisch, weil die betreffende Halbschwester keine Ahnung hatte. Oder wusste sie es? Hatte sie es am Ende die ganze Zeit gewusst? Aber warum in Therapie gehen bei der Halbschwester, die man noch nie getroffen hat? Arlo konnte sie schlecht fragen. Sie musste jegliche Kommunikation mit Mickey abbrechen. Arlo würde eine vage Ausrede erfinden, warum sie Mickey nicht weiter therapieren konnte – irgendetwas mit einer Obergrenze für die Zahl der Fälle, die eine Psychotherapeutin bearbeiten durfte –, und damit wäre die Sache erledigt.

Aber das war unehrlich. Angenommen, Mickey hatte es nicht gewusst. Angenommen, diese ganze chaotische Situation war überhaupt nicht auf sie zurückzuführen. In diesem Fall verdiente sie es, die Wahrheit zu erfahren, und sie ihr zu unterbreiten wäre die ethischste Handlungsweise.

Ethik. Das war immer ihr Lieblingsseminar an der Uni gewesen. Wie wenig sie damals gewusst hatte.

Sie machte ihre Mails auf und scrollte hinunter zu der Nachricht, die sie an jenem Morgen wegen des Grabsteins ihres Vaters bekommen hatte, der jetzt fertig geworden war. Das Bild zeigte einen großen Block aus perlweißem Marmor mit eingemeißelten Säulen auf beiden Seiten und einem verzierten, schriftrollenähnlich aufgerollten oberen Ende. Er war perfekt.

Adam Kowalski
Liebender Ehemann und Vater

Vater zweier Töchter, dachte Arlo.

Sie dachte nicht zum ersten Mal daran, wie viel einfacher alles hätte sein können, wäre sie mit jemand anders aufgewachsen – mit einem älteren, erfahreneren Mann. Jemand, der sie ins Bett gebracht hätte an den Abenden, wenn ihre Mutter damit beschäftigt war, komplizierte Skin-Care-Routinen mit teuren Seren und Tonern durchzuführen und ihr Vater auf dem Sofa schlief (oder auf dem Boden oder irgendwo auf einer Wiese). Jemand, der sie fest im Arm hielt, wenn zwei stämmige Polizisten ihren Vater von ebendieser Wiese nach Hause brachten. Arlo war sechs oder sieben, als das zum ersten Mal passierte, doch sie erinnerte sich an diesen Moment mit grell ausgeleuchteter Genauigkeit: Ihr Vater an der Haustür, mit offenem Hemd, ohne Schuhe und mit jeweils einem Arm um die Schulter eines Polizisten, weil er alleine nicht stehen konnte. Die Waffen an den Hüften der Polizisten. Der kalte Holzboden unter Arlos nackten Füßen, als sie dort in ihrem Schlafanzug stand. Und der beschämte Blick ihres Vaters, als er sah, wie sie ihn sah. Diesen Blick würde sie ihr ganzes Leben nicht vergessen.

Das Klingeln ihres Handys erfüllte ihr Büro, der *Schwanensee* drang in jede Ecke. Sie erkannte die Nummer, sie hatte sie quasi auswendig gelernt.

»Hallo?«, meldete sie sich, und ein Kribbeln breitete sich in ihrer Brust aus.

In der Leitung war schweres Atmen zu hören. »Hallo. Hier ist Mickey – Mickey Morris.«

Arlo drückte das Handy so fest, dass es ihr an der Hand wehtat.

»Ich hab mich gefragt, ob Sie heute Zeit hätten? Ich weiß, dass unser nächster Termin erst in einer Woche ist, aber ich – es ist etwas – etwas passiert, und ich …« Mickey weinte. Heulte wie ein Schlosshund. Ein schnodderlastiges, kehliges, zutiefst kummervolles Heulen.

Arlo reagierte automatisch. »So, jetzt erst mal tief durchatmen. Okay? Einatmen, eins, zwei, drei, vier. Ausatmen, eins, zwei, drei, vier, fünf, sechs.«

Dabei konnte Arlo selbst kaum atmen. Mickey hatte sie in einem Krisenmoment kontaktiert. Das könnte ihr Katalysator sein, der Wendepunkt, an dem sie endlich verstand, dass sie ernsthafte Hilfe brauchte. Und die brauchte sie wirklich, so viel war klar.

»So, das versuchen wir jetzt noch mal«, sagte Arlo und versuchte, sich ihre Aufregung nicht anmerken zu lassen.

»Ich war bei meiner Geburtstagsparty besoffen und hab einen Dekantierer fallen lassen, und ein Glassplitter ist einem kleinen Jungen ins Auge geflogen.«

»Verstehe.« Faszinierend. Arlo war fasziniert von dieser Entwicklung. Wie hätte sie es auch nicht sein können?

»Er war in der Notaufnahme und musste sediert werden.«

»Waren Sie da dabei?«

»Nein. Tom wollte mich nicht mitgehen lassen.«

Tom. Tom?

»Gott sei Dank konnten sie sein Auge retten«, fuhr Mickey

fort. »Er muss jetzt eine Weile mit einer Augenklappe rumlaufen, aber irgendwann wird es wieder sein wie vorher.«

»Oh, das ist gut. Das freut mich.«

Diese Geburtstagsparty hatte Mickeys altes Selbst und die ganzen Lügen, von denen es genährt wurde, ausradiert. Aus den verkohlten Überresten würde eine neue Frau, ein neues Leben auferstehen, und dann würde Arlo dafür sorgen, dass die Saat ausgebracht wurde, dass sie gewässert wurde, dass sie … dass sie …

Nein, Arlo würde nicht da sein. Sie konnte nicht da sein.

Mickey schniefte: »Ja. Aber es ist nur … es ist nur …«

»Es ist gerade alles zu viel für Sie. Warten Sie, da lässt sich schon was machen.« Arlo klickte sich durch ihren Terminkalender. »Ich hab heute Nachmittag um drei eine Lücke. Kommen Sie doch einfach vorbei, und dann besprechen wir alles. Zusammen.«

Nachdem sie aufgelegt hatten, starrte sie noch eine Weile auf den Computerbildschirm.

Während der Fallbesprechung an diesem Nachmittag verliehen Punams fließendes weißes Oberteil und ihr geflochtener Seitenpony zusammen mit der Art, wie sie das Gespräch beherrschte, ihr das Flair einer Kriegerkönigin in einer Fantasy-Serie. Und das nicht unbedingt im positivem Sinne. Als sich die Besprechung dem Ende zuneigte, sagte sie: »Ich habe eine Mail von einer deiner Patientinnen bekommen.«

Arlo klammerte sich an die Tischkante. Mickey wusste, dass sie Schwestern waren. Sie hatte es erfahren, und was noch schlimmer war, sie wusste auch, dass Arlo es wusste und dass Arlo diese Information für sich behalten hatte. Vielleicht war ihr Anruf heute Morgen ein Test gewesen. Vielleicht hatte Mickey aufgelegt und sich direkt an Punam gewandt, um sich zu beschweren.

»Wie hieß noch mal der Turner mit der Posttraumatischen Belastungsstörung?«

Arlo ließ den Tisch los, und die Spannung in ihren Schultern und Armen ließ sofort nach. »Oh. George?«

»Ja, genau – George«, sagte Punam. »Er hat dich in den höchsten Tönen gelobt.«

»Gut. Das ist gut.« Arlo war ziemlich sicher, dass sie das laut gesagt hatte.

»Ich habe in meinem Leben für viele Therapeuten die Supervision gemacht. Aber noch nie hat mir einer ihrer Patienten eine Mail geschickt, um ihn zu loben.« Punam klang nicht sonderlich beeindruckt.

»Vielleicht hat das mehr mit ihm zu tun als mit mir.«

»Vielleicht.« Punam schrieb in mikroskopisch kleinen Druckbuchstaben etwas auf ihren Notizblock. Sie hatte sich heute nicht viele Notizen gemacht. Das war auch nicht nötig gewesen. Sie hatten Arlos Patienten in Rekordzeit abgehandelt. »Okay – raus mit der Sprache.«

Arlo suchte in Punams Gesicht nach Anzeichen von Missfallen, Enttäuschung, Ambivalenz, irgendetwas. Ihre Wangen waren auf eine übellaunige Art herabgesackt, und ihre Augenbrauen waren irgendwie ärgerlich zusammengezogen – aber andererseits sah sie ja immer so aus. »Raus ... womit?«

»Irgendetwas hat dich ans Ende deiner Weisheit gebracht.«

Wohl kaum! Arlo war nie mit ihrer Weisheit am Ende. Sie arbeitete sich mit Einfühlungsvermögen und Geduld durch alle Probleme. »Es ist kein Interessenskonflikt. Eher ein ethischer ... Stolperstein. Eine Grauzone.«

»Und mehr kannst du mir nicht erzählen?«

Sie konnte Punam alles erzählen. Jetzt wäre der richtige Zeitpunkt.

»Ich glaube nicht, nein«, sagte Arlo.

»Tja, solche Dinge gehören in unserem Beruf dazu. Ich hatte einmal …« Punam musste lachen. »Ich hatte einmal – oh Gott, ich hatte das schon völlig vergessen –, ich hatte einmal eine Patientin, die sich mit ehelicher Gewalt auseinandersetzen musste. Körperlich, verbal, finanziell. Richtig üble Geschichte. Und weißt du, wo ihr Ehemann zufällig arbeitete? In meinem Büro. Zwar in einer anderen Abteilung, aber ich hab ihn jeden Tag gesehen. In Sitzungen neben ihm gesessen. Und weißt du was?«

»Was?«, fragte Arlo, um ihr einen Gefallen zu tun.

»Es ist so«, sagte Punam, und Gott sei Dank. Gott sei Dank war Punam da, um Arlo zu erklären, *wie es war*. »Man hat zwei Selbst. Die eine Version gehört dir, und die andere deinen Patienten.«

Erneut spürte Arlo die Präsenz von Laura Hedman so intensiv, als wäre die Neunzehnjährige gerade durch die Tür hereinmarschiert und hätte sich zu ihnen an den Tisch gesetzt. Das war nicht fair. Es gab nicht genug Platz für alle.

»In dem Moment, in dem ein Patient das Sprechzimmer verlässt, vergesse ich, dass er existiert. Alles, was er mir erzählt hat, alle Enthüllungen: alles weg. Weil ein anderes Ich diese Information hat. Ebenso muss ich selbstverständlich mein persönliches Selbst ausblenden, wenn ich mit dem Patienten arbeite. Ich muss meine eigenen Gefühle und Probleme und Lasten hinter mir lassen, wenn wir gemeinsam diesen Raum betreten.«

Arlo war keine Mörderin. Sie hatte Laura nicht die Tabletten in die Hand gedrückt und gesagt: *Hier, bedien dich.* Zugegeben, sie hatte ein paar ungeschickte Dinge gesagt, aber was machte das jetzt noch für einen Unterschied? Höchstwahrscheinlich hätte Laura sich umgebracht, egal, was Arlo gesagt oder getan hatte. Selbst wenn Arlo an diesem Tag in Bestform gewesen wäre, hätte es wahrscheinlich keinen Unterschied gemacht.

»Die Frage ist die: ›Schaffst du das?‹ Kannst du innerhalb deines ethischen Stolpersteins diese Trennung aufrechterhalten?«

Punam legte sich zwei Finger auf den Mund und wartete auf eine Antwort.

Mickey war nicht Laura. Mickey stand kurz vor einer bedeutenden Veränderung, und es lag in Arlos Macht, sie über die Ziellinie zu schubsen. Mickey konnte nüchtern werden und nüchtern bleiben. Sie konnte schaffen, was ihr Vater … nicht geschafft hatte. Und wenn das bedeutete, dass Arlo sich teilen musste, ihren Verstand in der Mitte teilen, eine Hälfte weggeben und die andere behalten, dann musste es eben so sein.

✳ ✳ ✳

»Danke, dass Sie mich dazwischengeschoben haben.«

Mickey wickelte sich ihren schmuddeligen grauen Schal vom Hals und knüllte ihn auf dem Schoß zu einem Ball zusammen. Sie trug kein Make-up, sah fahl aus, die Wimpern blasse Stummel.

Arlo bemerkte jetzt erst die Ähnlichkeit. Welch bittere Ironie: Dass ausgerechnet Mickey ihrem Vater so ähnlich sah. Mickey, die ihn ablehnte, die ihn hasste, die ihn gar nicht richtig gekannt hatte. Wäre Arlo nicht so geübt darin gewesen, ihre eigenen Gefühle abzuspalten, hätte sie es vielleicht als Ungerechtigkeit bezeichnet. Wie ungerecht es war, dass Mickey das Geld ihres Vaters *und* seine Wangenknochen geerbt hatte. Seine schmale Nase. Seine weit auseinanderstehenden Augen. Sie war ihm wie aus dem Gesicht geschnitten, was vielleicht der Grund dafür war, dass Arlo trotz allem den innigen Wunsch verspürte, sich über den Tisch zu beugen und sie in den Arm zu nehmen.

»Kein Problem.« Arlo rutschte auf ihrem Stuhl hin und her. Sie fand keine bequeme Position, ihre Knochen rieben in seltsamen Winkeln aneinander. »Klingt, als bräuchten Sie wirklich jemand zum Reden.«

Mickey zuckte mit den Schultern. Schweigen.

Die Wanduhr bewegte sich schneller als sonst, die Zeiger schlugen die Zeit tot, während Arlo blinzelte und atmete und wartete. Eine Minute … zwei Minuten … drei Minuten.

Mickey wickelte sich den Schal wieder um den Hals, nur um ihn sich kurz darauf wieder runterzureißen. Sie umklammerte ihre Ellbogen und schaukelte auf ihrem Stuhl vor und zurück. Sie litt, das war nicht zu übersehen, und das war auch kein Wunder.

Als Mickey schließlich das Wort ergriff, sprach sie so leise, dass sie sich wie jemand anders anhörte. »Das Zeug bringt nur Unglück.«

»Welches Zeug?«, fragte Arlo, innerlich sprudelnd vor Aufregung.

»Wodka.«

Und da war er: ein Wendepunkt. Ein Durchbruch.

Mickey schüttelte den Kopf. »Nicht nur Wodka. Wein. Und andere Sachen.«

»Was gibt Ihnen das Trinken?«, fragte Arlo. Als sie diese Frage zum ersten Mal gestellt hatte, war Mickey noch nicht bereit gewesen, sie zu beantworten. Aber das war *damals* gewesen. Das hier war *jetzt*. Sie waren in eine neue, Post-Dekantierer-zerschmeiß-Welt getreten. »Was fügt es Ihrem Leben hinzu?«

Mickeys Blick blieb irgendwo über Arlos linker Schulter hängen. Der Spiegel. Sie schaute in den Beobachtungsspiegel.

Hatte sie gerade einen tiefen Moment der Introspektion? Rechnete sie mit ihren selbstzerstörerischen Impulsen und dem Widerstand gegen tiefere menschliche Bindungen ab?

»Kennen Sie das, wenn man draußen ist, im Auto oder beim Spazierengehen oder so, und die Sonne scheint so hell, dass es einem fast schon wehtut?«, sagte Mickey. »Und dann setzt man seine Sonnenbrille auf, und plötzlich, wow, ist alles so viel besser? So viel einfacher? So fühlt sich das für mich an.«

»Sie haben also das Gefühl, hinter etwas flüchten zu können«, stellte Arlo fest.

»Manchmal. Aber bei anderen Gelegenheiten trinke ich, weil ich weiß, dass ich es sowieso tun werde – verstehen Sie? Es ist fast so, als wäre es schon passiert. Ich laufe nur mit. Wie es das Drehbuch vorschreibt.«

Ich weiß nicht, wie ich dir das erklären soll, hatte ihr Vater oft gesagt, wenn Arlo ihn beim Trinken erwischte (oder beim Schnupfen oder bei beidem). *Das bin einfach ich. Ich tue so was einfach.*

»Das Bild mit der Sonnenbrille«, sagte Arlo mit vollkommen fester Stimme, denn sie war professionell, eine professionelle Expertin, und sie redete gerade mit einer Patientin, nicht mit ihrer Schwester. »Das funktioniert so: Sie schützt Ihre Augen zwar vor dem schmerzhaften Sonnenlicht. Aber sie hindert Sie auch daran, die Welt so zu sehen, wie sie wirklich ist. Vielleicht stolpern Sie ja bloß herum, weil Sie den Boden nicht so gut sehen. Jede Bewältigungsstrategie ist gut – solange sie funktioniert. Vielleicht erfüllt das Trinken für Sie … seinen Zweck nicht mehr.«

Mickey schwieg. Sie hatte den Blick nicht von ihrem Spiegelbild abgewandt.

»Was für Gedanken tauchen vor Ihrem inneren Auge auf?«, fragte Arlo.

»Mein Vater. Erinnerungen an ihn.«

Arlo musste schlucken. »Erzählen Sie weiter.«

Mickey riss ihren Blick vom Spiegel los und richtete ihn auf die Schachtel mit den Taschentüchern auf dem Tischchen zwischen ihnen. »Er hat meine Mutter immer auf diese ganzen Partys mitgeschleppt und ihr gesagt, was sie anziehen und was sie sagen soll. Dann kamen sie wieder nach Hause, und er hat sie als Schlampe beschimpft für irgendwas total Banales. Obwohl er derjenige war, der herumschlief. Alle wussten es. Ich war damals noch ein kleines Kind, aber auch ich hab es gewusst.«

Ja, das klang vertraut.

»Sie konnte ihn nicht offen beschuldigen, und wenn sie es tat, wiegelte er immer ab: ›Sei doch nicht so dramatisch. So war das alles gar nicht.‹ Und dann setzte er sich aufs Sofa und forderte sie auf, ihm ein Bier zu holen.«

Auch das war Arlo vertraut, dieses Lügen und Betrügen. Das schamlose, wenn nicht sogar klischeehafte Muster des emotionalen Missbrauchs. Aber das war die Krankheit gewesen, nicht ihr Vater. Ihr Vater war freundlich. Ihr Vater war großzügig. Hatte er Fehler gemacht? Natürlich. Aber manchmal ging er zu den Anonymen Alkoholikern. Er versuchte sein Bestes. Er war im Grunde ein guter Mensch.

»Er war im Grunde ein schrecklicher Mensch.«

Hitze brandete auf in Arlos Brust. »Und Sie wollen nicht so werden wie er.«

Mickey nickte.

»Also dann … äh … was … ähm …« Arlo wurde mit einem jähen Schmerz in der Kehle klar, dass sie nicht die geringste Ahnung hatte, was sie als Nächstes sagen sollte. Sie hustete, um Zeit zu gewinnen. Hustete erneut. Griff sich ein Taschentuch und putzte die nicht laufende Nase. Knüllte das Taschentuch zusammen und warf es in den Abfalleimer. »Entschuldigen Sie, ich brauch kurz einen Moment.«

Therapie war ein Tanz. An den meisten Tagen wusste sie genau, welche Schritte sie wann machen musste. Jetzt war sie völlig aus dem Rhythmus gekommen. Die Worte wollten nicht kommen. Doch dann fiel ihr das Lachen ihres Vaters ein, das tief aus seinem Bauch zu kommen schien, und die freche Art, wie er seine Harley aufheulen ließ, und wie er Tigger nachmachte, und plötzlich war ihr die Schrittfolge klar. »Was war er sonst noch?«

Mickey zuckte zusammen. »Was?«

»Niemand ist nur eine Sache«, sagte Arlo, und da war er endlich wieder, der Rhythmus. »Was war er sonst noch?«

»Sie meinen, dass es egal ist, wie er meine Mutter gegaslighted hat?«

»Natürlich ist das nicht egal. Aber wenn Sie überhaupt keine warmen Gefühle für Ihren Vater hätten, dann würden Sie seine Abwesenheit nicht so stark empfinden. Verlust die Kehrseite von Liebe.«

Arlo konnte Mickeys Antwort nicht ganz hören, aber es klang wie ein »Oh Gott!«.

»Es muss noch andere Seiten an ihm gegeben haben, Facetten seiner Persönlichkeit, die Sie geschätzt haben. Die Sie vermissen.«

Ihr Vater konnte unmöglich reduziert werden auf die Trümmer, die er hinterlassen hatte. Ja, okay – er war ein bisschen schrecklich. Aber er war auch gut. Er war freundlich und grausam und rücksichtsvoll und ungehobelt. Er war alles Mögliche! Das war die komplexe Realität des Menschen. Eine Realität, an die sich Mickeys Alles-oder-nichts-Denken nicht anpassen konnte. Noch nicht.

»Facetten seiner Persönlichkeit.« Mickey schnalzte mit der

Zunge. »Mal sehen … Facetten. Hmmm. Facetten, Facetten, Facetten.«

Arlo wartete geduldig.

»Er war … ähm … ein guter Sänger.« Leise, fast schon flüsternd: »Er hat die ganze Zeit gesungen.«

Ja, ständig. Vor allem Springsteen-Hits.

»Was noch?«, fragte Arlo.

»Er war ein guter Gärtner. Es gefiel ihm, Pflanzen zu ziehen. Ich weiß noch, dass er Kräuter angepflanzt hat. Auf dem Fensterbrett in der Küche stand ein großer, langer Blumenkasten. Mit einem riesigen Basilikum. Riesig. Jedes Mal, wenn er daran vorbeiging, steckte er seine Nase rein, um dran zu schnuppern.«

Arlo ballte unter dem Tisch die Hände zu Fäusten. »Was noch?«

»Er konnte albern sein. Er hat für mich immer Stimmen nachgemacht.« Ein Schleier zog sich über Mickeys Augen. »Tigger. Er konnte supergut Tigger nachmachen.«

Arlo würde nicht losweinen, sie konnte nicht.

»Und er hat mir Geld vererbt«, sagte Mickey. »Viel Geld.«

Jede Befriedigung, die Arlo aus der Unterhaltung gezogen hatte, fiel wieder in sich zusammen.

»Aber damit ich es bekomme – also, Zugriff auf das Geld bekomme –, hat er in seinem Testament verfügt, dass ich eine Therapie machen muss.«

Arlo blinzelte. Das … was Mickey da gerade gesagt hatte … ergab überhaupt keinen … keinen …

»Er hat mir Gutscheine für sieben Sitzungen hinterlassen. Nach heute muss ich noch dreimal kommen.«

Mickey klang, als wäre sie weit weg. Das Zimmer und sein Mobiliar hatten sich irgendwie zurückgezogen, als würde Arlo in einen langen Tunnel starren.

»Können Sie das glauben? Er hat uns verlassen. Verlassen und verraten. Und jetzt, all die Jahre später, darf er der Held sein, der mich rettet? Ich meine, schauen Sie doch mal sich selbst an. Ihre Reaktion. Sie sind schockiert. Weil es schockierend ist. Diese Selbstgerechtigkeit, diese Feigheit. Das ist doch total daneben, oder?«

Es war wirklich total daneben.

»Wissen Sie, was ich tun werde? Ich werde mit dem Trinken aufhören.« Mickey machte eine Handbewegung, als würde sie sich den Staub von den Händen klopfen. Als ob damit etwas gewonnen, als ob es damit abgehakt wäre. »Ich werde einfach aufhören.«

Arlo musste sich bemühen, die Tatsachen zusammenzusetzen. Ihr Vater hatte ihr das Erbe entrissen und es jemand anderem gegeben, einer Fremden praktisch, und obendrein hatte er den Nerv gehabt, Arlo mit der psychischen Gesundheit ebendieser Fremden zu betrauen. Ja, so ungefähr war die Lage. Und auf eine verquere Art ergab es sogar Sinn. Arlo war so ein braves Mädchen gewesen, so eine brave Tochter, die immer da war, um das Chaos ihre Vaters zu beseitigen. Warum also nicht auch dieses? Wahrscheinlich hatte er nicht zweimal darüber nachgedacht. *Das bin einfach ich. Ich tue so was einfach.*

»Ich trinke stattdessen Saft«, verkündete Mickey inzwischen und wischte sich mit dem Schal über die Wangen. »Oh Gott, was ist nur mit mir los?«

Eine Menge war los mit Mickey Morris. Sie hatte viele schwierige Aufgaben vor sich. Aber Arlo war eine gute Therapeutin. Sie konnte ihre Patienten in alle möglichen Richtungen lenken.

»Ich muss das im Keim ersticken«, sagte Mickey. »Bevor es ein richtiges Problem wird.«

Noch drei Sitzungen, dann würde diese Frau mit dem gesamten Geld ihres Vaters davonziehen. Oder vielleicht auch nicht. Wer wusste schon, was zwischen heute und dem nächsten Mal passieren würde, was für Entscheidungen Mickey treffen würde, wenn Arlo nur ein bisschen mehr Bewusstsein für ihr Selbst aus ihr rauskitzeln konnte. Drei Sitzungen gaben ihnen einhundertfünfzig Minuten Therapie.

In einhundertfünfzig Minuten konnten sie eine Menge erreichen.

15

MICKEY

Mickey ging um drei Bauarbeiter herum, die an einer roten Ampel warteten, und pflügte geradewegs über die Straße. Ihre Hose bedeckte ihre Knöchel nicht ganz, was an einem Tag wie diesem, an dem ein beißender Wind den Schnee vor sich herblies, ungut war. Blöde Hose. Blöder Winter. Alles auf der ganzen Welt war blöd, und mitten in diesen ganzen blöden Dingen war Mickey mit Abstand das Allerblödeste.

Ein Stadtbus rumpelte vorbei. Mickey hätte drinsitzen können, aber dann hätte sie ja nicht gelitten, und Leiden war ja der Sinn dieses mühseligen Marsches. Mickey hatte jeden Schmerz verdient, den sie sich nur zufügen konnte. Das Zittern und das Schwitzen und das leichte Fieber waren noch nicht genug.

Die Häuser wurden größer, schlanker, schmaler. Alle paar Straßen wurde ihr Körper von Krämpfen geschüttelt, und dann musste sie stehen bleiben, sich an das nächste Zu-verkaufen-Schild oder den nächsten Strommasten klammern, um sich abzustützen. Die Pick-ups und BMWs, Schneemänner und aufblasbaren Rentiere verschwammen vor ihren Augen.

Ihr letzter Drink lag neunzehn Stunden zurück. Und es *würde* ihr letzter bleiben. Sie brauchte keine SOS-Nummern oder Treffen von Anonymen Alkoholikern oder Behandlungszentren, die tausend Dollar pro Tag kosteten. Viele Leute hörten von heute auf morgen mit dem Trinken auf. Sie hörte ja nicht mal mit dem Trinken auf, denn wenn sie mit dem Trinken aufgehört hätte, würde das ja bedeuten, dass sie irgendwie süchtig gewesen wäre. Trinken war eine lästige Angewohnheit, wie wenn Mickey ihre saubere Wäsche in einem Haufen auf einem Sessel liegen ließ, weil sie zu bequem war, sie zusammenzulegen. Das Trinken musste einfach aufhören, und es würde aufhören.

Nachdem sie sich die Verandastufen hochgeschleppt hatte, ballte Mickey die Finger zu einer Faust und klopfte an die Tür.

Ians blasses Gesicht leuchtete zwischen den plüschigen grünen Kiefern eines Dinosaurierkostüms hervor. Eine schwarze Augenklappe bedeckte sein linkes Auge. »Hallo, Miss Mickey!«

Ihr fiel das Geräusch wieder ein, mit dem die Dekantierkaraffe zerbrochen war, und wie Ian schrie und ihre Gäste aufgeregt durcheinanderredeten, was zu tun war, und Ian dann noch ein bisschen mehr schrie. Sie brauchte ihre ganze Konzentration, um aufrecht stehen bleiben zu können. »Hallo, Ian!«

Er warf einen Blick zurück über die Schulter. »Ich schau grade meine Sendung an.«

»Ich wollte gar nicht bleiben. Ich bin gekommen, um dir zu sagen …« Lügen war zwecklos. Dieses Kind verstand alles. Sie konnte nur auftauchen und ihm ins Auge schauen (Einzahl) und um Verzeihung bitten. »Ich hab gestern Abend zu viel Alkohol getrunken. Das tut mir sehr leid.«

Er zuckte nonchalant mit den Schultern, was Mickey nicht verdient hatte. »Schon gut.«

Eine andere Stimme kam von drinnen. »Ian? Wer ist da?«

Eine junge Frau erschien an der Tür. Sie trug ein weißes Bandeau-Top und Baggy Jeans und hatte ein Glas mit einem lila Smoothie in der Hand.

Mickey verspürte den seltsamen Drang, sich zu bedecken. Bis jetzt hatte sie Ians Mutter nur im Vorbeigehen beim Bringen und Abholen auf dem Schulhof gesehen. Aus der Nähe war Evelyn sogar ungeschminkt verstörend hübsch, und ihre dunklen, glänzenden Haare sammelten sich in einem perfekten Knoten auf ihrem Kopf und erinnerten an die Art von Horrorfilm-Ballerina, die im Wahnsinn versinkt und irgendwann alle Leute umbringt.

»Mom, das ist Miss Mickey, weißt du?« Ian deutete von der einen zur anderen und wieder zurück. »Miss Mickey – Mom.«

Mickey setzte ein Lächeln auf. Ians Mutter erwiderte es, wobei ihre Zähne so strahlend weiß leuchteten, dass sie ein negatives Nachbild auf Mickeys Netzhäuten hinterließen.

»Es … es tut mir leid. Ich wollte diesen … dieses Ding nicht fallen lassen.« Plötzlich wollte Mickey der Name des Gegenstands nicht mehr einfallen. Da ihr so schwummrig war, stützte sie sich mit einer Hand an der Backsteinmauer des Hauses ab. »Es ist mir einfach aus der Hand gerutscht.«

»Geh mal spielen, Kleiner.« Ians Mutter scheuchte ihn nach drinnen und machte die Tür wieder halb zu. Ihr Lächeln schrumpfte und schrumpfte, bis es irgendwann völlig verschwunden war. »Die Scherbe in seinem Auge ist das eine. Ich meine, ich verstehe nicht ganz, warum mein Kind überhaupt auf der Geburtstagsparty seiner Vorschullehrerin war. Aber es war ein Unfall. Das verstehe ich. Aber dann erfahre ich, dass Sie ihn quasi auch entführt haben.«

Wäre nicht die niederdrückende Wucht dieses Ausdrucks gewesen, *entführt*, hätte Mickey aufgelacht. »Ich hab ihn nach Hause gefahren, das war alles. Jean wollte das Jugendamt rufen. Die hätten ihn am Ende in Obhut genommen.«

»Das tut nichts zur Sache.«

Während Evelyn in ihrem Smoothie rührte, stellte sich Mickey vor, wie sie reife Brombeeren in einen Mixer gab und den Deckel fest verschloss. Und dann zurücktrat, während die Klingen alles zersäbelten.

Mickey drehte sich der Magen um. »Wo ist Chris?«

Er würde für sie bürgen. Er würde ihr Verhalten erklären. Oder vielleicht doch nicht? Vielleicht fand er Mickey ja inzwischen abstoßend? Keines ihrer beiden Abendessen war besonders gut gelaufen.

»Kein Plan«, gab Evelyn zurück.

Ein schrecklicher Gedanke setzte sich in Mickey fest. »Sie würden ... ich meine ... Sie haben doch nicht vor, sich bei der Schule zu beschweren, oder?«, fragte sie.

»Das weiß ich noch nicht.«

Und hier setzte die nächste Übelkeitswelle ein. Berechtigt oder nicht: Eine Beschwerde dieser Art würde das Ende von Mickeys Karriere bedeuten. Keine Lieder mehr, keine Tänze mehr. Kein Pinguinebasteln mehr.

»Bitte tun Sie das nicht. Vielleicht könnten wir ja – ich meine, es muss doch eine Möglichkeit geben, wie wir das untereinander regeln können. Irgendeinen Weg, wie ich das wiedergutmachen kann. Ich ... ich könnte kostenlos Nachhilfe geben.«

Evelyn nippte an ihrem Smoothie, dann nippte sie noch einmal und ließ sich genüsslich viel Zeit, wischte mit dem kleinen Finger die Mundwinkel ab. Und Mickey wusste genau, worauf das hinauslief.

»Ich werde Ihnen eine Weile bei Ihren Ausgaben helfen.« Warum nicht? Mit ein bisschen Extrageld könnte Evelyn eine neue Winterjacke für Ian kaufen, ihn bei einem Schlittschuhlaufkurs anmelden. Sie könnten sich vielleicht sogar eine neue Wohnung suchen. Und Mickey würde es nicht viel ausmachen. Sie würde ja bald steinreich sein. »Ich könnte Ihnen einen Tausender geben oder auch zwei, damit Sie wieder im grünen Bereich sind.«

Evelyn schwieg.

»Fünftausend?«

Nichts.

»Zehn?«

»Ich hatte da eher in Richtung fünfzig gedacht«, sagte Evelyn mit einem weiteren blendenden Lächeln.

Mickeys Herz sank nicht, es stürzte ihr geradezu in die Hose. Natürlich hatte Evelyn darüber *nachgedacht*. Sie hatte die Geschichte mit Ians Auge gehört und eine Gelegenheit gewittert, schnelles Geld zu machen. Wieder so eine Falle, in die Mickey schnurstracks hineinmarschiert war.

»Richtung fünfzig?«, fragte Mickey nach. »Richtung?«

»Fünfzig. Ja. Sagen wir fünfzig.«

Es würde also keinen Schlittschuhlaufunterricht und Winterjacken geben. Evelyn würde das Geld für Designersneakers oder Wein-Abos oder irgendeine Art von All-inclusive-Wellnessretreat in der Karibik auf den Kopf hauen, auf einer luxuriösen und ausgedehnten Reise, weg von Ian. Wieder mal.

Evelyn machte einen Schritt zurück ins Haus. »Geht es Ihnen gut? Sie sehen wirklich krank aus.«

Mickey hatte sich in ihrem ganzen Leben noch nicht so entsetzlich krank gefühlt. »Alles okay.«

»Na schön. Puh, ganz schön kühl.« Die Tür schloss sich und rahmte dabei Evelyns hübsches, anmutiges, perfekt zum Reinhauen geeignetes Gesicht ein. »Zehn Riesen dann nächste Woche und den Rest bis Weihnachten.«

Panik schoss Mickey wie ein Pfeil durch die Brust. Kein kleiner Pfeil, ein richtiger Giftpfeil. Ein Speer. Sie würde vor Neujahr ihre Therapie nicht abschließen können, und das Erbe war wie ein weit entferntes Glitzern auf dem verbrannten, postnuklearen Horizont ihres Lebens. »So … so schnell kann ich das nicht besorgen. Ich hab das Geld noch nicht.«

»Dann müssen Sie sich wohl was einfallen lassen«, erwiderte Evelyn munter.

Die Tür wurde zugeschlagen.

Mickey stapfte mit wild klopfendem Herzen und verschwitzter Stirn davon.

Das war Ians Mutter? Dieses alberne Möchtegern-H&M-Model, das seinen verdammten Smoothie schlürfte? Ian hatte etwas Besseres verdient. Mickey hatte etwas Besseres verdient. Nach allem, was sie getan hatte, um das Jugendamt von dieser Familie fernzuhalten. Nach allem, was sie getan hatte, damit Ian zu Hause bleiben durfte.

Zu Hause. Was für eine wahnwitzige Vorstellung!

Wie anders Mickeys Leben hätte aussehen können, wenn sie ein anständiges Zuhause gehabt hätte. Wenn sie zum Beispiel hier aufgewachsen wäre, in einem dieser schmalen Stadthäuser mit den buschigen Weihnachtskränzen und den *Let it Snow*-Türmatten, dann hätte sie jetzt nicht diesen Schmerz spüren müssen, der ihr gerade die Eingeweide aufspießte. Sie hätte richtige Freundinnen finden können. Sie hätte sich andere Gewohnheiten zulegen können.

Mickey blieb vor einem Backstein-Doppelhaus stehen, vor dem eines von diesen dämlichen aufblasbaren Rentieren stand. Das Huftier schien zu grinsen, während es sich im leichten Wind hin und her bewegte. Rudolph, dieses eingebildete, selbstzufriedene Arschloch.

Sie bohrte ihre Schuhspitze direkt in den Rentierbauch. Da es mit einer Reihe von Bungeeseilen am Boden befestigt war, kippte es erst auf die Seite, bevor es sich wieder aufrichtete.

Mickey trat noch einmal zu. Und noch einmal. Jedes Mal richtete sich das Rentier wieder auf.

Andere Menschen hatten diese Probleme nicht. Andere Menschen wurden in Familien hineingeboren, in denen die Liebe frei verfügbar war und nicht einfach nach Belieben der Hahn auf- und zugedreht wurde. Die Väter anderer Menschen verließen ihre Familien nicht Knall auf Fall an einem Dienstag-abend um acht. Oder wenn doch, dann hatten sie zumindest den Anstand, zwanzig Jahre später mit einer Entschuldigung und einem verdammten Kuchen aufzutauchen!

»Hey!«

Mickey blickte auf und sah einen sehr großen Mann in der Haustür stehen.

»Was zum Teufel machen Sie da?« Er griff sich eine Schaufel (ebenfalls sehr groß) aus einem nahen Beet.

Sie rannte davon. Über die Straße, eine Seitenstraße hinun-ter und eine andere Seitenstraße hinauf. Durch vage Gerüche von Mülltonnen, Belüftungsschächten und Feuerstellen. Um Golden Retriever herum, Kinderwägen und Hockeyspiele auf der Straße. Über eine Eisplatte nach der anderen.

Zwei oder drei Blocks später ließ sie sich auf alle viere fallen und setzte sich dann im Schneidersitz auf den Gehweg. Denn ja, so sah ihr Leben jetzt aus. Sie saß mitten im Winter auf dem Boden und wiegte sich vor und zurück, mit Krämpfen an Stel-len, an denen sie noch nie Krämpfe gehabt hatte. Vor sich einen gigantischen Schuldenberg. Und das Schlimmste daran: Sie war allein.

Aber vielleicht musste sie das ja gar nicht sein.

Es gab nur eine Möglichkeit. Okay, es gab noch ein paar mehr. Aber eine Möglichkeit – ein Mensch – zeichnete sich als die am wenigsten demütigende Option ab.

»Der ist nicht da«, sagte die Empfangsdame eine Dreivier-telstunde später, als Mickey aus dem Fahrstuhl taumelte und bat, zu Tom vorgelassen zu werden.

»Wie meinen Sie das, ›der ist nicht da‹?«

»Er ist nicht im Büro.«

»Er ist doch immer im Büro.«

»Vielleicht könnten Sie ihn anrufen?«

Mickey wählte Toms Handynummer und schritt im Wartebereich auf und ab.

»Hallo?«

»Du bist nicht in der Arbeit«, sagte sie so laut, dass der Lieferant am Fahrstuhl zusammenzuckte.

»Ich bin nicht immer da«, sagte Tom, »auch wenn du das vielleicht nicht glauben kannst.«

»Können wir reden? Persönlich? Es ist was Dringendes.«

Die folgende Stille dauerte so lange, dass Mickey einen Blick aufs Display warf, um sich zu vergewissern, dass er noch nicht aufgelegt hatte.

»Ich bin in zwanzig Minuten da«, sagte er.

Die zwanzig Minuten waren die längsten in Mickeys ganzem Leben. Sie blätterte eine Ausgabe des *Wall Street Journal* durch und versuchte, einen Artikel über Kryptowährungen zu lesen, doch das Thema war zu langweilig und der Raum drehte sich zu heftig. Sie zog sich auf die Damentoilette zurück, wo sie sich übergab, woraufhin sich ihre Übelkeit sofort verbesserte, aber die Schmerzen in ihrer Rumpfmuskulatur sich verschlimmerten. Es schmerzte wenn sie saß, wenn sie stand, wenn sie sich bewegte, wenn sie stillstand, wenn sie die Augen schloss und wenn sie sie offen hielt.

Aber es war richtig gewesen herzukommen. Selbst wenn Mickey ihren Fernseher, ihren Laptop und ihren Schongarer verkaufte, hätte sie immer noch mindestens Achttausend zu wenig.

Kurz nachdem Mickey in den Wartebereich zurückgehumpelt war und sich auf einen anderen Stuhl hatte plumpsen lassen, erschien Tom in smaragdgrüner Trainingshose und dazu passender Jacke.

»Was hast du denn an?«, fragte sie.

»Heute ist Samstag.« Mit einem betonten Blick zur Empfangsdame zog er Mickey von ihrem Stuhl hoch, legte ihr eine Hand zwischen die Schulterblätter und dirigierte sie in einen Aufzug. Während sich die Türen schlossen, drehte er sich zu ihr um, eine glänzende Masse aus Sportbekleidung, und fragte ernst: »Du bist gerade auf irgendwas drauf?«

Mickey war schon oft irgendwo betrunken aufgetaucht – in Hörsälen und auf Taufen und bei Grillfesten –, aber diese Frage hatte ihr noch keiner gestellt.

»Ich hab den ganzen Tag noch nichts getrunken.« Einundzwanzig Stunden und siebenundzwanzig Minuten.

»Bist du auf … Du weißt schon …« Er machte eine mehrdeutige Geste, indem er mit einer Hand durch die Luft wedelte. »So was kann sehr gefährlich sein.«

Auf Entzug, meinte er. Aber das war ja nicht möglich. Mickey war nicht auf Entzug, weil Mickey ja keine Alkoholikerin war.

»Das hört sich jetzt sicher ein bisschen komisch an«, sagte sie und klammerte sich an das Geländer im Fahrstuhl, »aber ich würde mir gerne achttausend Dollar leihen, wenn das okay ist.«

Tom zuckte zusammen. »Mickey, das … das geht nicht.«

»Warum nicht? Du strotzt doch nur so vor Geld.«

»Damit würde ich es unterstützen.«

Sie brauchte ein paar Sekunden, bevor sie verstand, was er meinte. »Nein … so war das nicht gemeint. Ich werde erpresst.« Das war zumindest die Hälfte der Wahrheit. »Ians Mutter erpresst mich.«

Der Fahrstuhl kam mit einem zischenden Geräusch zum Stehen und spuckte sie in das hallende Foyer. Toms Hand lag wieder auf Mickeys Rücken und schob sie durch einen dünnen Schleier von Menschen.

»Lass das.« Mickey machte sich von seiner Hand los.

»Tut mir leid, tut mir leid.« Er machte demonstrativ einen Schritt zur Seite, ließ sich auf ein Ledersofa neben einem großen Fenster nieder und bedeutete ihr mit einer Handbewegung, dass sie sich zu ihm setzen sollte.

Immerhin hatte sie die Willenskraft, stehen zu bleiben. Es war nötig, dass sie ihn jetzt überragte.

»Ich helfe dir, eine Entziehungskur zu finden. Ich habe einen Freund, der vor ein paar Jahren in einer Einrichtung gewesen ist. Den ruf ich jetzt gleich mal an.« Tom klopfte neben sich aufs Sofa. »Komm. Setz dich doch.«

Mickey beschattete sich die Augen mit der Hand. Die Lichter taten ihr weh. »Das hat damit überhaupt nichts zu tun.«

»Komm schon.« Sein Ton war zweifelnd, es klang fast so, als würde er sich über sie lustig machen.

»Tausend Dollar?« Scheiß doch auf diesen Typen. »Kannst du mir so viel leihen?«

»Mickey …«

»Ein paar Hunderter. Alles würde mir gerade helfen.«

»Du musst doch einsehen, dass das hier – du, wie es dir gerade geht – nicht richtig sein kann. Du bist krank. Und wenn ich dir jetzt ein Bündel Bargeld gebe, würde das langfristig überhaupt nichts ändern.«

In ihr stieg Wut hoch. Wie oft hatte Mickey es schon erlebt, dass irgendjemand zu wissen meinte, was das Beste für sie war? Was sie war. Was sie brauchte.

Sie straffte die Schultern. »Ich dachte, wir wären Freunde, aber weißt du was? Vielleicht stimmt das nicht. Freunde hören sich nämlich zu. Freunde glauben einander. Und Freunde scheißen ganz sicher nicht so auf einen, wie du es gerade bei mir tust.«

Sie schleppte sich nach draußen und brach an einer Wand zusammen, wobei sie ihren Kopf an ein Schild mit der Aufschrift NICHT ANLEHNEN lehnte.

Vom Laden auf der anderen Straßenseite flackerte neongrünes Licht durch den fallenden Schnee.

✳ ✳ ✳

Es gab keine Hocker, also stützte Mickey ihre Unterarme auf den Tresen, faltete die Hände und hoffte inständigst, dass sie sich so aufrecht halten konnte.

»Bin gleich bei dir.« Die Bedienung spannte ihren extrem definierten Bizeps an, zog an einem der zwanzig Zapfhähne und fing einen Strom dunkler, schaumiger Flüssigkeit in einem Halbliterglas auf. Wie alle anderen in dieser Bar trug sie ein strahlendes Lächeln zur Schau, bis unter die Brauen voll mit Dopamin von dem aktiven Lebensstil, den sie wahrscheinlich pflegte, den Gewichten, die sie wahrscheinlich an ihren freien Tagen stemmte und den ganzen Omega-3-Fettsäuren, die sie wahrscheinlich zu sich nahm. Wo auch immer Mickey sich hinwandte, sah sie die leuchtenden Gesichter plaudernder, lachender Menschen, die hin und wieder den prächtigen Berner Sennenhund streichelten, der sich auf dem Zementboden zwischen den nicht zueinanderpassenden Sofas und Stühlen eingerollt hatte. Unter den blinkenden Lichtern schienen alle zu funkeln.

Mickey beobachtete, wie das Bier aus dem Zapfhahn floss. Nichts hielt sie davon ab, über die Bar zu springen, das Mädchen beiseitezuschieben und ihren Kopf unter den Strahl zu halten. Das Bier würde so fest und so schnell in ihren Mund schießen, dass sie sich verschlucken würde.

Die Bedienung warf Mickey einen Blick zu, als sie das Glas einem wartenden Gast zuschob. »Geht es dir gut? Du siehst total …«

»Ich weiß, wie ich aussehe.« Mickey ließ ihren Blick kurz

über die mit Kreide auf eine Tafel geschriebene Getränkekarte wandern. Die Auswahl war zu groß: Starkbier, Sauerteigbier, trendiges India Pale Lager. »Was würdest du empfehlen?«

»Stehst du auf Hopfen?«

»Keine Ahnung.« Mickey hatte nie so ganz begriffen, was Hopfen war, und als sie ein gewisses Alter überschritten hatte, schien es ihr zu spät, danach zu fragen.

»Stehst du auf Zitrusaroma?«

Mickey hatte seit mindestens sieben Tagen kein Obst oder Gemüse mehr gegessen. »Keine Ahnung.«

Die Bedienung trat ins Licht, sodass sich ihre Fältchen stärker abzeichneten – Krähenfüße, Stirnfalten, Nasolabialfalten oder wie auch immer man die Falten neben dem Mund nannte. Lächelfalten? Sie war älter, als Mickey auf den ersten Blick geschätzt hätte. »Was magst du lieber: helles oder dunkles Bier?«

»Keine Ahnung.« Mickey hatte von nichts eine Ahnung. Sie war ein nutzloser, ignoranter Klotz, dem man nicht das Geringste anvertrauen konnte. Sie konnte nicht mal ein Bier bestellen.

Die Bedienung verzog das Gesicht. »Bist du sicher, dass es dir gut geht? Du schwitzt total und bist ganz grau im Gesicht.«

Das war wenig überraschend. Mickeys Herz raste mit mindestens hundertdreißig Schlägen pro Minute. Ihre Fingerspitzen waren taub geworden. Sie begann, Flecken zu sehen. »Gib mir irgendwas. Wirklich. Es ist mir egal, solange es in einem Glas ist und Alkohol enthält.«

Die Bedienung fummelte an einer Schnalle ihres Jeansoveralls herum.

»Du erinnerst mich an meine Mutter«. Mickey bemerkte erst, was sie gesagt hatte, als ihr die Worte schon herausgerutscht waren.

Du hast ein Problem, hatte ihre Mutter einmal zu ihr gesagt, *ein Problem, das du nur selbst lösen kannst.* Das war an dem Tag gewesen, als sie sich im Namen von Grenzziehungen und ihres eigenen Wohlbefindens aus der Mutter-Tochter-Beziehung gelöst hatte. Weil Mickey eine Krankheit war, die den Leuten ins Blut ging und sie mit runterzog.

Ein Glas Helles erschien auf dem Tresen. Geruchsnoten von Honig und Pfirsich stiegen ihr in die Nase. Kondensierte Wasserperlen sickerten am Glas herunter. Mickey hielt ihre Handflächen an das Glas und spürte, wie die Kälte in sie eindrang. Dieses Bier war perfekt, so perfekt, dass sie ihm den Schaden nicht zufügen konnte, es zu trinken. Sie war so klein und kaputt und kurz davor, sich wieder zu übergeben – sie hatte dieses wunderschöne Bier einfach nicht verdient.

»Wenn du es nicht magst, kein Problem.«

Die Bedienung war plötzlich neben Mickey: eine beruhigende Gegenwart. Ihre unordentlichen Ponyfransen und Krähenfüße vermittelten eine gewisse Wärme, und sie roch nach Marihuana.

»Wirklich?«, sagte Mickey.

»Du hast das Glas jetzt sieben Minuten lang angestarrt.«

»Komisch«, meinte Mickey.

»Soll ich es wieder wegnehmen?«

Mickey nahm die Hände vom Glas und wischte sie sich an der Hose ab. »Ja, bitte.«

Die Frau nahm das Bier und zog sich hinter den Tresen zurück. Dort stellte sie das Glas auf eine Abstellfläche, auf der es wie eine ferne Laterne glühte. Das Zimmer war dunkel geworden, die Menschen und die Hunde und die nicht zueinanderpassenden Möbelstücke verloren ihre Konturen.

Mickey machte ihr Portemonnaie auf und wühlte nach dem Geld, von dem sie wusste, dass es gar nicht drin war.

»Passt schon«, sagte die Bedienung mit gnädiger Beiläufigkeit. »Wirklich.«

»Danke«, brachte Mickey heraus. Sie holte ihr Handy aus der Tasche, es war leer. »Hey – könntest du wohl jemand für mich anrufen?«

Sie übergab sich zweimal im Krankenwagen. Die Notärzte waren nett. Die Schwestern auch. Sie gaben ihr Valium, einen Fruchtsaft und eine Packung Mini-Kekse und stellten sie auf einer Bahre in die Ecke der Notaufnahme, wo sie die nächsten paar Stunden bleiben konnte. Die Übelkeit flaute ab, doch das Schwitzen wurde schlimmer, sodass sich der feuchte Stoff ihres T-Shirts unter den Achseln zusammenschob. Sie konnte sich nicht mehr daran erinnern, was sie am Morgen angezogen hatte, fühlte sich aber außerstande, das Kinn auf die Brust zu legen, um nachzusehen. Also blieb sie ganz still liegen, trank das gezuckerte Getränk schluckweise durch einen Strohhalm und beobachtete die Menschen an der Schwesternstation. Die Sozialarbeiterin vom letzten Mal war auch da. Vera.

»Ich übernehm die da«, sagte sie zu einer der Schwestern, ohne den geringsten Versuch, ihre Stimme zu senken. »Die kenn ich schon.«

Der schmutzig süße Geruch von Zigaretten stieg Mickey in die Nase, als Vera an ihr Bett trat.

»Hallo, meine Liebe. Wollen Sie noch ein bisschen Saft?« Vera ließ ihre gelben Zähne aufblitzen.

»Ich glaube, ich hatte genug.« Mickey nahm noch einen Keks aus der Packung, um ihre Hände zu beschäftigen. Er zerfiel auf ihrer Zunge zu einer süßen Paste und wollte sich partout nicht runterschlucken lassen.

»Ich freu mich, dass Sie gekommen sind«, sagte Vera. »Entzug kann echt übel sein.«

Die Ärzte überwachten Mickey unter anderem wegen Krämpfen, Herzproblemen und Halluzinationen.

»Was haben Sie vor?«, fragte Vera. »Wenn Sie hier rausgehen.«

Wenn sie hier rausging. Woher sollte Mickey wissen, was sie tun sollte, wenn sie hier rausging? In einer Woche musste sie Evelyn zehn Riesen geben. Sie hatte keine Arbeit und keine Ersparnisse. Sie hatte Ian verloren. Sie hatte Tom verloren. Und es würde auch ganz bestimmt kein Brathühnchen mit Chris mehr geben, nachdem sie ein Mensch war, der in betrunkenem Zustand kleine Kinder verletzte und der Sozialarbeiterin *bekannt* war. Und das Schlimmste daran war – und dafür schämte sich Mickey abgrundtief –, dass diese ganzen Verluste ihr kaum auffielen. Das waren nur Kratzer und Abschürfungen im Vergleich zu der tiefen Wunde, die sich in ihr geöffnet hatte und sich jetzt einfach nicht mehr schließen wollte. Denn das Einzige, was Mickey in diesem Moment wirklich wollte, war ein Drink.

»Das ist die schlimmste Phase, oder? Das muss die schlimmste Phase sein.«

Vera blätterte durch die Papiere auf ihrem Klemmbrett. »Sie haben eine Therapeutin, oder?«

Mickeys Aufmerksamkeit verlagerte sich auf ein durchsichtiges gelbes Kästchen an der Wand und die spitzen Schatten in seinem Inneren. Links daneben hing ein Poster mit Anweisungen, wie man sich die Hände richtig wusch. Sie war wirklich an einem traurigen Ort gelandet. »Ja, ich hab eine Therapeutin.«

»Das ist doch schon mal ein guter Anfang.« Vera machte ein seltsames Geräusch mit der Zunge, als sie sie an ihren oberen Schneidezähnen festsaugte. »Ich kenn die Leute von SkyView, einer großen Klinik an der Westküste. Mögen Sie Pferde? Die haben da Pferde. Ist natürlich höllisch teuer. Würde Ihr Vater da wohl was zuschießen?«

»Mein Vater?«

»Der Typ im Anzug. Mit den grauen Schläfen. Der irgendwie ein bisschen traurig aussieht.«

Sie meinte Tom.

»Nein«, sagte Mickey. »Mein Vater würde sicher nichts zuschießen.«

»Wir können uns ja noch nach anderen Zuschüssen umsehen. Es gibt billigere Kliniken, aber SkyView ist wirklich die beste. Lieber direkt investieren und dann sofort die richtige Behandlung bekommen.«

Mickey drückte ein bisschen fester auf ihren Saftkarton. Wann hatte sie einer Behandlung zugestimmt?

Vera klickte mit ihrem Kugelschreiber herum. »Ich forsch mal ein bisschen nach und …«

»Das passt schon, wirklich«, sagte Mickey.

Sie erwartete eine Pause, ein bedeutungsschweres Schweigen, einen besorgten Blick. Doch Vera verlor keine Zeit. »Okay. Soll mir recht sein.«

Mickey drückte auf die untere Hälfte ihres Saftkartons, um ein paar letzte, süße Tröpfchen durch den Strohhalm zu bekommen.

Vera hielt ihr einen Taxigutschein hin. »Dann bis zum nächsten Mal!«

16

ARLO

Als sie hereinkam, lief gerade »Baby, It's Cold Outside«. Die feuchte Luft im Wohnzimmer war durchdrungen von Fröhlichkeit und einem Hauch von Pfefferminz. An einem normalen Tag hätte Arlo die Weihnachtsmusik charmant gefunden, vielleicht sogar magisch. Heute empfand sie sie als Beleidigung.

»Gutes Timing«, sagte Deborah und schaute zu Arlo hinüber, während sie einer älteren Kundin beim Aufstehen aus dem Friseurstuhl half. »Ich bin gerade mit Mrs Tremblay fertig.«

Während sie wartete, zog Arlo einen Minilutscher aus einem Glas auf dem Empfangstresen und ließ ihn zwischen ihren Zähnen zerkrachen. Ihr Handy klingelte.

UNBEKANNTE NUMMER

Wahrscheinlich eine Patientin. Arlo wischte entschlossen nach links, um den Anruf abzulehnen.

Als sie an diesem grauen Montagmorgen aufgewacht war, lagen ihr die Termine wie ein Gewicht auf der Brust. Der Turner mit PTBS um neun, die depressive Hausfrau um zehn, der hypochondrische Apotheker um elf, der bipolare Rancher um zwölf, eine halbe Stunde Mittagspause, dann eine extralange Blocktherapie mit dem Soldatenpaar. Es waren höchst mutige, höchst resiliente Patienten, die Arlo wirklich am Herzen lagen. Wirklich. Wenn sie nur nicht immer so viel reden würden und dann auch noch so viel weinen. Und heute, na ja, heute hatte sie einfach nicht genug Kapazitäten frei für ihren Kummer. Statt einen Burn-out zu riskieren, hatte sie die kluge Entscheidung getroffen, sämtliche Termine abzusagen. Ihrer Erfahrung nach waren Patienten nachsichtig, und sie bezweifelte, dass sich irgendjemand beschweren würde. Außerdem durfte sie drei Tage pro Jahr freinehmen, ohne dass sie sich dafür rechtfertigen musste. Warum sollte sie sich nicht mal den Pony nachschneiden lassen?

Wieder ihr Handy.

UNBEKANNTE NUMMER

Arlo schaltete es komplett aus und steckte es in ihre Tasche.

»Du hast wunderbare natürliche Strähnchen«, sagte Deborah ein paar Minuten später, als Arlo sich auf den Friseurstuhl gesetzt hatte. Sie verstrubbelte Arlos Pony, zog ihn dann glatt und zerstrubbelte ihn erneut, als wäre es nicht verwunderlich, dass Arlo zum zweiten Mal in einem Monat auftauchte. Als ob sie eine beliebige zahlende Kundin wäre, und nicht die Schwester von Deborahs Tochter. Arlo empfand Dankbarkeit, dann Schuldgefühle, und beides war ihr unerklärlich. »Soll ich sie dir waschen?«

Am Waschbecken lag Arlo mit ausgestreckten Beinen und zurückgelegtem Kopf. Falsche Girlanden hingen von den Deckenpaneelen.

»Freier Tag heute?«, fragte Deborah.

»Ich schwänze.« Das Wasser prasselte auf Arlos Kopfhaut und lief ihr in die Ohren, sodass die Patienten für ein paar wonnige Sekunden aus ihrem Kopf gespült wurden, bevor sie wiederkamen. Der Turner, wie er sein Bein die ganze Sitzung über immer wieder anzog und am Knie festhielt, um es dann erneut abzustellen. Der schwafelnde Soldatenehemann.

»Freut mich für dich«, sagte Deborah. »Das Leben ist kurz.«

Ein Deckel klickte auf. Shampoo spritzte heraus. Deborahs Fingerspitzen beschrieben Kreise auf Arlos Kopfhaut und sandten kleine Funken die Wirbelsäule hinunter, während ihr ein blumiger Duft in die Nase stieg.

»Was machst du noch mal beruflich?«, fragte Deborah.

»Ich sammle den Schmerz anderer Menschen.«

»Was …?«

»Ich bin Psychologin.«

»Stimmt. Hatte ich schon wieder vergessen.« Mehr Wasser. »Hast du in letzter Zeit irgendwelche guten Filme gesehen?«

Arlo versuchte, neutral dreinzuschauen. Das war das typische Friseur-Gewäsch, der hirnlose Klatsch, den Deborah auf jede Kundin losließ, die durch die Tür kam. Dafür war Arlo nicht gekommen. »Nein.« Aber war es denn fair, Deborah zu einer Unterhaltung über ihre verkorkste Tochter zu verleiten? *Verleiten* war nicht der richtige Ausdruck. Sie wollte sie dazu bringen. Sie einladen.

»Ich hab seit Neustem Disney Plus«, erzählte Deborah. »Lohnt sich total.« Während sie Arlo eine Spülung in die Haare massierte, gab sie eine kurze, aber schwungvolle Kritik zu einem *Avengers*-Film ab, den sie kürzlich angeschaut hatte (»Dieser Hemsworth ist ein Gottesgeschenk«), und fuhr dann fort mit einer Rangliste aller neun *Star Wars*-Filme, wobei die Bewertung von »der am wenigsten schlechte« bis zum »allerschlechtesten« ging.

Arlo hörte nur mit halbem Ohr zu. Es war absolut plausibel, dass sie Deborah Fragen zu Mickey stellte. Sie war gekommen, um mehr über ihre Schwester zu erfahren, nicht ihre Patientin. Psychische Erkrankungen waren manchmal genetisch bedingt, es war wichtig, dass sie sich über die Familiengeschichte informierte. Sie spionierte niemand aus. Jede Information, die sie bekam, würde sie mit der größten Vorsicht behandeln.

»Ich hab den dritten 83 im Kino gesehen. Und ich bin eingeschlafen. Im Ernst. Schlimm? Ich weiß noch, dass mein Date, mit dem ich im Kino war …«

»Hast du in letzter Zeit was von Michelle gehört?«, fragte Arlo beiläufig, denn es war ja eine beiläufige Frage.

»Ha! Nein.« Zwei Silben, die vor Bitterkeit nur so trieften. »Warum?«

»Na ja, jetzt kommt ja Weihnachten und so.«

»Keine Ahnung, was Michelle an den Feiertagen macht.« Deborah drehte das Wasser wieder an und begann, die Spülung auszuspülen. »Das ist wirklich ein toller Conditioner.«

»Ich würde sie gerne kennenlernen«, sagte Arlo.

»Von Redken ist der. Den haben wir gerade im Angebot.«

»Ich hab mir immer eine Schwester gewünscht.« Das war zumindest eine halbe Lüge. Arlo hatte sich nie eine Schwester gewünscht. Aber sie konnte den Reiz daran durchaus erkennen. Schwestern waren Emigrantinnen aus derselben fernen, mittlerweile aufgelösten Nation.

»Dem Zeug aus dem Supermarkt kann man nicht trauen«, sagte Deborah. »Das überzieht einem die Haare mit allem möglichen Dreck.«

»Wie wir uns Geheimnisse anvertrauen, einander die Haare flechten …« Nie zu viel erklären zu müssen, weil die andere einen ohnehin verstand.

»Sulfate, Silikone, komische Säuren und all so was …«

»Machen Schwestern das eigentlich wirklich? Siehst du, ich weiß es gar nicht.«

Deborah nahm Arlos Haare zusammen und drückte leicht, sodass das ganze Wasser heraustropfte. »Fertig.« Sie wickelte Arlo ein Handtuch um den Kopf und ging vor das Waschbecken.

»Bitte.« Arlo versuchte mühsam, sich auf dem Liegestuhl aufzusetzen, und warf dem Schatten, der über ihr aufragte, ein Lächeln zu. Im Gegenlicht der Deckenleuchten sah sie von Deborah nur die Silhouette. »Erzähl mir, wie sie so ist.«

Deborah stieß die Hände in ihre Schürze. »Michelle hatte immer ein riesengroßes Herz. Sie war gerne mit Menschen zusammen.«

»Wirklich?« Das Handtuch löste sich, und kalte, nasse Haare fielen Arlo ins Genick. Das war ihr bis jetzt nicht aufgefallen. Mickey? Gesellig?

Deborah wandte sich wortlos ab.

Arlo folgte ihr zum Friseurstuhl und setzte sich. »Wann ist ihr Trinken zum Problem geworden?« Sie zapfte ein paar von Deborahs schlimmsten Erinnerungen an, was ihr grausam vorgekommen wäre, wenn es nicht so unbedingt notwendig wäre.

Deborah griff sich einen Kamm aus einem mit einer blauen Flüssigkeit gefüllten Becher mit der Aufschrift BARBICIDE und zog ihn über Arlos Hinterkopf. Die Zinken prickelten. »Ach, keine Ahnung. Das werd ich nie erfahren.« Sie hielt inne. »Woher weißt du, dass sie Alkoholikerin ist?«

»Gut geraten«, sagte Arlo in betont unverfänglichem Ton.

»Euer Vater.« Als Deborah mit dem Kämmen weitermachte, schien ihre Berührung sanfter geworden zu sein. »Es tut mir leid. Ich hätte fragen sollen, wie es dir in letzter Zeit ergangen ist. Nach einer Weile kommen zwar keine Blumen mehr, aber der Kummer bleibt.«

Das stimmte.

»Es geht mir gut«, sagte Arlo. »Danke.«

»Und deiner Mutter?«

»Besser, nachdem sie die Sachen meines Vaters ausgemistet hat.«

»Das kann ich mir vorstellen. Ich hab immer noch kistenweise Sachen von meinen Eltern rumstehen. Es ist mittlerweile zehn Jahre her, und es gibt immer noch welche, die ich nicht aufmachen kann.«

Arlo nickte. Ein Mensch hinterließ eine Menge Kram.

»Ich hab immer noch eine Voicemail von meinem Dad.« Sechsundneunzig Sekunden atemlosen, opioidbeeinflussten unzusammenhängenden Geredes, das er aus seinem Krankenhausbett aufgesprochen hatte. »Sie ist über zweihundert Tage alt.«

»Zweihundert Tage? Das ist noch gar nichts. Du solltest mal die ganzen Heimvideos sehen, die ich aufbewahrt habe. Kennst du noch diese kleinen Videokassetten, die man immer in die größeren reintun musste, um sie auf dem Videorekorder abspielen zu können? Aber was red ich eigentlich – natürlich kennst du die nicht mehr.«

»Ich bring es einfach nicht übers Herz …« Arlo kam ins Stocken, als ihr bewusst wurde, was gerade passierte. Deborah war nett zu ihr, ja, aber sie lenkte sie auch vom Thema ab. Sie bemühte sich, die Unterhaltung von Mickey wegzusteuern.

»Ich bring es einfach nicht übers Herz, sie anzuhören«, beendete Arlo den Satz.

»Das wäre wirklich hart«, sagte Deborah.

Vielleicht konnte Arlo ja daraus etwas stricken. Manchmal musste man ein bisschen geben, um ein bisschen zu bekommen. »Der Grabstein ist jetzt fertig. Er ist schön geworden.«

»Ach, Schätzchen. Das freut mich.«

»Ich musste die Angestellten vom Friedhof bestechen, dass sie ihn aufzustellen, obwohl der Boden noch gefroren ist. Das hat ungefähr fünfmal so viel gekostet als geplant.«

»Aha«, machte Deborah.

»Wir veranstalten noch eine zweite kleine Feier, wenn er enthüllt wird, wie so eine Art zweite Beerdigung.« Arlo ratterte

Datum und Uhrzeit herunter und eine Wegbeschreibung zum Friedhof. »Überleg dir doch, ob du auch kommen willst. Wir würden dich gerne sehen.«

»Auch deine Mutter?«

Ihre Mutter würde aus den Latschen kippen, wenn Deborah käme. Aber das war ein Problem für die Arlo in der Zukunft.

»Wir hatten beide wirklich ein schlechtes Gewissen, weil wir euch nicht zur Beerdigung eingeladen haben.«

Irgendetwas stach Arlo ins Ohr.

»Hoppla«, sagte Deborah. »Hab dich mit dem Kamm erwischt. Tut mir leid.«

»*Mir* tut es leid«, sagte Arlo, die ihren Schmerz zusammen mit ihrem Stolz herunterschluckte. »Ihr hattet überhaupt keine Gelegenheit, euch von ihm zu verabschieden. Das war richtig gedankenlos von uns.«

Deborah drehte mit einer geschmeidigen Bewegung den Stuhl herum, sodass Arlo mit dem Gesicht zu ihr saß, und begann, ihr die Ponyfransen über die Augen zu kämmen. »Danke, Schätzchen. Ich werd drüber nachdenken.«

Arlos Blickfeld füllte sich mit den weichen Umrissen von Deborahs Händen und den spitzen Winkeln ihrer Schere.

»Michelle hat bei mir gewohnt, während sie ihre Ausbildung zur Vorschullehrerin gemacht ist. Es hat ganz harmlos angefangen, glaube ich. Feiern, Partybusse. So Sachen, wie sie Jugendliche eben machen.«

»Sachen für Jugendliche«, sagte Arlo und ließ sich diesen Ausdruck auf der Zunge zergehen. Oh ja. Das war gut.

»Sie hat jeden Abend getrunken. ›Alles okay, Mama. Ich bin erwachsen, Mama.‹«

Abgeschnittene Haarspitzen streiften Arlos Nase und Kinn.

»Es war schwer, mit ihr darüber zu diskutieren, weil ihre Noten gut waren«, sagte Deborah, »aber ich wusste, dass da irgendwas nicht ganz glattlief. An ihrem zweiundzwanzigsten Geburtstag hatte ich eine große Party für sie geplant. Ich hab Steaks gekauft. Einen Kuchen gebacken. Und was macht sie? Sie beschließt an ihrem Geburtstagsmorgen, dass sie in ein Flugzeug nach Amsterdam steigt – nach Scheißamsterdam! –, ohne irgendjemand was davon zu sagen. Ich hab die Polizei angerufen. Ich dachte, sie wäre tot. Ganz ehrlich, das hab ich wirklich gedacht.«

Arlo schob sich das Haar aus den Augen und stellte fest, dass Deborah wild gestikulierte. Die Schere, die sie immer noch in der Hand hielt, fing das Licht auf und reflektierte es mit einer Art von Verzweiflung.

»Drei Tage später bekomm ich einen Anruf von ihr. Sie ist völlig zugedröhnt und hat nicht genug Geld für den Rückflug. Also kaufe ich Blödmann von meinen gesamten Ersparnissen ein Last-Minute-Zweitausendfünfhundert-Dollar-Flugticket.«

Co-Abhängigkeit, dachte Arlo grimmig. Der Klassiker.

»›Es tut mir leid‹, hat sie gesagt. ›Es tut mir so leid. Ich höre jetzt auf damit. Ich mach nie wieder so einen blöden Scheiß.‹« Deborah warf die Schere wieder in ihre Schürze. »Aber es wurde nur noch schlimmer. Als sie mit den Pflichtpraktika anfing, vielleicht sechs Monate später oder so, wurde es zu viel. Ich konnte es nicht länger ertragen.«

»Inwiefern ›zu viel‹?«, fragte Arlo.

Deborah drehte den Stuhl wieder so herum, dass Arlo in den Spiegel schaute, und wühlte in einem Kästchen. »Ich hatte viele schlaflose Nächte, als sie anfing, in den Vorschulen zu arbeiten.«

Ein Prickeln breitete sich über Arlos Schultern aus und lief ihr den Rücken hinunter. Ihr fiel ein, dass Mickey vor Kurzem ihre Stelle verloren hatte.

»Hat sie betrunken unterrichtet?«

»Ich weiß es nicht.« Deborah tauchte mit einem Stück Plastik in der Hand wieder auf und steckte es aufs Ende eines Föhns. Sie versuchte es jedenfalls. Der Aufsatz schien nicht zu passen, obwohl sie es mit vor Anstrengung zusammengepressten Lippen immer weiter versuchte.

»Glaubst du, dass sie immer noch betrunken unterrichtet?«

»Ich weiß es nicht, und ich will es auch gar nicht wissen.« Deborah gab ihr Vorhaben mit dem Aufsatz auf und warf ihn auf die Abstellfläche. »Deswegen habe ich eine Grenze gezogen. Ich liebe meine Tochter, wirklich. Glaubst du, dass ich ihr ganzes Zeug in Mülltüten stecken und auf den Flur werfen wollte? Glaubst du, dass mir das Spaß gemacht hat?«

»Natürlich nicht.«

»Aber die Vorstellung, wie sie am Ende mit diesen Kindern … Nein, ich darf mir das gar nicht vorstellen.«

Arlo konnte es sich sehr wohl vorstellen. Arlo sah es detailliert vor sich.

17

MICKEY

Irgendetwas glänzte im grauen Matsch zwischen ihren Füßen. Sie bückte sich, hob eine Münze vom Boden des Busses auf und schob sie sich in die Tasche für die Rückfahrt. Ihre letzten Ersparnisse waren für die Miete, die Handyrechnung und einen Monatsvorrat Couscous draufgegangen.

Der Bus schlingerte unter einer tief hängenden Wolkendecke dahin, vorbei an Nagelsalons und vietnamesischen Restaurants, an beschneiten Grundstücken und Schnapsläden, einer Shishabar, einem Oxfam-Laden und weiteren Schnapsläden. Mickey musste kurz vorm Ziel sein.

Sie zog ihr Handy aus der Tasche und schaute sich das Fahrtziel auf Google Maps an. Die Trefferliste zeigte eine Adresse in den Außenbezirken der Stadt und daneben folgenden Text:

Weitere Fragen:
Sind Kredithaie wirklich so schlimm?
Was passiert, wenn man einen Kredithai nicht bezahlt?
Bringen Kredithaie Menschen um?

Mickey war nicht dumm. Diese Firma bot den Kredit mit der niedrigsten Zinsrate. Die Online-Bewertungen waren nicht durchwegs schlecht. *Hat mich mit Würde behandelt*, schrieb einer. *Schnell und problemlos*, ein anderer. Mickey konnte Evelyn ihre zehntausend bis nächsten Freitag beschaffen und den Verleiher bezahlen, sobald sie ihr Erbe bekam. Es war vernünftig, das Risiko niedrig. Nicht nur Mickeys Vater, nein, alle möglichen Leute benutzten diese Art von Diensten. Ihre Situation war freilich eine völlig andere als seine damals.

Zweiundsiebzig Stunden seit ihrem letzten Drink. Die meisten Symptome – das Fieber, das Schwitzen, die sich wild überschlagenden Gedanken – waren inzwischen vergangen. Das Frösteln allerdings war immer noch da, ebenso der unregelmäßige Herzschlag und dieser dumpfe Schmerz in ihrem Rumpf, wo es sich anfühlte, als würde etwas aufklaffen.

Mickey drückte auf den STOP-Knopf. Hier war ihre Haltestelle.

Auf dem Schild über der Tür stand *Daisy's Geldverleih*, und die beiden Worte waren flankiert von zwei fröhlichen Smileys. Als Mickey ihr Spiegelbild in der Glastür sah, vermittelte es einen etwas anderen Ausdruck.

»Willkommen!«

Eine Angestellte spähte an dem Kunden vorbei, der gerade an dem glänzenden Holztresen vor ihr stand. »Setzen Sie sich doch, meine Liebe, während ich diesen Herrn zu Ende bediene.« Sie hatte ledrige Haut, eine beeindruckende Oberweite und einen Hauch von englischem Akzent, der aber gut und gerne aufgesetzt sein konnte.

Mickey schritt in den kleinen Wartebereich, der voller Makramee-Wandbehänge war, zerlesenen Ausgaben der *People* und diesem grellfarbigen Plastikspielzeug, bei dem man Perlen an einem Draht entlangschieben musste. Ein Kaminfeuer knisterte auf einem Fernseher an der Wand. Eigentlich gar nicht so übel.

Sie lehnte sich zurück und lauschte den jazzig angehauchten alten Weihnachtsliedern, die im Hintergrund liefen. Bing Crosby, Elvis, Nat King Cole und so weiter. Die Aufnahmen, die ihr Vater früher immer …

Nein. Daran würde sie jetzt gar nicht erst denken. Sie würde nicht an ihn denken. Nicht daran, wie sie zwischen seinen ausgestreckten Beinen auf einem Schlitten saß und einen verschneiten Hügel runterglitt. Nicht an den rauchigen, leicht würzigen Duft seines Rasierwassers. Sie waren permanent pleite, aber trotzdem musste er immer dieses Rasierwasser kaufen.

Die Frau, laut Namensschild war es Daisy höchstpersönlich, erschien zehn Minuten später mit einer geblümten Tee- und passender Untertasse.

»Ich hab ein bisschen Milch und Zucker reingetan. Ich hoffe, das ist okay so.«

Mickey nahm den Tee entgegen und trank einen Schluck: sirupsüß und brühheiß. »Absolut.«

Am Tresen zeigte Daisy Mickey die laminierte Auflistung der Summen und Zinssätze, die sie als »Geldverleih-Speisekarte« bezeichnete.

»Wenn Sie mir ein wenig über Ihre Situation erzählen könnten, über die Gründe, die Sie hergeführt haben, kann ich Ihnen helfen, das Richtige auszuwählen.«

»Ich brauche fünfzigtausend Dollar«, sagte Mickey vorsichtig.

Daisy warf ihr einen prüfenden Blick zu. »Weil …?«

Ich muss die Frau bezahlen, die mich erpresst, sonst darf ich nie wieder arbeiten, und niemand in meinem Leben will mir Geld leihen, weil mich alle für eine Alkoholikerin halten. »Das ist nicht wichtig.«

»Verstehe.« Daisy zeigte mit einem Stift auf eine der untersten Reihen auf der »Speisekarte«. »Das wäre dann ein Jahreszins von achtundvierzig Prozent.«

»Was bedeutet das?« Mickey kam ein schrecklicher Verdacht.

»Das sind die jährlichen Kosten für den Kredit, einschließlich Gebühren und Zinsausgaben.«

»Ich muss also unterm Strich fünfundsiebzigtausend zurückzahlen, um jetzt fünfzigtausend zu bekommen.«

»So könnte man das auch sagen. Das ist der Grundgedanke.«

Mickey hatte die ständige Übelkeit so satt.

Ein mitleidiger Ausdruck stahl sich auf Daisys Gesicht. Den hatte Mickey ebenfalls satt.

»Ich weiß nicht, was Sie hergeführt hat, aber es war sicher ein harter Weg. Sie werden es überstehen. Meine Kunden sind sehr resilient, jeder von ihnen. Es ist egal, was einem das Leben für Hindernisse in den Weg stellt. Sie werden am nächsten Morgen trotzdem wieder aufstehen.«

Mickey war mehr als resilient. Sie war praktisch eine Kakerlake. Das war noch nie das Problem gewesen. Und bis vor Kurzem hatte sie auch immer das Gefühl gehabt, dass das ausreiche.

Chris hatte sie diese Woche schon dreimal angerufen und ihr drei Nachrichten hinterlassen. Mickey hatte noch keine angehört. Sogar in Zeiten, in denen alles bestens war und sie sich nicht so heftig blamiert hatte, hörte sie nur ungern ihre Mailbox ab, also würde sie sie *jetzt* ganz sicher nicht abhören.

»Soll ich ihn also beantragen?«, fragte Daisy in so beiläufigem Ton, als hätte Mickey eine Jeans oder eine Tüte Brötchen kaufen wollen.

»Ja. Ja, tun Sie's.«

»Wunderbar. Ich freu mich für Sie. Ja, ich freu mich wirklich.« Daisy klappte einen Laptop auf und tippte mit munterem Klackern auf der Tastatur herum. »Ich kann Ihnen mitteilen, dass wir Hilfsangebote zur Verfügung stellen. Die können Sie annehmen oder auch nicht, wie Sie wollen.« Sie schob ihr einen Stapel Broschüren über den Tresen zu. »Könnte sich vielleicht irgendwann mal lohnen.«

Eine trug den Titel *Tipps für den Umgang mit Inkassobüros.* Eine andere *Wie man einen gesetzlich anerkannten Konkursverwalter findet.* Die letzte Broschüre war glänzend und dick, und auf der ersten Seite prangte ein Bild von einem knospenden Blatt. *Was Sie erwartet, wenn Sie eine Bankrotterklärung abgeben.*

Die Zeit fiel in sich zusammen, und Mickey war wieder acht Jahre alt, stand neben der offenen Haustür, während ihr ein kalter Wind über die nackten Waden strich und Männer in blauen Poloshirts den Fernseher ihrer Mutter hinaustrugen, die Sofas, den Wohnzimmertisch und die antike Anrichte ihrer Urgroßmutter. Sie klebten die Schubladen mit Klebeband zu, sodass das Tafelsilber nicht rausfallen konnte.

»Hallo?«

Mickey musste ein paarmal blinzeln. »Was?«

»Ich sagte, fangen wir doch mal mit Ihrem Namen und eventuellen Pseudonymen an.« Daisy hatte sich auf einem hohen Barhocker niedergelassen und eine Brille mit dicken Gläsern aufgesetzt, die ihre Augen dreimal so groß aussehen ließen. Als würde Mickey zu einer Eule auf einem Baum hinaufblicken. »Frühere Namen. Wenn Sie zum Beispiel verheiratet waren.«

»Michelle Ko…« Mickey zog die Lippen über die Zähne.

Sobald sie es einmal ausgesprochen hatte, konnte sie es nicht mehr zurücknehmen. Dann konnte nicht mehr rückgängig gemacht werden, was sie dann werden würde: Noch eine Kowalski, die mit Volldampf auf den Ruin zusteuerte. Wie der Vater, so die Tochter.

»Ich kann das nicht.« Sie schob die Broschüren wieder zurück zu Daisy. »Tut mir leid, dass ich Ihre Zeit verschwendet habe, aber ich kann das nicht.«

Daisy umschloss Mickeys Handgelenk mit den Fingern. »Dafür muss sich niemand schämen.«

Mickey befreite sich aus dem Griff und stolperte zurück. Die Teetasse flog mitsamt der Untertasse durch die Luft. Dann das Geräusch zerbrechenden Porzellans, und in Mickeys Kopf ging der Dekantierer erneut in Scherben. Tom hielt ihre Arme fest. Ian schrie.

»Wohin gehen Sie?«, fragte Daisy in scharfem Ton und beäugte die Scherben. »Die ist ganz schön teuer gewesen.«

»Tut mir leid. Ich bin so … Ich bin so, so …« Mickey stürmte hinaus in die Kälte.

Als sie wieder an der Bushaltestelle war, setzte sie sich in dem gläsernen Unterstand auf eine Bank und holte ihr Handy aus der Tasche.

»Ich rufe dich als Mandantin an. Als … als …« Ihr wollte der Fachausdruck nicht einfallen.

»Als Begünstigte eines meiner Mandanten?« In Toms Stimme hörte man böse Vorahnung.

»Ich hab nur noch zwei Therapiesitzungen. Die letzte ist an Heiligabend, am Vormittag. Ich dachte, ich warne dich schon mal vor, damit du anfangen kannst, die Auszahlung des Geldes vorzubereiten.«

»Mickey …«

»Ich weiß, dass im Testament steht, dass ich das Geld erst bekomme, sobald ich die Therapie komplett abgeschlossen habe, aber ich dachte, vielleicht könntest du mir das Geld schon ein bisschen früher überweisen? Nächste Woche vielleicht?«

»So funktioniert das nicht.«

Mickey ließ den Kopf zwischen ihre Beine hängen. »Warum nicht?«

»Auch wenn die Bedingungen des Testaments erfüllt sind, brauchen wir immer noch fünf Werktage, um eine Überweisung durchzuführen.«

Die Welt löste sich in glänzende Flecken auf, als Mickey taumelnd aufstand. »Fünf Tage.«

»Es gibt so was wie gegenseitige Kontrolle. Unsere Kanzlei hat eine Verantwortung gegenüber dem Verstorbenen.«

»Der Verstorbene war ein Arschloch.« Sie ließ sich wieder auf die Bank plumpsen. Die schmutzigen Wände und die mit Graffiti bedeckte Parfumreklame des Unterstandes materialisierten sich wieder vor ihren Augen. Genauso wie das zerschmetternde Gefühl von Grauen.

»Weißt du was? Ich schau mir die Sache noch mal an und ruf dich dann zurück«, schlug Tom vor.

Die Verbindung wurde unterbrochen, als ein Bus dröhnend an der Haltestelle hielt und mit seinen Reifen die Wände des Unterstands mit Matsch vollspritzte.

Mickey klopfte ihre Taschen ab. Wo hatte sie die Münze noch mal reingesteckt?

✳ ✳ ✳

»Sie haben mal zu mir gesagt, dass alle Menschen furchtbar sind«, sagte Arlo in der Therapiestunde dieser Woche. Sie hatte die Haare zu der Art von elegantem Knoten hochgesteckt, den ihre Mutter einen Chignon genannt hätte. Ihr Pony hing ihr in zwei frisch geschnittenen Vorhängen um die Augen. »Würden Sie das immer noch behaupten?«

»Das ›Warum‹ ist entscheidend«, hustete Mickey, um vier Tage Schlaf und Schweigen aus ihrer Stimme zu bekommen. Sie hatte seit dem Anruf bei Tom nicht mehr gesprochen. Sie hatte keinen Grund gehabt. »Menschen, die Böses tun, haben meistens auch Böses erfahren. Missbrauch. Vernachlässigung. Und das sind die Leute, die auch am kränksten werden.«

Arlo hob leicht das Kinn an und fuhr sich mit der Zunge über die geraden weißen Schneidezähne. Bestimmt hatte sie als Kind eine Zahnspange gehabt. Jede Menge Gemüse gegessen. Immer Schuhe in der passenden Größe getragen. »Sie sprechen von der sozialen Determinante für Gesundheit.«

»Das ist ja ein schöner Fachausdruck«, sagte Mickey. Sie kannte diese Theorie gut. Die ärmsten und randständigsten Menschen einer Gesellschaft waren am anfälligsten für Krankheit und Armut. Und Verbrechen.

Doch die Episode beim Geldverleih hatte ihr nur wenige Optionen gelassen. Betrug? Unterschlagung? Sie wusste nicht mal, was diese ganzen Ausdrücke überhaupt bedeuteten, ganz zu schweigen davon, wie man sie durchführte. Sie konnte ihre Eizellen, Haare oder Sex verkaufen oder irgendeine Kombination davon. Leihmutterschaft zahlte sich aus, hatte sie gehört, aber dafür war jetzt nicht mehr genug Zeit. Eine andere Lösung war ihr auch noch eingefallen, etwas, das sie für mehr als genug Bargeld stehlen und verkaufen könnte, aber danach gäbe es definitiv keinen Weg mehr zurück.

»Was ist mit der Art von Mensch, der andere in Gefahr bringt?« Der harte Unterton in Arlos Stimme traf Mickey unvorbereitet. Die Therapeutin war heute sehr gereizt. »Gibt es eine Entschuldigung für sein Verhalten?«

»Eine Entschuldigung nicht. Eine Erklärung.«

»Aber Sie würden mir doch zustimmen, dass ein Mensch für den Schaden, den er verursacht hat, zur Verantwortung gezogen werden sollte.«

Mickey empfand diese Art der Befragung nicht sonderlich zielführend. Stattdessen verlor sie sich im Bild des Leuchtturms an der Wand links neben ihr und stellte sich vor, wie der Sand unter ihren Füßen nachgab. Ob er sich warm oder kalt anfühlte. Warm, beschloss sie. In der Welt der Leuchttürme fielen die Temperaturen nie unter zwanzig Grad. Das Meer war immer ruhig und der Himmel immer klar. So klar, dass der Leuchtturm hauptsächlich eine dekorative Funktion hatte. Die Küste konnte man auch ohne ihn deutlich erkennen.

»Es gehört zur Therapie dazu, dass wir uns uns selbst stellen«, sagte Arlo. Ja, sie redete immer noch und störte Mickeys angenehme maritime Fantasien empfindlich. »Ich bin nicht dazu da, Ihnen die Dinge einfacher zu machen.«

»Das merkt man.«

»Ich bin dazu da, Sie ganz sanft aus Ihrer Komfortzone zu locken.«

Mickey musste lachen. Was Arlo meinte, war: *Ich bin dazu da, um mit dir zu spielen. Zu meiner eigenen Befriedigung.* »Und was, wenn ich das nicht möchte?«

»Sie können gehen, wann immer Sie wollen. Sie sind hier der Boss, Mickey.«

Wenn es bloß so wäre! Nein. Mickey steckte fest. In diesem Zimmer, in diesem Leben, bei einer Therapeutin, die den Kummer der Leute sammelte wie andere Menschen Muscheln.

Seufzend riss Mickey den Blick vom Leuchtturm los. »Sie meinen also, dass ich … anderen Menschen Schaden zufüge?«

»Ich weiß es nicht«, erwiderte Arlo. »Das ist die große Frage.«

»Fügt nicht jeder irgendwann mal anderen Schaden zu? Das ist doch nur menschlich. Wir machen Fehler. Und das ist in Ordnung, solange wir daraus lernen und uns entschuldigen.«

Arlo wirkte verblüfft. »Es ist in Ordnung, andere Menschen zu verletzen, wenn man sich hinterher entschuldigt?«

»Nein, das hab ich nicht gesagt.« Hatte Mickey das gesagt? Vielleicht schon. »So hab ich das nicht gemeint.«

»Denken Sie an eine Ihrer Beziehungen. Nehmen wir doch zum Beispiel einfach mal Ihre Mutter.«

Eine Kralle zog sich um Mickeys Herz zusammen. »Meine Mutter?«

»Für welche Kränkungen haben Sie sich bei Ihrer Mutter entschuldigt?«

»Warum ausgerechnet meine Mutter?«

»Denken Sie einfach darüber nach, Mickey.«

Mickey war schon mittendrin. Amsterdam. Der Hörer eines Münztelefons an ihrem zweiundzwanzigjährigen Ohr.

»Woran denken Sie gerade?«, wollte Arlo wissen.

»An nichts«, sagte Mickey. Ihre Mutter, wie sie ihr am Flughafen entgegenlief mit geschwollenen, stressgeplagten Augen. »Mein Kopf ist leer.«

»Sie weinen aber.«

»Nein.«

Keine von beiden sagte einen weiteren Ton. Arlo wandte wieder den Wartetrick an, bei dem jede Sekunde ein weiteres Pfund Gewicht auf Mickeys Schultern legte.

»Es gab Zeiten, da hat sie sich Sorgen um mich gemacht«, gab Mickey schließlich zu, um das Schweigen zu brechen.

»Zeiten, in denen …?«

Außer Amsterdam? Die ganzen Nächte, in denen Mickey nicht nach Hause gekommen war, weil sie irgendwo auf einer Wiese oder in einem Bus oder auf dem Futon von irgendeinem Typen eingeschlafen war. Die Nächte, in denen die Polizei sie in ihre Wohnung zurückbringen musste – Polizisten, Mehrzahl, weil es mehr als einen Mann brauchte, um sie überhaupt aufrecht zu halten. Und dann diese ganzen Stellen, an denen sie sich übergeben hatte: Vasen und Handtaschen und Teppiche und Waschbecken.

»Da fällt mir nichts Konkretes ein«, sagte Mickey.

»Es erfordert großen Mut, anzuerkennen, was wir verdienen und was nicht.«

Mickey hatte absolut keinen Schimmer, was Arlo damit meinte, fragte aber nicht nach. Ein Schatten in ihrem Kopf wurde immer länger, die Dunkelheit breitete sich unkontrolliert aus.

Arlo atmete lang und hörbar durch den Mund ein. »Bei den Anonymen Alkoholikern gehört es zu den Zwölf Schritten, die eine Süchtige machen muss, dass sie …«

»Ich hab Ihnen doch schon gesagt: Ich brauche so was nicht.«

»… sich mit den Menschen aussöhnt, denen sie Kummer bereitet hat.«

»Ich hab schon aufgehört mit dem Trinken. Das Ganze ist abgehakt.«

»Es muss auch nicht sofort sein, aber ein erster, kleiner Schritt …«

»Nein«, sagte Mickey, während das letzte Licht versickerte.

»… könnte darin bestehen, dass Sie ein grundlegendes Bewusstsein für sich selbst entwickeln. Wann haben Sie selbstsüchtig gehandelt? Hat Ihnen jemand mal etwas sehr Kostbares anvertraut, und Sie haben dieses Vertrauen dann missbraucht? Ihre Wehrlosigkeit? Sie sind Lehrerin. Das ist eine große Verantwortung.«

»Aufhören, hab ich gesagt.« Doch es war zu spät. Der Schatten war jetzt vollkommen und brachte die schlimmste Erinnerung von allen mit sich. Mickey erinnerte sich blitzartig an den Fall vor sechs Wochen, als sie auf einer Schultoilette erst Wodka heruntergekippt und dann den unschuldigen Ian in ihre Obhut genommen hatte, obwohl sie zu traurig, zu versehrt und vor allem zu betrunken gewesen war, um jemand zu betreuen. Nur eine zutiefst selbstsüchtige Person würde so etwas tun. Dieselbe Art von Person, die einfach so auf einen anderen Kontinent fliegt, ohne ihre Mutter vorzuwarnen.

Dieselbe Art von Person, die auch stiehlt.

18

ARLO

Arlo duckte sich über ihre Tastatur und starrte in die blendend weiße Leere eines Word-Dokuments. Der Cursor blinkte und blinkte wie ein bösartiges Auge.

Noch eine halbe Stunde bis zum nächsten Termin. Sie hatte gehofft, endlich mal mit der Rede zur Grabsteinenthüllung ihres Vaters voranzukommen, doch die Büroumgebung war nicht sonderlich inspirierend. Alles, was sie bis jetzt hatte, war

Mein Dad war ein toller Mann.

Das war nicht falsch. Aber es war auch nicht wirklich richtig. Sie drückte auf Entfernen und versuchte es noch einmal.

Mein Dad war ein großartiger Mann.

Arlo klappte den Laptop zu. Sie musste zu Hause oder in einem Café sein oder ... zumindest irgendwo anders als hier. Sobald ihre Akten und Post-its und Fachliteratur nicht mehr in Reichweite waren, würden die Worte von selbst kommen.

Nachdem sie an Punams Büro vorbeigehuscht war – Punam saß alleine an ihrem Tisch und blätterte verträumt in einem Pass –, murmelte Arlo der Empfangsdame Sam etwas von einem Notfall in der Familie zu und versuchte, möglichst gestresst auszusehen. »Entschuldige mich bitte für meinen Zwei-Uhr-Termin, okay? Vielen Dank.«

Als sie hinaustrat, war ihr, als würde sie aufwachen. Stille hing über der Straße. Die Vögel sangen auf den schneebedeckten Bäumen. Alles schien genau richtig. Irgendwann demnächst, diese Woche oder nächste, würde Mickey sich mit trauriger Gewissheit in den Augen zu Arlo wenden und sagen: *Ich bin eine selbstzerstörerische Alkoholikerin voller komplexer Traumata und einer tief verwurzelten Angst vor Intimität, die ich mir erst noch in vollem Umfang klarmachen muss. Meine Handlungen haben auf die Menschen in meinem Leben anhaltende, schädliche Auswirkungen gehabt, und deswegen habe ich keine fünfeinhalb Millionen Dollar verdient.*

»Stimmt«, murmelte Arlo, als sie auf ihr Auto zuging. »Zumindest für den Moment.«

Wenn Mickey jetzt das Richtige tat und das Vermögen ihres Vaters zurückgab, konnte Arlo sicherstellen, dass ein Teil davon beiseitegelegt wurde. Genug Geld, um Mickey ein bequemes Dasein zu ermöglichen, wenn sie endlich ihr Leben in Ordnung gebracht hatte. Aber nicht so viel, dass es ihre junge Nüchternheit gefährdete? Darüber musste Arlo noch mal nachdenken.

»Entschuldigung!«

Arlo drehte sich um.

Auf dem Gehweg stand eine Frau um die fünfzig mit hochgeschnittener Jeans und einer beeindruckend stylishen wollenen Shirtjacke. Ihre vollen Wangen und der breite Mund hatten etwas Vertrautes. Ihre Haltung, mit leicht nach oben gerecktem Kinn, wirkte, als wäre Arlo ihr etwas schuldig.

»Ich bin Jennifer Hedman, Lauras Mutter.«

Ein Krater öffnete sich in Arlos Unterleib und saugte ihre Organe eins nach dem anderen hinunter in die Tiefe. Sie versuchte, sich per Willenskraft zum Davonrennen zu zwingen, doch ihre Füße wollten sich nicht vom Boden lösen.

»Keine Sorge«, fügte Jennifer hastig hinzu. »Ich komme mit friedlichen Absichten.«

Ja, heute trug sie ganz bestimmt eine freundlichere Miene zur Schau als letztes Frühjahr vor Gericht. Keine geblähten Nasenflügel oder zitternde Oberlippe. Kein hasserfüllter Todesblick. Doch ihre Haltung war fast schon zu entspannt, ihr Lächeln zu locker. Arlo traute ihr nicht über den Weg.

»Ha-haben Sie hier auf mich gewartet?« Warum? Um mich anzuschreien? Um mit mir zu streiten? Um Arlo die Beine mit einem Stahlrohr kaputtzuschlagen wie diese Eiskunstläuferin in den Achtzigern, wie hieß sie noch, Tina-Irgendwas? Warum konnte sich Arlo nicht mehr daran erinnern? Sie hatte ungefähr vier Filme darüber gesehen.

»Ich weiß, wie das wirkt, aber bitte hören Sie mich bis zu Ende an.« Jennifer legte die Fingerspitzen aneinander. »Kaffee? Ich lad Sie ein.«

»Ganz sicher nicht.«

Eine Falte erschien zwischen Jennifers sorgfältig gezupften Augenbrauen. »Haben Sie gerade mit jemand geredet?«

Arlo deutete um sich herum und den leeren Gehweg. »Hier ist keiner.«

»Ich dachte, Sie hätten vielleicht Airpods oder so, mit denen Sie telefonieren. Ich hab gehört, wie Sie gesagt haben … Ich bin nicht sicher, was Sie gesagt haben.«

Arlo erklärte sich nicht, weil keine Erklärung nötig war. Es gab viele Menschen, die sich selbst etwas zumurmelten – und ganz ehrlich, was sie in die Luft sprach, ging niemand etwas an.

»Ich hab Sie angerufen«, sagte Jennifer. »Ganz schön oft. Sie sind nie rangegangen.«

Das war also die UNBEKANNTE NUMMER.

»Sie haben mir nie eine Nachricht hinterlassen«, erwiderte Arlo.

Jennifer wischte mit der Oberlippe über ihre Unterlippe. Die Geste hatte etwas Verurteilendes.

»Ich darf meine Anrufe filtern. Grenzen sind wirklich wichtig bei meiner Tätigkeit, genauso wie Selbstfürsorge, also wissen Sie was? Ich gehe nicht jedes Mal ans Telefon, wenn es klingelt, und nein, ich habe deswegen auch kein schlechtes Gewissen.« Diese kleine Rede war völlig unbegründet. Was auch immer Jennifers schräg gestellter Kiefer bedeuten sollte: Arlo schuldete ihr überhaupt nichts. Doch die Worte sprudelten nur so aus ihr heraus. Arlo konnte sich nicht bremsen. »Weil es nicht meine Aufgabe ist, alle Probleme zu lösen, und weil ich ein Leben außerhalb meines Jobs brauche, und außerdem gebe ich in meiner Voicemail eine Notrufnummer an, falls der Anrufer gerade in einer Krise steckt, also wäre das auch abgedeckt.«

Sie holte Luft und wartete auf die hitzige Erwiderung.

»Sie haben recht. Tut mir leid.« Jennifers Stimme triefte nur so vor Beschämung und tatsächlich auch Reue. Ihr Blick war schwach geworden, ihr Lächeln unsicher. Das war nicht das Gesicht eines Menschen, der jemand gleich die Kniescheiben mit einem Stahlrohr zertrümmern wollte. Ganz im Gegenteil sogar. »Ich beginne, die Dinge in einem neuen Licht zu sehen. Ich sehe jetzt viel klarer.«

Arlo merkte, wie sich Schuldgefühle in ihr breitmachten. War es möglich, dass Lauras Mutter nicht gekommen war, um Rache zu üben, sondern sich zu entschuldigen, und Arlo ganz umsonst in die Defensive gegangen war? Vielleicht hatte sie vorgehabt, einzuräumen, wie falsch die Anschuldigungen und der Prozess gewesen waren.

»Nur eine Tasse Kaffee«, sagte Jennifer.

Diese Begegnung könnte sie zu guter Letzt auf einen Weg der Heilung und Akzeptanz bringen. Und wer war Arlo schon, ihr das zu verweigern?

»Bitte.«

Vor ihnen glänzte in der Sonne die Stoßstange von Arlos Prius. So nah und doch so fern.

Arlo seufzte. »Okay, aber nur eine Tasse.«

Sie setzten sich auf zwei Holzstühle im nächsten Starbucks. Arlo wusste nicht, wohin mit ihren Beinen. Einen Knöchel hinter dem anderen kreuzen wie eine Herzogin? Ihre Knie auseinanderfallen lassen wie ein Cowboy? Nichts fühlte sich wirklich bequem an. Zum Schluss hakte sie ihre Füße jeweils fest um ein Stuhlbein.

»Ich liebe diese ganzen Weihnachtsgetränke«, sagte Jennifer, nachdem sie einen ordentlichen Schluck von einer Pfefferminzkreation genommen hatte, die Arlo quer über den Tisch roch.

Arlo hatte ihre Hände um einen extraheißen Hafermilchlatte geschlossen. »Ich mag diese roten Becher.«

»Ja, stimmt. Die roten Becher.«

Ein Elektro-Cover von »Do They Know It's Christmas« wirbelte über ihre Köpfe.

»Dieses Lied ist so furchtbar.«

»Ja«, sagte Arlo. »Furchtbar.«

Sie tranken ihre Getränke.

Jennifer richtete die nächsten Worte an die Decke. »Ich gehe neuerdings auch in Therapie.«

Aha, dachte Arlo. Jetzt setzten sich die rätselhaften Teile zu einem sinnvollen Bild zusammen. Jennifers Therapeut hatte sie wahrscheinlich zu dieser Entschuldigung ermutigt, hatte ihr vielleicht sogar geholfen, sie einzustudieren.

»Das ist toll.« Arlo hakte ihre Füße von den Stuhlbeinen los und entspannte sich ein bisschen. »Ich hoffe, es hat Ihnen was gebracht.«

»Danke«, sagte Jennifer zur Decke.

Bei »Do They Know It's Christmas« kam gerade die Zeile, die davon handelte, dass es in Afrika keinen Schnee gab.

Licht glitt über das Weiß in Jennifers Augen, während sie langsam den Kopf schüttelte. »Ich hab ihr nicht geglaubt. Sie ist an diesem Morgen zu mir gekommen und hat mir gesagt, dass sie es tun würde, und ich hab ihr nicht geglaubt.«

Arlo gestattete sich zum ersten Mal, sich das Gewicht von Jennifers Trauer vorzustellen. Die ganzen Tage, an denen sie darunter festsaß, unfähig, sich zu rühren.

»Sie hat es auf so eine komische Art gesagt. ›Ich hab's bis zum Ende geschafft, Mom. Das war's.‹ So was in die Richtung, als wäre es der letzte Schultag oder so. Es schien ihr absolut gut zu gehen. Sie schien glücklich. Ich hab genickt und es abgetan. Ich war – ich muss zugeben, ich war sehr müde. Jemand zu lieben, der so krank ist, ist Schwerstarbeit.«

Mehrere Dinge kamen Arlo ungeordnet in den Sinn: der blaue Handdesinfektionsmittel-Spender an der Wand gegenüber vom Krankenhauszimmer ihres Vaters, das Schnalzen von Latexhandschuhen, das Quietschen eines Filzstifts auf einem Whiteboard, die sich aufblähenden gelben Gewänder der Schwestern und ihre großen Plastik-Schutzmasken, die ständig beschlugen von ihrem Atem, der süßlich-kranke Geruch von den Zehen ihres Vaters, die ständig verhornten und abschuppten, egal wie oft Arlo sie eincremte.

»Bill und ich konnten nie Pläne machen, weil wir nie wussten, ob sie an diesem Tag aus dem Bett kommen würde. Weihnachten, Geburtstage, Familientreffen. Alles. Wir haben alles verpasst. Wir haben unser ganzes Leben verpasst. Weil sich jegliche Verpflichtung – buchstäblich jede – hinter unserem Kind einordnen musste.«

»Mhmmm«, machte Arlo. Das klang auch ein bisschen vertraut.

»Worüber ich furchtbar viel nachdenke, woran ich arbeite, ist die Tatsache, dass ich hier bin und sie nicht. Das eigene Kind zu überleben, ist für Eltern die schlimmste Art von Versagen. Das ultimative Versagen, wenn wir mal ehrlich sind. Und ich weiß, was Sie jetzt denken. Dass ich das Überlebendensyndrom habe, dass ich nicht schuld bin am Selbstmord meiner Tochter. Bla, bla, bla. Ja, rein rational weiß ich das alles. Doch es ist schwer, rational zu sein. Ich bin es leid, rational zu sein. Aber in erster Linie bin ich es leid, wütend zu sein. Und das ist genau der Punkt – ich bin hergekommen, um das zu sagen.«

Jetzt kam die Entschuldigung. Arlo konnte sich nicht entscheiden, ob sie Jennifer danach in den Arm nehmen sollte. Sie nahm einen hastigen Schluck von ihrem Hafermilchlatte, um Zeit zu gewinnen.

»Ich vergebe Ihnen«, sagte Jennifer.

Der Latte geriet Arlo in die Luftröhre, und sie verschluckte sich.

»Ich war so wütend auf Sie. Aber jetzt muss ich diese Wut loslassen.«

Arlo hustete und hustete, rang nach Luft und nach Worten. »Wütend auf … auf mich? Immer noch?«

»Natürlich.«

»Warum auf mich?«

Jennifer bekam ein Doppelkinn. »Sie wissen, was auf diesem Zettel stand.«

Der Zettel, der Zettel, der Zettel. Immer ging es um diesen Zettel.

»Sie haben sie hinauskomplimentiert«, sagte Jennifer. »Das hat sie geschrieben.«

»Das hätte ich niemals getan«, sagte Arlo.

»Sie hat Ihnen gesagt, dass sie versuchen würde, sich das

Leben zu nehmen, und Sie haben sie hinaus…« Jennifer hielt sich die Faust vor den Mund.

»Do They Know It's Christmas« näherte sich seiner letzten Zeile.

»Wie ist es möglich, dass dieses Lied immer noch läuft?«, platzte Arlo heraus. Und wie war es möglich, dass sie immer noch dieselbe Unterhaltung führten, seit vollen neun Monaten? Neun Monate und elf Tage waren seit Lauras Gedenkfeier vergangen. Auf dem weißen Sarg war eines ihrer Highschool-Hockey-Trikots drapiert und während der Eingangsprozession wurde »A Hard Rain's A-Gonna Fall« gespielt. Arlo hatte den Livestream auf ihrem Laptop verfolgt, weil sie wusste, dass man sie nicht in den Saal des Bestattungsunternehmens lassen würde.

Jennifer löste den Plastikdeckel von ihrem Becher und ging mit der Nase näher heran, um besser schnuppern zu können. So geduckt blieb sie sitzen und atmete tief, für eine gefühlte halbe Ewigkeit. Der aufdringliche Pfefferminzduft waberte Arlo schwallweise ins Gesicht.

»Ich hätte meine Stimme nicht erheben dürfen«, sagte Jennifer. »Das war ungeschickt.«

»Sie hat mir nichts davon gesagt«, sagte Arlo. »Was auch immer sie geschrieben hat, was auch immer sie erzählt hat, sie hat mir nicht gesagt, dass sie sich umbringen will.«

»Okay.« Ein gelassenes Lächeln breitete sich auf Jennifers Gesicht aus, als hätten die beiden nur eine kleine Auseinandersetzung über eine Delle in der Stoßstange gehabt oder um den Platz in der Supermarktkassenschlange.

»Sie glauben mir nicht«, sagte Arlo.

»Danke fürs Zuhören. Ich weiß es wirklich zu schätzen.« Jennifer stand auf.

»Warum glauben Sie mir nicht?«

Doch Jennifer war schon weg, und das Einzige, was von ihrer Anwesenheit zeugte, war der Müll, den sie auf dem Tisch zurückgelassen hatte.

* * *

Die Adresse in der Akte bestätigte, was Arlo sich vorgestellt hatte: ein schäbiger Wohnblock mit Stuckfassade und winzigen Balkons, die mit Fahrrädern und Grills und Weihnachtsbeleuchtung vollgestopft waren. Sie lehnte sich auf dem Fahrersitz zurück und beobachtete, wie die Lichter eines nach dem anderen flackernd angingen. Zweieinhalb Stunden saß sie dort. Ihre Blase drückte. Ihr Rücken schmerzte. Trotzdem wartete sie weiter. Sie wartete, weil es ihr gutes Recht war. Weil es keine Gesetze gab, die verboten, in einem geparkten Auto zu sitzen und die Eingangstür eines Wohnblocks anzustarren, bis die eigene Halbschwester/Patientin herauskam. Denn wenn Lauras Mutter mit ein bisschen Stalking davonkommen konnte, dann konnte Arlo das auch. Sie war nicht ganz sicher, wonach sie suchte, aber sie wusste, dass sich irgendwann ein Beweis offenbaren würde für ein Fehlverhalten seitens Mickey.

Erinnerungen an den Morgen schaukelten an der Oberfläche von Arlos Gedanken wie Trümmer eines abgestürzten Flugzeugs auf dem Wasser. Wollene Shirtjacke. Hafermilchlatte. *Ich vergebe Ihnen.* Arlo steuerte an den Gedanken vorbei, so gut sie konnte. Jennifer trauerte, und Trauer konnte die Menschen manchmal blind machen für die Wahrheit. Mehr steckte nicht dahinter.

Sie nahm sich gerade eine Handvoll Sourcream-and-Onion-Chips, als es am Beifahrerfenster klopfte. Eigentlich war es eher ein Schlag. Das glänzende, ziemlich gut aussehende Gesicht eines Jugendlichen erschien vor der Scheibe. Die Temperaturen waren gefallen, doch er trug keine Mütze und die oberen Ränder seiner Ohren hatten sich dunkelrosa verfärbt. Ein Polizeiwappen glitzerte an seiner Brust.

Arlo ließ das Fenster herunter, ganz ruhig und gefasst. Sie hätte sich vielleicht ein bisschen bedroht gefühlt, wenn der Polizist nicht so albern ausgesehen hätte oder wenn diese Stalking-Nummer nicht so gerechtfertigt gewesen wäre oder wenn sie zufällig keine weiße Frau gewesen wäre. Doch wie die Dinge standen, hatte sie nichts zu befürchten.

»Tut mir leid, Ma'am«, sagte er. »Ich wollte sie nicht erschrecken.«

»Erschrecken?«

»Sie haben aufgeschrien.«

»Im Ernst?« Ja, vielleicht hatte sie aufgeschrien. Vielleicht hatte sie auch eine unkontrollierte Handbewegung gemacht. Das würde erklären, warum die Chips überall verteilt lagen.

»Sie dürfen hier nur zwei Stunden parken.«

»Okay.« Arlo schaute zwischen dem jungen Polizisten und Mickeys Wohnung hin und her. Irgendetwas flackerte da in der Eingangshalle. War da nicht eine Bewegung?

»Ma'am? Sie müssen hier wegfahren.«

Arlo zwang ihre Aufmerksamkeit wieder zurück zu dem Polizisten. »Okay. Tut mir leid.« Sie schob den Hebel in Fahrposition und rollte einen knappen halben Meter nach vorne, ohne den Blick von dem Wohnblock auf der anderen Straßenseite zu nehmen. Noch mehr Unruhe in der Eingangshalle. mehr Bewegung.

Der Junge klopfte erneut an die Scheibe. »Sie müssen weiter fahren als so. Weiter weg.«

»Wie viel weiter?«

»Bis zur nächsten Zone.«

»Was ist eine Zone?«, fragte Arlo blinzelnd. Eine verschattete Gestalt war im Hauseingang erschienen.

»Verschiedene Teile der Straße haben verschiedene Parkgebühren«, sagte der Polizist.

»Aber nach sechs ist es doch kostenlos«, wandte sie ein.

»Ja, aber nur für zwei Stunden.«

Die Gestalt drückte die Glastüren auf und trat hinaus auf den Gehweg. Sie trug eine riesige Handtasche über einer Schulter, und die blonden Haare sahen im Licht der Straßenlaternen fast grünlich aus.

Arlos Herz macht einen Sprung. Mickey.

»Na gut. Führerschein und Fahrzeugpapiere?«

Arlo blickte auf und entdeckte, dass der Polizist einen Block gezückt hatte. »Was? Nein. Ich muss weg.«

»Oh, *jetzt* müssen Sie auf einmal weg?« Genüsslich ließ er seinen Kugelschreiber ein paarmal klicken. »Führerschein und Fahrzeugpapiere.«

Arlo verfolgte Mickey im Rückspiegel, während sie im Handschuhfach wühlte. Mickey bewegte sich seltsam, blieb alle paar Schritte stehen, um den Trageriemen ihrer Tasche zurechtzurücken. Sie näherte sich einer Bank an einer Bushaltestelle am Ende der Straße.

»Geht das schnell?« Arlo reichte ihm die Papiere. »Ich muss nämlich …«

Der Polizist blickte sie verärgert an.

An der Bushaltestelle schaukelte Mickey jetzt auf den Zehenballen vor und zurück, griff in die Tasche und nahm einen Schluck aus … was war das – eine Wasserflasche? Oder Wodka? Höchstwahrscheinlich Wodka. Vielleicht auch Gin. Daddy hatte seinen Tanqueray immer geliebt. Ab und zu auch Hendrick's.

»Verordnungen«, sagte der Polizist jetzt, »sind das, was eine Gemeinschaft zusammenhält. Es ist eine wichtige Pflicht, ihre Einhaltung durchzusetzen.«

Arlo machte ein kehliges Geräusch, um höfliches Interesse

zu bekunden. Nun bog ein anderes Auto in die Straße ein, und seine Scheinwerfer bohrten sich direkt in den hinteren Teil ihres Gehirns. Ein Linienbus.

»Man könnte auch sagen, dass es die wichtigste Pflicht überhaupt ist.«

Arlo musste hilflos zusehen, wie der Bus an die Haltestelle fuhr und beim Bremsen zischend Druckluft abließ. Ein Vorhang aus Abgasen vernebelte ihr die Sicht auf die Sitzbank. Und auf Mickey.

Der Polizist reichte Arlo einen rosa Durchschlag von seinem Block. »Sie haben sechzig Tage, um …«

»Danke«, sagte sie, schloss die Faust um den Strafzettel und drückte den Fuß aufs Gaspedal.

Mitten auf der nächsten Kreuzung wendete sie und folgte dem Bus mit Vollgas, vorbei am Wohnblock und dem Polizisten-Buben, der ihr mit einer geschüttelten Faust drohte wie der selbstgerechte alte Mann, der er garantiert einmal werden würde.

In den nächsten zwanzig Minuten verfolgte Arlo den Bus im Abstand von ein, zwei Autos, fuhr an den Straßenrand, wann immer der Bus hielt, und versuchte blinzelnd zu erkennen, wer ausgestiegen war. Als sie und der Bus in die Außenbezirke der Stadt weiterfuhren, dünnten die Coffeeshops und die Modeboutiquen aus. Geldverleiher und Schnapsläden häuften sich.

Ein paar Straßen weiter stieg Mickey vor einem Pfandleihgeschäft aus dem Bus.

19

MICKEY

Obwohl sie ihr in einem Nachthemdchen die Tür aufmachte, das kaum ihren Venushügel bedeckte, verriet Darias Miene nicht die geringste Scham. Scham gehörte wahrscheinlich gar nicht zu ihrem Vokabular. Sie schlenderte durch die Welt, wie es ihr gefiel: keine Reue, keine Entschuldigungen, keine bösen Taten, die über ihrem Kopf baumelten. Die Glückliche.

Mickey winkte ihr zum Gruß zu. »Hallo!«

Daria richtete sich kerzengerade auf, sodass sich ihre Brustwarzen unter dem rosafarbenen Satin abzeichneten.

Aufgabe Nummer eins war, in Darias Wohnung zu kommen. Mickey hatte erst vorgehabt, Krankheit vorzutäuschen oder eine emotionale Krise zu erfinden, war jedoch zu dem Schluss gekommen, dass sie nicht gut genug schauspielern konnte, um Daria hinters Licht zu führen. Stattdessen hielt sie den Mund, setzte einen gequälten Ausdruck auf und betete, dass das reichte, damit Daria sie zum Eintreten aufforderte.

»Okay«, sagte Daria milde und machte die Tür weit auf.

Was Mickey jetzt gleich tun würde, war nicht die richtige Entscheidung. Aber Mickey war jetzt in der Wohnung und zog die Schuhe aus, und damit war die Sache erledigt. Sie folgte Daria in die feuchte Wärme ihrer Wohnung, wobei ihre fast leere Handtasche federleicht auf der Schulter lag. Das Kunstleder sackte in sich selbst zusammen wie schlaffe Haut.

Mickey schnupperte. Zitronengras? Zitrus?

»Ich leihe von Freund.« Daria wies mit der Hand auf den Aromazerstäuber auf dem Beistelltisch.

Auf dem Wohnzimmerboden lag ein Meditationskissen, ebenfalls ein Neuzugang. Mickey wäre es nicht aufgefallen, wenn sie den Blick nicht durchs Zimmer hätte schweifen lassen auf der Suche nach teuren Metallkunstwerken. Die Skulptur des hockenden Mannes, die auf einem der Bücherregale gestanden hatte, lag jetzt auf ein paar gestapelten Bänden von Proust und Tschechow. Andere Skulpturen lugten aus verschiedenen Winkeln hervor: ein Körper ohne Kopf, ein Kopf ohne Körper, eine halbe Hand. Sie waren klein, keine war größer als eine Cornflakes-Packung.

Obwohl Daria nie einen Hehl aus ihrer erfolgreichen Künstlerinnenkarriere gemacht hatte, hatte Mickey ihr die Geschichte nie so richtig abgenommen. Bis sie heute Nachmittag endlich mal den Namen ihrer Nachbarin gegoogelt hatte. Wie sich herausstellte, hatte Daria als Vierundzwanzigjährige ein MacArthur-Genius-Stipendium gewonnen. Sie hatte an der Emily Carr University of Art and Design, an der Rutgers University und University of Los Angeles gelehrt. Ihre Arbeiten wurden in französischen, spanischen und dänischen Museen ausgestellt, von denen Mickey noch nie gehört hatte, die aber alle äußerst exklusiv klangen.

Daria wohnte zu bescheiden, um reich und berühmt zu sein. Sie hatte kein Strandhaus und keinen Pool. Sie hängte ihre Wäsche zum Trocknen auf einen Wäscheständer und fuhr mit einem schäbigen Drei-Gang-Fahrrad durch die Stadt. Allerdings heizte sie ihre Wohnung großzügig, das war eine seltene Extravaganz in dieser Stadt. Und die Leopardenkatze, fiel Mickey wieder ein, als Rybka auf den Kratzbaum in der Ecke zuschlich und auf die höchste, teppichbezogene Stufe sprang. Diese Katze konnte nicht billig gewesen sein.

Mickey hielt ihre Arme hoch, um ihre Achselhöhlen zu lüften.

»Komm«, sagte Daria und steckte den Kopf aus der Küche.

Mickey setzte sich an den Tisch, während Daria herumwerkelte. Es war acht Uhr abends, und die Nachrichten liefen leise im Radio. An der Börse herrschte optimistische Stimmung – oder war es pessimistische? –, und irgendjemand stand kurz davor, auf Kaution freizukommen, worüber sich viele Menschen ärgerten. Oder vielleicht waren sie auch froh darüber? Mickey konnte die Worte nicht erfassen, sie war zu nervös, um sich zu konzentrieren. Sie hatte über den Tag verteilt immer wieder getrunken, doch es war nicht ansatzweise genug gewesen.

Das klirrende Geräusch von Gläsern jagte Mickey Freudenschauer über die Arme. Was würde es heute Abend geben – Absolut? Stolichnaya? Vielleicht würde Daria ja auch einen Likör rausholen. Palinka. Krupnik. Mickey hätte in diesem Moment sogar Limoncello getrunken.

Daria kam zurück zum Tisch mit einem Glas Milch und einem Teller Waffelkeksen. Das Nachthemdchen rutschte ihr hoch über die Hüften, als sie sich hinsetzte, doch das schien sie nicht zu stören.

»Oh«, sagte Mickey.

»Heute Abend wir trinken Milch«, sagte Daria. Trotzdem stand nur ein Glas auf dem Tisch.

Mickey rang sich ein Lächeln ab. Sie wollte sich bedanken, musste aber feststellen, dass sie nicht nur unfähig zum Zuhören war, sondern auch zum Sprechen. Sie nahm das Glas und prostete Daria zu, eine Geste, die sie mit einem kurzen Absenken ihres Kinns begleitete.

Als sie noch jung war, hatte Mickey kleine Trinkkakaos vom 7-Eleven in der Nähe ihrer Grundschule geklaut. In der Mittelstufe klaute sie routinemäßig Socken und Lippenstifte aus den Schließfächern der anderen Mädchen, sobald sie ihr den Rücken zudrehten. Wenn sie bei Freundinnen übernachtete, schlich sie sich davon und räumte die Küchenschubladen aus: Feuerzeuge, Kulis, Kleingeld, alles, auch Zeug, das sie überhaupt nicht brauchen konnte. Aber warum sollten ihre Freundinnen Zeug haben und sie nicht? Sie klaute Kartenspiele, Geburtstagskerzen und Ladekabel für Geräte, die sie nicht besaß.

Diese Vorfälle zählten natürlich nicht. Kindern wurde Stehlen nachgesehen. Aber wann endete diese Gnadenfrist? War sie noch unschuldig, als sie in der Highschool auf Partys ging, um dort Mäntel zu stehlen und sie am nächsten Tag auf eBay Kleinanzeigen zu verkaufen? Oder als sie sich während ihres Studiums von Unbekannten abschleppen ließ, nur um ihnen die Portemonnaies aus den Jeans zu stehlen, bevor sie sich frühmorgens auf Zehenspitzen davonschlich?

Jetzt war sie ganz sicher nicht mehr unschuldig. Der Glanz der Kindheit war längst abgenutzt, und wenn sie jetzt etwas stahl, machte sie sich definitiv schuldig.

»Kann ich mir ein Buch ausleihen?«, fragte Mickey.

Daria zupfte sich einen Spaghettiträger zurecht, sodass er wieder flach auf ihren durchtrainierten Schultern auflag. Sie hatte bestimmt schon mal jemanden vermöbelt. »Welches?«

»Keine Ahnung. Ich will einfach nur was zum Lesen.«

Daria nickte zuerst langsam, dann schneller. »Ich hab da was für dich.«

Mickey nahm ihre Handtasche von der Stuhllehne und folgte Daria ins Wohnzimmer, wo ihre Nachbarin ein dünnes Buch aus dem Regal zog: eine abgegriffene Ausgabe des *Kleinen Prinzen*. »Das hier ist gutes Buch für kaputten Mensch.«

Mickey nahm das Buch entgegen, sie war zu aufgeregt, um sich beleidigt zu fühlen. Der hockende Mann würde in ihre Handtasche passen, wog aber wahrscheinlich mehr als eine

Bowlingkugel. Eine von den kleineren, leichteren Skulpturen war wahrscheinlich die sicherere Option. Weniger offensichtlich. Vielleicht der körperlose Kopf oder der kopflose Körper.

»Hast du noch was von diesem Napoleonkuchen übrig?«, fragte Mickey.

»Du willst Kuchen.« Daria wirkte eher besorgt als misstrauisch.

»Das ist wirklich der beste Kuchen überhaupt.«

Ein seltenes Lächeln breitete sich auf Darias Gesicht aus. »Warte hier«, sagte sie und ging hinaus.

Mickey machte einen Sprung auf das Regal zu, versuchte zu schlucken, versuchte zu atmen. Jetzt musste sie schnell eine Entscheidung treffen. Kopf oder Körper. Ihre Hand schwebte zwischen den beiden. *Entscheide dich*, befahl sie sich. Doch sie konnte nicht. So ein Mensch war sie nicht. Sie konnte nicht Evelyn bezahlen, indem sie Daria bestahl. Mickey war Vorschullehrerin, sie formte den Geist von Kindern, sie war ihr Leitstern. Sie sollte an gewisse moralische Standards gebunden sein. Du Sollst Nicht Verpfänden Deines Nachbarn Schräges Kunstwerk.

Dann aber hörte sie wieder die Stimme ihrer Therapeutin – *Hat Ihnen jemand mal etwas sehr Kostbares anvertraut hat, und Sie haben dieses Vertrauen dann missbraucht? –*, und Mickey fiel ein, dass sie sehr wohl diese Art von Mensch war.

Sie hielt ihre Tasche auf und umfasste die Taille des kopflosen Körpers.

»Ist Stück groß ge…«

Daria. Sie stand mit einem Teller Blätterteiggebäck auf der Küchenschwelle, ihr Mund hatte sich zu einer ungewohnten Form verzogen. Nicht Enttäuschung, das wäre zu mild gewesen. Ihr Gesichtsausdruck pulsierte und vibrierte.

Vor Ekel. Der reinste Ekel.

Die Skulptur rutschte Mickey aus der Hand und fiel mit einem widerlichen Krachen auf den Boden.

»Ich find selbst raus«, sagte sie mit glühenden Wangen, als sie das Zimmer schon halb durchquert hatte. Als sie über die Schulter einen Blick zurückwarf, sah sie noch die Kurve von Darias nackter Wade in der Küche verschwinden.

Als Mickey an der Tür ihre Füße in die Schuhe schob, drang das Miauen einer Katze zu ihr, und am Ende ging der Ton ganz leicht nach oben, als würde sie etwas fragen.

Rybka – die seltene, exotische, teure Rybka – saß auf ihrem Hintern und beobachtete sie mit schief gelegtem Kopf.

»Nein«, sagte der Typ an der Kasse. Er war noch ein Kind, sechzehn vielleicht, mit einem aufgeschlagenen Mathebuch vor sich und riesigen Kopfhörern um den Hals. »Absolut nicht, Lady.«

»Hör mir doch mal richtig zu«, bat Mickey mit der Verzweiflung eines Menschen, der mit einer Bengalkatze in der Handtasche per Bus quer durch die Stadt gefahren ist. Rybka krabbelte aus der Tasche, setzte zum Sprung an und landete samtpfotig auf der Glasplatte des Tresen.

Der Junge betrachtete Rybka zweifelnd, die ihre Nase auf den Tresen und die darunter ausgestellten glänzenden Uhren senkte. »Sie wollen ernsthaft eine Katze verpfänden?«

»Die kostet Tausende von Dollar«, sagte Mickey.

»Sie wollen ernsthaft eine Katze verpfänden.«

»Das ist eine Ashera-Katze. Zum Teil Leopard.«

»Ja ja, und ich bin zum Teil Targaryen.« Gelächter entwich seinen aufgesprungenen Lippen, bis Rybka ihm ihre geschlitzten Pupillen zuwandte, und sein Ton schnell wieder ernst wurde. »Haben Sie irgendwelche Dokumente zu dieser Ash… Ashen…«

»Ashera. Nein.«

»Verstehe.« Er blies seine Wangen auf und inspizierte Rybka aus verschiedenen Winkeln, als wäre sie ein Zirkoniaklunker. Wieder so ein Müll, den irgendein Versager angeschleppt hatte, um sich ein bisschen Kleingeld zu besorgen. »Sie ist irgendwie seltsam, oder?«

»Sie ist ganz lieb«, sagte Mickey. Sie musste die Erinnerung an ihre Geburtstagsfeier unterdrücken, auf der Rybka so süß mit Ian geschmust hatte. Wenn Ian sie jemals fragen sollte, würde Mickey sagen, dass Rybka ... was? Gestorben war? Was könnte sie ihm bloß sagen?

Der Junge rieb sich die Stirn. Er war offenkundig hin- und hergerissen. »Ich muss mal schnell meinen Experten anrufen.«

Mickey setzte sich mit Rybka auf dem Schoß auf eine Lazyboy-Liege (429 Dollar) und verfolgte aus dem Augenwinkel das Hockeyspiel, das auf einem 55-Zoll-Fernseher lief (699 Dollar), und spürte, wie ihr eigener Wert mit jedem vergehenden Moment abnahm. Die Menschen waren nicht von Haus aus schlecht, das begriff sie jetzt. Guter Charakter war ein Luxus, wie Badesalz und Motorboote, und wurde in der großen Lotterie des Lebens verlost. Mickey hatte die Arschkarte gezogen. Diese ganzen Bilderbücher, die sie ihren Vorschulkindern vorgelesen hatte, über Freundschaft und Loyalität und Mut. Als hätte sie selbst jemals in ihrem Leben eine dieser Eigenschaften besessen. So ein dämlicher Scheiß!

Ihr Handy klingelte. Chris. Schon wieder.

Sie lehnte den Anruf ab. Sekunden später bekam sie eine Nachricht:

Hey, weißt du, dass dein mailbox voll ist. Wahrscheinlich ist sie voll, weil ich dir die ganze Zeit Nachrichten hinterlasse, weil du nie an DEIN SCHEISSHANDY GEHST.

Und noch eine:

Bitte sag mir einfach nur, ob es dir gut geht.

Mickey fügte seine Nummer zur Blockliste hinzu. Sie war nicht sicher, wie sie ihre Mailbox ausstellen konnte, ohne sich die Nachrichten anzuhören, also verschob sie dieses Problem auf den nächsten Tag.

Vierzig Minuten später kam ein kleiner, mausähnlicher Mann mit einem gezwirbelten Schnurrbart in den Laden. Der Junge stellte ihn als Henry vor. »Der macht unsere Tierschätzungen.«

Mickey hätte beinahe gefragt, was für Tiere dieser Mann denn alles so schätzte, beschloss dann jedoch, dass sie das nicht unbedingt wissen wollte.

Henry kniff Rybka ins Genick, untersuchte ihre Pfotenballen und hob sogar ihren Schwanz hoch, um einen Blick auf ihr Poloch zu werfen, wobei er sich die ganze Zeit Notizen in ein winziges Buch machte, dass er aus der Brusttasche seines Hawaiihemdes gezogen hatte. Nach ein paar Minuten schätzte er ihren Wert auf fünfundzwanzigtausend Dollar. »Ein wunderschönes Exemplar«, sagte er.

Der Junge wandte sich mit gierigen Augen an Mickey. »Ich geb Ihnen zehntausend.«

»Zwanzig«, verlangte Mickey.

Der Junge spöttelte: »Die Katze hat keine Papiere.«

»Na und? Achtzehn.«

»Zwölf.«

»Siebzehn.«

Henry machte leise gurrende Geräusche, nahm Rybka auf den Arm und wiegte sie wie ein pelziges Baby.

»Ich geb dir fünfzehn«, sagte der Junge.

Mickeys Gewissen trat noch einmal um sich, fuchtelte mit den Armen und gab einen letzten Seufzer von sich. »Fünfzehntausendfünfhundert, Deal?«

»Fünfzehnfünf.« Der Junge streckte ihr die Hand hin, und die Begeisterung strahlte ihm aus jeder seiner großen, fettigen Poren. »Da wird mein Vater ganz schön beeindruckt sein.«

Henry stellte Rybka wieder auf den Tresen. Sie machte ein paar Schritte vorwärts und ein paar zurück, offensichtlich überfordert und unsicher, wohin sie gehen sollte.

»Können Sie sie für ein paar Wochen behalten?«, fragte Mickey. »Ich kauf sie für das Doppelte zurück.«

Die Oberlippe des Jungen verschwand unter seiner Unterlippe.

»Ich komme bald zu Geld«, fügte sie hinzu.

»Ach ja«, sagte er ausdruckslos. Was für ein Arschloch!

»Wirklich.«

»Das sagt jeder«, schaltete sich Henry ein.

»Aber bei mir stimmt's wirklich.«

»Trotzdem … vielleicht sollten Sie sich jetzt voneinander verabschieden«, meinte der Junge. »Nur für den Fall der Fälle.«

Er wandte sich ab. Henry ebenfalls. Dann stand Mickey mit der Katze alleine da.

Sie kraulte Rybka ein letztes Mal hinter den Ohren. Sie war nicht sicher, wie sie an diesen Punkt gekommen war, und wollte auch nicht darüber nachdenken. »Okay, dann muss ich wohl. Tut mir leid. Wirklich.«

Die Katze schaute neugierig zu Mickey hoch. Die Katze verstand nicht.

Nachdem sie miteinander abgerechnet hatten, ging der Junge zum Eingang und drehte das Schild an der Tür um. Draußen warfen die Straßenlaternen gelbes Licht auf den Schnee.

»Haben Sie überhaupt ein Katzenklo?« Mickey spürte, wie

ihre Lider herabsanken. Sie wollte nach Hause, aber sie konnte sich nicht vorstellen, diesen Laden jemals zu verlassen, denn sie wusste nicht, wer sie danach sein würde.

Der Junge zuckte mit den Schultern. »Uns fällt schon was ein.«

»Fällt mir was ein?«, fragte Mickey.

Keine Antwort. Vielleicht hatte sie niemand gehört.

20

ARLO

Der Turner mit der Posttraumatischen Belastungsstörung war gerade mitten in einem tränenreichen Bericht über das Thanksgiving-Dinner, als Arlo auffiel, dass sie auf ihrem Block herumkritzelte. Sie hatte die ganze Sitzung über herumgekritzelt und das Blatt auf ihrem Klemmbrett mit Schnörkeln, Blumen und Sternen gefüllt.

»… und als wir uns dann zum Essen hingesetzt haben, hat mich meine Mutter an den Kopf der Tafel gesetzt, obwohl ich sie vorher angerufen und extra gebeten hatte, das nicht zu tun. Was ein großartiges Beispiel dafür ist, warum ich ihr nichts erzähle. Warum auch, was sollte das für einen Sinn haben?«

»Mh, mhmmm.« Arlo blickte zur Uhr.

Mickey hatte am Vorabend ungefähr hundert Jahre in diesem Pfandleihgeschäft verbracht. Hatte sie gekauft oder verkauft? Verkaufen schien näher zu liegen. Eine Diamantkette oder einen Abgaskatalysator – irgendwas, das vom Laster gefallen war, wie man so schön sagte.

Der Turner rieb sich die Schläfen. »Und es war so laut. Die Kinder. Die Hunde.«

Arlo wäre selbst reingegangen, um es rauszufinden, doch das Geschäft hatte schon geschlossen, als Mickey wieder rauskam. Gott sei Dank hatte es heute bis sieben auf. Sie würde hingehen, sobald ihre Arbeit zu Ende war, was in genau … acht Minuten der Fall sein würde.

»Und dieser Hund! Der bellt und bellt und bellt, und das

ganze Haus hat Parkettböden, sodass das Bellen so richtig widerhallt. Und meine Schwester erwartet einfach von mir, dass ich …«

Sie würde sich unterwegs einen Snack besorgen – eine Bowl oder so. Einen teuren Salat mit genug Quinoa und Edamame-Bohnen, um die Nährstoffe für einen ganzen Tag abzudecken.

»… ruft mich jeden Tag dreimal an und bittet mich um …«

Vor lauter Detektivspielen gestern Abend hatte sie vergessen, sich ein Mittagessen einzupacken. Jetzt war es kurz vor fünf, und ihr Magen war dazu übergegangen, seine eigene Wand zu verdauen. Alle paar Minuten verspürte sie ein Stechen.

»Was meinen Sie? Bin ich da zu weit gegangen?«

Die Augen des Turners waren weit aufgerissen und baten um Absolution. Aber wofür?

»Können wir kurz eine Pause einlegen und lobend zur Kenntnis nehmen, dass Sie diese Frage überhaupt stellen«, sagte Arlo. Sie improvisierte mit ihrer ruhigsten Therapeutinnenstimme, einer Stimme, die sich maximal von ihrer inneren Stimme unterschied, die die ganze Zeit *BLÖD BLÖD BLÖD BLÖD FUCK FUCK FUCK FUCK* rief. Ihr Patient hatte vielleicht gerade einen Durchbruch erzielt, und sie konnte ihn nicht nachvollziehen. In den letzten dreißig Sekunden hatte sie kaum zugehört. »Ich bin so beeindruckt von Ihrem Impuls zu reflektieren. Sie wissen schon, die Sache mit der Selbsteinschätzung.«

Damit war der Turner erst mal eine Weile beschäftigt. »Ja. Ja, vielleicht.«

»Das bringt uns zum Ende der heutigen Stunde«, sagte Arlo, die sich insgeheim schwor, in ihrem ganzen Leben nie wieder während einer Therapiestunde auf ihrem Blatt herumzukritzeln. »Nächste Woche wieder um die gleiche Zeit?«

Nachdem sie den Turner hinausbegleitet hatte, sprang sie

ins Auto und fuhr wie eine Geisteskranke zum nächsten Drive-through-Mexikaner. Sie fuhr mit den Knien, Burrito in der einen Hand und Handy in der anderen. Siebenundzwanzig Nachrichten, alle vom selben Absender.

Willst du das hier
Oder das hier
Willst du irgendwas hiervon
Gib mir Bescheid ob du das hier haben willst

Ihre Mutter hatte ihr sage und schreibe fünfzehn Fotos geschickt: von einer Jagdjacke, einem Buch über die Rolling Stones, einer Harley-Davidson-Miniatur, einer Mundharmonika, einem Schlagbohrer, einem Sweatshirt mit Chicago-Bears-Schriftzug, einem Füller, einer ergonomischen Tastatur, einem Fußmassagegerät, einer Kühltasche, der *Der Pate*-Trilogie auf DVD, einem Baseball-Handschuh und von einem der beigen Hörgeräte ihres Vaters.

Arlo schrieb eine Antwort, während sie vor einer roten Ampel hielt.

Warum sollte ich sein Hörgerät haben wollen?

Ihre Mutter schrieb innerhalb von Sekunden zurück:

Ich weiß nicht deswegen frag ich dich ja

Sie weigerte sich, Satzzeichen zu benutzen. Das war ihr größter Fehler, und diese Frau hatte viele Fehler.

Ich kann jetzt nicht reden, Mum. Ich hab zu tun.

Arlo biss herzhaft in ihren Burrito und kaute einen Mundvoll zartes *carne asada*. Sie fühlte sich so lebendig.

Das Pfandleihgeschäft sah bei Tageslicht noch trister aus, falls das überhaupt möglich war. Die goldenen Bögen des McDonald's gegenüber spiegelten sich in den vergitterten Fenstern. Eine dreckige Reklametafel auf dem Gehweg schrie TOP BEZAHLUNG FÜR GOLD! DIAMANTEN! UHREN! UND MEHR! BEI EASTSIDE PAWN BEKOMMEN SIE ALLES ZU-RÜCK! Das Ladeninnere war so verschattet, dass Arlos Augen einen Moment brauchten, um sich an die Dunkelheit zu gewöhnen.

Ein Mann, der sich seine dünnen Haare quer über die Glatze gekämmt hatte, um seine Kahlheit zu verbergen, und ein Jugendlicher mit schwerer Akne saßen nebeneinander auf Hockern hinter einem Glastresen. Der Junge machte Hausaufgaben und hatte eine Katze auf dem Schoß, während der Vater – Arlo ging davon aus, dass es Vater und Sohn waren, sie hatten denselben Witwenzipfel und dieselben geschwungenen Augenbrauen – mit seinen Zeigefingern auf eine Tastatur einhämmerte. Er war so konzentriert, dass sein Gesichtsausdruck keine Gefühlsregung verriet.

Der Jugendliche legte seinen Stift in sein Lehrbuch und lächelte, wobei er spitze Zähne entblößte. »Willkommen bei Eastside Pawn! Wie können wir Ihnen helfen?«

Der Vater murmelte irgendetwas in den Bildschirm.

»Eine blonde Frau ist gestern bei Ihnen gewesen.« Arlo musste ein Rülpsen unterdrücken. Sie hatte den Burrito ziemlich schnell gegessen. »Kurz vor Ladenschluss.«

Vater und Sohn tauschten einen flüchtigen, aber dezidiert besorgten Blick.

»Wir haben viele Kunden.« Der Vater rutschte von seinem Hocker, stellte sich links neben den Computer und beugte sich über den Tresen, wobei er sich mit den Händen auf der Glasplatte abstützte. Er war kein besonders großer Mann, doch seine Pose ließ Arlo zurückweichen. »Es ist schwer, die alle auseinanderzuhalten.«

»Sie hat Ihnen was verkauft«, sagte Arlo.

»Das müssen Sie schon etwas genauer sagen.«

»Das war meine …« Arlo bog ihren Hals zur Seite, bis er knackste. »… Schwester.«

»Ich meinte den Gegenstand.«

»Ich kann nicht sagen, was es genau war.«

»Dann wird es schwierig für uns, Ihnen weiterzuhelfen.«

Arlo registrierte die verspannten Schultern und zusammengepressten Kiefer von Vater und Sohn. »Ich bin kein Cop.«

Der Teenager war skeptisch: »Genau das würde ein Cop auch sagen.«

»Matthew – pst«, sagte sein Vater.

Die Katze streckte genüsslich ihren Rücken. Ihr langes Gesicht sah irgendwie … seltsam aus. Eigentümlich.

Arlos Handy klingelte. Sie sah den Namen auf dem Display und bemitleidete sich selbst. »Moment«, sagte sie, trat weg vom Tresen und neben einen Stapel von Elektrogeräten.

»Ich hab noch mehr Schuhe gefunden«, sagte ihre Mutter.

»Wie?«, war alles, was Arlo dazu einfiel.

»Im Schuppen.«

»Er hat Schuhe im Schuppen aufbewahrt?«

»Schuhe, Klamotten, Autobatterien, alte Skier, ausgestopfte Tiere – allen möglichen Krimkrams. Zeug, von dem ich nicht mal wusste, dass er das hatte. Ich hab Stunden gebraucht. Ich krieg den Geruch gar nicht mehr aus der Nase.«

»Es passt gerade nicht so gut, Mum.« Arlo beobachtete aus dem Augenwinkel, wie der Kassierer weiter auf seine Tastatur hämmerte. Der Sohn hatte das Schulbuch aus der Hand gelegt und klebte mit einer speziellen Etikettierpistole Preisschilder auf Teetassen. Armer Junge. Sie wollte gar nicht an die Stunden denken, die er in dieser traurigen Gruft von Laden verbringen musste, die Regale mit Stereoanlagen befüllte und die durchgeknallten Kunden begrüßte und für seinen Vater schuftete. Der wusste ihn bestimmt nicht zu schätzen, sagte bestimmt niemals Danke und würde *bestimmt* seinen Laden am Ende jemand anders vermachen.

»Bei dir passt es nie gut«, sagte ihre Mutter. »Ich brauch deine Hilfe. Ich weiß nicht, was ich behalten soll. Die Leute von der Altkleidersammlung nehmen nichts, was Flecken hat. Was soll ich machen? Alles wegwerfen?«

»Ich hab dir doch gesagt, es ist mir egal.« War es auch. Absolut komplett vollkommen egal. »Werd's einfach los.« Arlo wischte nach links, um das Gespräch zu beenden.

Als sie sich wieder zum Tresen drehte, blockierte etwas Pelziges ihren Weg. Die Katze saß ganz ruhig auf ihrem Hinterteil, reckte ihren Hals und ihre riesigen Ohren Richtung Decke. Das Wesen war faszinierend, wenn auch furchterregend.

Arlo beugte sich vor und hielt ihr den Handrücken hin. »Hallo, Kitty!«

Die Katze fauchte und entblößte einen Schlund voll glänzend weißer Spitzen.

Arlo fuhr zurück. Die Rückseiten ihrer Waden kollidierten mit etwas Weichem, aber Solidem, und sie verlor das Gleichgewicht und landete auf etwas, das sich als Lehnstuhl herausstellte. Aus den grünen, samtgepolsterten Bezügen stieg eine Staubwolke.

Der Jugendliche erschien einen Moment später und ragte mit der plötzlich wieder ganz zahmen Katze im Arm über Arlo. »Sie sind definitiv kein Cop.«

»Nein«, sagte Arlo und unterdrückte ein Niesen. Ihre Demütigung legte sich mit dem Staub. »Definitiv nicht.«

Er runzelte die Stirn. »Sie müssen in zwei Wochen kommen, wenn der Pfandschein abläuft.«

»Der Pfandschein?«

»Für die Katze. Die Verkäuferin hat zwei Wochen, um sie zurückzukaufen.« Er schüttelte den Kopf, als wollte er sagen: *Wer sind Sie? Wissen Sie nicht, wie eine Pfandleihe abläuft? Wissen Sie denn überhaupt nichts?*

»Sie haben erwähnt, dass Sie demnächst eine Summe Geld erben werden.«

Ein paar Tage später war Arlo wieder in ihrem Therapiezimmer mit Mickey, die in den letzten zwölf Minuten nichts anderes gemacht hatte, als den Leuchtturm anzustarren. Dissoziierte sie gerade? War sie betrunken? Arlo konnte es ausnahmsweise nicht riechen, aber das musste nichts heißen. Mickeys Sucht war so stark, dass sie die geliebte Katze eines anderen Menschen gestohlen und verpfändet hatte, um sich Alkohol kaufen zu können. Das Erbe, würde ihr momentan nicht guttun, nicht mal ein paar Tausender davon.

»Ist doch eine ziemlich liebevolle Geste von Ihrem Vater, Sie so zu versorgen«, sagte Arlo, wobei sie die Stimme ein wenig anhob. Sie würde nachforschen. Sie würde tiefer graben. Sie würde Mickey mit einer Brechstange aufstemmen, wenn nötig. Immerhin war es ja zu Mickeys Bestem. »Und es zeigt doch, dass er Ihnen vertraut hat. Wenn Sie an die Zeit und die Mühe denken, die er aufgewandt haben muss, um dieses Geld zu verdienen? Das ist doch eine Ehre, finden Sie nicht?«

Mickey zeigte kein Fünkchen Reue. Und auch kein Fünkchen von sonst irgendwas.

Ihr Blick, ungerichtet und leer, erinnerte an die Demenzsta-

tion, auf der Arlo ihr erstes Praktikum absolviert hatte. Affekt-
verflachung. Sprachverarmung. Haare, die seit mindestens zwei
Wochen nicht mehr gewaschen worden waren, wenn nicht sogar drei.

»Glauben Sie, dass Sie das Geld verdient haben?«, fragte Arlo.

Mickey rümpfte die Nase und blinzelte rasch. Endlich kehrte sie wieder in die bewusste Gegenwart zurück. »Wussten Sie,
dass ich in meinem Leben noch nie eine Kreditkarte hatte?
Oder einen Kreditrahmen oder einen Kredit?«

»Was glauben Sie, woran das liegt?« Arlo jubelte innerlich.
Endlich! Etwas zum Nachbohren.

»Ich will nicht so viel Geld ausgeben. Sofas und Autos und
so was. Ich will nicht …« Mickeys Mund verzog sich, als hätte
sie einen Schluck von etwas Saurem genommen. »… bei anderen Leuten in der Schuld stehen.«

Kein überraschendes Verhalten für eine Einzelgängerin, die
alle Menschen für selbstsüchtige Aasgeier hielt.

Mickey fuhr fort: »Als mein Vater uns verlassen hat, ist er
einfach verschwunden. Wie vom Erdboden verschluckt. Ich
glaube, er ist für ein Jahr nach Mexiko gegangen.«

Costa Rica. Er war in Costa Rica. Arlo hatte als kleines Kind
immer in den Fotoalben geblättert, ganz fasziniert von den
regenbogenfarbigen Papageien, den grünen Dschungelwänden
und ihrem Vater, wie er mit einem über die Augen gezogenen
Hut im Sand lag.

»Seine Gläubiger haben uns alles weggenommen. Ich weiß
noch, wie die Leute von den Inkassounternehmen gekommen
sind, um unsere Möbel mitzunehmen. Sie haben sogar mein
Bett mitgenommen. Mit Bettzeug und allem. Laken, Kissen,
ein Quilt, den ich gehabt hatte, seit ich ein Baby war. Sie sahen
so schuldbewusst aus, als würde ich ihnen furchtbar leidtun.
Aber sie haben trotzdem alles mitgenommen.«

Hatte Arlo davon gewusst? Ja, wahrscheinlich schon. Doch der Abschied ihres Vaters von seinem ersten Leben hatte sie nie wirklich berührt. Der Mann, der Mickey und Deborah verlassen hatte, war nicht ihr Vater. Das war der Mann, der vor ihrem Vater da gewesen war. Eine andere Person. Psychologisch, geistig, sogar körperlich. Denn jede Zelle des menschlichen Körpers starb und wurde im Laufe eines Lebens mehrere Tausend Mal erneuert.

»Wo haben Sie dann geschlafen?«, fragte sie.

»Was?«

»Nachdem die Schuldeneintreiber Ihr Bett mitgenommen hatten.«

Mickey schrumpfte auf ihrem Stuhl zu einem Kind zusammen. Keine Falten, keine Narben. Mit einer Haut, auf der die Welt noch keine Spuren hinterlassen hatte. »Meine Mutter und ich haben uns ein Bett geteilt. Wir haben im selben Bett geschlafen, bis ich fünfzehn war.«

Als Arlo noch ein Kind war, hatte sie in einem Queensize-Himmelbett geschlafen, mit einem durchsichtigen, rosa Baldachin, der von der Decke hing. Ihr Feenbett, hatte sie es immer genannt.

»Ich hab den Großteil meines Lebens versucht, nicht so zu sein wie mein Vater«, sagte Mickey. »Ich meine – ergibt ja auch irgendwie Sinn. Wenn deine gesamte Kindheit von so einem abgrundtief furchtbaren Menschen definiert ist, ist es dein höchstes Ziel, nicht so zu werden wie er.«

Arlo hörte ein klopfendes Geräusch und blickte auf ihre Hand hinunter. Sie trommelte mit einem Nagel auf das Metallteil am Klemmbrett. Sie legte es aus der Hand.

»Er war immer in meinem Hinterkopf«, fuhr Mickey fort. »Er hat meine Entscheidungen beeinflusst, wenn Sie verstehen, was ich meine. Eben in entgegengesetzter Richtung. Er ist immer da gewesen, um mir zu sagen, was ich nicht tun soll.«

»Und jetzt?«

Mickey rutschte vor zur Stuhlkante und winkte Arlo mit einem gekrümmten Finger näher heran, als wollte sie ihr gleich ein schreckliches Geheimnis verraten.

Arlo tat ihr den Gefallen und merkte, wie ihr Pulsschlag schneller wurde.

»Er ist tot«, flüsterte Mickey.

Sie war definitiv betrunken.

»Ja, ich … ich weiß«, sagte Arlo.

»Ich meine … richtig tot. Tot, tot, tot, tot, tot.«

»Und das wird Ihnen jetzt erst klar?«

»Ja, das wird mir jetzt erst klar.« Mickey schlug auf den Tisch. »*Jetzt.*« Sie schlug nochmals auf den Tisch. »*Erst.*« Sie schlug wieder drauf. »*Klar.*« Sie lehnte sich zurück. »Ich wusste natürlich, dass er tot ist. Aber so richtig klar geworden ist es mir erst jetzt.«

Arlo spürte ein Zwicken in den Tiefen ihres Frontalhirns, vielleicht setzte gerade eine Nervenzelle irgendwo neben der Amygdala aus. Ganz kurz vergaß sie, wer und wo und was sie war. »Und was ist plötzlich anders?«

»Er tut nichts und sagt nichts. Er denkt keine Gedanken. Er kann mich nicht sehen. Er kann mich nicht hören. Er ist in der Welt nicht mehr anwesend. Verstehen Sie? Er ist keine Realität mehr.«

Arlo griff im Geiste nach ihrem Vater, doch sie bekam ihn nicht richtig zu fassen. Disneyland, Ella Fitzgerald, die Harley – das alles glitt ihr durch die Finger. »Und für Sie bedeutet das, dass …«

Mickey warf die Hände in die Luft. »Ich weiß es nicht. Das ist ja gerade das Problem. Vorher hab ich mein Leben gelebt, um ihm zu zeigen, dass er sich geirrt hatte. Jetzt lebe ich mein Leben für nichts und wieder nichts.«

»Sie sagen also, dass Sie nicht wissen, wie Sie …« Wie hieß das richtige Verb an dieser Stelle? »… wie Sie *sein* sollen. Ohne ihn.«

»Das ist ja gerade der Teil, der mich so wütend macht. Auch als er schon längst nicht mehr in meinem Leben war, war er nie wirklich weg. Und jetzt, wo er *wirklich* weg ist, kommt es mir vor wie die reinste Verschwendung.« Farbe breitete sich auf Mickeys Wangen aus. »Es ist so bescheuert. Die ganze Zeit hätte ich eine Kreditkarte haben können. Wer hätte das gedacht!«

»Was das Thema Geld angeht …« Arlo war die Kontrolle über das Gespräch entglitten, und jetzt lief es einfach sinnlos weiter, ihr wurde schwindlig und ein wenig übel. »Diese Erbschaft. Über die würde ich gern noch ein bisschen mehr reden. Was haben Sie für Pläne mit …«

»Können wir hier aufhören?« Mickey stand von ihrem Stuhl auf. Nein! Warum stand sie einfach auf? »Tut mir leid. Ich muss diesen Nachmittag wirklich rumkriegen.«

»*Was* müssen Sie rumkriegen?«

Mickey warf sich ihren Mantel über.

»Mickey?«

Wandte sich ab.

»Mickey.«

Griff nach der Türklinke.

»*Mickey.*«

Und war verschwunden.

21

MICKEY

Nach der Therapie setzte sich Mickey in einen Bus und ließ sich gegen die Fensterscheibe sinken.

Sie fühlte sich auf links gedreht, ihre Jackentasche war schwer von den zehntausend auf unehrlichem Wege erworbenen Dollars. Die fünf anderen lagen auf ihrem Konto, Beweis ihrer moralischen Bankrotterklärung. Wie einfach es wäre, dieses Geld verschwinden zu lassen. Nach den groben Überschlagsrechnungen, die sie (immer und immer wieder) auf ihrem Handy durchgeführt hatte, konnte man mit fünftausend Dollar zweihundertzwanzig Flaschen Wodka kaufen – beziehungsweise hundertfünfzig, wenn sie das Geld für Absolut-Wodka verprasste. Eine armselige Summe, vor allem, wenn sie an Rybkas weiches Gewicht auf ihrem Arm zurückdachte.

Sie umklammerte den Zettel, den sie heute Morgen unter ihrem Türspion angeklebt gefunden hatte. Das Bild war zwar körnig, aber unverkennbar.

KATZE VERLOREN
LEOPARDEN-ÄHNLICHE FLECKEN
HÖRT AUF DEN NAMEN »RYBKA«
GROSSZÜGIGE BELOHNUNG
BEI DARIA MELDEN FALLS GEFUNDEN

Das war eine Botschaft. Daria wusste Bescheid. Natürlich wusste Daria Bescheid. Sie war ja nicht blöd. Ihre schandteure Katze war verloren gegangen, wenige Sekunden nachdem sie Mickey bei bei dem Versuch ertappt hatte, eines ihrer Kunstwerke zu stehlen. Das Rätsel war weiß Gott nicht schwer zu lösen.

Du bist der schlechteste Mensch überhaupt, sagte Rybka mit ihrem kantigen Gesicht und den großen grauen Augen zu Mickey. *Du bist der allerschlechteste Mensch auf der ganzen Welt.*

Die Wahrheit hätte sie nicht so schwer treffen sollen. Mickey war seit ihrem ersten Schluck Bier im Alter von sieben Jahren auf diesem Weg gewesen, seit dem Tag, an dem sie ihren Vater bewusstlos auf dem Sofa vorgefunden hatte, mit weit offenem Mund und der von seinen knotigen Fingern lose umschlossenen Dose. Sie sah den gelben Schaum auf seiner Zunge, der sie an Eiscreme erinnerte, noch deutlich vor sich.

In diesem Alter hatte sie bereits den Geruch von Bier gekannt (wie eine Obstschale, über der schon die Fliegen kreisen), seine Farbe (golden wie der Stern auf einem Weihnachtsbaum) und die Art, wie es schäumte, wenn man es einschenkte (wie Badekugeln). Sie kannte das Geräusch, das eine Bierdose beim Öffnen machte, und den Klang, wenn eine leere Dose auf den Boden fiel. Doch den Geschmack kannte sie noch nicht.

Als der Bus über eine Rüttelschwelle oder vielleicht ein Schlagloch fuhr, knallte Mickeys Kopf schmerzhaft gegen die Fensterscheibe. Ihre Haltestelle. Mist! Das war ihre Haltestelle.

Seit ihrem letzten Besuch hatten die Leute im Viertel noch mehr aufblasbare Rentiere aufgestellt, einen Pinguin mit Hut und einen Grinch. Sie hatten Papierschneeflocken an die Fenster geklebt, Girlanden um die Veranda-Geländer geschlungen, und vor jeder zweiten Tür standen Töpfe mit Christsternen aus Seide.

»Scheiß Weihnachten«, sagte Mickey und kickte mit ihrer Fußspitze in die dünne Schneeschicht auf dem Gehweg. Der Schnee fiel immer noch und landete in weißen Klümpchen auf ihren Wimpern und ihren Lippen.

Glücklicherweise war das Haus von Chris das am wenigsten weihnachtlich geschmückte in der ganzen Straße. Nur ein schiefer Schneemann stand im Garten. Ian musste die Schneekugeln im Garten gerollt, Zweige für die Arme gesucht und die Karottennase reingesteckt haben, alles mit seinen kleinen Händen.

Mickey hob einen zitternden Finger zur Türklingel.

Evelyn erschien an der Tür. »Oh, hey«, sagte sie fröhlich.

Mickey hielt ihr das Geld hin. »Den Rest besorg ich bis Neujahr.«

Evelyn starrte den Umschlag eine halbe Sekunde an, bevor sie ihn mit überraschender Ehrfurcht entgegennahm. Als sie in das Kuvert spähte, schienen sich ihre Schultern zu entspannen, und ihr Lächeln verschwand, als ob sie sich sehr hatte bemühen müssen, es auf ihrem Gesicht zu halten, aber jetzt einfach nicht mehr konnte.

»Oh, schön«, sagte sie. »Schön.«

»Miss Mickey!«

Ian erschien neben Evelyn. Seine Arme waren bis zu den Ellbogen bedeckt mit glänzendem Fett. »Zuerst hat die Maschine ganz doll Lärm gemacht, und das mochte ich gar nicht, aber dann hab ich mir die Ohren zugehalten und dann war's okay.«

»Ja, mein Schatz«, sagte Evelyn. »Das hast du gut gemacht.« Sie wandte sich wieder an Mickey und fügte hinzu: »Er meint das Rührgerät. Wir haben Kekse gebacken. Natürlich in der Form von Starfightern.«

»Kann Miss Mickey welche abhaben?«, fragte Ian.

Evelyn zog ihre Finger durch Ians Haare und ließ sie ihm wieder in die Stirn fallen mit ... einer Art von Stolz? Und aufrichtiger Freude? Wie eine normale, liebevolle Mutter, die sie keinesfalls sein konnte, nicht in einer Million Jahren, denn hätten sich liebende Mütter so verhalten wie sie?

Irgendetwas zwickte Mickey hinter ihrem Brustbein. Sie musste dringend weg von dieser Veranda. »Tut mir leid, Kleiner, aber ich muss ...«

»Klar«, sagte Evelyn und machte die Tür weit auf. »Natürlich kann Miss Mickey welche abhaben.«

Duftschwaden von Ingwer und Melasse zogen aus dem heißen Ofen, während ein zweites Backblech mit ungebackenen Keksen auf der Arbeitsplatte wartete. Mickey stand mitten in der Küche und wusste nicht recht, wohin mit sich.

Ian kletterte auf den Hocker vor der Spüle und streckte die Hände aus, auf die Evelyn goldgelbes Spülmittel spritzte. Sie drehte den linken Wasserhahn auf, testete das Wasser, dann den rechten und testete wieder. Dann half sie ihm beim Einseifen, wobei sie seine Hände zart in ihren rieb und ihm dabei ins Ohr sang (sie *sang?*): »*So waschen wir unsere Hände, Hände, Hände, damit sie sauber sind.*«

Nachdem er sie abgetrocknet hatte, sprang Ian vom Hocker herunter und zog ein Hosenbein hoch, um Mickey eine limettengrüne Socke zu zeigen, eine von dem Paar, das Mickey ihm im Trampolinpark gekauft hatte.

»Schau«, sagte Ian.

»An dem Tag hatten wir echt Spaß«, brachte Mickey heraus.

Ian zeigte auch Evelyn seine Socke. »Die hab ich von Onkel Chris und Miss Mickey bekommen, als du weg warst, Mum. Ich weiß nicht, wo die andere ist.«

Evelyn errötete vor Scham. Die pure, ungefilterte, völlig gerechtfertigte Scham darüber, dass sie ihr Kind verlassen hatte und jetzt alle, die sich um Ian gekümmert hatten, schlecht behandelte. »Schau doch mal beim Sofa.«

Als Ians Schritte sich tiefer ins Haus entfernten, faltete Evelyn ein Geschirrtuch vor ihrer Brust, wobei sie sorgfältig Ecke auf Ecke legte. Zweimal schüttelte sie es aus und fing von vorne an. Es war so voll von leiser Verzweiflung, dass Mickey wider Willen milder gestimmt wurde.

»Sein Gesicht hat sich verändert, während ich weg war«, sagte Evelyn leise.

Das stimmte. Ians Kiefer hatte sich in den letzten ein, zwei Monaten in die Länge gezogen.

»Und er ist viel größer«, sagte Evelyn.

Auch das stimmte. Sie wuchsen so schnell in diesem Alter.

Evelyn gab den Versuch auf, das Geschirrtuch zusammenzulegen, und warf es auf die Seite. Ihre Haare, die sie oben auf dem Kopf zu einem lässigen Knoten zusammengefasst hatte, hatten sich gelöst, und der Knoten rutschte seitlich herunter. »Es war einfach zu viel. Es war einfach zu viel, deswegen bin ich abgehauen.«

Abgehauen, als hätte sie in letzter Minute ein Sushi-Essen abgesagt oder ihre Freundinnen in einer klebrigen College-Bar sitzen lassen, um mit einem Lacrosse-Spieler in die Kiste zu springen. Neunzehnjährige machten so was schon mal. Die meisten Neunzehnjährigen. Diejenigen, denen das Leben nicht in der neunten Klasse um die Ohren geflogen war. Es konnte für Evelyn nicht einfach gewesen sein, mit sichtbarem Babybauch durch die vollen Korridore ihrer Highschool zu gehen.

Mickey seufzte. Es fiel ihr deutlich schwerer, über Menschen zu urteilen, nachdem sie die Katze gestohlen hatte.

»Und ja, okay, es war nicht das erste Mal«, gestand Evelyn. »Aber jetzt bin ich wieder da, und diesmal mein ich's ernst.

Wirklich. Diesmal ist es anders. Dafür ist auch das Geld. Damit wir einen Neuanfang machen können.«

»Einen Neuanfang?« Mickey fand diesen Ausdruck beunruhigend.

»Hey!«

Chris tauchte mit einem roten Plastik-Baseballschläger in der Tür auf. Unrasiert und barfuß, in Jeans und einem Harvard-Kapuzenpulli, der an jedem anderen hässlich ausgesehen hätte.

»Was machst du denn hier?«, fragte er. »Ich meine – es stört mich nicht, dass du hier bist. Ich bin bloß überrascht.«

Evelyn schnappte sich den Umschlag, den sie in die Obstschale neben ein paar Bananen gesteckt hatte. »Sie ist vorbeigekommen, um zu schauen, wie es meinem Kleinen geht.«

Mickey fielen wieder die neun unbeantworteten Nachrichten ein, die immer noch auf ihrer Mailbox warteten. Jetzt war sie dran mit Erröten. »Warum bist du zu Hause? Es ist doch Mittwoch.«

»Um was mit Ian zu unternehmen.« Chris tat so, als würde er einen Baseball schlagen. »Hast du unseren Schneemann gesehen?«

»Ich hab ihr gesagt, dass es Ian super geht«, erklärte Evelyn. »Bereit für den Umzug.«

Die Ozonschicht bekam einen Riss, und die Luft wich aus der Welt, ihre ganze Atmosphäre entleerte sich in den Weltraum.

»Für den Umzug?«, fragte Mickey verblüfft.

Evelyn hatte jetzt wieder angefangen, das Geschirrtuch zusammenzufalten.

»Für den Umzug?«, wiederholte Mickey, diesmal an Chris gewandt.

»Äh, ja … ja, sie haben schon alles gepackt.« Er ließ seinen Arm mit dem Baseballschläger sinken. »Hey … wir haben uns doch länger nicht gesehen – wie wär's mit einem kleinen Spaziergang?«

Er hatte den Schläger schon gegen die Wand gelehnt und schlängelte sich in seine Jacke.

»Sie gehen weg?«, fragte Mickey, sobald die Tür hinter ihnen zugefallen war.

Chris ging mit schnellen Schritten über den Gehweg.

Sie musste rennen, um ihn einzuholen. »Wohin denn?«

»Sie hat einen neuen Freund in Trail.«

»Das ist doch Stunden entfernt.«

»Und einen Job in einer Zahnarztpraxis hat sie auch.«

»Na und?«

»Sie ist seine Mutter. Und er liebt sie.«

Nenn mir eine Kraft, dachte Mickey, die einen Menschen weiter weglocken konnte als die Liebe. »Sie ist eine Katastrophe.«

»*Sie* ist eine Katastrophe?«, sagte Chris mit einem freudlosen Lachen.

Ihre Füße blieben stehen. Chris war schon einen halben Straßenzug weitergegangen, bevor ihm auffiel, dass sie ihm nicht mehr folgte. Er drehte sich um und trabte zurück, wobei sein Atem in Wölkchen zu seinen langen Wimpern hochstieg.

»Ein Kind sollte bei seiner Familie leben«, sagte Chris. »Findest du nicht?«

»Ja«, sagte sie. »Genau das finde ich auch.«

Er hatte so ein zartes Gesicht. Er war ein zarter Mensch, und seine Zerbrechlichkeit war nirgends offensichtlicher als jetzt und hier, auf einer rutschigen Straße im Dezember, während die Kälte seinen geröteten Wangen zusetzte. Mickey hätte ihn am liebsten gepackt und geschüttelt.

Im Garten neben ihnen fummelte ein Mann an einer elektrischen Luftpumpe herum. Die Maschine erwachte stöhnend zum Leben, und eine Pfütze aus rotem Plastik füllte sich mit Luft, bis sie zu einem riesigen rot-weiß gestreiften Lutscher geworden war.

»Können wir …?« Chris legte den Kopf auf die Seite, um ihr zu bedeuten, dass sie weitergehen sollten.

Mickey konnte und wollte sich nicht von der Stelle rühren. »Sie ist doch total überfordert.«

»Ich weiß.«

»Sie hat ihn verlassen.« Mickey schrie jetzt fast, um das laute Surren dieser blöden Luftpumpe zu übertönen.

»Ich weiß.«

»Was ist aus ›Ich könnte mich um ihn kümmern‹ geworden und aus ›Ich glaub, ich könnte es wirklich schaffen‹?«

»Nur weil ich mich um ihn kümmern *könnte*, heißt das noch lange nicht, dass ich es sollte. Das war nie so geplant.«

»Das sind Kinder nie. Die passieren einfach.«

»Was macht dich auf diesem Gebiet zur Expertin? Ganz im Ernst. Ich will es wissen.«

Weil Mickey auch einmal verlassen worden war. Weil sie auch in einem Sturm verantwortungsloser Erwachsener gefangen gewesen war. Verletzt worden war. Beschädigt.

»Ich bin Vorschullehrerin.«

Chris spottete: »*Ex*-Vorschullehrerin.«

Sie schwieg.

Die Luftpumpe verstummte, und Mickey konnte sich selbst wieder hören: wie der Atem in ihre Vorschullehrerinnenlungen hinunterwirbelte, wie der Puls ihres Vorschullehrerinnenherzens schlug.

»Das bin ich eben«, sagte sie. »Und das werd ich auch immer bleiben.«

Chris rieb sich mit den Händen übers Gesicht, wobei er

seine riesigen Augenbrauen zerstrubbelte. »Das ist lächerlich. Ian gehört zu seiner Mutter. Ich dachte, dass du mir da zustimmen würdest. Deswegen hast du doch auch nicht die Polizei angerufen.«

»Das war vorher«, sagte Mickey.

Er trat näher an sie heran. »Wovor?«

Mickey bemerkte zum ersten Mal die grauen Härchen in seinen Augenbrauen, und die winzige Narbe zwischen seiner Nase und Oberlippe. Ehe sie sichs versah, hatte sie wieder einen Blick in die gemeinsame Zukunft geworfen – die Zukunft, in der sie French-Press-Kaffee tranken und eine Akzentwand in ihrer Wohnung strichen. Aufeinander abgestimmte Halloween-Kostüme trugen. Beim Spazierengehen die Hände in die Gesäßtaschen des jeweils anderen schoben, und obwohl sie wussten, dass das superpeinlich war, sich nicht darum scherten. Dann fiel ihr wieder ein, wo und wer und was sie war.

»Du hast die Chance, ihm einen besseren Start ins Leben zu ermöglichen als sie«, sagte Mickey und trat einen Schritt zurück.

»Wie?« Er breitete ratlos die Arme aus und fragte mit verzweifelter Stimme: »Nein, wirklich – ich will wissen, wie das aussehen soll. Was soll ich machen? Ihn entführen?«

»Red mit ihr. Bring sie zu der Einsicht, dass das eine Möglichkeit ist.«

»Es ist aber keine Möglichkeit. Ich bin nicht sein Vater.«

Aber er könnte es sein. Chris könnte Ian zum Fußballtraining fahren, ihm zeigen, wie man sich die Schnürsenkel bindet, und ihm beibringen, wie man ein Steak brät. Es würde schwere Zeiten geben mit Türenknallen und Schreiduellen, aber am Ende würden sie einander lieben und beieinanderbleiben.

»Sie erpresst mich«, erklärte Mickey.

Chris lachte höhnisch. Allen Ernstes. Mickey hatte noch nie jemand so richtig höhnisch lachen sehen. Bis jetzt war sie nicht mal sicher gewesen, wie so etwas aussehen würde, aber bitte, hier war es: Er hatte höhnisch gelacht.

»Jetzt komm schon, Mickey«, sagte er.

»Was? Das tut sie wirklich. Glaubst du mir nicht?«

Er wich zurück mit nach außen gedrehten Handflächen, die ihr sagten: *Du bist verrückt. Du bist eine verrückte Frau.* »Ich hab mir wirklich Sorgen um dich gemacht. Du gehst nicht ans Handy, wenn du siehst, dass ich anrufe, du ignorierst meine Nachrichten, und dann tauchst du hier aus heiterem Himmel auf, um mich anzuschreien?«

Mickey wurde immer kälter, jedes seiner Worte stach wie eine Nadel in ihr Rückgrat.

»Wer bist du eigentlich? Ich kenne dich erst seit sechs Wochen. Vielleicht solltest du mal ein bisschen Distanz halten.« Chris musste die Gekränktheit auf ihrem Gesicht gesehen haben, denn sein Ton wurde sanfter, und er schien einzulenken: »Schau …«

»Nein, du hast schon recht«, sagte Mickey. Natürlich hatte er recht. Das hier war keine Freundschaft. Es war überhaupt keine Irgendwas-schaft. Chris und sie waren zwei getrennte Menschen, die auf dem Klumpen aus Stein und Dreck, der sich Erde nennt, durch den Kosmos glitten. Sie hatten nichts gemeinsam als den Boden, auf dem sie standen. Mickey hatte in eine Fantasie geblickt, nicht in die Zukunft.

Sie machte den Mund auf, um sich zu verabschieden, beschloss dann aber, dass das albern wäre, wenn nicht sogar melodramatisch. Man konnte sich nicht von jemand trennen, mit dem man nie zusammen gewesen war.

✳ ✳ ✳

Als Mickey ihre Mutter das letzte Mal gesehen hatte, war sie gerade mit den Mülltüten zugange. Sie hatte die Tür einen Spaltbreit geöffnet und ihr eine unbeholfene Rede gehalten: wie schwer ihr das alles fiel, und dass es ihr das Herz brach und sie sich wünschte, dass es einen anderen Ausweg gab. Mickey hatte nicht zugehört. Denn Mickey war zweiundzwanzig und sich ihrer Sache sicher.

Jetzt, da sie ihre Mutter durch das Fenster ihres Friseursalons beobachtete, war sich Mickey ihrer Sache überhaupt nicht mehr sicher.

Ihre Mutter schwebte durch den Laden und füllte die Regale auf, jedes Mal wenn sie weitere Shampoo-Flaschen aus einem Karton vom Boden nahm, faltete sich ihr schlanker Körper zusammen. Sie hatte dasselbe flachsfarbene Haar wie immer, dieselbe lange Nase, dieselben Jeansoveralls. Immer diese Jeans.

Eines hatte sich allerdings geändert: Sie hatte ihren großen Traum wahr gemacht. Nach all den Jahren des Sparens und sorgfältigen Durchgehens von Mietimmobilien und gekritzelten Logos auf Restaurantservietten hatte sie es wirklich geschafft.

Ihre Mutter nahm den leeren Karton auf den Arm und begann, an dem Klebeband zu zupfen, das ihn zusammenhielt. Nachdem sie ein, zwei Minuten daran herumgefummelt hatte – »Jetzt komm schon, du Scheißding« –, hatte sie den Karton wieder auf den Boden gestellt und darauf rumgetrampelt, bis er völlig flach war. Den zerknautschten Papprest hob sie auf und verschwand aus Mickeys Blickfeld.

Mickey zog die Tür auf und betrat den Traum ihrer Mutter.

Eine langsame Version von »Feliz Navidad« wälzte sich durch die schwach nach Kokosnuss duftende Luft. Ein Glas mit fröhlichen rosa Lutschern stand auf dem Tresen neben einem halb automatischen Weihnachtsbaum, der höchstwahrscheinlich anfangen würde zu singen, wenn man irgendwo auf einen Knopf drückte. Typisch ihre Mutter. Die Gewerbelizenz an der Wand trug nur ihren Namen, sonst keinen.

Mickey trat vor ihre Mutter, die gerade den Boden um den Frisierstuhl fegte.

»Du hast ja deinen eigenen Salon.«

Der Besen krachte auf den Fliesenboden.

»Oh Gott!« Ihre Mutter legte sich beide Hände aufs Herz. »Du hast mich zu Tode erschreckt.«

»Tut mir leid.« Mickey forschte im Gesicht ihrer Mutter, auf dem ein zittriges Lächeln entstand und wieder in sich zusammenfiel. Nicht gerade ein Ausdruck ungezügelter Freude, doch Mickey nahm es trotzdem an. »Ich bin gekommen, um mir die Haare schneiden zu lassen. Das ist alles.«

Ihre Mutter starrte sie so verständnislos an, dass Mickey sich gezwungen sah, hinzuzufügen: »Ich bin wegen meiner Haare hier. Ich brauche einen Haarschnitt.«

Ohne den Besen aufzuheben, führte ihre Mutter Mickey zum Waschbecken.

Kopfmassagen waren ihr Ritual gewesen, seit Mickey sich erinnern konnte. Jeden Abend ihrer Kindheit hatte sie sich auf den Wohnzimmerboden gesetzt, während ihre Mutter hinter ihr auf dem Sofa lag und den Muskel an der Unterseite ihres Schädels massierte. Sie wechselten nie ein Wort, doch Mickey fühlte sich immer verstanden. Diese Tradition war in der siebten Klasse langsam im Sande verlaufen, ungefähr zu der Zeit, als sie Himbeer-Smirnoff entdeckte.

»Sieht genauso aus, wie du es wolltest«, sagte Mickey, während ihr das Wasser aus dem Hahn in die Ohren und am Hals herunterlief. Eine von den an der Decke aufgehängten Weihnachtsgirlanden hatte sich gelöst und wurde vom Luftzug eines nahe gelegenen Lüftungsschachts hin und her bewegt.

Sie hörte, wie ihre Mutter Shampoo aus der Flasche heraus-pumpte und es zwischen den Händen zu Schaum rieb.

»Der Salon? Um ehrlich zu sein, manchmal stresst mich das Ding so sehr, dass ich ganz vergesse, dankbar zu sein. Vielleicht stelle ich im neuen Jahr eine Hilfskraft ein.«

»Du musst ja ganz schön erfolgreich sein.«

Ein lehmartiger Geruch schmolz Mickey in die Nase, während ihre Mutter das Shampoo in ihr Haar einknetete. Der Knoten in ihrem Bauch begann sich zu lösen.

»Ich denke nicht in solchen Begriffen«, sagte ihre Mutter.

Mickey erinnerte sich an die Tarotkarten, die Sternenkar-ten, die Fernseh-Wahrsagerinnen vor wirbelnden, kosmischen Hintergrundbildern. Nachdem Mickeys Vater sie verlassen hatte, war die Verachtung ihrer Mutter für das kapitalistische System so gewachsen – erdrückende Schulden verändern einen Menschen –, dass sie sich mit spirituellen Symbolen umgab und dem Konsum abschwor. Abgesehen von der italienischen Lederhandtasche, die sie sich das eine Mal bei einer Versteige-rung im Fernsehen gekauft hatte. Und diesem neuen Geschirr-spüler. Und jetzt hatte sie ein eigenes Geschäft.

»Du hast dich überhaupt nicht verändert«, sagte Mickey und musste dabei ein Lachen unterdrücken.

Sie wartete darauf, dass ihre Mutter antwortete: Du auch nicht.

»Ich bin zur Grabsteinenthüllung von deinem Vater ein-geladen.«

Der Knoten in Mickeys Bauch meldete sich zurück.

»Sie haben ihm einen großen, schicken Stein gekauft. Einen hohen, wie in so einem Film. Nächste Woche treffen sie sich alle, um ihn zu enthüllen.«

»Wer sind ›sie‹?«

»Seine Tochter hat mich besucht.«

»Was – hier?«

»Zweimal sogar.«

Mickey stellte sich vor, wie ihre Halbschwester auf genau diesem Sessel saß. Sie war überrascht, wie sehr sie das störte – die Vorstellung, dass ihre Mutter Charlotte die Haare wusch, ihre ganze Sorgfalt und Aufmerksamkeit auf Charlottes Kopfhaut richtete. Dennoch verspürte sie den seltsamen Drang, mehr zu erfahren. »Wie war sie so?«

Ihre Mutter schwieg einen Moment. »Jung. Und klein. Müde, glaub ich.«

Das machte Sinn. Nur weil *Charlotte* nicht als Kind von ihrem Vater verlassen wurde und er *ihre* Mutter nicht finanziell ruiniert hatte, bedeutete das noch lange nicht, dass das Leben mit ihm einfach gewesen wäre. Charlotte hatte ihm wahrscheinlich seine Kopfkissen aufschütteln und ihm die Stirn streicheln müssen, während er sterbend im Krankenhaus lag. Und das nach zwanzig Jahren schamlosen emotionalen Missbrauchs. Mickey hatte diesen Mist sieben Jahre ertragen müssen. Charlotte hatte sich wahrscheinlich ihr ganzes Leben damit auseinandersetzen müssen.

»Einsam«, fügte ihre Mutter hinzu. Der Wasserstrahl versiegte. Sie begann, die Spülung einzuarbeiten.

»Das Ganze findet nächste Woche statt. Am Dienstag, um elf Uhr, auf dem Friedhof von Greenwood. Wenn du vielleicht auch gerne kommen würdest …«

»Warum willst du da eigentlich hingehen?« Bei der bloßen Vorstellung einer Teilnahme an der Feier für einen Mann, der ihrer beider Leben so gründlich gegen die Wand gefahren hatte, drehte sich Mickey der Magen um.

»Um einen Schlusspunkt zu setzen.« Ihre Mutter fuhr Mickey mit gespreizten Fingern durch die Haare, um die Spülung besser zu verteilen.

Schlusspunkt. *Schlusspunkt*. Schluss-punkt. Nein. Egal, wie oft Mickey sich dieses Wort vorsagte, es verlor einfach nicht an Absurdität.

»Wir waren lange zusammen«, sagte ihre Mutter.

»Stalin hat Russland fünfundzwanzig Jahre regiert.«

»Es gibt Leute im Leben, die bleiben.«

»Mao, Kim Jong-il, Mussolini.«

»Sogar lange nachdem sie gegangen sind. Sie … markieren das Leben auf eine bestimmte Art.«

Mickey sträubten sich die Nackenhaare. Was zum Teufel sollte das überhaupt heißen?

Ihre Mutter trat mit tropfenden Fingern vor das Waschbecken. Sie wurde von hinten beleuchtet, und Mickey konnte ihren Gesichtsausdruck nicht erkennen, doch ihre Stimme klang verzweifelt: »Ich hätte ihn verlassen sollen, bevor er Gelegenheit hatte, uns zu verlassen. Es tut mir leid.«

Mickey setzte sich auf und stützte sich auf die Unterarme. Ein Schauder lief ihr übers Genick. Höchstwahrscheinlich herabrinnendes Wasser, oder vielleicht war es was Neurologisches. Sie hatte lange auf diese Worte gewartet, und nun wusste sie nicht, was sie mit ihnen anfangen sollte. Wenn sie ihrer Mutter verzieh, wäre das ein Verrat an ihrem jüngeren Selbst, ihrem harten inneren Kern. Doch Mickey konnte ihre Mutter nicht ganz abweisen. Sie musste ihr etwas zurückgeben.

»Ich hab mit dem Trinken aufgehört?«

Der Satz schwebte in der Luft. Mickey war nicht sicher, warum sie ihn als Frage formuliert hatte.

»Wann?«, fragte ihre Mutter.

»Vor zwei Wochen?«

Schon wieder eine Frage! Warum?

Als ihre Mutter weitersprach, klang sie weniger wie sie selbst und eher wie die Automatenstimme eines intelligenten Haushaltsgeräts. »Hast du dir Hilfe gesucht?«

Mickey versteifte sich. Ihr wurde kalt. »Ich gehe zu einer Therapeutin.«

»Wie oft?«

»Ich hab noch eine weitere Sitzung. Sechsmal bin ich schon da gewesen.« Was kümmerte es ihre Mutter? Sie war nüchtern. Hatte ihre Mutter das nicht gehört?

»Aber du gehst schon weiter hin, oder?«

»Ich weiß nicht. Hab ich noch nicht entschieden.« Mickey lehnte sich zurück und drückte sich selbst das Wasser aus den Haaren. »Warum freust du dich nicht? Du wolltest doch immer, dass ich aufhöre. Jetzt hab ich aufgehört.«

»Aber ist das denn genug, wenn du hier und da mal eine Therapiestunde machst? Die meisten Suchtkranken …« Mickey zuckte zusammen – dieses Wort, oh Gott, dieses Wort! »… brauchen mehr Unterstützung. Vor allem am Anfang.«

Ihre Mutter wusste das natürlich, nach den ganzen Büchern, die sie zu dem Thema gelesen hatte, den Webinaren, den Meetings der Al-Anon-Gruppen in den Kellern irgendwelcher Leute, an denen sie teilgenommen hatte, während Mickey an der Uni war. Sie kam immer mit massenweise Broschüren zurück und Phrasen wie *Fortschritt statt Perfektion. Einen Tag nach dem anderen. Es ist eine Familienkrankheit.*

Dann war Amsterdam passiert, und sie hatte damit aufgehört.

»Du glaubst, dass ich schon zu tief drinstecke«, sagte Mickey.

»Nein, das glaub ich nicht, ich …«

»Du glaubst, bei mir kommt jede Hilfe zu spät.«

Unglaublich. Das hier war Mickeys Mutter, der Mensch, der sie gebadet und gewickelt hatte und ihre Knie nach jedem

Kratzer verpflastert. Ihr einziger Job bestand darin, Mickey zu lieben. Wenn überhaupt irgendjemand auf dieser Welt das können sollte, dann sie. Und trotzdem hatte sie beschlossen, es nicht zu tun.

Ihre Mutter atmete langsam ein und ließ den Atem mit einem Seufzen wieder hinaus. Langes Einatmen, Seufzer.

»Atmest du jetzt ganz tief ein, hm?«, fragte Mickey.

Wieder: Einatmen, Ausatmen.

»Weil ich dich so stresse.« Mickey zog sich hoch und sprang vom Stuhl, obwohl die Spülung noch immer in ihren Haaren klebte. »Ich geh schon.«

Sie sah ihre Mutter dort kauern, mit zuckenden Schultern, tränenüberzogenen Wimpern, und auf einmal war Mickey wieder zweiundzwanzig und stieg aus dem Flugzeug.

So endete es jedes Mal, wenn sie zu ihrer Mutter ging, so hatte es immer geendet.

22

ARLO

Die Fahrt zu ihrem Elternhaus hatte noch nie so lang gedauert. Der Verkehr war seltsam dicht für diese Tageszeit, jede Ampel war rot, und waren eigentlich früher auch schon so viele Schulen mit Geschwindigkeitsbegrenzungen auf dieser Strecke gewesen? Während Arlo anhielt und wieder anfuhr und anhielt und wieder anfuhr, sich zentimeterweise aus der Stadt schob Richtung Vororte, gab sie den Versuch auf, ruhig zu bleiben. Sie sang laut mit, als »White Christmas« im Radio lief, und war sich nur halb bewusst, dass ihr die Tränen über die Wangen liefen und der Fahrer im Auto neben ihr spöttisch grinste.

Arlo tröstete oft trauernde Patienten, indem sie sagte, dass die Toten nie wirklich weg sind. *Sie verlassen uns nie wirklich,* sagte sie immer, *weil wir ihre Liebe weiterhin in uns tragen.* Aber wenn das stimmen würde, und die Liebe ihres Vaters immer noch in Arlo war, in ihren Taschen herumflog wie loses Kleingeld, warum konnte sie es dann nicht spüren? Arlo konnte sich ihren Vater nicht mal mehr vorstellen. Seit dieser letzten Sitzung mit Mickey war jedes Bild von ihm so verdunkelt und verwischt, als wäre keines davon jemals real gewesen, wie in diesem Film aus den Achtzigern, wo alle auf dem Mars leben und die Erinnerungen an nie erlebte Urlaube in die Gehirne der Menschen geladen werden.

Sobald Arlo zu Hause ankam, würde es ihr besser gehen. Dann würde sie sich nur einen Stapel seiner alten T-Shirts an die Brust drücken müssen und den Duft seines Rasierwassers einatmen. Mit nichts bekam sie ihren Kopf besser frei als mit einer Nasevoll von seinem Aftershave, Dior Bois d'Argent.

Der Teich lag still da, die Wasseroberfläche glänzte schwarz. Sie folgte der Brücke über das verschneite Bachbett, fuhr an den Tennisplätzen vorbei und drückte dann aufs Gas, um die lange Auffahrt zum Haus ihrer Eltern hinaufzufahren, das wie ein Ornament aus Glas auf dem Gipfel des Hügels thronte.

Ihr Dad liebte diese großen Fenster. Und den Pflaumenbaum im Garten, den liebte er auch. Und die schneebedeckten Hortensienbüsche. In der Tat schrie das ganze Äußere dieses Hauses »Dad«. Abgesehen von dem silbernen Saturn in der Auffahrt, den Arlo sich nicht erklären konnte. Keiner von den Freunden ihrer Eltern würde so eine verbeulte Scheißkarre fahren, und die Putzfrau ihrer Mutter fuhr einen Minivan.

Sie parkte neben dem Saturn und kletterte aus dem Auto. Der Schmerz strahlte ihr bis in die Oberschenkel, weil sie so lange gesessen war. Als sie durch das Fenster in das geheimnisvolle Auto spähte, entdeckte sie auf dem Rückstiz eine einzelne Socke, eine zusammengeknüllte McDonald's-Tüte im Fußraum des Beifahrersitzes und einen Pappbecher in der Mittelkonsole. Eine Spur von Fußabdrücken zog sich vom Saturn bis zur Veranda.

Arlo nahm sich einen einzelnen Schuh von ihrem Rücksitz, einen beigen Pump mit einem ansehnlichen Absatz, und hielt ihn bereit. Wahrscheinlich war es nur ein Nachbar oder ein Vertreter oder jemand, der Geld für die Gesellschaft für Herzkranke sammelte, aber es könnte ja auch ein Einbrecher oder Mörder sein, und dann wäre es doch ganz nützlich, wenn man etwas Spitzes in der Hand hatte, oder? Sie dachte gar nicht groß darüber nach.

Schwungvoll machte sie die Tür auf. Da lag derselbe alte Fußabstreifer, dieselbe alte Deko-Vase aus Kupfer, für die ihre

Mutter wahrscheinlich fünftausend Dollar bezahlt hatte. Das Licht fiel in Spiralen vom Kronleuchter herab und beleuchtete vertraute Risse und Kratzer im Parkettboden.

Seltsam enttäuscht ließ Arlo den Schuh sinken und betrat das Wohnzimmer. Sie schnappte nach Luft.

Die Bücher und Schallplatten ihres Vaters waren allesamt weg. Das Gemälde mit der Dschungelszene, das über dem Kamin gehangen hatte, der Schallplattenspieler, der auf der Anrichte gethront hatte – all das war auch weg. Der Fernseher war unerklärlicherweise auf einen Sender gestellt, aus dem leichte Rockmusik kam. Sheryl Crow sang davon, wie sie Sonne tankte.

Arlo suchte die Fernbedienung und drückte auf den Aus-Knopf.

Männerstimmen tönten aus dem Keller herauf.

»*Das Haus ist ja riesig.*«

»*Das sagst du jetzt ungefähr zum achten Mal.*«

»*Na ja, ist es doch auch. Es ist wirklich superriesig.*«

Arlo ging durch die Küche und die erste Treppe hinunter, wobei sie auf dem Absatz kurz stehen blieb. Es kam ihr überhaupt nicht in den Sinn zu fliehen. Immerhin war das hier ihr Haus.

»*Glaubst du, die mögen Whiskey?*«

»*Jetzt schnüffel nicht in den Schränken.*«

»*Ich darf doch wohl die Schränke aufmachen, oder?*«

Jetzt war eine andere Person zu hören, die gedämpfte Stimme einer Frau. Arlo konnte die Worte beinahe ausmachen.

Auf Zehenspitzen ging sie weiter hinunter.

Am Fuß der Treppe stand die Glastür zum Spielezimmer halb offen. Derselbe Softrock-Sender tönte vom dortigen Fernseher, wobei der Song ein, zwei Sekunden vor seinem schwachen Echo aus dem Hauptgeschoss kam. Zwei viereckige Vertiefungen im Teppich zeigten an, wo der Pacman-Spielautomat und der Big-Buck-Hunter-Flipper ihres Vaters gestanden hatten. Offenbar war jemand mit einem Schraubenzieher da gewesen, hatte die Spielautomaten auseinandergebaut und sie mit einer Sackkarre abtransportiert. Rums, fertig. Als hätten die Sachen ihres Vaters nie etwas bedeutet.

Die Sachen hatten ja auch nichts bedeutet.

Arlo gab sich selbst die Schuld. Sie hätte besser auf die Sachen aufpassen müssen, sie mehr wertschätzen. Sie hätte mehr Zeit mit diesen Sachen verbringen müssen, als sie noch da waren. Die Menschen verbrachten ihr ganzes Leben damit, nach genau solchen Sachen zu suchen, ohne zu wissen, wie es war, einen Pacman-Spielautomaten zu lieben, einen Pacman-Spielautomaten, der nur für sie gemacht worden war. Arlo wusste es. Sie hatte immer einen Pacman-Spielautomaten gehabt. Den besten, tapfersten Pacman-Spielautomaten der Welt. Jetzt war er gestohlen worden, war verloren, vielleicht an einen Fremden für die Hälfte seines eigentlichen Werts verkauft. Und wie stand sie jetzt da?

Sie merkte nicht, dass sie rannte, bis sie den Flur nur noch verschwommen wahrnahm. Sie merkte nicht, dass sie schrie und ihren hoch erhobenen Schuh durch die Luft schwenkte, bis sich eine Frau in einer schicken Hose auf den Boden duckte. Zwei Männer in Lederjacken und Baseballkäppis gingen hinter dem Sofa in Deckung.

»Raus!« Arlo drohte nochmals mit ihrem Schuh.

Die Frau rutschte auf ihrem Hintern rückwärts und hatte den Arm schützend vors Gesicht gehoben. »Wer sind Sie? Gehen Sie weg.«

»Gehen *Sie* weg«, sagte Arlo.

»Ich ruf gleich die Polizei.«

»*Ich* ruf gleich die Polizei. Das ist das Haus meiner Eltern.«

Die Frau schlug sich mit einer Hand an die Stirn und ließ den Kopf hängen. »Oh mein Gott.«

»Was?«, fragte Arlo.

»Ich bin die Immobilienmaklerin.«

Eine Immobilienmaklerin. Eine Immobilienmaklerin?

»Was haben Sie denn gedacht, wer wir sind?«, fragte die Frau.

Einbrecher war zu lächerlich, als dass Arlo es laut hätte aussprechen können.

»Sie zeigen eindeutig das falsche Haus«, sagte Arlo. Sie war sich plötzlich ihrer Ohren sehr bewusst, die inzwischen eine andere Farbe angenommen hatten, da war sie sich ganz sicher.

Die Maklerin verschwand hinter dem Sofa. »Tut mir sehr leid. Alles in Ordnung?« Sie streckte den Kopf wieder hoch und richtete einen wütenden Blick auf Arlo. »Vielleicht sollten Sie mal Ihre Mutter anrufen.«

Arlo machte nur *Pffff*. Dann zückte sie ihr Handy.

»Na endlich«, sagte ihre Mutter statt *Hallo*, als sie ranging. »Ich hab dir sieben Nachrichten hinterlassen.«

»Ich bin in unserem Haus«, sagte Arlo, die zurückging zum Spielezimmer.

»Warum? Da finden doch gerade Besichtigungen statt.«

»Und ich dachte schon, das wären Einbrecher oder so was!«

»Was?«

»Ich bin in den Keller gestürmt mit einem ...« Arlo schaute auf den blöden Schuh in ihrer blöden Hand. »Ich bin in den Keller gestürmt.«

»Warum hast du mich nicht angerufen?«, fragte ihre Mutter.

Wieder ertappte sich Arlo dabei, wie sie sich über das Stück Teppich mit dem Abdruck beugte, wo früher der Pacman-Spielautomat gestanden hatte. »Hab ich nicht dran gedacht.«

Es wurde still in der Leitung.

»Du dachtest, es wären Eindringlinge im Haus, und hast nicht dran gedacht, deine Mutter anzurufen.« Das war keine Frage.

Doch ihre Mutter konzentrierte sich mal wieder nicht aufs Wesentliche.

»Du willst das Haus verkaufen?«, fragte Arlo.

»Hast du die Schilder auf dem Rasen denn nicht gesehen?«

»Da steht kein Schild.«

»Schau noch mal nach.«

Arlo trabte die Treppe hoch, ging zum Fenster neben der Haustür und spähte auf den Rasen. »Na ja, ein großes Schild ist das nicht gerade.«

Ihre Mutter murmelte etwas in sich hinein.

Ein Schmerz entstand irgendwo hinter Arlos Herz. Das war ihr Elternhaus, das Haus, in dem sie ihre Kindheit verbracht hatte. Hier hatte sie Radschlagen im Wohnzimmer geübt und ihre Mathe-Hausaufgaben am Küchentisch gemacht und ihrem Vater geholfen, winterharte Stauden in die Beete zu pflanzen. Dieses Haus hatte sie geformt. Diese Wände, dieses Dach. Dieser Parkettboden!

»Warum willst du es verkaufen?«, fragte sie, wobei sie sanft über eine Wandleuchte strich. Diese Wandleuchten!

»Das ist doch zu groß für einen allein«, sagte ihre Mutter.

»Es war auch zu groß für zwei.«

»Na ja, es ist mir jetzt erst aufgefallen.«

»Hättest du mich nicht vorher fragen können?«

»Du wohnst hier doch gar nicht mehr.«

»Aber es ist doch immer noch mein Zuhause.« Arlo ging ins Wohnzimmer und fuhr mit der Hand über das Regal, in dem früher die Schallplatten ihres Vaters gestanden hatten. Creedence Clearwater Revival. Mellencamp. Seine Originalpressung von *Pet Sounds* von 1966. »Und wo sind die ganzen Sachen?«

»Ich hab einen Entrümpler angerufen, der alles mitgenommen hat. Der Mann war sehr nett. Alex. Er hat alles innerhalb von zwei Stunden verladen. Sehr, sehr nett. Tolle Unterarme.«

Die Realität stieg rund um Arlo auf, reichte ihr bis zum Hals, zum Kinn, zur Nase, zu den Augen. Sie ertrank darin. »Du sagst mir also gerade, dass die Sachen von Dad irgendwo auf einer Müllhalde liegen.«

»Du hast doch gesagt, ich soll alles wegschmeißen.«

»Nein, hab ich nicht.«

»Doch, hast du. Neulich am Telefon. ›Ist mir egal‹, hast du gesagt. ›Werd's einfach los.‹«

Das Gespräch beim Pfandleiher. Aber hatte Arlo das wirklich gesagt? Wenn ja, dann hatte sie es nicht ernst gemeint. Natürlich wollte sie die Sachen ihres Vaters behalten. Wenn sie schon nicht sein Geld behalten konnte oder ihre Erinnerung an ihn oder auch nur seine Liebe, dann wollte sie zumindest seine Bruce-Springsteen-Wackelpuppe haben, verdammt noch mal.

»Und das war ein guter Rat«, sagte ihre Mutter. »Ich hab mich gleich so viel leichter gefühlt, als Alex davonfuhr.«

Arlo ließ sich aufs Sofa sinken. »Hast du zumindest irgendwas aufbewahrt? Ein paar Schuhe?«

»Wozu?«

»Ich weiß nicht … Zur Erinnerung?«

»Du brauchst einen Schuh, um dich an deinen Vater zu erinnern?«

»Natürlich nicht. Es ist bloß so, dass er … na ja … dass er eben tot ist.« Arlo hörte, wie ihre Stimme in lauter kleine Teile zersprang. »Unwiderruflich tot.«

Ihre Mutter sagte nichts.

»Wirklich tot«, sagte Arlo. »Er ist wirklich tot. Weg. Vorbei. Ende.«

»Und das wird dir erst jetzt klar?«

»Er wird nie wieder irgendwas tun oder sagen.«

»So ist das eben, wenn man tot ist«, sagte ihre Mutter.

Arlo hätte am liebsten aufgelegt. »Lass das.«

»Was soll ich lassen? Ich stimm dir doch zu.«

Trauer war ein Lernprozess. Als Therapeutin wusste Arlo das nur zu gut. Sie lernte gerade, in einer Welt ohne ihren Vater zu leben, und das würde Zeit und Übung erfordern. Sie hatte nur nicht erwartet, so schlecht darin zu sein. Je mehr Zeit verging, desto schwieriger schien es zu werden.

»Ich weiß nicht, wie ich ohne ihn leben soll.« Arlo stand plötzlich vor dem Kamin im Wohnzimmer und schaute auf die perlweiße Urne auf dem Sims.

»Ich versteh dich. Schau mich an, ich bin zum ersten Mal allein seit wie vielen Jahren …«

»Nein. Du hörst mir nicht zu.« Arlo streckte die Hand aus und drückte ihre Fingerspitzen gegen den Stein. Kühl und glatt. Fast so, als würde man ein Gesicht berühren. »Ich weiß nicht, wie ich ohne ihn *leben* soll.«

Ihre Mutter schlug einen milderen Ton an. »Willst du am Mittwoch rüberkommen? Dann könnten wir zusammen zum Friedhof fahren.«

Er war hier. Er war genau hier.

»Charlotte? Bist du noch dran?«

Arlo wischte nach links, um das Gespräch zu beenden, und drückte sich die Urne an die Brust.

✳ ✳ ✳

Sechs Stunden vor ihrem Tod hatte Laura Hedman Arlo ein Medaillon gegeben. »Das will ich dir schenken«, hatte sie gesagt, als ihre letzte Therapiestunde sich dem Ende zuneigte, und die Kette mit dem kleinen silbernen Herzen von drei Fingern baumeln lassen. »Als Dankeschön. Für alles.«

Obwohl Arlo keine Geschenke von Patienten annehmen durfte, war dieses Medaillon so klein und blechern, so offenkundig billig, dass sie es, ohne groß nachzudenken, nahm und in die Tasche steckte. Als sie abends zu Hause war, holte sie es heraus und verstaute es. Sie hatte sich noch nicht überlegt, wozu sie es verwenden wollte. Bis heute.

Sie hätte schwören können, dass sie es in die Schublade unter der Mikrowelle gelegt hatte. Das Medaillon musste irgendwo dort sein, zusammengerollt hinter einem Kartenspiel oder verknotet zwischen irgendwelchen Ladekabeln oder vergraben unter einem Haufen Kleingeld und Haarnadeln. Doch selbst als Arlo den ganzen Mist auf die Arbeitsplatte auskippte und mit den Fingerspitzen durchsuchte, selbst als sie mit einer Taschenlampe in die hintersten Ecken der leeren Schublade leuchtete, tauchte das Medaillon nicht wieder auf.

Gut, dann eben im Schreibtisch. Sie riss die Schubladen auf und wühlte zwischen Briefpapier, Stiften, zerknitterten Post-its und irgendwelchen Zertifikaten für Weiterbildungsseminare, die sie besucht und schon längst wieder vergessen hatte.

Nach dem Schreibtisch nahm sie sich ihr Nachtkästchen vor. Nach dem Nachtkästchen durchsuchte sie ihre Taschen. Jede einzelne Tasche von jedem einzelnen Kleidungsstück, das sie besaß. Feine Hosen, Jeans, Röcke, Kleider, Sweatshirts, alles. Sie durchwühlte jedes Stück, bevor sie es aufs Bett oder auf den Boden warf. Bald watete sie durch Haufen aus Baumwolle und Polyester, während ihre Schläfen hämmerten und ihr Herz pochte. Das Medaillon war nicht da. Es war nirgendwo.

Arlo warf einen letzten Blazer auf die Matratze und sich selbst gleich hinterher. Vielleicht hatte sie das Medaillon ja doch nicht mit nach Hause genommen. Es könnte in ihrem Schreibtisch in der Arbeit sein oder im Auto. Vielleicht war es ihr irgendwo aus der Tasche gefallen. Das Medaillon konnte auf der Müllhalde, im Rinnstein oder in der Kanalisation sein.

Sie rollte sich auf die Seite und zog die Knie ganz dicht an den Körper.

Und da war es plötzlich und fing das durchs Fenster hereinfallende Sonnenlicht ein. Das Medaillon hatte die ganze Zeit an einem Bettpfosten gehangen, ein so vertrauter Anblick, dass sie aufgehört hatte, es überhaupt noch zu sehen.

Arlo schnappte sich die Kette und riss sie vom Bettpfosten. Was für eine Erleichterung! Sie hatte es behalten! Sie war kein schlechter Mensch!

Das Herz sank ihr in die Handfläche wie ein kleines Stückchen Eis, schwerer und kälter, als sie es in Erinnerung gehabt hatte. Es ließ sich leicht öffnen und enthüllte einen Hohlraum, der ungefähr einen Teelöffelvoll von der Asche ihres Vaters aufnehmen konnte. Die Menge, die sie vorhin aus der Urne genommen und in einem kleinen Plastiktütchen verstaut hatte.

Arlo ließ den Blick über das Chaos in ihrem Schlafzimmer schweifen. Die Asche. Sie hatte sie auf ihre Kommode gelegt. Oder vielleicht doch nicht? Sie sprang vom Bett auf und durchquerte das Zimmer. Die Oberfläche der Kommode war leer.

Hatte sie die Tüte auf ihr Nachtkästchen gelegt? Auf ihr Bett? Arlo durchwühlte die Klamotten, die jetzt wirklich überall herumlagen.

»Das ist jetzt ein schlechter Scherz«, sagte sie.

Sie suchte im Badezimmer, im Wohnzimmer, auf dem kleinen Tisch neben der Eingangstür und in der glasierten Austernschale, in der sie ihre Schlüssel aufbewahrte. Sie ging hinaus zum Auto und schaute in den Getränkehaltern nach, im Handschuhfach und unter dem Fahrersitz, wo sich Haare und Fünf-Cent-Münzen angesammelt hatten. Sie ging zurück in die Wohnung und suchte noch mal im Badezimmer, ging auf alle viere, um auch hinter die Toilettenschüssel schauen zu können.

Eine Welle der Panik überflutete sie. Wenn schon das Verlegen von Lauras Medaillon Arlo zu einem schlechten Menschen gemacht hätte, dann würde sie der Verlust der Asche ihres Vaters zu einer grausamen Verbrecherin machen. Sie war Harvey Weinstein. Sie war Peter Nygård. Sie war Pol Pot.

Sie ging in die Küche und durchkämmte erneut ihre Kramschublade. Sie rollte die Äpfel in der Obstschale herum und spähte hinter die Espressomaschine. Vielleicht hatte sie die Asche ja in den Kühlschrank gelegt. Leute legten die absurdesten Dinge in den Kühlschrank, wenn sie nicht bei der Sache waren – Portemonnaies, Autoschlüssel, warum also nicht die Asche ihres Vaters? Sie riss die Tür auf, blinzelte auf die leeren Glasplatten und fummelte sich dann durch die ganzen Flaschen mit Sojasoße und abgelaufenen Salatdressings in der Innenseite der Tür.

»Wo zum Teufel hab ich sie hingelegt?!«, schrie sie.

Sie hätten die Asche überhaupt nie aufteilen dürfen. Ihr Vater war immerhin katholisch gewesen, und wie sollte er zu Armageddon von den Toten auferstehen, wenn nur eine Hälfte von ihm auf dem Friedhof lag, die andere bei ihrer Mutter auf dem Kaminsims stand und ein Teelöffelvoll um Arlos Hals hing? Oder zerdachte sie die Sache?

Sie schleppte sich wieder ins Badezimmer, stützte sich mit beiden Händen aufs Waschbecken und lehnte sich vor, bis ihre Nase ihr Spiegelbild streifte. »Reiß dich zusammen.« Als sie sich wieder zurücklehnte, fiel ihr etwas ins Auge. Eine Ausbuchtung in ihrer linken Hosentasche.

Ach, stimmte ja. Sie hatte sie sich in die Hosentasche gesteckt.

Arlo zog eine zusammengequetschte Gefriertüte heraus.

Die Asche sah nicht so aus, wie sie es erwartet hätte. Eher
wie die Schlacke eines Lagerfeuers, aber irgendwie sandiger,
mit weißen Flecken darin, die wohl von Knochen oder Zähnen
stammten.

Sie benutzte einen winzigen Trichter, um sicherzustellen,
dass nichts von der Asche statt im Inneren des Medaillons auf
der Arbeitsplatte landete. Dann verschloss sie die leere Tüte
fest, unschlüssig, was sie damit anfangen sollte. In den Müll natürlich nicht, das war klar. Diese Tüte war zwar aus Plastik, und
man konnte sie problemlos entsorgen, sie enthielt aber immer
noch mikroskopisch kleine Teilchen ihres verstorbenen Vaters.

Das Medaillon klickte, als sie die zwei Hälften aneinander-
drückte. Sie streifte die Kette über den Kopf und spürte, wie
sich das Herz in die Vertiefung zwischen ihren Schlüsselbeinen
legte.

Nachdem sie eine geraume Weile über die Frage der Tüten-
entsorgung nachgedacht hatte, faltete Arlo sie einfach zusammen, legte sie in die Kramschublade und goss sich ein Glas
Wein ein.

23

MICKEY

Bis Dienstag hatte Mickey zwei Familienpizzas mit Käse verspeist, zwei Tüten Cool-Ranch-Doritos, zwölf Dosen Cola, einen Becher Eis und null Alkohol. Kein bisschen, kein Tröpfchen, Mann, sie hatte nicht mal an dem Zeug geschnuppert. Sie hatte keinen Alkohol getrunken, weil es einer Niederlage gleichkäme, wenn sie welchen trinken würde. Sie stand mit ihrer ganzen Welt am Rande eines Abgrunds – mit ihrer Mutter, Tom, Daria, Chris, ihrer Therapeutin, mit allen, allen, denen sie in den letzten paar Monaten zu vertrauen gewagt hatte –, und alle riefen sie ihr zu, sie solle doch endlich springen.

Aber sie würde nicht springen. Sie würde sich mit beiden Füßen fest auf den Boden stellen. Sie würde Widerstand leisten. Deswegen hatte sie in den letzten fünf Tagen allein in ihrer Wohnung nur Fertiggerichte gegessen. Sie würde einfach abwarten, bis der Drang verschwunden war, bis sich die quälenden Gedanken gelegt hatten, bis sich das böse, große Riesenloch in ihrem Bauch zu schließen begann.

Sie stellte sich an ihr Wohnzimmerfenster mit einer bereits dreimal in der Mikrowelle aufgewärmten Tasse Kaffee, während die Nacht träge aus dem Himmel wich. Es war sieben Uhr morgens, und sie hatte nicht viel geschlafen. Nicht, dass sie überhaupt noch viel schlief. Nicht so, wie ihre Mutter wahrscheinlich schlief. Ihre Mutter kam sicher jede Nacht auf acht Stunden. Ihre ruhige, coole, emotional stabile Mutter mit ihren tiefen Atemzügen und ihren Grenzen.

Mickey fand einen Pizzakarton unter dem Stapel Decken auf dem Sofa, zog ein hart gewordenes Stück heraus und schlug die Zähne hinein wie ein Hund.

Ihre Mutter würde zur Enthüllung des Grabsteins gehen, um endlich einen Schlusspunkt zu setzen? Das war das Jämmerlichste, was Mickey jemals gehört hatte. Wie konnte sie nach fünfundzwanzig Jahren immer noch einen Schlusspunkt brauchen? Zweieinhalb Jahrzehnte nachdem ihr Vater ihr Leben verwüstet hatte, brauchte Mickey ganz sicher keinen Schlusspunkt mehr. Die Gefühle, die sie für ihren Vater hegte, waren zu hundert Prozent geklärt. Derart geklärt, dass sie, wie zum Beweis, Mantel und Stiefel anzog, ihren Arsch zum Bäcker an der Ecke bewegte, sich einen frischen Kuchen aussuchte und ihn verdammt noch mal ganz für sich allein kaufte.

Als sie wieder in ihrer Wohnung war, holte sie sich eine Gabel aus der Spüle und setzte sich mit dem ganzen Kuchen auf dem Schoß aufs Sofa. Beim Bäcker hatte es keinen Nusskuchen mehr gegeben, also hatte sie Kürbis genommen: eine ähnliche Geschmacksrichtung. Die Kruste gab ein angenehm krosses Geräusch von sich, als sie hineinstach. Die Füllung zerging ihr auf der Zunge. Süß, aber würzig. Mit einem Hauch von Muskatnuss.

Stille umfing Mickey. Niemand sagte *Tut mir leid* oder *Ich bin stolz auf dich* oder *Ich liebe dich*. Niemand sagte irgendwas, was in Ordnung war, weil es nichts zu sagen gab.

Wenn Mickey heute zu der Grabsteinenthüllung ginge, würde sie die Veranstaltung nur mit flüchtigem Interesse verfolgen. Wenn Reden gehalten würden, würde sie nur mit halbem Ohr zuhören. Sie würde zuschauen, wie die zweite Frau ihres Vaters einen Vorhang beiseitezog, um einen grässlich dekadenten Grabstein zu enthüllen, etwas mit ionischen Säulen und Löwenskulpturen, und das Ganze würde ihr so egal sein, dass sie sich nicht mal die Mühe machen würde, darüber zu spotten. Während die Zuschauermenge nach Luft schnappte, völlig überwältigt von ihren Gefühlen, würde Mickey nichts fühlen. Denn sie war über ihn hinweg.

24

ARLO

Arlo drehte sich, um einen Blick auf den verhüllten Grabstein zu werfen, und stützte sich dabei mit einer Hand auf dem Podium ab, um nicht das Gleichgewicht zu verlieren. Der schwarze Überwurf knatterte und flatterte im Wind. Schnee lag auf dem Boden und glitzerte unter der hellen Sonne, obwohl ihr Vater tot war. Vögel zwitscherten im Hain nebenan und sangen ihre freundlichen Begrüßungen, obwohl ihr Vater, ja, tot war. Sie stand vor einer großen Welle der Gleichgültigkeit und wartete darauf, von ihr geschluckt zu werden.

»Er würde uns für verrückt halten, dass wir hier draußen in der Kälte sitzen«, sagte Arlo zu ihren Zuhörern. Vier Dutzend Trauergäste, die sich die Schals bis unter die Augen gezogen hatten, schlotterten auf wackligen Plastikstühlen. »Ich versuch also, es kurz zu halten.«

Sie bedankte sich bei allen für ihr Erscheinen. Zumindest hatte sie vorgehabt, sich bei ihnen zu bedanken. Vielleicht lag es am Ernst der Situation oder vielleicht störten die tiefen Temperaturen ihre Sinneswahrnehmung, aber aus irgendeinem Grund konnte sie kaum unterscheiden zwischen den Worten in ihrem Kopf und den Worten, die über ihre Lippen kamen.

»Er war kein perfekter Mann«, hörte sie sich sagen. »Nicht annähernd.«

Das Publikum lachte, oder vielleicht waren das die Vögel. Ihre Mutter saß blinzelnd in der ersten Reihe, der Raureif hatte einen weißen Rand auf ihren falschen Wimpern hinterlassen.

»Er konnte furchtbar schnell wütend werden. Er konnte furchtbar nachtragend sein. Er hat zu viel gegessen und getrunken. Er hat immer alles auf Lautstärke hundert gedreht. Wenn man in einem anderen Zimmer war und er mit einem reden wollte, dann wäre er nie zu einem rübergekommen. Dann hat er einfach geschrien und geschrien und weiter geschrien, bis man ihm irgendwann geantwortet hat.«

Mehr Gelächter/Vogelgezwitscher.

»Er konnte sich im Straßenverkehr in Rage steigern. Er hat alle meine Freunde gehasst. Er hätte nie etwas von dem gesunden Essen angerührt, das ich für ihn gekocht habe. Einmal hat er im Krankenhaus einen Salat genommen, den ich für ihn gemacht hatte, und ihn gegen die Wand gepfeffert. Der Balsamico hinterließ einen Fleck in den Fugen zwischen den Fliesen. Ich hab extra so ein spezielles Spray gekauft, um ihn wegzukriegen, aber nichts hat funktioniert.«

Was für einen Krieg sie gegen diesen Fleck geführt hatte! Wie sie sich mit ihrem ganzen Gewicht gegen diese Wand gedrückt und geschrubbt und geschrubbt hatte, weil das schließlich ihre Aufgabe war.

»Er war so grob zu den Krankenhausmitarbeitern, dass ich mir Sorgen gemacht habe, sie könnten ihn rausschmeißen.«

Noch so eine ihrer Aufgaben: sich Sorgen machen. Sich über die gebrochenen Beine ihres Vaters aufregen, seine amputierten Zehen, sein Erbrochenes, oh Gott, dieses ganze Erbrochene. Das Würgen, das Stöhnen, wenn er sich den Magen hielt und sich alles verkrampfte. Wie viele Male hatte sie sich da schon gedacht: Das war's. Jetzt stirbt er gleich.

Arlo griff sich an den Hals und rollte das Medaillon zwischen den Fingern. Das Metall war fast zu kalt, als dass man es noch anfassen konnte.

»Verlust ist die Kehrseite der Liebe. Das sage ich immer meinen Patienten. Denn das ergibt Sinn. Man kann nichts verlieren, was man nie geliebt hat, und alles, was man liebt, muss man unweigerlich verlieren. Außer man stirbt als Erster. Aber Sie verstehen schon, was ich sagen will. Trauer, Liebe – das gehört alles zusammen. Jahrelang hab ich das geglaubt. Und als dann mein eigener Vater gestorben ist, bin ich davon ausgegangen, dass ich die Liebe behalten würde. Seine Liebe.«

Arlo lockerte den obersten Knopf ihres Mantels. In ihr baute sich Druck auf, Dampf, der sich auszudehnen und sie aufzureißen drohte. »Aber wissen Sie was?«

Das Publikum sah sie mit aufgerissenen Augen an, der Rest ihrer Gesichter unter Schals und Mützen verborgen.

Arlo beugte sich ganz nahe ans Mikrofon. »Das ist alles ein großer Haufen Scheiße.«

In diesem Moment platzten ihre Nähte, und was herausquoll, war Gelächter. Es vernebelte die Luft derart, dass das Publikum für ein, zwei Sekunden verschwand. Sie lachte und lachte und konnte gar nicht mehr aufhören. Denn es war lustig, wie sehr sie sich getäuscht hatte, was Trauer und Liebe und ihren Vater und alles anging. Es war superkomisch!

Doch als sich der Nebel lichtete, sah das Publikum nicht besonders glücklich aus. Sie würde es ihnen genauer erklären müssen, damit sie es verstanden.

Arlo fand das Medaillon wieder und umschloss es mit einer Hand. »Ich trage meinen Vater hier um meinen Hals. Beziehungsweise nur ein winziges bisschen von ihm, ein bisschen von seiner Asche. Vielleicht ist es seine Milz, vielleicht sein Ellbogen. Ich weiß es nicht, aber das ist alles, was mir geblieben ist. Wirklich alles. Meine ganzen Erinnerungen an ihn sind verdorben, weil sich herausgestellt hat, dass er ein Riesenarschloch war. Zu allen, mich eingeschlossen, und ich hab's erst jetzt gemerkt.«

Sie hatte die Liebe ihres Vaters nicht. Vielleicht hatte sie seine Liebe nie gehabt. Letzten Endes war er der mieseste Mensch aller Zeiten. Und es erleichterte sie über die Maßen, diese Wahrheit laut auszusprechen. Sie war eine Feder. Sie war eine Schneeflocke. Sie war die Luft selbst.

»Und ich hab nicht nur seine Liebe verloren, ich hab auch nichts von seinem Geld. Ich habe nichts von seinem Geld, weil er mich in letzter Sekunde aus dem Testament gestrichen hat und alles seiner anderen Tochter vererbt hat, einem Mädchen, das er seit dreißig Jahren nicht mehr gesehen hat und dessen Leben er übrigens völlig ruiniert hat. Und das weiß ich so genau, weil sie zu mir in die Therapie kommt. Noch so etwas, was mein Vater ausgeheckt hat und ein weiterer Beleg dafür, dass er ein absolut furchtbarer Mensch war.«

Aus irgendeinem Grund starrten sie jetzt viel weniger Leute an. Die meisten schauten auf den Boden oder auf ihre behandschuhten Hände oder auf ihren Nachbarn.

»War Ihnen überhaupt klar, wie grässlich er war? Ein paar Dinge waren mir vage bewusst, aber nicht alles. Ich wusste es, aber ich *wusste* es nicht. Verstehen Sie?«

Eine Frau in der dritten Reihe ließ ihren Schal sinken und ein paar Haare lugten unter der Mütze hervor. Deborah. Sie flüsterte ihrer Sitznachbarin, die Arlo nicht kannte, etwas zu. Diese Fremde stach ihr dennoch ins Auge, und je länger sie hinschaute, umso mehr begann sie ihr bekannt vorzukommen. Doch sie erkannte die Person nicht wieder, weil sie zu einem anderen Teil ihres Lebens gehörte. Sie gehörte nicht auf diesen Friedhof mit dem Wind und der Sonne und den Vögeln, die unablässig sangen, obwohl Arlos furchtbarer Vater tot war. Arlos und … Mickeys.

Arlo wollte sich umdrehen und wegrennen, doch sie konnte nicht. Sie war keine Feder mehr, keine Schneeflocke oder die

Luft selbst. Sie war sie selbst, und sie war erstarrt. Ihre Muskeln wollten sich nicht zusammenziehen. Ihre Füße wollten sie nicht tragen. Also schloss sie die Augen und zog sich in ihren Körper zurück und schmiegte sich zwischen ihre Organe, ihr Gewebe, ihren pochenden Puls. Es war ganz still da unten in ihrem Körper.

Bis es nicht mehr still war.

»Charlotte? Charlotte.«

Ihr Name dehnte und verdrehte sich, als würde er durch Wasser dringen. Sie machte die Augen auf. Ein weißer Kragen, ein Gewand, ein schlechter Haarschnitt. Ein Pfarrer. Ja, sie hatten den Pfarrer ihres Vaters eingeladen. Seine Hand lag auf ihrem Unterarm. Er stand sehr nah neben ihr.

»Charlotte?«, sagte er.

Im Publikum war Mickey aufgestanden. Mickey war hier, und sie hatte Arlos Rede gehört, und jetzt kannte sie die Wahrheit. Und was noch schlimmer war: Sie wusste, dass Arlo ihr sie vorenthalten hatte.

»Charlotte, alles in Ordnung?«

Adrenalin flutete Arlos Adern. Vielleicht konnte sie die Sache noch retten. Vielleicht, wenn sie alles noch ein bisschen besser erklärte? »Zu Anfang hab ich es nicht gewusst«, sagte sie ins Mikrofon. Ihre Stimme wanderte durch die Lautsprecher und prallte an ihren Schädelwänden ab. »Ich schwöre, ich hab es wirklich nicht gewusst.«

Als Mickey auf sie zukam, verriet ihr Gesicht keine Spur von Mitleid oder Wut oder sonst was. Dieses Fehlen jeglicher Emotion war angsteinflößender als die fieberhafteste Wut. Wenn Mickey wütend gewesen wäre, wenn sie empört ihre Stimme erhoben oder ein Papiertaschentuch in winzige Stückchen zerfetzt hätte, so wie im Therapiezimmer, hätte Arlo zumindest gewusst, worauf sie sich gefasst machen musste.

Stattdessen stellte Mickey sich einfach nur aufs Podium. Weißer Atem strömte aus den Nasenlöchern. Sie trug keinen Schal und keine Mütze, sodass ihre Ohren und ihre Nase sich fleischig-rosa verfärbt hatten.

Der Pfarrer musterte Mickey. »Sind Sie eine Freundin, meine Liebe?«

Mickey ließ ein so breites, erfrischendes Lächeln aufblitzen, dass Arlo von seiner schieren Kraft aus dem Gleichgewicht gebracht wurde.

»Eine Verwandte«, erklärte sie.

»Wir sind … sie ist …« Arlo wusste nicht, was sie sagen sollte. Sie wollte ihre Finger in die Vergangenheit graben und sich einen Weg zurück bahnen. Warum konnte sie die letzten zwei Minuten nicht einfach zurückspulen? Es war doch nur so eine kurze Zeitspanne gewesen, der Moment lag erst so kurz zurück. Warum konnte sie es nicht wieder rückgängig machen?

Mickey nickte zum Mikrofon hin. »Jetzt bin ich dran.« Das war keine Frage.

Arlo trat beiseite. Statt zum Platz neben ihrer Mutter zurückzugehen, lehnte sie sich mit der Hüfte an den Grabstein und griff leicht in den Samtstoff.

»Keiner von Ihnen kennt mich, aber ich bin Michelle.«

Kein Gemurmel, kein Geschwätz. Überhaupt keine Reaktion vom Publikum.

»Michelle Kowalski.« Ihre nackten Hände schienen zu vibrieren, als sie sie flach aufs Podium legte. »Adam hier …« Sie deutete auf den verhüllten Grabstein. »… hat meine Mutter und mich verlassen, als ich acht war, und hat uns Hunderttausende von Dollar an Schulden hinterlassen. Deswegen neige ich dazu, Arlo zuzustimmen, wenn sie sagt, dass er ein skrupelloses Arschloch war.«

Jetzt wurde geflüstert. Arlo sackte gegen den Grabstein.

»Das war übrigens, nachdem er jahrelang überall hingekotzt hat. Jahrelang ist er betrunken durch die Gegend gestolpert und hat uns beide ›scheißblöde Nutten‹ genannt und ist an den unmöglichsten Orten zusammengebrochen. Er war ein herrschsüchtiger Alkoholiker, was mich zu der Frage führt, warum Sie alle hier sind, um ihn schon wieder zu feiern.«

»Mickey …« Das war Tom Samson. Der Anwalt war aufgestanden und versuchte aufzuhalten, was auch immer Arlo in Gang gesetzt hatte.

»Wie konnten Sie so einen Menschen lieben? Was stimmt denn nicht mit Ihnen?« Mickey richtete die Frage an Arlos Mutter, die still in ihre Designerhandschuhe weinte, ein Bild der Demütigung, ein so schrecklicher Anblick, dass Arlo ihn auslöschen, ihm irgendwie ein Ende setzen musste.

»Und du«, sagte Mickey und wandte sich an Arlo mit einem Blick, aus dem Wut und Kränkung sprachen, gebrochenes Vertrauen, Scham und ein klitzekleines bisschen Angst. »Du bist wirklich Papas Prinzessin, oder?«

Arlo schrumpfte zu einem Nichts zusammen. Wo waren die Vögel hin verschwunden? Sie konnte sie nicht mehr hören. Die Sonne war ebenfalls verblasst. Alles, was sie sah, war Mickey, die einen silbernen Flachmann aus der Manteltasche zog und aufschraubte.

»Auf dich, Dad«, sagte Mickey und prostete dem Grabstein zu. »Du hast mir beigebracht, wie scheiße Menschen sein können.« Nach einem langen Schluck wischte sie sich den Mund ab und ging.

Arlo blieb nur noch übrig, den Überwurf vom Grabstein zu ziehen, der herabsank und einen glänzenden Haufen zu ihren Füßen bildete.

MICKEY

Mickey prostete mit ihrem Flachmann dem nächsten Grab und seinem bescheidenen Stein zu. »Prost, Wilfried ... geliebter Ehemann, Vater und Großvater.« Sie ging in die Hocke und kratzte den Schnee vom unteren Ende des Grabsteins, um Geburts- und Sterbedatum lesen zu können. »Verstorben im Alter von ...« (Das Kopfrechnen dauerte ein bisschen länger, als es sollte.) »Siebenundsiebzig.« Nicht schlecht. Nicht gut, aber auch nicht schlecht.

Ein Strauß verwelkter Nelken lag neben dem nächsten Grabstein, zusammen mit einem kleinen Holzkreuz und einem Teddybären mit einem Satinherz in den Pfoten. Jemand hatte ein Stück liniertes Papier wie einen Fächer gefaltet und es aufrecht in den Schnee gesteckt.

»Und du, Luisa. Ehefrau, Mutter und Nonna.« Wieder hob Mickey ihren Flachmann und rechnete. Vierundachtzig Jahre. Durchschnitt oder leicht darüber?

In der Ferne hörte man Motoren tuckern, das einzige Geräusch, das Mickey wahrnahm, neben dem Knirschen des Schnees unter ihren Stiefeln und dem Klirren der Flasche an ihren Zähnen. Es war ein großer Friedhof, und sie war weit gegangen, über einen Hügel und hinunter in ein kleines Tal, in diesen verschneiten Winkel, auf dem vereinzelte Pappeln wuchsen. Die kalte Luft nagelte sie fest an Ort und Stelle.

Die Grabsteinenthüllung war jetzt sicher vorbei, die Teilnehmer stapften zurück zu ihren Autos mit erfrorenen Zehen und Klatsch auf den Zungen. Was war das für ein Vormittag gewesen! Diese Anekdote würden sie noch jahrelang erzählen.

Mickey setzte sich in den Schnee und beäugte die perfekte weiße Kruste auf dem Hügelkamm. Nach der Vorstellung, die sie gerade gegeben hatte, würde ihr mit Sicherheit jemand nachkommen und sie suchen. Jeden Augenblick würde eine schattige Gestalt den Pfad heruntergeschlittert kommen und Mickey auf den Rücken klopfen und ihr Trostworte spenden. Wahrscheinlich ihre Mutter. Und wenn nicht ihre Mutter, dann Tom. Und wenn nicht Tom, dann Arlo, die Halbschwester, von der Mickey gedacht hatte, dass sie sie noch nie getroffen hatte, aber die sie in Wahrheit *sehr wohl* getroffen hatte, weil sie nämlich *in Wahrheit* Mickeys Scheißtherapeutin war!

Dass sie das nicht schon vorher gemerkt hatte … Diese ganzen Momente, in denen Arlo das Erbe zum Thema gemacht hatte. Diese ganzen Momente, in denen sie infrage stellte, ob Mickey das Geld überhaupt verdient hatte. Und ihr Gesichtsausdruck heute, ein Aufeinanderprallen von Kummer und Scham, als Mickey vors Mikrofon getreten war. Jetzt ergab das alles einen Sinn. Arlo wollte das Geld für sich haben. Und ja, ihr Vater – *ihrer beider* Vater – hatte Mist gebaut bei dem Testament, aber das war keine Entschuldigung für Arlos Egoismus, ihre Grausamkeit, ihre offenkundigen Versuche, Mickey zu manipulieren. Warum war sie jetzt nicht hier, um Mickey um Verzeihung anzuflehen?

Als der Flachmann leer war, griff Mickey in ihre Handtasche und holte einen zweiten heraus.

»Ich weiß, was ihr jetzt denkt«, sagte sie zu der Reihe von Grabsteinen, »aber nicht vergessen: Ich bin ein großes Mädchen. Ich bin eine Erwachsene.«

Sie hielt nach Anzeichen von Bewegung auf dem Hügel Ausschau, wobei sie sich sehr bemühen musste, nicht zu blinzeln.

Wenn ihre Mutter nicht kam, um nach ihr zu sehen, und Tom und Arlo auch nicht, dann würde doch sicherlich einer der anderen Teilnehmer kommen. Einer von den Freunden ihres Vaters vielleicht, jemand, der Mitleid hatte oder einfach nur neugierig war. *Sie kennen mich nicht,* würde er sagen, *aber ich wollte mich nur vergewissern, dass es Ihnen gut geht.*

Im Grabstein zu ihrer linken war ein sepiabraunes Foto eingelassen, das Mickey ein bisschen narzisstisch und mehr als nur ein bisschen unheimlich fand. Der abgebildete Mann trug einen Schnurrbart und einen Cowboyhut, die beide ein bisschen zu groß für seinen Kopf waren. Er schien sie mit zugekniffenen Augen anzuschauen, so überheblich, als wäre er unheimlich schlau, als wüsste er alles.

»Halt die Klappe, Phillip«, sagte Mickey schaudernd. Die Kälte war durch die Jeans gedrungen und ihr Rückgrat hinaufgekrochen. »Was weißt du überhaupt, hm? Nur, weil du …« Noch mehr Mathe, aber diese Rechnung war bocksimpel. »… siebenundneunzig Jahre alt geworden bist. Nur, weil du in deinem Leben Leute gefunden hast, die dich genug geliebt haben, um dir diesen geschmacklosen Scheißgrabstein zu kaufen.«

Mickey starrte die anderen Gräber an, all diese geliebten Sowiesos mit ihren Engelsstatuen und den kleinen eingravierten Gedichten. Mickey war niemandes Ehefrau oder Mutter oder Freundin. Sie gab sich nicht mit Menschen ab. Das war die Wahrheit, und sie schnitt ihr bis auf die Knochen.

Niemand kam ihr nach. Niemand würde aus den Bäumen hervortreten, um Mickey seine Freundlichkeit entgegenzubringen. Sie verdiente keine Freundlichkeit. Sie hatte gestohlen und gelogen. Sie hatte ihr ganzes Leben lang gestohlen und gelogen. Sie hatte Arlos Mutter gedemütigt und alle anderen, die sich an diesem Vormittag versammelt hatten, um eines geliebten Menschen zu gedenken. So grausam Mickeys Vater auch gewesen war, es ließ sich nicht leugnen, dass ihn die Leute auch gemocht hatten. In dieser Hinsicht hatte er mehr erreicht als Mickey.

Siebenundneunzig Jahre, dachte sie, als sie sich wieder dem Bild von dem Cowboy zuwandte. Sie konnte sich nicht vorstellen, so lang zu leben. Noch mal sechzig Jahre von diesem Mist? Eine Entscheidung nach der anderen treffen, immer wieder neue Entscheidungen treffen und es jedes Mal schaffen, die falsche zu treffen?

Als Mickey zitternd die Knie an den Brustkorb zog, rutschte ihr der Flachmann aus der Hand und fiel auf den Boden. »Scheiße!« Sie wollte ihn aufheben, erstarrte aber mit ausgestreckter Hand.

Der Wodka fraß sich sauber durch den Schnee, grub Tunnel zum blassen Gras darunter. Sie schaute zu, wie er erst herausschoss, dann strömte und zum Schluss sickerte.

Hinter Mickeys Herz ging eine Flamme an.

Sie schnappte sich den Flachmann vom Boden und schüttelte ihn aus, bis er ganz leer war, feine Perlen von Flüssigkeit, die durch die Luft flogen und den Schnee sprenkelten. Als der letzte Rest versickert war, schleuderte sie die Flasche ins Gebüsch. Inzwischen weinte sie, nicht aus Traurigkeit, sondern wegen einer seltsamen Mischung aus Schmerz und Erleichterung. Sie war es endlich los. Dieses Zeug, das sie jeden Tag mit sich rumschleppte und im Grunde die meiste Zeit ihres Lebens mit sich rumgeschleppt hatte … Sie fühlte sich, als würde sie mit brennenden Lungen aus der Tiefe nach oben schwimmen und als wäre die rettende Oberfläche nur noch wenige Züge entfernt.

Sie stützte sich mit den Händen im Schnee ab und schaukelte sich hoch, bis sie kniete, aufstand, den Schnee und den Wodka und die Gräber weit unter sich zurückließ. Sie fühlte sich vielleicht nicht frei, aber auf jeden Fall leichter.

Die Sonne spähte über die Hügelkuppe auf sie herunter, wie ein helles, wildes Auge.

Mickey suchte ihre Handtasche, warf sie sich über die Schulter und begann hinaufzugehen.

✳ ✳ ✳

Die Hälfte der Leute sahen aus wie Mütter. Frauen in weiten Blusen, die die Müsliriegel und Karottensticks mampften, die sie in ihren billigen Kopien von Designerhandtaschen verstaut hatten. Ihrem Kasack und den müden Augen nach zu urteilen, war eine von ihnen Krankenschwester. Manche trugen farbverschmierte Overalls und Stahlkappenstiefel, andere dreiteilige Anzüge. Der Jüngste war nicht älter als zwanzig. Der Älteste, ein verschrumpeltes kleines Männchen mit einer Sauerstoffflasche an seiner Gehhilfe, könnte gut und gerne neunzig sein.

»In fünf Minuten geht's los«, sagte jemand.

Die Leute trieben auf die Stühle in der Mitte des Raumes zu. Sie waren einfach bloß Leute. Und es waren einfach bloß Stühle. Rein rational wusste Mickey, dass es keinen Grund gab, Angst zu haben. Trotzdem.

Sie pumpte ein paar Stöße Kaffee aus einer großen Metallkanne an der Getränkestation. Ihre Tasse war gerade mal halb voll, als der Zapfhahn auf einmal nur noch spuckte und der Kaffee ganz versiegte. »Verdammt noch mal.«

»Nie genug da, oder?«

Ein älterer Mann schob sich neben Mickey, füllte seine Thermoskanne mit heißem Wasser aus einem Wasserkocher und hängte einen Teebeutel hinein. Sie wusste sofort, wo sie ihn schon mal gesehen hatte. Wer hätte das hautenge Playa-del-Carmen-T-Shirt vergessen können?

»Sie waren doch auch bei dieser Café-Veranstaltung«, sagte Mickey.

»Hab ich doch gewusst, dass ich Sie schon mal gesehen habe.« Er stellte sich als Roger vor und tippte sich an die Schläfe. »Mein Gedächtnis ist immer noch gut.« Er trug einen von diesen übergroßen, grellfarbig gestreiften Strickpullovern aus Peru. Das Alpakamuster schien Mickey vorwurfsvoll anzustarren.

»Ich bin nicht nüchtern.« Sie hatte vor neunzig Minuten den Friedhof verlassen, und die Nachwirkungen des Wodkas waren noch spürbar.

Roger nahm sich drei Zuckertüten aus einem Keramikständer und riss sie alle auf einmal auf. »Dann sind Sie ja hier an der richtigen Adresse.«

Wie sich herausstellte, fanden Meetings der Anonymen Alkoholiker zu praktisch jeder Uhrzeit in jedem Stadtviertel statt. Dieses wurde im Keller des Dänischen Kulturzentrums abgehalten, wo die Bilder an der Wand stürmische Kampfszenen aus der Nordischen Mythologie darstellten, und die Decke knarzte von den Volkstänzern, die im Ballsaal über ihnen probten. Sie waren gleichzeitig mit Mickey in ihren Clogs und bunten Röcken angekommen.

»Sie zittern ja«, stellte Roger fest.

Mickey zuckte mit den Schultern. Sie hatte sich keine trockene Jeans angezogen.

»Hier.« Roger zog sich den Alpakapullover über den Kopf und bot ihn ihr an. Darunter trug er ein geripptes Unterhemd, aus dem oben sein weißes Brusthaar herausquoll.

»Starten sie jemals in den Tag mit dem Gedanken, dass Sie an einem ganz bestimmten Ort landen werden«, fragte Mickey, die den Pullover mit großer Dankbarkeit annahm, »und landen dann am Ende komplett woanders? Oder ist das einfach generell so im Leben? Ist wirklich jeder Tag so, bloß dass es einem manchmal gar nicht auffällt?«

»Sie sind *wirklich* betrunken«, sagte er.

Mickey warf einen Blick zur Tür mit dem leuchtenden roten Schild mit der Aufschrift EXIT darüber. Es wäre so einfach, das Ganze einfach abzublasen und sich rauszuschleichen.

Sie zog den Pullover über ihre Jacke. »Darf ich mich neben Sie setzen?«

Ihr Handy klingelte kurz nach Ende des Meetings. Ein Mitarbeiter der Lehrergewerkschaft war dran.

»18. Dezember«, sagte der Anrufer. »Das ist Ihr Datum.«

»Für meine Inquisition?« Mickey jonglierte mit dem Handy, während sie sich den Pullover über den Kopf zog, um ihn Roger zurückzugeben.

Er war gerade damit beschäftigt, die Stühle zusammenzuräumen, lächelte sie an, und dann konnte sie von seinen Lippen ablesen: »Behalten Sie ihn.«

»Für Ihre *Befragung*.« Es würden drei Personen anwesend sein, erklärte der Anrufer. »Sie dürfen zu Ihrer Verteidigung einen Leumundszeugen mitbringen. Entweder legt er sein Zeugnis schriftlich ab, oder Sie bringen ihn persönlich mit. Persönlich ist übrigens günstiger, unter uns gesagt.«

»Noch irgendwelche anderen Tipps?«, fragte Mickey, die sich Rogers fusseligen Pullover an die Brust drückte.

»Es ist erlaubt, dass Sie sich selbst verteidigen, aber die meisten Leute in Ihrer Situation nehmen sich einen Anwalt.«

»Einen Anwalt«, sagte Mickey.

Alle Anwesenden verließen den Saal, und dann war sie wieder allein.

26

ARLO

Nach der Zeremonie fand Arlo ihre Mutter im ungeheizten Servicegebäude des Friedhofs über ein gesprungenes Waschbecken gebeugt. Das Wasser, das sie sich ins Gesicht spritzte, musste eiskalt sein. Hier war ein Mensch, der entblößt und beschämt worden war, dem die letzten dreißig Jahre über dem Kopf zusammengebrochen waren. Sie würde jetzt Arlos Unterstützung brauchen.

»Mum?«

»Ich muss diesen Mist hier abkriegen«, sagte sie.

»Mum, alles in Ordnung?«

Sie zog sich einen Streifen falsche Wimpern von einem Augenlid und legte ihn auf den Rand des Waschbeckens. »Ich seh aus, als hätte ich gerade Tschernobyl überlebt.«

Violette Make-up-Spuren zogen sich über die Haut um ihre eingesunkenen Augen. Ihr Lippenstift war über die Oberlippe und aufs Kinn verschmiert, ihr Mund stand offen und entblößte ihre rote Mundhöhle, sodass er zusammen mit ihren noch röteren Lippen aussah wie eine entzündete Wunde.

»So schlimm ist es auch wieder nicht«, meinte Arlo.

Ihre Mutter ging zu dem verbeulten Papierhandtuchspender an der Wand. Als sie feststellte, dass er leer war, begann sie sich mit ihrem Mantel abzutrocknen, wobei sie sich die Ärmel mit Rouge und Grundierung beschmierte.

Arlo hatte noch nie so großes Mitleid mit jemand gehabt. »Tut mir leid, dass sie so schreckliche Sachen gesagt hat.«

Ihre Mutter blinzelte mit ihren Waschbärenaugen. »Was?«

»Michelle. Sie hat dich doch zum Weinen gebracht.«

»Nein.«

Arlo richtete ihren Blick auf die schäbigen Bodenfliesen. Ihre Stiefel hatten den Boden mit Schneematsch verschmutzt. »Ich war auch da, wenn du dich erinnerst? Sie hat dich an den Pranger gestellt, weil du meinen Vater immer noch geliebt hast, obwohl er dich so schlecht behandelt hat.« Arlo hatte in ihrer Rede zwar auch ein paar unangenehme Wahrheiten ausgesprochen, aber immerhin hatte sie ihre Mutter nicht persönlich angegriffen. »›Er war ein herrschsüchtiger Alkoholiker.‹ Das hat sie gesagt.«

Ihre Mutter schnaubte. »Meinst du, dass sie die Erste ist, die mir das jemals gesagt hat?«

Arlo zögerte, weil sie sich nicht sicher war, wie ehrlich sie sein sollte. »Ja?«

»Meinst du, es wäre mir irgendwie entgangen, dass der Mann, mit dem ich sechsundzwanzig Jahre lang verheiratet war, der mich beschimpft hat, mir jeden Tag vorgeschrieben hat, was ich anziehen soll, und mir nie mein eigenes Geld gegeben hat, ein ›herrschsüchtiger Alkoholiker‹ ist? Du hast ihn vielleicht nie so gesehen, wie er wirklich war, aber glaub mir eins – *ich* schon.«

»Und jetzt hast du rein zufällig aus einem anderen Grund angefangen zu weinen?« Es ergab keinen Sinn. Ihre Mutter hatte jahrelang keine Träne verdrückt, bis zu dem Moment, als Mickey ans Mikrofon trat.

»Ich hätte dich nehmen und ihn verlassen sollen«, sagte ihre Mutter. Sie stand auf einmal furchtbar nah vor ihr und strich Arlo mit ihren kalten Fingerspitzen über die Wange. »Ich hab drüber nachgedacht, als du noch im Kindergarten warst. Ich hätte es tun sollen. Bevor er dich zu dem gemacht hat …«

Ihr Nuklearkatastrophengesicht verzerrte sich. »… was auch immer du jetzt bist.«

»Moment«, sagte Arlo, die die Teile nicht gleich zusammensetzen konnte. Unter dieser niedrigen Decke und der flackernden Glühbirne fiel ihr das Denken schwerer. »Willst du damit etwa sagen, dass *ich* dich zum Weinen gebracht habe?«

»Ist diese Frau wirklich zu dir in Therapie gekommen?«, fragte ihre Mutter.

Nicht wirklich. Ganz so war es nicht.

»Es ist kompliziert«, sagte Arlo. Sie versuchte zu vergessen, wie Mickey sie angeschaut hatte, als sie nebeneinander vor dem Mikrofon standen. Wie sich Wut, Gekränktheit und Angst in Mickeys Augen gemischt hatten, als wäre Arlo das eigentliche Monster, nicht ihr Vater.

»Und du hast eingewilligt, sie zu therapieren, obwohl du wusstest, wer sie war?«

Arlo musste kämpfen, um ihrer Stimme Festigkeit zu verleihen. »Ich hab doch gesagt, dass es kompliziert war.«

»Charlotte, ich bin wirklich keine Frau mit einem besonders starken moralischen Kompass. Aber du hast dir da wirklich ein paar verdammt schlimme Sachen geleistet, und ich kann dir gar nicht sagen, wie fertig mich das macht.«

Ein Hitzeschauer lief Arlo über die Arme. »Ich bin hergekommen, um dich zu trösten.«

»Das stimmt nicht. Du bist hergekommen, damit ich *dich* tröste.«

Das entsprach nicht der Wahrheit. Eindeutig, hundertprozentig, unwiderlegbar nicht.

»Ich weiß gar nicht, warum ich so überrascht bin«, sagte ihre Mutter. »Schon seit Jahren ist klar, das etwas schiefläuft. Ich meine … schau dich doch mal an. Du hast keine Freunde, keine Hobbys, keine eigenen Interessen. Und du hast dich scheiden lassen, weil dein Vater den armen Kerl nicht leiden konnte.«

»Redest du jetzt von Hayden und mir?«

»Nein, ich rede von dir und deinem anderen Ex-Mann.«

»Ich hab mich nicht von Hayden getrennt, weil ... weil ...« Arlo hielt inne. Diese absurde Behauptung würde sie einfach keiner Antwort würdigen. Nicht, wenn sie diejenige war, die hier verarscht wurde. »Mein Vater hat Mickey – Michelle – das ganze Geld vererbt, das er eigentlich mir hätte geben sollen.«

Ihre Mutter atmete tief ein. »Na und?«

»Na – das ist nicht richtig.«

»Wer hat dich denn zur Königin von Richtig und Falsch ernannt?« Ihre Mutter brach wieder in bittere Tränen aus. Eltern weinten nur auf diese Art, wenn ihren Kindern wirklich grauenvolle Dinge zustießen – Motorradunfälle, Flugzeugabstürze, Gehirntumore. Tragödien.

Arlo spürte, wie sich auch in ihren Augen die Tränen sammelten. Okay, sie hatte spioniert. Sie hatte ihre Machtposition ausgenutzt. Sie hatte versucht, eine Patientin – ihre Schwester – so zu manipulieren, dass diese ihr eine große Geldsumme überließ. Aber das war nicht die ganze Geschichte. Da gab es noch andere Faktoren, die man berücksichtigen musste, Faktoren wie ... wie ...

Ihre Mutter wischte sich erneut mit dem Ärmel über die Stirn. »Ich hätte dich nehmen und ihn verlassen sollen.«

27

MICKEY

Es war zehn Uhr am Dienstag, die perfekte Zeit, um eine Anwaltskanzlei aufzusuchen. Doch Deans Gesichtsausdruck nach zu urteilen, war er sowohl genervt als auch leicht verängstigt von Mickeys Besuch. Die Tür zu Toms Büro war geschlossen, und hinter den Rauchglasfenstern war keine Bewegung zu sehen.

»Wenn er ein paar Minuten Zeit hätte, würde ich ihn gerne sprechen. Bitte.«

»Wen darf ich melden?« Die Stimme des Sekretärs veränderte sich unmerklich.

Mickey überlegte kurz. »Michelle.«

Der Sekretär nahm den Hörer ab und drehte sich auf seinem Stuhl von ihr weg. Toms Klingelton, ein blechernes Windspiel, natürlich war es ein blechernes Windspiel, drang durch die Wände. Nach ein paar Momenten gedämpfter Unterhaltung drehte sich der Sekretär wieder zu ihr. »Gehen Sie rein.«

Mickey bedankte sich ausdrücklich bei ihm.

Hinter der Tür schlug ihr Sonnenlicht entgegen. Als sich Mickeys Augen daran gewöhnt hatten, und das Büro Form annahm, erkannte sie es kaum wieder. Die Jalousien waren alle hochgezogen. Auf dem Sofa lagen keine Decke und keine Kissen. Keine Akten oder Notizblöcke auf dem Boden. Keine Takeout-Behälter auf dem Schreibtisch. Der Aromaöl-Zerstäuber fehlte ebenfalls.

»Es riecht gar nicht mehr so komisch hier drinnen«, sagte Mickey.

Tom saß hinter dem Schreibtisch und hatte den Blick auf den Bildschirm seines Laptops gerichtet. »Und auch dir einen guten Tag.«

Ein Whiskey-Dekantierer aus Kristall stand auf der Anrichte hinter ihm. Mickey musste sofort an Betäubung denken, an Überspültwerden.

»Wo ist denn dein Räucherstäbchendings?«, fragte sie und riss den Blick vom Whiskey los.

»Hab ich verschenkt.«

»Und dein Bett?«

»Zu Hause.«

»Du schläfst also nicht mehr in deinem Büro?«

»Ich reduziere gerade meine Arbeitsstunden.« Er sah gesünder und fröhlicher aus als sonst, sein Rückgrat war ein bisschen gerader und seine Augen nicht mehr ganz so blutunterlaufen. »Und ich date jemanden.«

»Wie – so richtig?«

»Ja, so richtig«, sagte er, und in seiner Stimme lag eine Andeutung von Schärfe.

Schön für ihn, dachte Mickey. Er versuchte, sich zu ändern, und das war keine leichte Aufgabe.

Sie verschränkte die Hände auf dem Rücken und rollte ihre Schultern nach hinten, eine Dehnung, die tatsächlich schmerzte. Sie wollte sich bewegen, auseinanderbrechen, sich selbst zu Boden ringen. »Ich war heute bei den Anonymen Alkoholikern.«

Tom erstarrte mit den Händen über der Tastatur. Dann schloss er seinen Laptop und blickte zum ersten Mal, seit sie das Zimmer betreten hatte, auf zu Mickey. »Und?«

»Es war komisch. Aber gut. Komisch, aber gut.«

Er nickte. »So hab ich mich auch gefühlt, als ich anfing, in Therapie zu gehen. Komisch, aber gut.«

»Na ja, du weißt ja, was man sagt: Es ist nicht immer leicht, die richtige Hilfe zu finden.« Mickey hoffte für Tom, dass seine Therapeutin besser war als ihre.

»Sie geht mir auf die Nerven«, sagte Tom. »Aber das ist wahrscheinlich der Sinn der Sache.«

Mickey deutete auf einen freien Stuhl. »Darf ich?«

Tom sog seine Lippen zwischen die Zähne. Es verging ein Weilchen, bis sich sein Mund zu einem zögerlichen Lächeln verzog. »Ja, natürlich.«

Mickey fiel wieder die Unterhaltung ein, die sie vor zwei Monaten in seinem Auto gehabt hatten, als sie vor Chris' Haus standen. Was hatte er damals gesagt? *Vielleicht verstehen Sie sich ja richtig gut mit dieser Therapeutin.*

»Du hast es gewusst«, sagte sie. »Du hast es die ganze Zeit gewusst.«

Tom wand sich. »Ich hatte meine Schweigepflicht. Es lag nur an meiner Schweigepflicht. Aber ich war so hin- und hergerissen. Das musst du mir glauben. Mir war bewusst, dass das ganze Arrangement unethisch war. Natürlich sollte deine fremde Halbschwester nicht deine Psychotherapeutin sein. Das liegt auf der Hand.« Er sprach hastig und gestikulierte dazu. »Aber ich hatte die Dinge schon so versaut, indem ich mit ihr geschlafen habe …«

»Du hast was?« Mickey stellte sich Tom und Arlo nackt vor und hatte das Gefühl, dass ihr der Kopf explodierte.

»Ich weiß.« Er verbarg das Gesicht hinter seinen Händen und gab einen verzweifelten Laut von sich. »Ich weiß.«

»Wann hast du …? Warum hast du …? Ich meine, ich weiß, warum. Aber *warum*?«

»Ich weiß es nicht. Sie ist jung und schön, und ich bin … ein widerlicher Mann. Ich bin ein richtig widerlicher, abstoßender Mann.«

Mickey sagte nichts. Sie hatte gelernt, dass es Dinge gab, die man erst mal sacken lassen musste.

»Das Testament«, sagte er. »Du und Arlo. Eine Therapie. Ich dachte, sie würde sich die ganze Geschichte zusammenreimen und das Ganze abblasen. Ich hab gar nicht so richtig gemerkt, wie wütend sie war. Ist.«

»Hat er sie wirklich enterbt?«, fragte Mickey. Arlo ohne jede Erklärung aus dem Testament zu streichen, war eine Gemeinheit, selbst für ihren Vater.

»Das war damals im März. Er ist in mein Büro gekommen ohne Termin, er ist einfach hier reinmarschiert und stand genau dort und hat verkündet: ›Ich möchte, dass Arlo nichts kriegt, wenn ich sterbe.‹ Ich war schockiert. Vor zwei oder drei Jahren, als wir mit der Planung des Testaments begonnen haben, da hat er nur von Arlo geredet. Wie klug und erfolgreich sie doch ist. Wie besonders.«

»Aber warum hat er sie denn dann enterbt?«

»Er wollte was wiedergutmachen. ›Eine Kurskorrektur‹, hat er es genannt.«

Mickey konnte eine verquere Logik darin erkennen. Er hatte sie zusammengeführt, zwei Schwestern, denen er beiden Schaden zugefügt hatte, wenn auch mit unterschiedlichem Ergebnis, in der Hoffnung, dass sie sich gegenseitig helfen würden und damit seine Verfehlungen korrigierten. Es war ekelhaft, manipulativ und sehr elegant.

»Na ja, jetzt versteh ich, warum sie mich hasst.«

»Sie muss mir eine Akte gestohlen haben. Ich glaube, so ist sie dahintergekommen.« Toms Miene wurde nachdenklich. »Wie viele Sitzungen hast du noch?«

»Nur noch eine«, sagte Mickey, während sich ein Sonnenstrahl im Dekantierer fing.

Tom griff nach dem Whiskey und versteckte ihn verstohlen

in einer Schublade. »Geh zu einer anderen Therapeutin zu einem Erstgespräch, und dann setze ich den Prozess der Erbauszahlung in Gang.«

Ein schwacher Sieg. Mickey würde ihr Geld bekommen, Evelyn geben, was sie ihr noch schuldete, und dann … was? Den ganzen Tag rumhocken und *Bridgerton* schauen? Nichts könnte sie trösten, wenn sie nicht unterrichten durfte.

»Tut mir leid«, sagte Tom. »Dass ich dir nichts gesagt habe, und überhaupt alles. Wenn es irgendwas gibt, was ich tun kann …«

Mickey atmete flach ein. Das war ihre Chance.

»Na ja, deswegen bin ich eigentlich hier.« Versteifte er sich leicht, oder bildete sie sich das nur ein? »Hast du schon mal jemand vor einem Schulausschuss verteidigt?«

Tom kniff die Augen leicht zusammen, während er sie musterte. »Ich bin Anwalt für Erbrecht.«

»Könntest du dir vielleicht *vorstellen*, mich vor dem Schulausschuss zu verteidigen?«

»Es geht dabei um deinen Job, nehme ich an.«

»Sie veranstalten eine Inquisition.«

Tom schob die Lippen vor. »Du meinst eine Befragung?«

»Ja«, sagte Mickey. »Genau das hab ich gemeint.«

»Und du brauchst juristischen Beistand«, sagte er mit ausdrucksloser Stimme. »Verstehe.«

Mickey verschränkte ihr Finger ineinander und bohrte einen Daumennagel unter den anderen. »Ach, vergiss einfach, dass ich …«

»Ich mach's.«

Mickeys Gesichtsausdruck entlockte ihm ein Grinsen.

»Ich hab eine Schwäche für Underdogs«, erklärte er. »Weil ich selbst einer bin.«

✳ ✳ ✳

Der Schneemann in Chris' Vorgarten hatte schon bessere Tage gesehen. Sein Schal war weg, der Hut saß ihm schief auf dem Kopf. Die drei Kugeln waren nach einer Woche unerklärlich guten Wetters zu einem einzigen Kegel zusammengeschmolzen. Eine Wärmewelle war ostwärts über die Berge gezogen und hatte Schneematsch und Sonnenschein und diesen grasartigen Geruch von Frühling hinterlassen. Noch zehn Tage bis Weihnachten, aber im Grunde hätte es auch März sein können.

Mickey richtete dem Schneemann die herunterhängende Nase gerade. Die Karotte sackte jedoch herab, sobald sie sie losließ. Armer Kerl.

»Was machst du da?«

Wie Chris sich so übers Verandageländer beugte, nur mit kurzer Hose und einem T-Shirt bekleidet, sah er von Kopf bis Fuß aus wie ein College-Student. Irgendetwas machte der Dreitagebart oder das verkehrt herum aufgesetzte Baseballkäppi mit Mickey. Vielleicht lag es auch an der Flasche Corona-Bier in seiner Hand. Seltsam, dass jemand, der so albern aussah, so ein kindischer Mann, ihr solche Schmetterlinge im Bauch verursachte.

»Ich ... Er sah so traurig aus.« Mickey versuchte, nicht auf das Bier zu starren. Versuchte, sich nicht vorzustellen, wie jeder Schluck davon zwischen ihren Zähnen schäumen und ihr anschließend die Kehle heruntergleiten würde. »Sieht. Traurig aus.«

Chris nickte, machte eine matte Geste Richtung Himmel und nickte nochmals. »Es ist so schön draußen. Ist es nicht schön draußen? Außer dass unser Kollege hier jetzt ziemlich schlappgemacht hat. Ich wollte die Karotte schon seit Tagen rausnehmen, bevor sie verfault, aber ich ... ich vergess es einfach immer wieder.«

Einen Moment lang standen sie beide da, ohne sich in die

Augen zu sehen, während der geschmolzene Schnee stetig aus der Regenrinne tropfte.

Chris ließ sein Bier am Flaschenhals baumeln und kreisen. »Wegen letztem Mal …«

»Tut mir leid«, sagte Mickey. Sie war überrascht, wie leicht ihr die Worte über die Lippen kamen. Sie hatte Grenzen überschritten, hatte sich in eine Familie hineingedrängt, die nicht ihre war, sosehr sie es sich auch wünschen mochte. »Ich hätte nicht … ich meine, es stand mir nicht zu, dass ich … also … na ja, tut mir echt leid.«

Sie stählte sich innerlich. *Dafür ist es ein bisschen zu spät,* würde er jetzt sagen. *Du solltest jetzt gehen.*

»Danke«, sagte er mit einem Lächeln, das aufrichtige Wärme ausstrahlte, Freundlichkeit und Reife, denn er war in Wirklichkeit gar kein so kindischer Mann. Er war auch überhaupt nicht albern. Und obwohl Mickey sich ihre Fantasien von der Akzentwand und dem French-Press-Kaffee und den aufeinander abgestimmten Halloween-Kostümen aus dem Kopf geschlagen hatte, hatte sie nicht aufgehört, diese Dinge zu wollen. Sie wollte sie so unheimlich gerne.

Mickey warf einen prüfenden Blick auf ihr Handy. Schon sechsundzwanzig Stunden nüchtern. In elf Minuten würden es siebenundzwanzig sein. »Ist Evelyn da?«

»Die ist unterwegs, um irgendjemand eine Handtasche abzukaufen. Sie findet das Zeug auf Facebook-Marketplace und verkauft es dann teurer weiter. Ganz schön clever eigentlich.«

»Ja, clever ist sie.«

Er stellte seine Flasche aufs Verandageländer, um sie gleich darauf wieder in die Hand zu nehmen. »Du bist also gekommen, um mit … Mit wem wolltest du reden?«

»Mit Ian«, sagte Mickey. »Wenn das für dich okay ist.«

Sie konnte ihn nicht gehen lassen, ohne sich von ihm zu verabschieden. Er war ihr Lieblingskind gewesen – ihr am meisten geliebter kleiner Sonderling.

Und wenn sich die Zeit finden würde, mit Chris über diese andere Angelegenheit zusprechen, dann wäre das auch toll.

»Ich hab mir einen Tag freigenommen, damit ich den beiden beim Packen helfen kann«, sagte er.

Mickey war nicht sicher, ob das ein Ja oder ein Nein war. Doch dann drehte er sich um und ging ins Haus, und da er die Tür offen ließ, deutete sie das als Signal, dass sie ihm folgen durfte.

Sie fanden Ian am Küchentisch vor, wo er sich über eine Schüssel Cornflakes beugte. Er schöpfte ein bisschen Milch mit dem Löffel hoch und ließ sie wieder zurückfließen. Schöpfte ein bisschen, ließ es wieder zurückfließen. Seine Mundwinkel waren heute noch ein wenig tiefer herabgesunken als sonst, was ihm das desillusionierte Aussehen eines Büroangestellten mittleren Alters verlieh.

Mickey setzte sich neben ihn, keine drei Meter entfernt vom Kühlschrank, in dem wahrscheinlich mehr Bier lagerte. »Tut mir leid, dass ich dich am Auge verletzt hab, Ian.«

Der Löffel fiel platschend und klirrend in die Schüssel. Ian rückte den Halteriemen seiner Augenklappe zurecht. »Das hast du schon mal gesagt.«

»Es tut mir aber immer noch leid.«

»Und es ist immer noch okay.« Er schob die Schüssel von sich.

»Ich hab gehört, dass du mit deiner Mom auf eine Abenteuerreise gehst.« Ja, Mickey versuchte, Zeit zu gewinnen. Sie konnte einfach nicht anders. Sobald diese Unterhaltung vorbei war, würde sie ihn nie wiedersehen.

»Wir fahren nach Trail.«

»Das ist doch ein Abenteuer.«

Er wirkte skeptisch.

»Ganz im Ernst«, versicherte Mickey. »Und dann fängst du da in der ersten Klasse an.« Vor ihrem inneren Auge wuchs er zu einem Jungen in der Mittelstufe heran, dann einem High-school-Schüler und schließlich zu einem Studenten an der Uni.

»Hör auf«, sagte Ian. Er klang fast mitleidig, als könnte er ihr in den Kopf schauen.

Sie sollte wirklich nicht so sentimental werden. Seine Bestimmung war es schon immer gewesen, aufzuwachsen und sie zu vergessen. Sie hingegen würde ihn für immer in Erinnerung behalten. Das war ihr Privileg, aber auch ihr Kummer.

»Ich hoffe, du bekommst eine gute Lehrerin«, sagte Mickey.

»Du auch.« Dann streckte er die Arme aus und fiel ihr um den Hals.

Mickeys Puls verlangsamte sich. Ihr Blutdruck fiel. Er war so ein zartes Ding, so leicht und zerbrechlich, doch zugleich so bedeutend. Er war der wichtigste Mensch auf der Welt, und seine Haare rochen nach Äpfeln.

Er zog sich zurück, und die Umarmung war so schnell vorbei, wie sie gekommen war. Er sprang von seinem Stuhl und wankte ohne ein weiteres Wort davon.

»Ich hab noch nie gesehen, dass er irgendjemand umarmt.« Chris stand am Tresen und strich Erdnussbutter auf dicke weiße Brotscheiben. »Nicht mal Evelyn.«

Es war so lange her, dass Mickey überhaupt Stolz empfunden hatte, dass sie das Gefühl fast nicht wiedererkannte. »Ich war bei meinem ersten Meeting von den Anonymen Alkoholikern.«

Es fiel ihr jedes Mal leichter, es auszusprechen, begann sich immer mehr anzufühlen wie die Wahrheit.

Chris klappte zwei Brotscheiben zusammen. »Ich hab einen

Freund, der da auch hingeht. Er sagt, dass die da ganz gute Donuts haben. Nicht, dass … ich meine, natürlich geht man da nicht wegen des Essens hin. Ich wollte nur irgendwas sagen, und … na ja. Aber … ist doch super.«

Als er sich das Sandwich in den Mund schob, wurde Mickey von dem Impuls erfasst, ihn von allen Sorgen seines Lebens zu befreien. Er war so linkisch und so wundervoll. »Passt schon«, sagte sie.

»Feumifüdi«, sagte Chris durch seinen immer noch vollen Mund.

»Was?«

Er brauchte drei oder vier Anläufe, bis er alles runtergeschluckt hatte. »Ich freu mich für dich.«

Trotz allem wurde es Mickey leicht ums Herz. »Danke.«

Im Nebenzimmer ging der Fernseher an, und die vornehm näselnden Stimmen von *Peppa Wutz* füllten die Luft. Chris machte kurz die Augen zu.

»Wann fahren sie los?«, fragte Mickey.

»Ein paar Tage nach Weihnachten. Ich werd den Kleinen echt vermissen.« Er sagte es zu leichthin, die Fröhlichkeit in seiner Stimme war erzwungen.

Mickey versuchte, schlecht von Evelyn zu denken, aber sie brachte es heute einfach nicht fertig – nicht, wenn sie an den Dekantierer dachte, die Katze, den Friedhof, die Millionen von anderen Scheißaktionen, die sie anderen Leuten zugemutet hatte. Mickeys Verfehlungen stapelten sich so hoch, dass sie manchmal glaubte, sich gar nicht mehr darunter herausgraben zu können. Aber sie würde es versuchen.

Chris' Schultern und sein Lächeln sackten herab. »Die ganze Zeit hab ich mir gewünscht, dass er endlich weg ist, und jetzt, wo er geht …«

»Bist du traurig«, sagte Mickey.

Chris legte sein verstümmeltes, halb gegessenes Sandwich ab. »Ich bin richtig supertraurig.«

»Er ist auch ein ganz besonderer Junge.«

»Er ist *wirklich* besonders!«

»Er war mein Lieblingskind in der Gruppe.«

»Darfst du überhaupt Lieblingskinder haben?«

Mickey trat näher an ihn heran und streckte die Hand nach ihm aus, doch auf halber Strecke erstarrte sie. Sie hielt ihre Hand eine Weile in die Luft, ohne irgendetwas zu tun, bevor sie sie wieder sinken ließ.

»Irgendwelche Neuigkeiten von der Arbeit?«, fragte er. Er war einen winzigen Schritt zurückgewichen.

»Ich wollte dich tatsächlich um etwas bitten.« Mickey bekam einen trockenen Mund. Sie sog an ihrer Zunge, um mehr Speichel zu produzieren, was seltsamerweise funktionierte. »Bald findet so eine Befragung statt, bei der geklärt wird, ob ich meine Stelle zurückbekommen darf. Ich kann einen Leumundszeugen mitbringen, zu meiner Verteidigung oder wie auch immer.«

Er rutschte unmerklich noch ein Stück weiter von ihr weg. Kein gutes Zeichen. Oder interpretierte sie zu viel hinein?

»Ich hab überlegt, ob du das vielleicht machen könntest. Als mein Leumundszeuge mitkommen.«

Er legte die Fingerspitzen aneinander, eine Geste, die sie an ihm noch nie gesehen hatte. Definitiv kein gutes Zeichen.

»Ich glaube, dass ich ... also ... das ist jetzt schwierig zu formulieren«, begann er.

Er würde Nein sagen. Selbstverständlich würde er Nein sagen. Es war so dumm von ihr gewesen herzukommen. Mickey war so dumm.

»Ich glaube, dass ich dich vielleicht nicht gut genug kenne? Es ist jetzt ... ungefähr zwei Monate her, seit du mit Ian hier aufgekreuzt bist. Versteh mich nicht falsch – ich finde dich toll. Und ich freu mich, dass jetzt langsam, aber sicher alles wieder gut wird für dich. Aber ich glaube, dass ich mit so einem Auftritt … ich weiß gar nicht, worauf ich mich da einlasse.«

Mickey zog sich die Strickjacke enger um den Oberkörper und wünschte, sie könnte ihren ganzen Körper ineinanderfalten wie eine kleine, erbärmliche Fledermaus. »Okay, vergiss einfach, dass ich gefragt habe.«

»Und auch weil meine Familie so unmittelbar in diese Geschichte verwickelt war. Ich weiß nicht, es fühlt sich irgendwie … nicht ganz sauber an.«

»Nein, du hast absolut recht.« Er hatte recht. Natürlich hatte er recht. »Ganz im Ernst, vergiss es.«

Der Kühlschrank begann zu brummen und zu klackern und gab dann ein mechanisches Würgegeräusch von sich.

»Die Eismaschine«, murmelte Chris. Er riss die Überreste seines Sandwichs in zwei Hälften, studierte die beiden Teile und legte sie wieder aus der Hand. »Du hast also vor, wieder zu arbeiten?«

Jeder Muskel an Mickey verspannte sich. Da war sie wieder, diese aufgesetzte Fröhlichkeit.

»Ja«, sagte sie. »Warum?«

»Ich weiß nicht. Wenn wir jetzt mal davon ausgehen, dass du jede Woche zu ein paar Meetings gehst …«

Mickey musterte die winzigen Schweißperlen, die sich an Chris' Haaransatz gebildet hatten. Unmöglich, dass er dieses Thema jetzt wirklich noch anschneiden wollte. Unmöglich, dass er das jetzt wirklich machte.

»Ich meine … reicht das denn?«, fragte er, und voilà, da war es schon. Die Frage von Willenskraft gegen Veranlagung, die Frage, ob Mickeys angeschlagenes Herz den Kampf gegen ihr kaputtes Hirn gewinnen konnte.

Ihr stiegen Tränen in die Augen. Ihre Wangen brannten. In ihren Ohren begann es unkontrolliert zu zucken. Sie konnte diesen physischen Reaktionen nichts entgegensetzen. »Wozu soll es reichen? Mich wieder in Ordnung zu bringen?«

»Ja. Nein.« Er schüttelte den Kopf. »Ich …«

»Das ist eine ganz schön gewagte Frage von jemand, der mir gerade gesagt hat, dass er mich gar nicht richtig kennt.«

»Bloß hingehen funktioniert nicht. Du brauchst noch mehr Hilfe, mehr …«

»Hast du schon mal mit dem Trinken aufgehört, Chris?«

Reue breitete sich auf seinem Gesicht aus. »Tut mir leid. Das war blöd von mir.«

Mickey öffnete den Mund, war aber nicht sicher, was sie noch sagen könnte. Ihr machten zu viele Gedanken im Hinterkopf zu schaffen, und der nicht unbedingt kleinste davon lautete: Chris war nicht blöd. Sorglos vielleicht und linkisch in seiner Ausdrucksweise, aber nicht blöd. Er bewahrte immer einen kühlen Kopf. Er stellte gute Fragen. Er sah die Dinge, wie sie wirklich waren. Normalerweise.

Nach einer Weile bot er ihr ein Stück von seinem Sandwich an. »Willst du auch was?«

»Es wird reichen«, sagte sie und ließ ihn mit seiner ausgestreckten Hand stehen.

28

ARLO

Arlo drückte auf die 1.

»Hey, Arlo, meine Kleine! Hier ist ... äh ... hier ist ... dein Dad. Du bist gerade gegangen, oder vielleicht ist es auch schon zehn Minuten her, keine Ahnung. Ich ... ich wollte dir was sagen, eigentlich schon die ganze Zeit, als du hier warst. Ich hab's die ganze Zeit versucht, aber irgendwie hat der Moment nie so richtig gepasst. So ist das Leben eben. Für nichts gibt es einen richtigen Moment. Man muss sich mit dem falschen Moment begnügen und dann das Beste hoffen. Und das ist auch mehr oder weniger das, was ich dir sagen wollte. In einem Leben geschehen Dinge. Man macht Fehler. Man kann nicht jeden Tag in Bestform sein. Was mich angeht, hab ich so ungefähr jedem Menschen in meiner Nähe unrecht getan. Aber bei dir werd ich es wiedergutmachen. Ich werd das in Ordnung bringen. Ich weiß, dass es im ersten Moment schwer für dich sein wird, das kann ich jetzt schon sagen. Aber so ist das Leben eben. Niemals einfach. Und ... äh ... ich wollte dir noch mehr sagen, aber ich glaube, ich kann nicht ... ich kann nicht ... Die Schwester hat mir gerade meine Medikamente gegeben. Du bist gerade gegangen, oder vielleicht ist es auch schon länger her, keine Ahnung. Ich liebe dich, Arlo, meine Kleine.«

Arlo hörte sich diese Voicemail immer wieder an, bis sie nicht nur die Worte auswendig kannte, sondern auch die Pausen dazwischen. Das erratische Piepsen eines Monitors im Hintergrund. Dieser Ozean, der zwischen *hier ist* und *dein Dad* lag. Die Gewissheit in seiner Stimme, als er sagte: *Ich werd das in Ordnung bringen.*

Sie saß im Auto. Der Motor war ausgeschaltet, ihr Atem bildete schimmernde Wölkchen. Obwohl die Windschutzscheibe sich zu beschlagen begann, konnte sie den Grabstein in der Ferne ausmachen.

Drei Tage waren seit der Zeremonie vergangen. An jedem dieser Tage war sie vor der Arbeit hier rausgefahren und hatte eine Weile auf dem Parkplatz gestanden, um zu beobachten, wie die Sonne über dieser perlweißen Oberfläche aufging. Sie hatten bei der Auswahl des Marmors das richtige Händchen bewiesen. Nur das Beste für ihren Vater.

Während Arlo seine Nachricht zum dreißigsten Mal abspielte, öffnete sie den Verschluss des Medaillons mit seinen Überresten. Sie ließ die Enden los, sodass die Kette über ihren Oberkörper nach unten auf ihren Schoß rutschte, und erst dann ging ihr auf, wie unglaublich bizarr das Ganze war. Nicht, dass sie die Asche ihres Vaters in einem Medaillon um den Hals trug – das taten viele Leute. Das Bizarre lag woanders.

Sie nahm das Handy aus dem Getränkehalter und wählte eine Nummer, die sie niemals vergessen hatte. Schon nach dem ersten Klingeln wurde abgenommen.

»Char?«

Es war immer noch das Normalste auf der Welt, zu hören, wie Hayden sie so nannte.

»Charlotte? Hallo?«

Sie versuchte sich zu erinnern, wann sie zum letzten Mal miteinander gesprochen hatten. Wahrscheinlich war es ein kurzes Gespräch gewesen, sehr höflich, irgendwas darüber, wer den Fernsehtisch behalten durfte oder die Küchenstühle. Ihre Scheidung war so kurz und schmerzlos über die Bühne gegangen, dass sie sich manchmal fragte, ob sie überhaupt stattgefunden hatte.

»Char. Wolltest du wirklich mich anrufen?«

»Warum haben wir uns getrennt?«, fragte Arlo.

Sie kannte die Antwort. Beziehungsweise, sie kannte die Antwort, hoffte aber, dass es nicht die richtige war.

Hayden hustete. Es klang gespielt. »Ich hab von deinem Vater gehört. Es tut mir wirklich leid. Aber du hast mich gerade ... es ist gerade kein besonders günstiger Moment.«

Natürlich war es kein besonders günstiger Moment. Er werkelte bestimmt gerade am Herd rum, um ein Frühstück zuzubereiten – Eggs Benedict, ganz sicher waren es Eggs Benedict – für eine große, hübsche, erfolgreiche Freundin, eine, die ihr Leben nicht mit einem Vorschlaghammer in Stücke gehauen hatte.

Im Laufe der Jahre war Arlos Beziehung zu ihrem Vater ihr immer wieder in die Quere gekommen, aber noch nie war es so gewesen wie jetzt. In letzter Zeit fühlte es sich so an, als lebte jemand Fremdes in ihrem Körper, und alles, was sie, die echte Arlo, tun konnte, war hilflos aus ihrem eigenen Kopf zuzuschauen, wie sich die Trümmer um sie herum auftürmten.

Eine Patientin zu manipulieren, war egoistisch. Es war rücksichtslos. Es war grausam. Und das Schlimmste daran war, dass sie es überhaupt nicht gemerkt hatte. Ihre Mutter, ausgerechnet ihre Mutter, hatte ihr zu dieser Einsicht verholfen.

Woraufhin Arlo ins Grübeln kam, in welchen Punkten ihre Mutter noch recht gehabt haben könnte.

»Bitte«, sagte sie. »Tu mir den Gefallen.«

»Du willst, dass ich dir sage, warum wir uns getrennt haben.«

»Aus deiner Perspektive. Sag mir, warum es nicht funktioniert hat.«

»Wir haben seit einem Jahr nicht mehr miteinander gesprochen.« Hayden klang eher müde als wütend.

»Danach belästige ich dich nie wieder. Versprochen.«

Eisige Rinnsale hatten sich auf der Windschutzscheibe gebildet und behinderten nun ihren Blick auf den Grabstein in der Ferne. Sie ließ den Motor an und drückte auf den Enteisungsknopf.

»Na ja, wir waren definitiv zu jung«, sagte Hayden.

»Aber das war nicht der einzige Grund.«

»Nein, das war nicht der einzige Grund.«

In der Mitte der Frontscheibe taute eine Stelle auf.

»Ich stand für dich nie an erster Stelle«, sagte er. »Es gab immer Dinge, die wichtiger waren.«

Arlo erinnerte sich an die langen Stunden, die sie während ihrer Praktika über den Fallstudien gebrütet hatte, wie Hayden ihr immer Essen gebracht hatte, während sie lernte. Seit ihrem zehnten Lebensjahr hatte sie Psychologin werden wollen. Damals hatte sie ihre Barbiepuppen in eine Reihe gesetzt und mit ihnen Therapie gespielt. Sie hatte ihnen von ihrem Es und Ich und Über-Ich erzählt. Und ihnen imaginäre Honorare berechnet.

»Dinge wie meine Arbeit?«, fragte Arlo.

»Und dein Vater«, sagte Hayden.

Da war es. Da war *er*. Ihr Dad.

»Du musstest ihm die ganze Zeit helfen. Du hast nicht erlaubt, dass jemand anders ihn zu seinen ganzen Terminen fuhr.«

Ja, das stimmte. Alles, was sie für ihren Vater getan hatte, jedes Chaos, das sie beseitigt, jeder Zehennagel, den sie geschnitten hatte, war dem Zweck unterworfen, der wichtigste Mensch in seinem Leben zu bleiben. Als wäre sein Herz ein Stück Land, das sie ununterbrochen bewohnen müsste, damit niemand anders vorbeikommen und es sich unter den Nagel reißen konnte.

»Wenn etwas Schönes oder Aufregendes passiert ist, hast du ihn angerufen, nicht mich. In deinem Kopf war kein Platz für irgendjemand anders.«

Arlo dachte an ihre nicht existenten Freunde. Die große Wohnung, die sie mit niemand teilte. Ihre Mutter, die nicht mehr mit ihr redete. Ihre Mutter, deren ständige Anrufe und satzzeichenlose Nachrichten Arlo im Nachhinein ganz schön vermisste.

»Du brauchtest für alles seinen Rat. Du konntest keine Entscheidung treffen, ohne vorher mit ihm gesprochen zu haben.«

Welches Auto sie kaufen sollte, was für Sachen sie anziehen sollte. Welche Investitionen sie tätigen und mit welchen Jungs sie ausgehen sollte. Wo sie einkaufen und wo sie wohnen sollte, und sollte sie wohl diese Rechtsschutzversicherung für Vermieter abschließen? Ja, sie hatte ihn alles gefragt. Er hatte immer Antworten auf ihre Fragen gehabt. Sogar als Toter versuchte er noch, ihre Probleme zu lösen. Er hatte seine Töchter zusammengebracht (und auf die Tragweite dieser Entscheidung gepfiffen), in der Hoffnung, dass sie sich vielleicht … was eigentlich? Sich gegenseitig helfen würden? Und damit wollte er dann seine eigenen Sünden auslöschen?

Es war das Dümmste, was sie jemals gehört hatte.

Aber Arlo war immer noch hier, sie atmete immer noch, sie lebte immer noch ihr ruiniertes Leben. *Sie* musste es in Ordnung bringen. Und das konnte sie nicht, solange ihr das Gewicht ihres Vaters um den Hals hing.

»Ich weiß gar nicht, wie du überhaupt deinen Job machen kannst, wenn du …«

Arlo bedankte sich bei ihm, legte auf und stieß die Autotür auf. Sie hatte genug gehört.

Die aufgehende Sonne versengte ihr die Netzhäute. Sie hatte ihre Ray-Ban-Sonnenbrille in der Konsole vergessen, konnte aber nicht umkehren, um sie sich zu holen, nicht, während sie diesen Schwung hatte. Hinter ihr lag eine schwierige Vergangenheit, vor ihre eine herausfordernde Zukunft. Sie musste nur danach greifen.

Arlo nahm das Medaillon in die Hand und öffnete es mit dem Daumennagel. Die Asche rieselte ihr auf die Haut.

»Ich liebe dich, Daddy.« Sie schüttete den Rest der Asche in die Hand und begann, ihre Handfläche über dem Boden kreisen zu lassen.

Da schoss ihr plötzlich ein panisches Gefühl durch den Bauch. Sie hielt inne und brachte ihre Hand schnell wieder in eine Position, in der sie keine Asche verstreuen konnte.

Arlo konnte die Überreste ihres Vaters nicht auf einem Parkplatz verstreuen. Überall Zigarettenkippen und Kassenbons, so weit das Auge reichte. Nein. Es wäre das Vernünftigste, wenn sie seine Asche über seinem Grab verstreuen würde. Sie stellte sich vor, wie sie es tat, wie die Asche in Zeitlupe mit einem sanften Windstoß und Vogelgezwitscher verschmolz. Und dann wären sie beide frei.

Sie stülpte ihre freie Hand über die Hand mit der Asche und notierte sich im Geiste, dass sie sich irgendwann über den Abfall beschweren sollte.

Doch als sie auf den Schnee blickte, der um den Grabstein ihres Vaters herum gefallen war, wurde Arlo klar, dass auch das nicht funktionieren würde. Die Brise hatte sich gelegt, und die Asche würde sich dort festsetzen wie Flecken.

Also begann eine Stunde hektischen Suchens auf dem ganzen Friedhof nach einem geeigneten Baum. Pinien waren zu gewöhnlich, Gebüsch zu unelegant. Arlo fand eine vielversprechende Ulme, nur um im nächsten Moment zu entdecken, dass eine Plakette am Baumstamm die Stelle für besetzt erklärte.

Irgendwann kehrte sie doch zu seinem Grab zurück und drehte ihre Handfläche mit einem resignierten Seufzen nach unten. Sie schaute zu, wie sich die Asche zu ihren Füßen verteilte, und war heilfroh, dass das erledigt war. Und dass gewisse Dinge ab jetzt anders würden.

✳ ✳ ✳

Eine Nachricht kam nicht infrage. Da hätte sie viel zu viel tippen müssen. Eine Mail wiederum … das war eigentlich gar keine schlechte Idee. In einer Mail konnte Arlo ihr Verhalten erklären. Aber wie sollte sie Mickey davon abhalten, die Mail zu löschen, sobald sie ihren Posteingang erreichte? Alle Briefe, die Arlo schicken könnte, würden wahrscheinlich ungeöffnet an sie zurückgehen, wenn nicht sogar gleich verbrannt werden. Arlo könnte an Mickeys Tür klopfen und ihre Abbitte persönlich vorbringen, immerhin wusste sie, wo Mickey wohnte, aber das würde wahrscheinlich einen Machtmissbrauch darstellen, und Arlo hatte sich weiteres unethisches Verhalten verboten. Von jetzt an würde sie ihr bestes, moralischstes Selbst sein.

»Ach, scheiß drauf.« Arlo drehte sich um und griff nach ihrem Handy auf dem Nachttisch. Es war schließlich erst zehn. Nicht, dass das zu spät gewesen wäre oder so.

Hey, können wir reden?

Nachdem sie sie abgeschickt hatte, wirkte die Nachricht kläglich. Vier Worte? Vier mickrige Worte waren alles, was ihr eingefallen war? Sie musste etwas Besseres zustandebringen als diese winzige blaue Sprechblase. Sie glaubte nicht an Seelen, das Bewusstsein war nur eine Funktion des Gehirns, aber *wenn* es so etwas geben sollte, dann stand ihre jetzt garantiert auf der Kippe, ein schmutziger Fetzen, der sich in einem metaphysischen Zaunnagel verfangen hatte. Nur Mickey konnte ihn abnehmen und wieder reinwaschen.

Ich würde gern ein paar Dinge erklären.

Arlo wartete darauf, dass eine Ellipse am unteren Ende ihres Displays erschien, das gnädige Signal, dass der Empfänger die Nachricht gelesen hatte und gerade an einer Antwort schrieb. Doch die Ellipse wollte nicht erscheinen. Arlo starrte auf ihr Handy, bis das Display dunkel wurde, dann tippte sie mit einer Fingerspitze darauf, um es wieder aufleuchten zu lassen. Als das Display sich ein zweites Mal verdunkelte, zwang sie sich, das Handy beiseitezulegen. Sie knipste die Lampe aus, zog sich die Decke bis zu den Ohren hoch und versuchte einzuschlafen.

Vielleicht schaute Mickey gerade einfach nicht auf ihr Handy. Vielleicht schlief sie ja schon. Ja, das war wahrscheinlich der Grund. Mickey hatte ihre Nachricht noch nicht mal gesehen. Morgen früh würde Mickey auf ihr Handy schauen, und dann würden sie eine Zeit ausmachen, zu der sie sich treffen konnten.

Es sei denn.

Es sei denn, Mickey hatte die Nachricht *sehr wohl* gesehen und sie bewusst ignoriert. Und warum sollte sie sie auch nicht ignorieren? Arlo hatte das Vertrauen ihrer Patientin missbraucht, die absolute Grundlage jeder therapeutischen Beziehung. Wenn Mickey bloß verstehen würde, wie sehr Arlo ihre Taten bereute.

Arlo griff wieder nach ihrem Handy.

Aber nur, wenn du willst. Was du willst, ist das Wichtigste hier. Du bist das Opfer in dieser Situation.

Oh Gott! Warum hatte sie das gesagt?

Nicht, dass ich dich als Opfer betrachten würde. Du bist eine Kämpferin. Du bist ein richtig starker Mensch, *Mickey*. Ich bewundere dich sehr.

Arlo konnte ihre Daumen nicht mehr stoppen. Die Worte strömten ihr nur so aus den Fingerspitzen.

Es tut mir leid. Es tut mir wirklich aufrichtig leid. Nichts hiervon hätte passieren dürfen. Ich hätte es dir gleich sagen sollen, als ich dahintergekommen bin. Was ich getan habe, war falsch und schlecht, und ich wünschte, ich könnte es zurückgeben.

*zurücknehmen

Dann fiel ihr etwas anderes ein.

Hier ist Arlo.

Zum besseren Verständnis, fügte sie hinzu:

Fink.
Arlo Fink.
Ich hab bei der Hochzeit den Namen meines Mannes angenommen.
Ich bin geschieden.

Sie las ihre Nachrichten noch einmal durch. Plötzlich lag das Handy auf dem Boden. Vielleicht war es ihr runtergefallen, vielleicht hatte sie es selbst geschmissen. Egal.

Arlo brauchte Schlaf. Sie hatte Schlaf verdient. Okay, sie hatte also eine schlimme Sache getan. Aber sie war immer noch ein Mensch, und als Mensch hatte sie Schlaf verdient. Schlaf war wichtig für die Reparatur ihrer beschädigten Körperzellen, den Abtransport der Schlacken aus ihren Hirnventrikeln und die Abspeicherung jüngster Ereignisse in Form von Erinnerungen, die in Kategorien eingeordnet und verräumt werden konnten. Die Welt würde am Morgen ganz anders aussehen, und sie wäre ein ganz anderer Mensch. Am Morgen würde sie sich wieder beruhigt haben. Sie würde tief durchatmen. Und sich dann dem neuen Tag mit Mut und Gelassenheit stellen.

Da pingte ihr Handy und schickte einen Fächer aus weißem Licht durchs Zimmer. Arlo warf sich aus dem Bett und schlug mit den Rippen auf dem Boden auf.

Es war Mickey.

Meinetwegen können wir uns treffen.

Arlo stieß einen Freudenschrei aus. Sie war gerettet!
Eine weitere Nachricht von Mickey traf ein:

Wann und wo?

Sie mussten sich auf neutralem Boden treffen, am besten in der Öffentlichkeit. Mickey konnte sie schlecht schlagen, wenn sie in der Öffentlichkeit waren.

Mickeys Gesicht erschien über die nächsten Stunden in Arlos Kopf und verschwand wieder, während sie zwischen Schlafen und Wachzustand oszillierte. Sie hatte sich gegen drei Uhr morgens aus dem Bett geschält und sich der durchwachten Nacht ergeben, und sei es auch nur, um etwas anderes zu sehen als dieses glänzende, wippende Haar und diese breite Stirn und diese blauen Augen ihres Vaters.

Der Kaffee, den Arlo sich bei McDonald's kaufte, war schon der vierte. Sie war zu früh dran und setzte sich auf einen Fensterplatz. Aus den Deckenlautsprechern dröhnte ein Weihnachtslied, und Arlo blinzelte hinaus auf die sonnige Straße und dachte über den Klimawandel nach. Ihr Becher war nach zwei Schlucken leer. Sie ging zurück an den Bestelltresen und holte sich eine große Pommes, stellte aber fest, dass sie nichts runterkriegte. Die Pommes im fettigen Pappbehälter wurden hart und kalt und glänzten in den Lichtern.

Stuhlbeine scharrten geräuschvoll über den Boden.

Arlo zuckte zusammen, machte eine unkontrollierte Bewegung mit dem Arm und warf ihren leeren Kaffeebecher um.

Von den drei leeren Stühlen am Tisch setzte sich Mickey auf den, der schräg gegenüber von Arlo stand. Sie wirkte nicht wütend. Das Einzige, was man in ihrem Gesicht lesen konnte, war ihre Müdigkeit. Sie trug einen fusseligen Pullover mit rosa und grünen Streifen und einem Muster aus kleinen Alpakas, was irgendwie seltsam wirkte.

»Ich war mir nicht sicher, ob du kommen würdest«, sagte Arlo. »Nicht, dass du die Sorte Mensch wärst, der andere einfach versetzt. Ich mein bloß, ich hätte dir keinen Vorwurf draus gemacht, wenn du nicht gekommen wärst.«

Mickey schien den leeren Kaffeebecher und die ungegessenen Pommes mit einer gewissen Skepsis zu registrieren, und ihr Kinn wanderte Richtung Hals.

»Ich hab über alles nachgedacht, und ich bestätige einfach, dass du alle sieben Sitzungen absolviert hast. Ich unterschreib auch alles, was du für die Anwaltskanzlei brauchst.«

Mickey zog sich den Haargummi aus den Haaren und sagte überhaupt nichts. Hatte Arlo etwa gesagt, was sie beleidigt hatte? Jetzt schon, nach nur fünf Sekunden?

»Es geht natürlich um mehr als bloß das Geld. Ich hätte es dir in dem Moment sagen sollen, als ich dahintergekommen bin, dass wir …« Arlo brachte es immer noch nicht über die Lippen. »Als ich rausgefunden habe, was uns verbindet. Es tut mir leid.«

Mickey wandte den Blick ab und ließ ihn über die Wandbemalung wandern und zu den großen, leuchtenden Bildschirmen an den Selbstbedienungssäulen. Sie bereute es offenbar, hergekommen zu sein. Es war offensichtlich. Jeden Moment würde sie von dem harten McDonald's-Plastikstuhl aufstehen und stoischen Schrittes auf den Ausgang zugehen.

Doch dann wandte sie sich an Arlo mit einem seltsam hoffnungsvollen Ausdruck in den Augen und fragte: »Was wolltest du mir erklären?«

»Hm?«

»In deiner Nachricht hast du gesagt, dass es Dinge gibt, die du erklären willst.«

Ja, das hatte Arlo gesagt. Sie hatte sich dazu verpflichtet, die volle, erbärmliche Wahrheit zu sagen.

29

MICKEY

»Ich wollte ihn ganz für mich allein haben. Seine Zeit, seine Aufmerksamkeit, seine Anerkennung. Und diese Sache mit dem Testament … mit dir … das empfand ich als eine Bedrohung. Je mehr er sich um dich kümmerte, desto weniger war es möglich, dass ich ihm wichtig war. Zumindest glaubte ich das. Was lustig ist, weil ich gerade anfange zu bezweifeln, dass er sich jemals um irgendjemanden geschert hat als um sich selbst. Und ich weiß nicht, warum *ich* mir so viel daraus mache, ob *er* sich überhaupt etwas aus mir gemacht hat, aber leider tue ich es. Und ich komm nicht drüber weg. Ich kann nicht.«

In Arlos Kopf drehte sich alles. Man sah es ihr an den Augenringen an, an der Art, wie ihre Hände zitterten, während sie sprach, an ihrem leeren Kaffeebecher – wahrscheinlich der dritte oder vierte an diesem Morgen –, den sie vorhin mit dem Ellbogen umgeworfen hatte. Ihre Brille war verrutscht. Sie hatte ihre Bluse verkehrt herum angezogen. Das alles gab einen so jämmerlichen Anblick ab, dass Mickey im ersten Moment den Blick abwenden musste. Doch dann begann ihr Mitgefühl einzusetzen, denn Mickey wusste nur zu gut, was es bedeutete, den Boden unter den Füßen zu verlieren.

Seit ihrer Unterhaltung mit Chris hatte sie sich klein gefühlt, unwürdig, zum Scheitern verdammt und schrecklich einsam. Die meisten ihrer wachen Stunden hatte sie damit verbracht, von Zimmer zu Zimmer zu wandern und Fritos zu essen oder zu versuchen, das Buch von Hillary Clinton zu lesen, doch sie wurde immer wieder abgelenkt von ihrer überwältigenden Einsamkeit. Dann waren die Nachrichten von Arlo gekommen.

»Er konnte einen in den Wahnsinn treiben«, sagte Mickey.

Arlo schaute sie überrascht an. »Dich auch?«

Mickey zupfte sich die Ärmel über die Handgelenke. Sie hatte den fusseligen Pullover heute extra angezogen, weil sie hoffte, dass er ihr Trost und Kraft spenden würde. »Ein Teil von mir glaubt immer noch, dass er eines Tages vor meiner Tür steht und sagt: ›Weißt du was, Mickey? Du hattest recht. Ich war ein Arschloch. Aber schau dich doch jetzt mal an. Schau, was du alles erreicht hast.‹ Was natürlich nicht stimmt. Mein Leben ist total verkorkst. Ich hab gar nichts erreicht. Ich hab jede letzte Brücke hinter mir abgebrochen.«

Arlo nahm sich einen der Pommes und musterte ihn mit gerunzelter Stirn. »Das geht überraschend leicht, oder?«

Sie meinte die Enthüllung des Grabsteins. Ihren sehr öffentlichen Zusammenbruch am Mikrofon.

Je öfter sie Arlos Rede im Geiste durchgegangen war, desto mehr hatte sie Mickey zu schaffen gemacht. »Was du da gesagt hast …«

Arlo kaute den Pommes langsam und verzog das Gesicht.

»Ich glaube nicht, dass er zu hundert Prozent furchtbar war«, sagte Mickey.

Ein seltsamer Laut, halb hustend, halb ratlos, kam aus Arlos Kehle. Sie hielt sich die Hand vor den Mund und wandte den Blick ab.

»Wenn er zu hundert Prozent nur furchtbar gewesen wäre, würde es die Sache einfacher machen«, sagte Mickey. »Aber er war – na ja, du weißt schon. Er war rührend und albern. Liebevoll.«

Mickey war ihr Leben lang vor ihrem Vater davongerannt. Doch egal, wie weit sie gekommen war, egal, wo die ganzen

Busse und Flugzeuge sie hingebracht hatten, sie hatte immer den Weg zurück gefunden. Und er war genau da, wo sie ihn stehen gelassen hatte: unten am Teich mit aufgekrempelten Hemdsärmeln und der Sonne auf dem Gesicht, Brotstückchen an die verdammten Enten verfütternd.

»Ich war wütend auf ihn, weil er uns verlassen und unser Leben zerstört hat. Aber ich war auch wütend, weil ich ihn aufrichtig vermisst hab. Kannst du dich noch dran erinnern, wie er Tigger nachgemacht hat? Das war absolut auf den Punkt gebracht. Ich meine ... versteh mich jetzt nicht falsch. Natürlich war er trotzdem furchtbar.«

Arlo senkte ihre Hand, hinter der sich ein beginnendes Lächeln abzeichnete. »Aber nur zu neunzig Prozent.«

»Ja. Genau. Zu neunzig Prozent furchtbar.«

Der Abstand zwischen ihnen schien zusammenzuschrumpfen, und alles fühlte sich ein bisschen machbarer an. Mickey würde es schaffen, nüchtern zu bleiben. Sie würde ihren Job zurückbekommen. Sie würde echte Beziehungen aufbauen und immer zur gleichen Zeit ins Bett gehen. Und Arlo würde sie ganz sicher bei jedem Schritt auf diesem Weg anfeuern, wenn es schon niemand anders tat. Deswegen also hatte Arlo Mickey heute hierhergebeten: um sich zu entschuldigen, ja, aber auch, um ihr zu helfen. Um ihre Unterstützung auszudrücken. Um eine Beziehung aufzubauen!

Mickey legte die Hände flach auf den Tisch. Sie hatte sich einen seltsamen Platz ausgesucht, sie saßen sich nicht direkt gegenüber. »Es war mies von ihm, dich aus dem Testament zu streichen. Du hast dich die ganzen Jahre um ihn gekümmert, ihn quasi am Leben gehalten, und zum Dank hat er ...« Sie mit Mickey sitzen gelassen, der größten menschlichen Katastrophe überhaupt, dem Fall, den kein Therapeut knacken konnte. »Was für eine Scheiße! Echt mal.«

Drei alte Leute in der Ecke drehten sich um und bedachten sie mit finsteren Blicken.

Mickey bemerkte, dass ihre Nagelhaut blutete, die Haut um ihre Fingernägel war wund, sie musste sie abgekaut haben.

»Es steht mir nicht zu, das zu fragen«, sagte Arlo, »aber …«

»Einundneunzig Stunden«, sagte Mickey.

»Toll«, sagte Arlo, obwohl das Mitleid deutlich in ihrem Gesicht zu lesen stand.

Sie dachte wahrscheinlich an all die Alkoholiker, die sie in ihrem Leben kennengelernt hatte. Und daran, welche rückfällig geworden waren. Welche sich am Ende Rückenmarksverletzungen oder Schädelbrüche oder Hepatitis zugezogen hatten. Welche zum Schluss daran gestorben waren. Und an die wenigen, die es geschafft hatten, die zwei oder fünfundzwanzig Jahre später immer noch nüchtern waren, denn es musste ja welche geben. Statistisch gesehen konnte nicht jeder scheitern.

»Ich gehe gleich zu einem Meeting«, sagte Mickey.

»Toll«, sagte Arlo wieder.

Mickey wartete auf mehr. Arlo musste doch jetzt jeden Moment mit einer kitschigen Bemerkung über die Härten des Lebens und die widerstandsfähige Natur des menschlichen Geistes ankommen. *Du schaffst das,* würde sie sagen. *Du hast kaum eine Chance, also ergreife sie.*

»Also, heißt das, dass du … ich meine, was denkst du?« Arlo verschränkte ihre Arme und packte mit jeder Hand ein Ende ihres Oberteils. Diese Geste war unpassend.

»Worüber?«, fragte Mickey.

»Ist zwischen uns … alles okay?«

Mickey spürte den Stich, als würde ein Ballon platzen, und all ihre verzweifelte Hoffnung strömte heraus. »Du bittest mich um Verzeihung.«

Arlos Augen weiteten sich vor Schuldbewusstsein.

»Ja, das tust du gerade. Du fragst mich, ob ich dir verzeihe.«

Mickey wurde schlagartig klar, dass Arlo ihr gar nicht Mut machen wollte. Sie würde auch keine beruhigenden Worte oder kitschige Psychologenphrasen anbieten. Arlo war nicht hier, um ihr zu helfen oder sie zu unterstützen oder eine Beziehung zu ihr aufzubauen. Für sie ging es bei diesem Treffen nur um die nächste Transaktion. Fünfzig Minuten falscher Intimität, die sie ihr nur aus einem Grund gewährte: Sie wollte ihr Gewissen reinwaschen.

»Ich meinte nur, dass …« Arlos Blick zuckte zwischen den Pommes und dem Kaffeebecher hin und her. Ihre Stirn begann zu glänzen. »Ich dachte, dass sich vielleicht etwas Gutes aus dieser Situation ergibt. Vielleicht könnten du und ich ja … ich weiß nicht, Freundinnen werden.«

Ein Lachen brach aus den Tiefen von Mickeys Brustkorb hervor. »Das willst du doch gar nicht. Du willst dich nur nicht mehr schuldig fühlen. Du willst von mir hören, dass du dir keine Sorgen machen musst, weil du dann deines Weges gehen und vergessen kannst, dass das hier jemals passiert ist.«

Sogar in diesem Moment dachte Arlo nur an sich selbst. Sie war so kalt, so egoistisch. Mindestens zu neunzig Prozent furchtbar. Vielleicht sogar fünfundneunzig.

»Du hast recht«, sagte sie. »Es tut mir so …«

»Es tut dir so leid«, sagte Mickey und sprang auf. »Ich weiß.« Immerhin hatte sie diese Worte selbst schon ein paarmal gesagt. Sie wusste, wie wenig sie in Wirklichkeit bedeuteten.

✳ ✳ ✳

Der Mann mit der Weihnachtsmann-Mütze warf einen Blick auf seinen Papierstapel. »Sie müssen Mickey Morris sein.«

»Ja, Sir«, sagte sie.

Er hatte ein rundes, jugendliches Gesicht und keinen Bart, weshalb Mickey es lächerlich vorkam, ihn mit »Sir« anzusprechen, aber besser auf Nummer sicher gehen.

Er stellte sich als Mr Cook vor und erklärte, dass er die Befragung leiten würde. »Frohe Feiertage!«

»Frohe Feiertage«, echoten Mickey und Tom wie aus einem Munde.

Eine Empfangsdame hatte sie durch eine Reihe fensterloser Korridore geführt, an deren Wänden lauter Fotos von alten weißen Männern in Anzügen hingen, eine Parade von Verwaltungsbeamten und Oberverwaltungsbeamten und Oberoberverwaltungsbeamten. Die Jahreszahlen reichten immer weiter in die Vergangenheit zurück, je tiefer sie in dieses Labyrinth vorstießen, die Bilder verblassten von Farbfotos über Schwarz-Weiß bis zu Sepiabraun. Gegen 1950 erreichten sie einen zugestellten Konferenzraum, in dem die Rohre hinter den Wänden gluckerten und die Luft schwach nach Diesel roch.

Neben Mr Cook saßen seine zwei Kollegen, eine Frau mit blassblonden Haaren und ein Mann mittleren Alters, der aussah, als würde er schlafen. Die Frau hatte zu viel Mascara aufgetragen, sodass ihre Wimpern jeweils zu vier oder fünf Stacheln zusammengeklebt waren, und sie konnte ihren Blick nicht von ihrem Handy losreißen.

Mr Cook bückte sich unter den Tisch und kam mit einem Bündel aus rotem Stoff wieder hervor: zwei weitere mit weißem Fell gesäumte Weihnachtsmann-Mützen. »Ich dachte, das könnte die Gelegenheit ein bisschen festlicher machen«, meinte er, wobei er jeweils eine über den Tisch zu Mickey und Tom rüberschob.

Mickey, die keinen Stolz mehr übrig hatte, setzte sie sich auf, ohne lang zu überlegen. Tom schien zu zögern. Er stocherte mit der Spitze seines Stifts an dem weißen Fellbesatz.

Mr Cook entblößte seine Zähne zu einem Grinsen. »Na Kumpel, was ist dir denn über die Leber gelaufen?«

»Wir sind hier in einer juristischen Angelegenheit«, sagte Tom.

»Ich hab auch Kekse, für den Fall, dass wir uns vertagen müssen. Shortbread. Rezept von meiner Großmutter.«

»Oh. Okay.« Tom zog sich die Mütze über die Ohren und legte einen Knöchel auf das Knie seines anderen Beins, sodass das Hosenbein hochrutschte und den Blick auf eine Socke mit einem Muster aus Cartoon-Avocados freigab. Mickey hätte vielleicht gegrinst, wäre sie nicht damit beschäftigt gewesen, innerlich ein bisschen zu sterben. Sie hatte niemand auftreiben können, nicht einen Menschen auf einem Planeten mit mehreren Milliarden Bewohnern, der bereit gewesen wäre, ihren Leumundszeugen abzugeben. Sie war dem Untergang geweiht.

Sie ließ ihre Handtasche von der Schulter gleiten und auf den Boden fallen, und versuchte, nicht darüber nachzudenken, was sie dort drin verstaut hatte. Sie brauchte es nicht. Und sie wollte es auch ganz sicher nicht. Sie hatte es nur als Vorsichtsmaßnahme mitgenommen – als eine Art Versicherungspolice. Das Zeug, das sie mitgebracht hatte, ließ sich vielfältig verwenden. Es konnte Nagellack entfernen … Wunden desinfizieren … vielleicht bestimmte Motoren antreiben …

Mr Cook nahm eine Buddy-Holly-Brille aus der Brusttasche seines dreiteiligen Anzugs, schob sie sich auf die Nase und verlas die Tagesordnung: Eröffnungsfragen, gefolgt von zusätzlichen Aussagen.

»Alles wird auf Band aufgezeichnet.« Mr Cook deutete mit einem Nicken auf den braunen Kasten auf dem Tisch – der erste Kassettenrekorder, den Mickey seit ihren Kindertagen gesehen hatte. »Anschließend wird sich der Disziplinarausschuss zurückziehen, um seine Entscheidung zu fällen. Okey-dokey?«

»Okey-dokey«, bestätigte Mickey.

Mr Cook richtete seine großen Augen auf Tom, der zwischen seiner Armbanduhr und der Tür hin- und herschaute. Wahrscheinlich stellte er sich gerade vor, wie er von hier floh. Er musste gewusst haben, dass das hier ein hoffnungsloser Fall war.

»Okey-dokey«, bestätigte Tom.

Mr Cook stieß das schlafende Gremiumsmitglied an, das mit einem spritzenden Schnarchlaut hochschreckte. »Larry. Wir fangen jetzt an.«

Die blonde Frau legte ihr Handy auf den Tisch. Es fehlten ihr offenbar nur noch zwei richtige Buchstaben für das heutige Wordle-Rätsel.

Mickey ließ den Blick durchs Zimmer schweifen, um den Ort zu finden, wo sie sich am besten übergeben konnte, für den Fall, dass es notwendig werden würde.

»Ms Morris«, begann Mr Cook, der seine niedergekritzelten Worte von einem Notizblock ablas, »ist es wahr, dass Sie das betreffende Kind ohne die Erlaubnis seines Sorgeberechtigten vom Schulgelände mitgenommen haben?«

»Seine Mutter ist nicht gekommen, um ihn abzuholen, deswegen habe ich …«

»Bitte antworten Sie mit Ja oder Nein.« Sein Mund wurde zu einer festen Linie, die Mickeys eigene Lippen zum Zittern brachte.

»Sie können einen Zeugen nicht zwingen, mit Ja oder Nein zu antworten«, unterbrach ihn Tom.

»Ich zwinge sie doch nicht, ich bitte sie nur.« Mr Cook schaute Mickey erwartungsvoll an.

»Ja?«, sagte Mickey. »Hab ich wohl.«

»War das Kind in diesem Moment einer Gefahr ausgesetzt?«

»Nein«, sagte Mickey. »Obwohl, doch, schon irgendwie. Also …«

»Ich frage Sie jetzt noch einmal.« Mr Cook lehnte sich vor, sodass der Bommel seiner Weihnachtsmann-Mütze über seine Schläfe nach vorne plumpste, was seltsam bedrohlich aussah. »War das Kind *in diesem Moment* in irgendeiner Form einer *unmittelbaren Gefahr* ausgesetzt, die seine *sofortige Entfernung* vom Schulgelände rechtfertigte?«

Mickey suchte nach ihrer Tasche und hielt sich an ihr fest. »Nein.«

»Ich sage es nochmals: Sie müssen sie den Sachverhalt schon näher erläutern lassen«, warf Tom ein.

»Und ist es wahr, dass Ihre Vorgesetzte an diesem Tag, Direktorin Jean Donoghue, Ihnen ausdrücklich die Anweisung gegeben hat, die Behörden zu benachrichtigen, wenn der Sorgeberechtigte des Kindes nicht persönlich erscheinen sollte?«

Mickey öffnete ihre Handtasche einen Spaltbreit und spähte auf die Flasche Smirnoff. Der rote Schraubverschluss strahlte so hell wie die Nase von Rudolph, dem Rentier mit der roten Nase. »Ja.«

»Und war Ihnen bewusst, dass durch Nichtbefolgen dieser Anweisungen Sie nicht nur die Schulordnung, sondern auch die ethischen Richtlinien verletzt haben, wie sie von der Lehrervereinigung definiert werden?«

»Wenn ich darf«, mischte sich Tom ein, der rührende, ernste Tom, »würde ich gerne auf Punkt 42 B der Verhaltensrichtlinien für Erzieher verweisen, in dem festgestellt wird, dass ein Erzieher gegen bestimmte Artikel verstoßen darf, wenn er damit im besten Interesse des ›körperlichen und emotionalen Wohlbefinden des Kindes‹ handelt.« Er schob ein Blatt über den Tisch.

Mr Cook hob es nicht auf, er schaute es nicht mal an. »Aber

Ihre Mandantin hat bereits zugegeben, dass sich das Kind nicht in unmittelbarer Gefahr befand.«

»Ja, aber ...«

»Müssen wir die Aufzeichnung noch mal überprüfen? Das können wir gerne machen.«

Mickey legte Tom eine Hand auf den Ellbogen und flüsterte ihm ins Ohr: »Schon okay. Wir haben immer noch Zeit, die anderen beiden umzustimmen.«

In Wirklichkeit war sie sich da gar nicht so sicher. Die Wordle-Frau war zwar gerade bei ihrem letzten Versuch für das heutige Rätsel. Und die Schlafmütze war zwar bei Bewusstsein, sah aber desinteressiert aus und schabte mit den Schneidezähnen den Dreck unter seinen Fingernägeln heraus.

»Also, Ms Morris?«, fragte Mr Cook. »War Ihnen bewusst, dass Sie mit Ihrem Verhalten die ethischen Richtlinien verletzt haben?«

Mickey schluckte schwer. Es waren noch keine zwei Minuten vergangen, und sie war schon so gut wie erledigt. »Ja.«

Mr Cook klappte seinen Notizblock mit deutlichem Genuss zu. »Dann haben wir noch die Angelegenheit des darauffolgenden Montags zu besprechen.«

Mickey war verdutzt. »Was für ein Montag?«

»Ich habe hier eine Anmerkung, dass Sie, als Direktorin Donoghue Ihnen Ihre vorläufige Suspendierung vom Dienst mitgeteilt und Sie gebeten hat, den Kindergarten zu verlassen, sich geweigert haben, ihrer Aufforderung Folge zu leisten.«

Ach, ja. Der Montag danach.

»Ich ... ich hab bloß nicht verstanden, wie mir da geschah«, sagte Mickey. »Das ist alles.«

»Haben Sie deswegen Ihre Vertretungslehrerin angegriffen? Weil Sie nicht verstanden haben, wie Ihnen geschah?«

»Ich hab sie nicht *angegriffen* ...« Mickey musste fast lachen.

»Ich hab niemand angegriffen. Ich glaube, ich hab ihr ein paar Spielzeuge aus der Hand genommen, das war alles, und um ehrlich zu sein, sie wusste offenbar *nicht*, was sie da tat. Sie können unmöglich die Spielzeugautos schon am Morgen rausholen, ohne ein Blutbad zu erwarten.«

»Sie müssen ja eine sehr hohe Meinung von Ihren Fähigkeiten haben.«

»Na ja, schon.« Waŕ es schlecht, das zuzugeben? »Ich mach das immerhin schon seit zehn Jahren. Ich kenne Kinder. Ich liebe Kinder. Kinder sind das Einzige, was in meinem Leben noch Sinn ergibt.«

»Wie meinen Sie das?«, fragte Mr Cook, während er sich fieberhaft Notizen machte.

Tom meldete sich zu Wort. »Ich bin nicht sicher, ob …«

Mr Cook brachte ihn zum Schweigen. »Ms Morris?«

Zum ersten Mal in über zehn Jahren fiel Mickey keine gute Lüge ein. Stattdessen geriet sie in Panik und sagte die Wahrheit: »Was ich meine, ist, dass mein Leben außerhalb der Arbeit irgendwie traurig und leer und sinnlos ist.«

Tom seufzte. Mr Cook lächelte.

»Ich habe keine Freunde«, fuhr Mickey fort, in der Hoffnung, es würde besser klingen, wenn sie es detaillierter erklärte. »Früher hab ich immer geglaubt, dass alle Erwachsenen von Haus aus egoistisch und verdorben sind, weswegen ich auch diese seltsame Affinität für Kinder habe. Ich meine – nicht wirklich *seltsam*. Nicht wie …« Oh Gott! »Ich habe Verlustängste wegen meiner schlechten Erfahrung mit meinem Vater. Nicht, dass … ich meine … ich arbeite daran.« Oh *Gott!* »Da meine eigene Kindheit und Jugend traumatisch war, arbeite ich so hart daran, eine gute Erzieherin zu sein. Ich will den Kindern Sicherheit und Stabilität vermitteln, damit sie nicht so geschädigt werden wie … wie ich.«

Es herrschte Schweigen im Zimmer. Mr Cook machte sich Notizen. Es dauerte eine geraume Weile.

Als er endlich fertig war, blickte er auf und sagte: »Tja, diesen Teil hätten wir schon mal geschafft. Jetzt können wir uns dem …«

Die Tür ging schwungvoll auf, und eine zierliche, sommersprossige Rothaarige trat ein. Sie war von Kopf bis Fuß in Kaschmir gekleidet, trug eine lederne Aktentasche unter dem einen und eine Canada-Goose-Jacke unter dem anderen Arm.

»Es tut mir so leid, ich hab einfach keinen Parkplatz gefunden. Und dann hab ich mich in diesen Gängen verlaufen. Nochmals, es tut mir …« Arlo brach ab. Wahrscheinlich hatte sie die Weihnachtsmann-Mützen bemerkt.

Ja, Arlo war hier. Bei Mickeys Befragung. Aber warum? Es sei denn …

»Aha«, sagte Mr Cook und blickte auf seinen Notizblock. »Sie müssen Ms Fink sein? Die als Leumundszeugin aussagt?«

»Nein«, sagte Mickey.

»Ja«, sagte Arlo.

Mickey hatte keine Ahnung, was Arlo zu ihren Gunsten aussagen würde, konnte sich jedoch nicht vorstellen, dass es die Situation verbessern würde. Welche Art von Eigeninteresse verfolgte sie damit? »Ich glaube wirklich nicht, dass …«

»Ja, ich bin hier, um als ihre Leumundszeugin auszusagen.« Arlo ließ sich auf den leeren Stuhl neben einen grinsenden Tom plumpsen. Sie beugte sich über seinen Schoß und flüsterte Mickey zu: »Lass mich dir helfen.«

Mickey konnte die fruchtige Note von Arlos Parfum riechen, konnte das schwache Gurgeln ihres Magens hören, und die winzigen, geplatzten Blutgefäße auf ihren Wangen sehen. Sie stellte sich vor, dass sie in einem anderen Leben vielleicht mit ihr durch Rasensprenger gerannt wäre. Schneemänner gebaut hätte. Marshmallows über einem Lagerfeuer geröstet.

»Ms Morris?« Mr Cook schaute sie ungeduldig an. »Wollen wir weitermachen?«

Mickey, die definitiv nicht bereit war weiterzumachen, brachte ein bejahendes Quieken heraus.

Alle wandten sich Arlo zu, die zu schwitzen schien, denn ihre Brillengläser beschlugen bei jedem Atemzug. Auf ihrem Hals bildeten sich rote Flecken.

Nachdem sie sich als Mickeys Therapeutin vorgestellt hatte, räusperte sie sich und begann von ihrem Handy abzulesen: »Nicht lange nachdem ich meine Arbeit mit Michelle Morris begonnen hatte, wurde mir klar, wie sehr sie ihren Job liebt. Als ich sie fragte, wer die wichtigsten Menschen in ihrem Leben waren, antwortete sie, ohne zu zögern: ›Die Kinder in meiner Gruppe.‹«

Ja, das hatte Mickey wirklich gesagt.

»Sie denkt immer über Unterrichtspläne nach, welche Lieder sie im Morgenkreis singen will und welche Kinder Hilfe brauchen beim Handschuheanziehen.«

Auch das hatte Mickey in der Therapie gesagt. Anscheinend hatte Arlo genauso gut zugehört, wie sie hinterhältige Pläne geschmiedet hatte.

»Deswegen überrascht es mich nicht, dass Mickey sich die Zeit genommen und die Initiative ergriffen hat, das Kind selbst nach Hause zu bringen, statt die Behörden über die Mutter zu informieren, eine gute Mutter, von der sie wusste, dass sie alleinerziehend war und finanzielle Schwierigkeiten hatte. Michelle sieht erst den Wald, dann die Bäume.«

Mickeys Brustkorb fühlte sich an wie zusammengeschnürt. *Kannte* Arlo sie tatsächlich so gut?

»Doch abgesehen von ihrer liebevollen Veranlagung und

ihren erzieherischen Fähigkeiten hat Michelle noch eine ziemlich seltene Eigenschaft, die es wert ist, erwähnt zu werden. Gestatten Sie mir, dass ich hierfür ein bisschen weiter aushole.«

Mickey versuchte zu atmen, doch ihre Lungen ließen sich kaum noch füllen. *Weiter ausholen* war normalerweise kein Ausdruck, der Gutes verhieß.

»Innerhalb der Psychologie sprechen wir Experten oft von einem Phänomen namens Transtheoretisches Modell …«

Alle Augen im Zimmer wurden sofort glasig.

»… was bedeutet, dass Menschen verschiedene Entwicklungsstadien durchlaufen. Unsere Laster sind in unseren Gehirnen verwurzelt, und bevor wir anfangen können, die Dinge anders zu machen, müssen wir durch ein Stadium der Kontemplation gehen – wir müssen daran *denken*, dass wir diese Veränderung vornehmen wollen. Manche Menschen bleiben jahrelang in dieser Phase stecken.«

Mickey ließ den Kopf hängen. Das war kein Leumundszeugnis, das war eine Psychologie-Vorlesung. Dabei war sie so gut gestartet.

»Ich versuche, meinen Patienten zu helfen, aber der Impuls für den Übergang von der Kontemplation zur Umsetzung muss von ihnen ausgehen. Viele Menschen schaffen das nie. Wenn ich ehrlich sein soll, manchmal frage ich mich, warum ich meinen Job überhaupt mache, wenn ich das so sehe – wenn ich sehe, wie die Menschen sich abstrampeln.«

Mickey griff in ihre Tasche und fasste die Wodkaflasche beim Hals. Diese Besprechung würde wie lange noch dauern – fünfzehn Minuten? Maximal zwanzig. Sie würde es bis zum Ende schaffen, hinausschlüpfen, die nächste Toilette aufsuchen, es sich in der Kabine gemütlich machen und … ja. Wenn sie das wollte. Wollte sie das? Natürlich wollte sie. Aber wollte sie es wirklich, tief in ihrem Inneren?

»Aber immer mal wieder kommt jemand, der einen wirklich überrascht. Michelle hat ihre Probleme, wie jeder Mensch. Ich werde nicht sagen, welche es sind, weil das ihre private Angelegenheit ist. Aber es sollte reichen, wenn ich sage, dass sie sich an ihre Vorsätze hält. Wenn sie sich vorgenommen hat, sich zu ändern, handelt sie. Ich kann Ihnen gar nicht sagen, wie selten das ist. Sie lässt sich auf Dinge ein.«

Scham rollte über sie hinweg wie ein düsterer Nebel. Mickey hatte sich auf überhaupt nichts eingelassen. Sie hatte ihren Wodka auf dem Friedhof ausgeschüttet und sich dabei dermaßen erleuchtet gefühlt, dermaßen selbstverwirklicht. Als ob es damit wirklich zu Ende wäre. Einmal die Flasche ins Gebüsch geschmissen, und zack, Sucht überstanden.

Mickey fielen die ganzen anderen Male ein, die sie versucht hatte, mit dem Trinken aufzuhören, denn es *hatte* andere Male gegeben, natürlich hatte es die gegeben. So war es immer gewesen: Sie hatte ein paar Tränen verdrückt, ihren restlichen Alkohol in den Ausguss geschüttet und sich eingeredet, dass es dieses Mal, *dieses Mal* wirklich vorbei war.

»Natürlich gibt es Rückschläge. Wir werden schwach, dann machen wir wieder weiter. Manche Leute jedenfalls. Michelle. Egal wie oft sie stolpert und hinfällt, sie steht immer wieder auf. Und das – *das* ist der Unterschied zwischen Stagnation und tief greifender Veränderung.«

Nach der Amsterdam-Episode war sie einen ganzen Monat lang nüchtern geblieben. Mit vierundzwanzig Jahren hatte sie elf nüchterne Tage geschafft. Neunundachtzig Tage mit achtundzwanzig. Zweiundvierzig Tage mit dreißig. Sie war bei einem halben Dutzend Therapeuten gewesen und hatte unzählige Meetings der Anonymen Alkoholiker besucht. Sie hatte das Blaue Buch gelesen, zumindest in Auszügen. Es lag irgendwo rum, vielleicht in einem Schrank, zusammen mit der Yogamatte

und den Hanteln und all den anderen Dingen, die sie nie benutzte, weil sie kein so guter Mensch war. Weil sie keine Für-
sorge verdient hatte, am allerwenigsten von sich selbst.

Ihr Vater hatte sie weggeworfen wie eine seiner leeren Flaschen, denn mehr war sie ihm nicht wert gewesen. Und deswegen war sie mit diesem Narrativ durchs Leben gegangen, dass
sie wertlos war, nicht liebenswert, nicht beziehungsfähig. Sie
hatte mit x-beliebigen Männern geschlafen und war an seltsamen Orten wieder aufgewacht. Als ihr das zu langweilig wurde,
schottete sie sich komplett von der Welt ab. Sie trank Wodka in
Bussen und gab sich der einzigen Sache hin, die ihr wichtig war,
der einzigen Sache, in der sie jemals gut gewesen war.

Arlo legte das Handy mit ihrer Rede beiseite und schaute
den Disziplinarausschuss zum ersten Mal richtig an. »Was Sie
begreifen müssen, ist die Tatsache, dass jeder Mensch Probleme hat. Auch die Leute, die so aussehen, als hätten sie ein ein-
wandfrei geordnetes Leben. Schauen Sie mich an. Ich habe einen Master-Abschluss. Ich bin eine respektierte Psychologin.
Es ist mein Job – buchstäblich mein Job –, anderen Menschen
dabei zu helfen, bessere Entscheidungen zu treffen. Und wissen
Sie, was ich neulich gemacht habe? Ich habe eine Patientin an-
gelogen, um mich persönlich zu bereichern. Wegen *Geld*.«

Die Mitglieder des Disziplinarausschusses tauschten dunkle
Blicke. Mickeys Augen wanderten zum Kassettenrekorder, der
knisterte und summte und jedes Wort von Arlo aufzeichnete.

»Ich habe gelogen, und dann habe ich diese Lüge mit einer
weiteren Lüge vertuscht. Ich hatte jede Menge Gelegenheiten,
reinen Tisch zu machen. Aber ich hab es nicht getan. Ich hatte
zu viel Angst.« Arlo wirkte aufgeräumt, nicht so, als hätte sie
gerade den Selbstzerstörungsknopf für ihr ganzes Leben gedrückt. »Aber nicht Michelle. Michelle hat den Mut, sich mit
sich selbst auseinanderzusetzen. Und *deswegen* ist sie so ein

gutes Vorbild für ihre Schützlinge. Und *deswegen* wäre es ein Fehler, sie zu feuern.«

Das Problem war die Quadratmeterzahl, die Frage, ob Mickeys Leben genug Platz bot für eine Vorschullehrerinnenlaufbahn und ein problematisches Verhältnis zum Alkohol. Konnte sie gleichzeitig ein Mensch sein, der sich um Kinder kümmerte, und ein Mensch, der seinen Wodka überall mit hinnahm? Ein Mensch, der den ganzen Tag die Uhr im Auge hatte und die Stunden runterzählte bis zum ersten Drink um fünf Uhr? Seit Jahren machte sie es so. Und bis vor Kurzem hatte es nicht so ausgesehen, als wäre es ein Problem.

Arlo nahm ihr Handy wieder in die Hand und scrollte ans Ende ihrer Notizen. »Für alle ist das Leben schwer, für manche ist es besonders schwer. Es ist kein Wunder, dass wir bezweifeln, dass Leute sich bessern können. Verändern sie sich wirklich? In den meisten Fällen lautet die Antwort leider Nein.«

Es schien, als wäre ihr Vater hier im Zimmer, der seinen langen Schatten auf beide warf. Dann beschloss Mickey, dass sie genug von seinem Bullshit hatte, und strich ihn für immer aus ihrem Kopf oder zumindest vorläufig. *The Goodbye-Train is coming, bye to you! Choo-Choo!*

Arlo lächelte. »Jetzt kann ich mit voller Überzeugung sagen, dass sich die Leute, wenn auch selten, manchmal wirklich ändern.«

Während der Disziplinarausschuss über seine Entscheidung beriet, saßen Mickey, Arlo und Tom auf einer Reihe trauriger Stühle auf dem Flur und aßen das Shortbread von Mr Cooks Großmutter.

»Ich geb's ja nur ungern zu«, sagte Tom, während er sich den nächsten Keks von der mit Mistelzweigen bedruckten Papierserviette zum Mund führte, »aber die sind wirklich richtig lecker.«

»Superlecker«, bestätigte Arlo. In ihren Haarspitzen hatten sich Krümel verfangen.

Mickey blickte zwischen ihrem Anwalt und ihrer Schwester hin und her. Sie schienen so eine absurde Kombination. »Ich kann immer noch nicht glauben, dass ihr zwei wirklich …«

»Lass uns nicht drüber sprechen«, meinte Arlo.

Tom grunzte zustimmend.

»Das hab ich dir zu verdanken, oder?«, fragte ihn Mickey. Nicht, dass sie ihm deswegen böse gewesen wäre.

»Ich dachte, sie hätte uns versetzt«, sagte Tom.

»Tut mir leid. Ich hab mich wirklich verlaufen hier drinnen.« Arlo musterte ihre Umgebung mit einer Grimasse. »Warum quietschen die Böden hier so?«

»Schulbehörden lieben gewienerte Böden.« Mickey rieb sich die Augen. Die Neonröhren an der Decke flackerten und surrten und warfen ihr Licht auf das kotzgrüne, aggressiv glänzende Linoleum. »Das ist so ein wirtschaftskapitalistisches Ding.«

»Das Ganze hier ist nichts weiter als ein beschissener Albtraum«, sagte Tom.

Nachdem sie ihren letzten Keks gegessen hatte, zerknüllte Arlo die leere Serviette in der Faust. »Ich hab das ernst gemeint, was ich da drinnen gesagt habe, wirklich. Jedes Wort.«

»Danke«, brachte Mickey heraus. Arlo hatte sich im Grunde selbst beschuldigt, um Mickey im Vergleich besser dastehen zu lassen. Es war eine völlig gestörte Geste. Mickey war zutiefst gerührt.

Fast hätte sie Arlo und Tom in diesem Moment von dem Wodka erzählt. Fast hätte sie die Schande gestanden, eine ansehnliche Menge Alkohol zu einem Disziplinarausschuss mitgebracht zu haben. Doch wenn sie darüber sprach, hätte sie auch eingestehen müssen, was es bedeutete.

Als sie Chris von den Anonymen Alkoholikern erzählt hatte, hatte er sie gefragt, ob das reichen würde. Jetzt begegnete ihr diese Frage überall. Sie sah sie in den strengen, bebrillten Gesichtern der Oberverwaltungsbeamten, deren Portraits die Wand gegenüber säumten. Sie spürte sie in der kalten Luft. Sie hörte sie im Rhythmus ihres eigenen Herzens: *Wird es reichen, wird es reichen, wird es reichen.*

Die Tür zum Konferenzraum öffnete sich quietschend.

Mr Cook streckte seinen Kopf heraus und schaute sie mit unverhohlener Vorfreude an, wobei seine Augenbrauen unter der Weihnachtsmann-Mütze verschwanden. »Na? Wie waren sie?«

»Großartig«, sagte Tom.

»Wirklich«, bekräftigte Arlo.

Mr Cook klatschte begeistert in die Hände. »Hab ich Ihnen doch gleich gesagt.« Als wäre es ein Nachgedanke, wandte er sich an Mickey: »Sie können jetzt wieder reinkommen.«

Drinnen sah es ganz so aus, als hätte Schlafmütze seine Tasche schon gepackt, sie lag vor ihm auf dem Tisch, und die Wordle-Frau scrollte auf Instagram Bilder von Corgis durch. Hatte sie das heutige Rätsel gelöst? Mickey würde es nie erfahren.

»Dann will ich dieses Ding mal wieder zum Laufen bringen.« Mr Cook drückte auf einen Knopf am Kassettendeck. Nichts passierte. »Hmmm.«

Mickey biss sich so heftig auf die Innenseite ihrer Wange, dass es blutete.

Mr Cook drückte auf einen anderen Knopf. Die Maschine begann zu surren. »Ah! Geht doch.« Er verschränkte die Hände. »So, ich weiß, dass wir alle es kaum erwarten können, endlich in die Ferien zu starten, deswegen komm ich gleich zur Sache.«

Wird es reichen, wird es reichen, wird es reichen.

»Dieser Ausschuss hat mit zwei Stimmen zu einer beschlossen …«

Wird es reichen, wird es reichen, wird es reichen.

»… wobei wir natürlich leichte Vorbehalte hatten …«

Wird es reichen, wird es reichen, wird es reichen.

»… Ms Morris wieder in ihrer Stelle als Vorschullehrerin einzusetzen.«

»Ich muss mir allerdings erst noch eine Weile freinehmen«, sagte Mickey.

Die Jubelschreie rechts und links von ihr verstummten jäh.

Mr Cook blinzelte. »Was?«

»Ich muss mich krankschreiben lassen.«

Die Wordle-Frau, die aus den Tiefen ihres Instagram-Accounts aufgetaucht war, um den Urteilsspruch zu hören, wandte sich wieder ihrem Smartphone zu. Schlafmütze seufzte und warf einen Blick auf seine Armbanduhr.

Mr Cook nahm die Weihnachtsmann-Mütze ab. »Aber … wir haben Ihnen doch gerade Ihren Job wiedergegeben.«

»Ich habe ein Recht auf Krankschreibung. Das steht so im Gewerkschaftsvertrag.« Mickey wandte sich zu Tom. »Oder?«

Toms Grinsen wurde noch breiter, wenn das überhaupt möglich war. »Definitiv.«

»Sehen Sie?«, sagte Mickey zu Mr Cook.

»Ja«, sagte Mr Cook, »aber …«

»Es geht mir nicht gut. Das ist die Wahrheit. Ich habe meine Krankheit nicht selbst verschuldet, aber es ist mein Job, gesund zu werden.« Mickey wandte sich an Arlo, deren Augen so leer und glasig waren wie die einer Puppe. »Das ist der einzige Job, den ich gerade haben will.«

30

ARLO

Arlo klickte sich wahllos durch ihren Google-Kalender, hopste über Tage, Wochen und Monate, während das Licht sich durch die Lücken der Jalousie quetschte. Sie war vor zwei Stunden an ihrem Arbeitsplatz angekommen, und endlich ging die Sonne auf.

Dreiundzwanzigster Dezember. Keine Termine heute, nur ein paar Berichte, die sie noch fertig schreiben, und ein paar Gutachten, die sie noch abschicken musste. Dann würde sie sich verabschieden in ein langes Weihnachtswochenende und am achtundzwanzigsten wieder an ihren Platz zurückkehren, um einen ganzen Tag damit zu verbringen, die Post-Feiertagsleiden ihrer Patienten zu lindern. Arlo dachte an den anorektischen Sanitäter, wie er mit einer Schachtel Cornflakes alleine auf seinem Sofa saß und sich eine Sitcom aus den Neunzigern im Fernseher anschaute. Wie die Lachkonserven seine Wohnung erfüllten.

Sie drehte sich um und schaute auf die Wand gegenüber von ihrem Schreibtisch. Dort hing ihr Master-Diplom, ein großes Stück beiges Papier mit einem goldenen Siegel und ein paar Unterschriften von fremden Leuten. Die Summe ihrer sechs Jahre an der Universität: MASTER OF SCIENCE IN KLINISCHER PSYCHOLOGIE. Ihr Vater hatte ihr das Studium finanziert. Er hatte sogar noch die Einrahmung des Zeugnisses bezahlt. *Weißt du, was das für eine Riesenleistung ist?*, hatte er gesagt. *Wenn du dir das nicht im Büro aufhängst, häng ich es in meinem auf.*

Arlo musste lächeln, als sie daran zurückdachte.

Einem Impuls folgend, ging sie zur Wand, um es abzunehmen, aber es wollte sich nicht von der Stelle rühren. Sie musste ein paarmal daran ziehen, bis es sich endlich löste, und sie stolperte kurz zurück unter dem plötzlichen Gewicht. Sie plumpste auf ihren Stuhl, und die Ecke des Rahmens bohrte sich in ihre Achselhöhle.

So blieb sie lange sitzen und hielt ihre Vergangenheit an sich gedrückt.

Plan B hatte sich noch nicht komplett materialisiert. Es war nicht so sehr eine Idee als vielmehr die Abwesenheit einer Idee. Statt nach Weihnachten wieder in die Arbeit zu gehen, könnte sie auch einfach … nichts tun. Sie könnte nirgendwohin gehen, mit niemand reden, einfach alleine in einem stillen Zimmer sitzen. Der Gedanke schmerzte, dass es besser wäre, nichts zu tun, als als Psychologin zu arbeiten, aber die Belege dafür hatten sich schon zu hoch angehäuft, als dass sie sie hätte ignorieren können.

Ich habe meine Krankheit nicht selbst verschuldet, hatte Mickey gesagt und die Arbeit, die ihrem Leben Sinn gab, bis auf Weiteres ruhen lassen, *aber es ist mein Job, gesund zu werden.*

Wenn jemand Arlo vor einem Jahr gefragt hätte, wo sie sich in zwanzig Jahren sah, hätte sie die Antwort sofort parat gehabt: Sie würde eine namhafte Psychotherapeuten-Praxis leiten, Aufsätze veröffentlichen, Bestseller schreiben und ausverkaufte Vorträge auf internationalen Konferenzen halten. Sie würde geliebt, gefürchtet und angesehen sein. Sie würde wie ihre Chefin sein.

Arlo klopfte an die halb offene Tür von Punams Büro.

»Hast du kurz einen Moment Zeit?«, fragte Arlo.

Punam blickte von ihrem Computer auf. »Hey! Komm rein. Ich hab mir grade ein paar Reiseziele für die Osterferien angeschaut.«

Arlo betrachtete das Fenster an der Hinterseite des Zimmers. Sie würde wahrscheinlich hindurchpassen, und dann würde sie … nach anderthalb Metern auf dem Boden landen?

»Mein erster Urlaub seit einer Million Jahren.« Punam deutete auf einen Stuhl vor ihrem Schreibtisch. »Es ist toll, dass ich jemand habe, der meine Patienten übernehmen kann.«

Arlo setzte sich. »Hör zu, Punam …«

»Schau doch mal, hier.« Punam drehte den Bildschirm so, dass Arlo ihn auch sehen konnte, und scrollte dann die Bilder eines Bungalows durch, mit Terrakotta-Dach, einem riesigen Bett mit weißen Leinenbezügen und einem Strand vor der Haustür mit hellem Sand. »Siehst du das? Diese Hängematte? In dieser Hängematte könnte ich heute in einundneunzig Tagen liegen.« Sie lachte. »Nicht, dass ich die Tage gezählt hätte.«

»Ich muss dir was …«

Punam griff unter den Schreibtisch und holte die Art von flachem Strohhut hervor, wie sie der Große Gatsby oder Coco Chanel getragen hätten. »Ich weiß, er ist ein bisschen lächerlich«, sagte sie, als sie sich ihn in einem eleganten Winkel aufsetzte. »Aber du musst ihn dir einfach am Strand vorstellen.«

»Du könntest niemals lächerlich sein.« Arlo respektierte Punam. Sie bewunderte Punam. Das war das Schlimmste. »Ich weiß, dass es nicht immer einfach war, aber ich bin dir wirklich so dankbar für alles, was du für mich getan hast. Mich einzustellen, mir Dinge beizubringen.«

»Natürlich.« Punam nahm den Hut ab und legte ihn beiseite. Sie hatte verstanden, dass es um etwas Wichtiges ging. Aber wusste sie, was jetzt als Nächstes kam? Oh Gott, Arlo hoffte es.

»Du hättest mich nach der Sache mit Laura nicht wieder einzustellen brauchen, aber du hast es trotzdem getan. Dafür möchte ich mich bei dir bedanken.«

»Im Laufe eines Berufslebens passiert auch mal Mist. Das wirst du selbst noch sehen. Glaub mir.« Punams Lächeln wurde breiter, doch dann erstarb es. »Was ist los?«

Die Worte waren bereit, sie steckten tief in Arlos Kehle. Sie musste sie nur noch herausbringen. »Ich glaube nicht, dass ich das weitermachen sollte.«

»*Was* nicht weitermachen?«

»Ich glaube nicht, dass ich als Psychologin arbeiten sollte.«

Punam schüttelte den Kopf und hörte gar nicht mehr auf. »Die ersten paar Jahre sind hart. Du lernst immer noch dazu. Und Laura Hedman? Das wirst du verarbeiten. Es wird eine Weile dauern, aber irgendwann wirst du es verarbeitet haben.«

»Es gibt ein paar Dinge, die ich niemals jemand anvertraut habe«, sagte Arlo. »Über Laura.«

Punam legte ihre Hände auf die Tischplatte und spreizte ihre Finger. »Was für Dinge?«

✖ ✖ ✖

Die ersten sechsundvierzig Minuten der Therapiestunde waren ohne Zwischenfälle vergangen. Was ein Glück war, denn Arlo musste um fünf Uhr gehen. Sie hatte einen tollen Bericht über entzündungshemmende Ernährungsweise und Leberkrankheiten gelesen – vielversprechende Dinge – und eine lange Liste von Fragen für die Ernährungsberaterin ihres Vaters.

Arlo blätterte durch den abgegriffenen Terminplaner, den sie überall mit hinnahm. »Also, dann würde ich sagen … nächste Sitzung vielleicht Freitag in zwei Wochen?« Donnerstag ging nicht, da hatte sie die Besprechung mit der Palliativpflegerin. Mittwoch war auch ungünstig, denn da musste sie im Sanitätsfachgeschäft einen Rollator und eine Sitzerhöhung für die Toilette besorgen.

Laura starrte auf das Stück Wand unter dem Bild des Leucht-turms. »Ich glaube, ich bin jetzt fertig.«

»Mit der Therapie?«, fragte Arlo. Das wäre nicht das Schlimmste. Laura konnte immer nur am Spätnachmittag kommen, was ausgerechnet die Zeit war, zu der sich die Ter-mine von Arlos Vater häuften. »Diese Entscheidung liegt voll-kommen bei Ihnen. Manchmal kann eine Pause tatsächlich eine positive Wirkung haben.«

Laura blinzelte mit ihren großen, taufeuchten Augen. »Ich meinte eigentlich ... fertig mit allem.«

»Mit allem im Sinne von ...« Arlo zog den Ärmel hoch und schaute auf ihre Armbanduhr. Dreizehn Minuten vor fünf.

»Ich weiß es nicht. Ich weiß nicht, was für einen Sinn das Ganze noch haben soll.«

Ein dunkler, wirbelnder, galaxienzerfetzender Abgrund öffnete sich in Arlos Bauch. Nicht das. Nicht jetzt. »Der Sinn wovon genau?«

»Es sollte doch nicht so schwierig sein, oder? Es kostet mich so viel Kraft, überhaupt irgendwas zu schaffen. Und ich meine ganz einfache Dinge: Morgens aufstehen, mir die Zähne put-zen. Das ist doch nicht normal, oder? Das Leben sollte doch nicht so anstrengend sein?«

Arlo fühlte, wie ihr Adrenalinspiegel auf eine ungute Art stieg. Das passierte gerade nicht wirklich. Das konnte nicht sein. Sie musste gehen. Sie musste einer Ernährungsberaterin Fragen zu ungesättigten Fettsäuren und Vitamin K stellen, und ob sich der Tod ihres Vaters abwenden ließe, wenn er mehr Kohl essen würde. Sie konnte mit Laura keine weitere Stunde hier sitzen und über ... über ...

Sie vermied den Gedanken. Das passierte gerade nicht wirk-lich.

»Wir haben alle mal einen schlechten Tag. Seien Sie nachsichtig mit sich.«

»Ich rede aber nicht von einem schlechten Tag«, wandte Laura ein. »Ich rede von einem schlechten Jahr, einem schlechten Jahrzehnt. Ich habe noch nie einen Moment erlebt, in dem ich mich nicht so gefühlt habe, und langsam bin ich wirklich erschöpft.«

»Sie haben doch vorhin erwähnt …« Vor zwanzig Minuten, dachte Arlo, es war doch erst vor zwanzig Minuten gewesen. »… dass Ihnen diese Meditations-App ganz gut hilft?«

Die ganze Sitzung hatten sie über nichts anderes geredet, als darüber, wie gut es Laura ging. Die Hilfsmittel funktionierten, hatte sie behauptet.

»Ja. Da hab ich gelogen. Ich hab sie gar nicht benutzt. Ich hab sie mir noch nicht mal runtergeladen.«

»Und das Gedankentagebuch?«

Laura lachte bitter. »Sehen Sie? Genau das meine ich. Ich kann nicht mal die einfachsten Sachen machen. Ich kann nicht mal eine App auf meinem Handy aufmachen. Ich kann nicht mal die App aufmachen, um mir die App zu *kaufen*. Ich empfinde es als Zumutung, dass ich einen Stift in die Hand nehmen soll, um festzuhalten, was ich denke. Wissen Sie, wie lange ich brauche, um mich alle zwei Wochen fertig zu machen und hierherzukommen? Mir das alles anzuziehen?« Sie deutete auf sich selbst: ein Hauch von Wimperntusche, perfekt-unperfekter Holländischer Zopf, Rüschenbluse unter einem Trägerkleid. Sie sah aus wie immer: Wie eine Romanfigur aus dem neunzehnten Jahrhundert, die gleich zum Pilzesammeln geht. »Drei Stunden. Und das strengt mich so an, dass ich sofort ins Bett gehe, sobald ich zu Hause bin, und dann erst mal einen ganzen Tag schlafen muss.«

Arlos Armbanduhr tickte ihr in den Ohren. Das war zu viel

Information für die drei Minuten, die von den fünfzig Minuten Therapiestunde übrig waren. Das war nicht fair.

»Deswegen glaube ich, dass ich jetzt fertig bin.« Laura griff unter den Kragen ihrer Bluse, zog eine kleine Kette darunter hervor und fummelte geistesabwesend an dem Anhänger herum.

Vielleicht würde es etwas bringen, wenn Arlo dem Gespräch eine neue Richtung gab ... wenn sie ihnen einen Schubs gab, der sie beide zu etwas Fröhlichem, etwas Glücklichem führte. Für eine richtige Krisenintervention war keine Zeit mehr. Es sei denn, Laura war gar nicht in einer richtigen Krise? Bei jedem Menschen schwankte die Laune im Laufe des Tages. Vielleicht würde Laura beim Rausgehen die Sonne auf ihrem Gesicht spüren und zu dem Schluss kommen, dass alles wieder gut werden würde.

»Was ist das?«, fragte Arlo und deutete auf die Kette.

Laura machte den Verschluss auf, nahm das Schmuckstück ab und ließ die Kette auf ihrer Handfläche zu einem kleinen Häufchen zusammensacken. »Das hier? Das hab ich schon seit Ewigkeiten.« Ein Lächeln. Na bitte, das war doch schon viel besser. »Meine Großmutter hat sie mir mal geschenkt.« Ihr Blick blitzte auf, weit und klar wie ein Tagesanbruch. »Wollen Sie sie haben?«

»Mögen Sie sie denn nicht mehr?«, fragte Arlo.

Laura schob ihr die Kette über den Tisch zu, und der herzförmige Anhänger glänzte, drehte sich und machte ein kratzendes Geräusch auf dem Furnier. »Zum Dank, dass Sie mir geholfen haben. Sie haben wirklich einen schweren Job.«

Arlo warf einen verstohlenen Blick auf ihre Armbanduhr. Elf Minuten vor fünf. Nur noch eine Minute bis zum Ende der Sitzung. Nur noch eine Minute, um auf Nummer sicher zu gehen. »Was machen Sie heute Abend?«

Laura antwortete ohne das geringste Zögern: »Wahrscheinlich mit meiner Mom einen Film schauen.«

»Und morgen?«

»Hausaufgaben.«

»Alleine?«

»Meine Freundin Lydia kommt rüber.«

»Um wie viel Uhr?«

»Um zehn.«

»Was für Hausaufgaben?«

»Wirtschaft.«

Gut. Das war gut.

»Und übermorgen?«, fragte Arlo weiter.

»Da helf ich meinem Vater in der Werkstatt«, sagte Laura.

»Und um wie viel Uhr?«

»Irgendwann am Nachmittag, glaub ich. Ich hab vergessen,
was er gesagt hat.«

Arlo nickte. Laura hatte Pläne für die unmittelbare Zukunft.
Das war positiv. Das reichte ihr. Wenn – *wenn* – Laura wirklich … *solche* … Gedanken haben sollte, dann hatten sie auf
jeden Fall Zeit, sich damit zu befassen. In der nächsten Sitzung
würden sie weiter darüber sprechen. »Und dann kommen Sie
wieder zu mir. Freitag in zwei Wochen, zur gleichen Zeit.«

Laura lächelte wieder. »Freitag in zwei Wochen, zur gleichen Zeit.«

Es war 4 Uhr 49, als sie in ihren Mantel schlüpfte und zur Tür
ging. Was für eine Erleichterung, sie endlich gehen zu sehen.

✻ ✻ ✻

»Okay.« Punam stand auf und begann auf und ab zu gehen.
»Okay. Okay.«

»Ich hab sie quasi zur Tür rausgeschickt«, sagte Arlo.

»Nur weil wir Therapeuten sind, sind wir nicht perfekt«, wandte Punam ein. »Auch wir machen manchmal Fehler.«

»Es war ein Termin mit einer Ernährungsberaterin. Es war nicht mal wichtig.«

»Alles ist wichtig, sobald es um einen geliebten Menschen geht«, sagte Punam. »Überleg mal, was du in dieser Zeit durchgemacht hast. Dein Vater lag im Sterben.«

Wie sollte sie es Punam begreiflich machen? Arlo verstand es ja selbst kaum kaum. »Ich habe meinen Vater so sehr geliebt, dass es wehtat. Wortwörtlich. Es hat mir wehgetan. Ich hab gegeben und gegeben. Und er hat genommen und genommen.«

Und dieses Geben und Nehmen hatte nicht aufgehört. Arlo investierte immer noch all ihre Zeit und Energie in ihren Vater oder das, was von ihm übrig geblieben war. Sie wusste nicht, was sie sonst mit sich anfangen sollte.

Punam begann jetzt schneller auf und ab zu gehen, von einer Wand zur anderen und wieder zurück. »Dein Vater war ein Alkoholiker, stimmt's? Co-Abhängigkeit. So was kommt vor.«

»Ich habe keine Freunde, Punam. Nicht einen einzigen. Ich habe keine Hobbys. Ich habe keine Interessen. Die Beziehung zu meinem Vater hat mein ganzes Leben bestimmt, schon seit ich mich erinnern kann. Ich habe mich von meinem Mann scheiden lassen, weil mein Vater fand, dass er nicht gut genug für mich war.«

»Aber gerade diese gelebte Erfahrung – dieses Mitgefühl – macht dich zu einer guten Therapeutin, und das wird auch so bleiben. Du kannst dir Hilfe holen *und* deinen Job machen, Arlo. Du musst dich nicht zwischen den beiden Möglichkeiten entscheiden. Ich meine, sieh mich an – meinst du allen Ernstes, dass ich keine Therapie brauche? Ich bin zweimal geschieden und habe einen Sohn, der nicht mehr mit mir spricht.

Schmeiß jetzt nicht hin, weil du einen einzigen Fehler gemacht hast.«

»Das war noch nicht alles«, sagte Arlo, während ihre Verfehlungen sich in ihrem Kopf auftürmten.

Punams Stimme fiel um eine halbe Oktave. »Im Ernst?«

Arlo war es so müde, alles mit sich selbst abzumachen. Sie wollte, dass jemand *ihr* am Tisch gegenübersaß und nickte, während *sie* redete. Und zwar kein Therapeut (obwohl sie eindeutig einen brauchte). Sie wollte jemand, der ihr nicht zuhörte, weil es sein Job war, sondern weil er sie einfach ... wertschätzte. Jemand, dem sie witzige GIFs schicken konnte. Jemand, mit dem sie sich auf einen Kaffee bei McDonald's treffen konnte *ohne* irgendwelche Hintergedanken. Doch Arlo wusste, dass es eine Weile dauern würde, bis sie sich so einen Freund verdient hatte.

»Ich sollte hier gar nicht sein.« Arlo deutete auf das Zimmer, die zwei Sessel in der Ecke, die Schachtel Kleenex auf dem kleinen Tischchen. »Ich meine, ich sollte schon hier sein, aber ich sollte die sein, die therapiert wird.«

»Und ich prophezeie dir«, sagte Punam, »dass du in fünf Jahren auf diesen Moment zurückblicken und alles bereuen wirst.«

»Das glaub ich nicht.« Arlo pochte der Puls in den Ohren. »Ich mag diesen Job nicht. Mich selbst beim Reinkommen vergessen und jedes Gramm Gehirnschmalz jemand anders und seinen Problemen widmen? Es reibt mich auf.«

»Du liebst Menschen«, wandte Punam ein. »Du liebst ihren Geist.«

»Im abstrakten Sinne – ja.«

»Na bitte.«

Einen Menschen zu therapieren war so, als würde man einen Heuballen entwirren. Früher hatte Arlo die Arbeit als langwierig und knifflig, aber zutiefst befriedigend empfunden. Jetzt empfand sie sie als frustrierend und mühsam. »Die Menschen sind so kompliziert.«

»Und das ist dir jetzt erst aufgefallen?«, bemerkte Punam bissig.

Sie ließen sich im Schweigen treiben, und ihre Augen schaukelten immer wieder aufeinander zu, ohne sich jemals zu begegnen.

»Ich liebe Menschen wirklich«, sagte Arlo. »Aber mich stundenlang mit ihnen hinsetzen zu müssen …«

»… ist ein Privileg«, sagte Punam.

»… ist eine Last.«

Punam warf den Strohhut wieder unter den Schreibtisch. »Was willst du denn stattdessen überhaupt machen?«

Arlo leckte sich über die Lippen. Der Nervenkitzel dessen, was sie gleich aussprechen würde, kochte in ihr hoch und lief über. »Ich habe keine Ahnung.«

31

MICKEY

Die Fahrstuhltüren gingen ratternd auf, und Rybka wand sich aus Mickeys Armen. Die Katze hatte ihren Blick nicht ein einziges Mal erwidert – nicht beim Pfandleiher, nicht im Bus und ganz sicher nicht hier, wenige Meter von Darias Wohnung und Rybkas rechtmäßigem Zuhause. Mickey konnte ihr keinen Vorwurf daraus machen.

»Okay, okay. Na, lauf!« Mickey ging in die Hocke, und die Katze sprang von ihren Armen herunter. Rybka überquerte den Korridor mit drei großen Sätzen und kratzte an Darias Tür, bis sie aufging.

Dahinter stand nicht Daria, sondern ein Mann in einem Mantel.

»Tom«, sagte Mickey.

Sein Gesicht hellte sich auf, als er die Katze sah, die sich auf die Hinterbeine gestellt hatte und Toms Schienbeine mit ihren Pfoten zu bearbeiten begann. »Didi! Komm her und schau dir das an.«

Mickey versuchte, aus dieser Situation schlau zu werden, doch es gelang ihr nicht. »*Didi?*«

Daria kam übereifrig an die Tür und hob Rybka schwungvoll hoch, wobei aus ihren abgebrühten, unerschütterlichen slawischen Augen die Tränen nur so strömten, während gleichzeitig kosende Worte in zärtlich klingendem Polnisch über ihre Lippen kamen. Tom küsste sowohl die Katze als auch die Frau auf den Kopf. Es war das Bild reinster … Zärtlichkeit und Zuneigung? Mickey wusste nicht so recht zu deuten, was sie sah. Das Ganze fühlte sich zu exzentrisch an, wie etwas, was ihr Unterbewusstsein sich vielleicht in einem besonders verrätselten Traum zusammenfantasiert hatte.

»Seid ihr zusammen?«, fragte sie.

Daria gurrte weiter die Katze an, während Tom rot wurde und sich ein bisschen weiter aufrichtete.

»Ich war eigentlich gerade am Gehen«, sagte er und schob sich an Mickey vorbei.

Sie verspürte einen seltsamen Stich in der Brust. Sosehr es sie überrascht hatte, ihn hier zu sehen, so traurig war sie, ihm beim Gehen zuzuschauen. Er hatte ihr in den letzten Monaten mehr geholfen als jeder andere. Er war ihr ein Freund gewesen.

»Hey … Tom?«

Er drehte sich um und schaute zurück.

»Du bist ein guter Mensch«, sagte sie. »Was nicht bedeutet, dass du nicht auch ein verdammter Dreckskerl bist.«

Tom lachte. »Danke.« Er bedachte Mickey mit einem kleinen, aber ermutigenden Lächeln – ein Geschenk – und ging weiter den Flur entlang.

Dann standen Mickey und Daria allein da. Letztere hob das Kinn auf eine Art, die aussagte: *Na los. Versuch, dich zu rechtfertigen. Versuch's doch. Ich fordere dich heraus.*

Doch Mickey konnte ihre Tat nicht rechtfertigen. Obwohl sie die ganze letzte Nacht wach gelegen und sich den Kopf zerbrochen hatte – es gab einfach keine Entschuldigung dafür, dass sie einer Freundin ihre geliebte Katze gestohlen und verpfändet hatte.

Sie vergrub die Hände in den Hosentaschen und sagte das Einzige, was ihr einfiel: »Fröhlichen Heiligvorabend!«

Darias Blick strahlte nukleare Hitze ab. Landschaftsverwüstend. Fleischschmelzend.

»Ich … ich hab sie gefunden …« Nein, Mickey würde in dieser Sache nicht lügen. »Ich hab sie zurückgebracht.«

»Du hast Geld bekommen also«, sagte Daria.

Die Überweisung war an diesem Morgen gekommen, am dreiundzwanzigsten Dezember. Abgesehen davon, dass sie die Katze ausgelöst hatte und Evelyn bezahlen würde, würde Mickey das Geld benutzen, um die zerrissenen Fetzen ihres Lebens wieder zusammenzuflicken. Irgendwie. Die Einzelheiten waren ihr noch nicht ganz klar.

»Ich hab dir etwas sehr Grausames angetan«, sagte Mickey. Sie hatte die Sache mit ihrer neuen Therapeutin besprochen, die sie auf Google gefunden hatte, eine ältere Dame namens Sabine, die elegante Schals trug und Worte wie *Übertragung* benutzte.

Rybka kuschelte sich an Darias Hals.

»Es ist grausame Welt.« Das Stechen von Darias Blick ließ um ein paar Watt nach. »Willst du reinkommen?«

Sie setzten sich an den Küchentisch, an denselben Ort, wo sie vor Kurzem gemeinsam Wodka gesoffen hatten. Ohne zu fragen, stellte Daria eine Dose kalte Fanta vor Mickey auf den Tisch und schüttete ein paar mit Schokolade überzogene Kekse aus einer Schachtel auf einen Teller. Auf dem Boden fraß Rybka leise Dosenthunfisch aus einer Schüssel. Es war schon später Vormittag, und eine grelle Wintersonne schien durch die Fenster an der Ostwand. Mickey knöpfte den obersten Knopf ihrer Bluse auf und versuchte, abkühlende Gedanken zu denken.

Sie nippte von ihrer Fanta: schaumig und nach Chemie schmeckend und nicht im Geringsten das, was sie wollte.

»Wie war die ganze Therapie?«, fragte Daria.

»Zum Teil wirklich gut.« Mickey stellte die Dose ab und schaute zu, wie ein Tropfen Kondenswasser an der Außenseite herunterlief. Sollten die Kekse und die Orangenlimo ihre

Schuldgefühle noch verstärken? Oder vielleicht war Daria wirklich so gastfreundlich, dass ihr Instinkt, einem Gast etwas zu essen vorzusetzen, noch stärker war als ihr Wunsch, den betreffenden Gast für seinen Verrat auszulöschen?

»Welches Teil?«, fragte Daria.

Mickeys Sitzungen mit Arlo waren bereits in ihre entfernte Erinnerung verschwunden. Sie konnte sich nicht mehr erinnern, wer was gesagt hatte und welche Dinge wann passiert waren. Alles, was sie sicher wusste, war, dass sie ihr altes Selbst abgestreift hatte. Gott sei Dank. »Ach … ich weiß nicht.«

Daria gab einen ächzenden Laut der Enttäuschung von sich. Sie war geübt darin, sich verletzlich zu zeigen, es fiel ihr leicht, sich anderen zu öffnen. Na ja. Vielleicht war es ja gar nicht so leicht. Aber sie war dennoch gut darin.

Mickey nahm einen zweiten Anlauf: »Es kann helfen, Dinge laut auszusprechen, die man vorher nur gedacht hat. Und dann findet man raus, dass manche von diesen Dingen gar nicht wahr sind. Was tatsächlich ganz schön ist. Es ist schön, wenn man sich in gewissen Dingen in sich selbst getäuscht hat.«

»Ich hab immer gedacht, dass ich von Natur aus einsamer Wolf bin.« Daria verschränkte die Finger hinterm Kopf und spreizte die Ellbogen ab. Das Sonnenlicht fiel ihr über die Schulter, und wie sie da so saß, sah sie aus wie ein Gemälde. »Mein ganzes Leben, ich bin immer allein. Immer Einzimmerwohnung, keine Freunde, keine Familie, keine Mitbewohner. Affären, klar. Aber nie feste Beziehung.« Sie lachte auf. »Wem ich mache vor? Ich? Ich liebe Gesellschaft. Ich sehne mich nach. Ich brauche sie. Wenn ich bin Fisch, Menschen sind mein Wasser.«

Mickey kramte die vagen Erinnerungen an ihr Geburtstagsdinner hervor: Daria und Tom hatten sich in eine Ecke zurückgezogen. Tom redete über Bill Murray, und Daria lächelte – sie lächelte! Sie gaben ein schräges Paar ab, er ein zugeknöpfter

Anwalt und sie eine Avantgarde-Bildhauerin, die Horoskope ohne jede Ironie las und Brustwarzen als modisches Accessoire betrachtete. Aber vielleicht war schräg ja gut.

»Dieser hübsche Mann und du«, sagte Daria. »Von Geburtstag, groß, dicke Augenbrauen. Wie heißt?«

»Chris.« Mickey schob sich einen Keks in den Mund.

Daria zog ihre Beine unter den Körper. »Er und du?«

Mickey und Chris? Wunschtraum. Obwohl – eigentlich nicht, denn einen Wunschtraum musste man sich wünschen, und das tat sie definitiv nicht. Nicht mehr. Sie wollte *definitiv* nicht … sagen wir mal, an einem sonnigen Sonntagmorgen neben Chris aufwachen, mit einem Ohr an seiner Brust und seinen Armen um ihre Seite. Das klang schrecklich.

Daria setzte ein verschlagenes Lächeln auf. »Du rufst ihn an?«

Mickey versuchte zu sprechen, doch der Keks klebte ihr am Gaumen. Als sie alles heruntergeschluckt hatte, stellte sie fest, dass sie nicht mehr sicher war, was sie sagen sollte. »Vielleicht.«

»Ich liebe Wort. *Vielleicht.* Das ist Leben, das Wort. Leben ist grausam, hab ich immer gesagt. Aber weißt du, auch Leben manchmal wird besser. Dann muss man einfach abwarten. Leben ist vielleicht.«

Dieser Ausspruch klang sehr wahr, sehr weise und war, genauso wie das Getränk, das Mickey gerade vor sich stehen hatte, völlig unbefriedigend. Es gab einen Grund, warum kleine Kinder nicht gerne warteten. Sie hassten Warten, denn Warten als Aktivität war das absolut Schlimmste auf der ganzen Welt. Warten auf die große Pause, warten auf die kleine Pause, warten auf das Ende des Tages. Darauf warten, dass dein Gehirn wieder gesund wurde. In einer freundlicheren Welt gäbe es einen Vorspulknopf.

»Was willst du mit Rest machen?«, fragte Daria.

Sie meinte das Geld.

»Vielleicht für eine Weile weggehen«, sagte Mickey.

Sie hatte sich durch jeden Reiter auf der SkyView-Website geklickt, Dutzende von Bewertungen gelesen, hatte sogar die Nummer für die Aufnahme-Hotline auswendig gelernt. Die Einrichtung hatte alles: helles Fitnessstudio, Yogastudio, weitläufiges Gelände mit gestutzten Hecken, gefliese Gehwege und einen Pavillon. Trotzdem. Sosehr ihr auch klar war, dass es der einzige Weg in die Zukunft war, sie hatte sich noch nicht wirklich darauf einlassen können.

»Du hast Angst«, sagte Daria leise.

Rybka sprang von ihrem Kratzbaum in der Ecke, durchquerte die Küche in zwei Sätzen und kam zu Daria auf den Schoß. Katze müsste man sein, dann wäre die Welt ein kleiner, überschaubarer Ort.

»Ich hab richtig Angst«, gab Mickey zu.

»Ist normal, glaube ich.«

Rybka schnurrte: ein leises, ununterbrochenes Vibrato.

»Wie viele Tage sind jetzt schon?«, fragte Daria.

»Elf.« Elf Tage, sieben Stunden.

»Und morgen zwölf.«

»Ich weiß nicht, ob ich das schaffe«, sagte Mickey.

Viele Menschen kamen nach sechzig Tagen aus der Entziehungsklinik zurück und gingen direkt zum nächsten Schnapsladen. So was passierte ständig. Menschen wurden rückfällig. Menschen scheiterten.

»Ach ja, das ist gute Frage.« Daria streichelte Rybka zwischen den Augen, indem sie mit den Fingern immer wieder langsam nach oben strich. »Vielleicht schaffst du nicht. Aber vielleicht schaffst du.«

Mickeys Nase begann zu jucken. Und ihre Kehle. Und ihre Augenwinkel. »Vielleicht?«

»Du kannst jetzt gleich anrufen.« Daria nahm ihr die Fanta und den Keksteller weg. Mickey hatte nichts mehr, woran sie sich festhalten konnte. »Los.«

Mit zitternden Händen tastete Mickey nach ihrem Handy, legte es auf den Tisch und starrte auf die schwarze Leere des Bildschirms. Es fühlte sich immer noch so an, als würden ihre Nebenhöhlen ausgeräuchert.

Daria seufzte. »Oh Gott, so dramatisch.«

»Nein … ich will nur …«

»Schon gut«, sagte Daria. »Ich warte. Danach wir essen Kuchen.«

Mickey gab die Nummer ein und tippte auf den grünen Knopf, um zu wählen. »Danach muss ich noch woanders anrufen«, sagte sie, als sie sich das Handy ans Ohr hob.

✳ ✳ ✳

Evelyn spähte mit ausdrucksloser Miene in die Plastiktüte.

Da sie zu faul gewesen war, einen Umschlag rauszusuchen, hatte Mickey das Bargeld – zehn Bündel zu jeweils zehntausend Dollar – einfach in eine zerfetzte alte Safeway-Tüte aus ihrem Küchenschrank gestopft und es dabei blassen. »Damit sind wir quitt?«

Evelyn hakte sich die Tasche über ein Handgelenk, und ihr Blick fuhr auf dem raureifbeckten Zementboden hin und her. »Ian ist hier, falls du ihm Hallo sagen willst.«

Durch die Tür erhaschte Mickey einen Blick auf einen glänzenden, wenn auch etwas zotteligen Weihnachtsbaum, dessen unteres Drittel mit Lametta und Christbaumschmuck behängt war, während die oberen Zweige weitgehend leer waren.

»Wir haben uns schon verabschiedet.« Sie wollte in diesem Moment ganz weit weg sein. Obwohl – eigentlich auch nicht. Im Grunde wollte sie reinkommen und für immer bleiben.

»Er hat eine Karte für dich gebastelt. Dann kann er sie dir persönlich geben.«

»Ich glaube, es ist besser … ich weiß nicht.«

»Bitte«, sagte Evelyn. Sie sah heute kleiner aus, wie sie so am Türrahmen lehnte in ihrer schmuddeligen Jogginghose und einem riesigen, ausgeblichenen Donald-Duck-T-Shirt, das sie wahrscheinlich seit ihrem zwölften Lebensjahr jede Nacht zum Schlafen angezogen hatte. Was noch gar nicht so lange her war, wenn man mal genau überlegte.

Mickey warf einen Blick auf ihr Handy. »Nur schnell zehn Minuten? Ich bin nämlich eigentlich gleich verabredet.«

Ian und Chris saßen auf dem Boden vor dem Fernseher. Ian begrüßte Mickey mit einem Winken, er schaute sogar kurz auf von *Rudolph mit der roten Nase* – eines der größten Komplimente, die einem ein Fünfjähriger machen konnte –, während Chris ihr mit großen, unsicheren Augen ein schwaches Lächeln schenkte.

Mickey spürte, wie ihre Wangen glühten. Chris musste gesehen haben, wie sie errötete, dann daraufhin errötete *er*, woraufhin wiederum ihr Gesicht noch heißer wurde und seines noch mehr leuchtete. Mickey fühlte sich völlig überfordert.

Sie ließ sich neben Ian sinken und richtete ihren Blick auf den Bildschirm. »Totaler Klassiker.«

»Es wäre cooler mit Raumschiffen«, meinte Ian.

»Stimmt«, sagte Chris.

Sie hatten den Teil erreicht, an dem Rudolph seine Freunde in der Nacht verließ, in der Überzeugung, dass sie nie sicher sein würden, solange er und seine lästige Nase dabei waren. Während das Rentier auf einer Eisscholle aufs Meer hinaustrieb und die Dunkelheit sich um ihn herum senkte, blieb der Film plötzlich stehen.

Mickey blickte hoch und sah Evelyn, die mit der Fernbedienung in der Hand hinter ihnen stand.

»Hol schnell die Karte«, sagte sie zu Ian. »Danach schauen wir weiter.«

Ian protestierte ein bisschen, bevor er dann doch losrannte. Evelyn ging ebenfalls weg, sodass Mickey und Chris allein auf dem Boden saßen, ohne irgendetwas oder irgendjemand, der sie hätte ablenken können.

Chris ordnete seine Beine neu und wollte offenbar einen Schneidersitz versuchen, aber anscheinend war er nicht gelenkig genug und kippte mit einem Schnaufer nach hinten. Er drehte sich auf die Seite, dann auf den Bauch, bis es ihm schließlich gelang, auf alle viere zu gehen und sich mit angezogenen Knien hinzusetzen. Mickey hätte gelacht, wenn es nicht so komplett, vollkommen, unglaublich süß gewesen wäre.

»Wie geht's dir?«, fragte er.

Doch ausgerechnet in diesem Augenblick kam Ian mit einem Blatt gefalteten roten Tonpapier und einem fünf Zentimeter dicken, fest gebundenen Buch zurück. Zuerst gab er ihr die Karte.

Auf die Vorderseite hatte er in großen, wackeligen Buchstaben *Frohe Weihnachten* geschrieben und innen einen auf dem Kopf stehenden Baum gemalt, lauter aufeinandergestapelte grüne Dreiecke. Es war die perfekteste Karte, die Mickey jemals bekommen hatte.

»Die gefällt mir supergut«, sagte sie.

Ian schob das Buch über den Teppich. »Und das wollte ich dir auch noch schenken.«

Fünf-Minuten-Geschichten lautete der in goldenen Buchstaben aufgeprägte Titel.

Es war nicht nur ein Kloß, sondern ein Zehn-Tonnen-Brocken Granit, den Mickey in diesem Moment im Hals spürte.

Eine Explosion von sentimentaler Musik. Rudolph war wieder da, und mit ihm noch jemand anders.

»Kann ich dich mal kurz alleine sprechen?«

Evelyn stand wieder über ihnen. Sie hatte die Fernbedienung auf den Fernseher gerichtet, schien aber auf die Wand dahinter zu starren, ins Nichts.

»Mich?«, fragte Mickey, doch Evelyn war schon losgegangen.

Chris folgte ihnen. Mickey musste sich anstrengen, sich nicht umzudrehen und ihn anzuschauen, doch sie konnte seine Schritte hinter sich hören. Was kam jetzt? Würde sie gleich umgebracht werden? Sie hatte ehrlich gesagt keine Ahnung.

In der Küche schob ihr Evelyn die Tüte mit dem Geld zu. »Nimm!«

Auf ihrem Gesicht war die wohlbekannte Verzweiflung von jemand zu lesen, der versuchte, sich aus dem tiefen, beschämenden Loch herauszuarbeiten, das er sich selbst gegraben hatte. Jemand, der nirgendwo Halt fand.

Oh, dachte Mickey. Sie schubste das Geld wieder zurück. »Behalt's einfach.«

»Ich will es nicht«, sagte Evelyn.

»Doch, du willst es sehr wohl.«

»Ich hab ein Paar Louboutin-Schuhe in den Ebay-Kleinanzeigen gefunden, die ich für ungefähr einen Tausender weiterverkaufen kann. Das reicht.«

»Ist das eine Einkaufstüte voller Geld?«, mischte sich Chris ein.

»Ich hab sie … so quasi … halb erpresst«, sagte Evelyn.

Chris wirkte angemessen entsetzt. »Wie jetzt – um Bargeld?«

»Aber das mach ich jetzt ja nicht mehr«, fügte Evelyn munter hinzu, »also alles wieder in Ordnung.«

Mickey stützte ihre Ellbogen auf den Tresen und senkte einen Moment den Kopf. Ihr war etwas in den Sinn gekommen, was ihre neue Therapeutin ihr geraten hatte, als es über die Einmischung in die Dramen anderer ging, und warum diese Strategie eindeutig nicht empfehlenswert war. Dieser Rat ergab jetzt Sinn.

Chris starrte immer noch auf die Tüte. »Sie hat gesagt … aber ich dachte, das könnte nicht stimmen. Ich hab nicht geglaubt …«

Evelyn deutete vage auf ihren Bruder und sagte zu Mickey: »Vergiss ihn. Er ist ein Vollidiot.«

Chris bestritt das nicht. Er sagte jetzt überhaupt nichts mehr, er murmelte bloß leise in sich hinein. Schon wieder: komplett, vollkommen, unglaublich süß.

»Mein Kind liebt dich, das ist nicht zu übersehen«, fuhr Evelyn fort.

Der Granitblock verkeilte sich noch tiefer in Mickeys Kehle.

»Ich werde mich ab jetzt bessern. Ich muss mich bessern.« Evelyn schob die Tüte wieder über den Tresen. »Und deswegen will ich das hier nicht mehr.«

Mickey blinzelte den Geldscheinstapel verdutzt an und wusste nicht, was sie sagen sollte.

»Das …« Sie deutete mit einem Nicken auf das Geld. »… ist für mich ein Tropfen auf den heißen Stein. Ich habe eine Menge Geld, Evelyn. Wirklich unheimlich viel Geld.«

Vielleicht war es dumm von Mickey, sich so in die Karten schauen zu lassen. Egal. Mickey hatte mehr Geld, als sie sich vorstellen konnte. Sie könnte sich ein Haus kaufen. Sie könnte sich ein Boot kaufen. Sie könnte sich ein Haus *und* ein Boot kaufen. Zehn Boote wahrscheinlich. Oder zwanzig!

»Es ist mir egal, wie reich du bist«, sagte Evelyn.

»Dann spar es in einen College-Fund oder so was, wenn du es nicht brauchst.«

Evelyn schob eine Weile die Lippen vor. »Ja, das könnte ich wohl machen.«

Chris konnte die Unterhaltung nicht mehr länger mit anhören. »Kann ich mal allein mit Mickey sprechen, Evie? Danke.« Er fasste Evelyn bei den Schultern, drehte sie um und scheuchte sie in den Flur.

Sobald sie weg war, wandte er sich an Mickey, breitete die Arme aus und blickte in reinster Ergebenheit an die Decke, als würde er sich selbst als Opfer für irgendeinen blutrünstigen Gott anbieten. *Na, los,* sagte seine klägliche Miene. *Ertränk mich in deinen Fluten. Vergrab mich in deinem Erdrutsch. Spieß mich auf mit deinem Blitzstrahl. Ich hab es verdient.*

Doch Mickey war in großzügiger Stimmung. »Ich hätte mir auch nicht geglaubt.«

Er ließ die Arme sinken und starrte sie durch seine Augenbrauen an. Man konnte ihm ansehen, dass er es ihr nicht abkaufte.

Mickey warf einen Blick auf die Uhr, und dann fiel ihr wieder ein, was sie noch vorhatte. »Ich muss jetzt wirklich los.«

»Dann komm wieder, damit wir richtig reden können«, sagte er. »Wenn ... wenn du willst. Egal, ob es heute Abend oder morgen oder nächsten Monat ist. Völlig egal. Aber bitte ... komm wieder.«

Plötzlich standen sie ganz nahe voreinander, und Mickey hätte nicht sagen können, ob er oder sie – oder vielleicht sie beide – den Abstand verringert hatten.

Sie brachte es nicht über sich, seine Hand zu nehmen, aber sie hakte ihren kleinen Finger um seinen, auf eine Art, die sie selbst linkisch fand, aber von der sie hoffte, dass sie vielleicht – nur vielleicht – auch ein kleines bisschen süß war.

»Ich komm wieder«, sagte sie.

Und das hatte sie auch vor. Irgendwann.

✳ ✳ ✳

»Danke, dass du dich vorher gemeldet hast, statt einfach so aus heiterem Himmel bei mir reinzuplatzen«, sagte ihre Mutter.

Scham ergriff Mickeys Körper wie eine plötzliche Grippe. Übelkeit, Erschöpfung, Schwindel und der starke Wunsch, dem ein Ende zu setzen. Ein paar Tabletten einzuwerfen und sich ins Bett zu legen, bis es ihr wieder gut ging. Was natürlich nicht zur Debatte stand.

»Dafür solltest du dich nicht bedanken müssen«, sagte Mickey. »Das gehört sich so. Oder sollte es zumindest.«

»Trotzdem.«

Sie saßen zusammen auf einer Parkbank, von der aus man auf den halb zugefrorenen Fluss schaute. Es war nur noch ein dünnes Rinnsal, das sich zwischen zwei breiten Eisschichten hindurchschlängelte. Die Sonne war kurz vorm Untergehen.

»Das war ein guter Vorschlag«, sagte Mickey und hackte mit der Ferse in den festen Schnee.

»Hier komm ich immer in der Mittagspause her«, sagte ihre Mutter.

Mickey hielt ihr die Schachtel Donuts hin, die sie auf dem Herweg gekauft hatte, als eine Art hochkalorischen Panzer. »Willst du einen?«

»Mit Schokoglasur?«

»Natürlich.«

Ihre Mutter nahm sich einen Donut. »Und?«

»Und.« Mickey stellte den Karton zwischen sie beide auf die

Bank. Ihr Körper wollte nicht hier sein, aber sie gewöhnte sich langsam an den Gedanken, dass ihr Körper nicht unbedingt immer das Beste für sie wollte. Und dass ihr Kopf auch nicht immer die Wahrheit sagte.

»Ich sag es jetzt einfach: Es tut mir leid. Sehr, sehr leid.«

»Was genau?«

»Alles. Wirklich alles. Dass sich alles um mich gedreht hat. Die ganzen Momente, in denen du dir Sorgen gemacht hast.«

Ein Schatten von Schmerz zog über das Gesicht ihrer Mutter. »Was hat Arlo auf dieser Veranstaltung gesagt: ›Verlust ist der Preis der Liebe‹? So was in der Art, oder?«

Arlo und ihr Gefasel, dachte Mickey, nicht ohne Zuneigung. »Sie weiß nicht, was sie da redet. Sie ist durcheinander.«

»Sie hat aber schöne Haare.«

»Allerdings«, sagte Mickey. »Allerdings.«

Ihre Mutter schaute auf den Donut in ihrer Hand. »Das bekomme ich also nach all den Jahren. Gebäck und eine Pauschalentschuldigung.«

Mickeys Körper verlangte, aufzustehen, wegzurennen, zu fliehen, verdammt noch mal!

»Ich hab gemischte Gefühle, wenn ich deine Entschuldigung höre, Michelle. Weißt du, wie oft du dich schon für irgendeinen Mist entschuldigt hast, den du gebaut hast?«

»Ich weiß«, sagte Mickey kläglich.

»Wirklich? Weißt du es wirklich?«

Der Schmerz in Mickeys Brustkorb verdoppelte sich. Aber wie sollte sie es ihrer Mutter erklären? Wie machten die Leute das? Wie nahmen sie alles, was sie fühlten, und packten es in Worte, die man aussprechen, hören, verstehen konnte? Es war ihr ein Rätsel.

»Vielleicht war es falsch, hierherzukommen«, sagte Mickey, die sich zwang, es zumindest zu versuchen. »Und diese ganzen

Sachen zu sagen. Ich weiß es nicht, Mum. Ich weiß es noch nicht. Aber diesmal mein ich's ernst. Und ich weiß, dass ich das alles nicht über Nacht wiedergutmachen kann. Wenn du deine Grenze wahren willst, versteh ich das. Du solltest deine Grenze wahren. Das wäre klug.« Ihre Mutter hatte einen Weg gefunden, sich selbst neu zu erfinden, und Mickey würde ihr dabei nicht in die Quere kommen. »Ich bin glücklich, dass du glücklich bist.«

Das Gesicht ihrer Mutter verzog sich zu einer froschähnlichen Grimasse. »Du bist glücklich, dass ich glücklich bin.«

»Du hast deine Arbeit, deine Freundinnen. Am Ende ist doch alles gut geworden.«

»Nein«, sagte ihre Mutter mit einem dünnen Lachen. »Nein, es ist nicht *alles gut geworden*.« Sie warf den angeknabberten Donut zurück in den Karton, und legte ihre Handfläche, an der noch Zuckerkörnchen klebten, auf Mickeys Wange.

Mickey stieß einen leisen, erschrockenen Laut aus, wie sie ihn noch nie von sich gehört hatte.

»Ich hab mich von meinem einzigen Kind entfremdet. Das ist nicht okay.«

»Das mit den Mülltüten damals«, sagte Mickey, »kann ich heute total verstehen. Dein Leben hatte sich schon einmal um einen Alkoholiker gedreht. Du konntest das nicht noch mal von vorne durchmachen.«

Ihre Mutter ließ die Hand wieder fallen. Sie wandte sich ab.

»Die ganze Zeit«, fuhr Mickey fort, obwohl sie nur mit dem Hinterkopf ihrer Mutter reden konnte, »hab ich gedacht, dass du mich rausgeschmissen hast, weil ich dir egal war, was natürlich gar nicht stimmt. Ich verstehe heute, dass es dir nicht darum ging. Ich meine … du hast mich rausgeschmissen, weil ich dir *nicht* egal war und du wusstest, dass die Dinge so, wie sie damals liefen, nicht weitergehen konnten. Du hattest recht, sie konnten auch nicht so weitergehen. Aber ich glaube, du hast das damals auch für dich selbst getan, das war ein Akt des Selbstrespekts. Und dafür bewundere ich dich.«

Es verging ein Weilchen. Der Himmel wurde um eine Schattierung dunkler.

»Du hast ja eine ganz schöne Szene hingelegt auf dieser Veranstaltung, das muss man dir lassen«, sagte ihre Mutter, die immer noch in eine andere Richtung schaute.

Wie schmerzhaft es gewesen sein musste, Mickey zuzuschauen, wie sie vor Publikum daherschwafelte. Ihr zuzuschauen, wie sie um zehn Uhr an einem Dienstagmorgen einen Schluck aus einem Flachmann nahm. Nein, nicht schmerzhaft – traumatisch. Es war traumatisch gewesen, und was noch schlimmer war: Dieser Gedanke war Mickey erst in dieser Sekunde gekommen.

Mickey rieb sich mit den Händen über die Oberschenkel, klatschte drauf, und rieb dann noch ein bisschen weiter. Sie musste es einfach sagen, tun, aussprechen, es hinter sich bringen. »Ich gehe in eine Klinik.«

Als ihre Mutter sich umdrehte, waren ihre Augen so rosa wie der Abendhimmel. »Was … du meinst …«

»Ich werde für ein paar Wochen in eine Entzugsklinik gehen. Gruppentherapie, Zimmerkontrolle, das volle Programm.«

»Im Ernst?«

»In der ersten Januarwoche fange ich an.«

»Wie lange?«

»Zwei Monate.« Oh Gott, das hörte sich wirklich lang an.

»Und wo ist das Ganze?«, fragte ihre Mutter.

»In irgendeiner Stadt an der Westküste.«

Die Schulbehörde hatte Mickeys Krankschreibung genehmigt. Daria hatte versprochen, ihren Farn zu gießen. Alles war geregelt. Zurück blieb nur dieses nagende Gefühl in ihrem

Bauch, doch sie hatte den Verdacht, dass sie das nicht so schnell loswerden würde.

»Darfst du Besuch bekommen?«, fragte ihre Mutter.

Mickey versuchte, nicht zu lächeln. »Ich weiß nicht. Wahrscheinlich schon.«

»Es kann gut sein, dass ich nicht komme«, sagte ihre Mutter hastig. »Aber ich würde drüber nachdenken. Wenn du das möchtest.«

»Okay.«

»Was okay?«

»Du denkst drüber nach, und ich auch.«

»Super«, sagte ihre Mutter.

»Super«, sagte Mickey.

Dann saßen sie noch eine ganze Weile so da und schauten dem Fluss beim Fließen zu.

32

ARLO

»Mum?«, rief Arlo, als sie ins Haus schlüpfte.

Ein Weihnachtsbaum türmte sich im Foyer auf: drei Meter blinkende Lichterketten und glitzernde Kugeln. Die Sonne war untergegangen, und das Haus war dunkel, weiß und golden schimmerte der Christbaum in den Schatten.

»Hallo?« Arlo blieb stocksteif stehen und lauschte auf irgendein Lebenszeichen. »Mum?«

Heizungsluft strömte hörbar durch einen Lüftungsschacht auf dem Boden. Mindestens drei Uhren tickten, deren Minutenzeiger in minimal unterschiedlichen Positionen standen, und drei Zimmer weiter gurgelte die Geschirrspülmaschine. Wenn Arlo sich nicht vorher durch eine Nachricht angekündigt hätte, hätte sie darauf getippt, dass keiner zu Hause war.

Jemand war zu Hause. Ihre Mutter war irgendwo hier, wahrscheinlich hatte sie es sich mit einem Gin Martini und den *Kardashians* gemütlich gemacht. Arlo würde sie suchen, ihr in die Augen schauen und sagen, was ihr zu sagen sie gekommen war. Sie hatte heute gekündigt, also sollte das, was sie hier vorhatte – ein kurzes Wort aussprechen –, eigentlich einfach sein.

Sie streifte ihre Stiefel ab und tappte suchend durchs Haus, wobei ihre feuchten Socken leicht quietschende Geräusche auf dem Boden machten. Am Ende des Flurs stand die Schlafzimmertür ihrer Eltern offen, und ein Dreieck aus Licht fiel aufs Parkett. Musik drang heraus: Synthesizer und sehr atmosphärisch. Und war das eine Frauenstimme?

Arlo trat ein. Und dann verschlug es ihr den Atem.

Ihre Mutter lag in der Haltung des Kindes auf dem Boden vor einem Laptop, sie drückte ihre Schienbeine, Handflächen und ihre Stirn flach auf die Yogamatte. Ja, wie es aussah, besaß ihre Mutter eine Yogamatte.

»*Balasana*«, intonierte die Lehrerin auf dem Bildschirm, eine weiße Frau mit Leopardenleggins und einem dazu passenden Sport-BH.

»*Balasana*«, wiederholte ihre Mutter brav.

Die Lehrerin drückte sich vom Boden weg und in eine Liegestützposition. »*Dandasana*.«

Ihre Mutter schaukelte nach vorne auf ihre Hände, streckte ihre Beine und erhob sich zu einer überraschend festen Planke. »*Dandasana*.« Ihr Blick flackerte kurz zu Arlo, aber sie sagte nichts.

Arlo räusperte sich. »Hallo?«

»In drei Minuten bin ich fertig«, sagte ihre Mutter.

»Oh. Okay.« Arlo hockte sich auf die Kante des ungemachten Bettes ihrer Mutter, wo ein daunengefüllter Überwurf und eine übertriebene Zahl von Kissen sich auf einer leeren Matratze ballten. Nichts hiervon ergab irgendeinen Sinn. Seit wann trug ihre Mutter Sportkleidung aus eng anliegendem Material? Und warum waren ihre Arme so durchtrainiert?

»*Chaturanga*«, sagte die Lehrerin.

Ihre Mutter ließ sich Richtung Matte sinken. »*Chaturanga*.«

Arlo sah ihrer Mutter zu, wie sie sich hinkniete, hockte, bückte, drehte. Irgendwann folgte ihre Mutter der Yogalehrerin in den Schneidersitz und schloss ihre Übung mit drei tiefen Atemzügen ab: ein durch die Nase, aus durch den Mund.

»*Namaste*«, sagte die Lehrerin, bevor der Bildschirm schwarz wurde.

»*Namaste*.« Ihre Mutter senkte ehrfürchtig den Kopf, dann

stand sie auf und begann, die Matte zusammenzurollen. Sie schaffte es nicht, die Seiten genau aufeinanderzulegen, und musste zweimal von vorne anfangen.

»Was …« Arlo deutete vage auf die Stelle am Boden, wo sich gerade dieser ganze Wahnsinn abgespielt hatte. »Was war das denn?«

»Das Wort ›yoga‹ kommt vom Sanskrit-Ausdruck für ›vereinen‹. Es geht darum, dass man Körper, Atmung und Geist zusammenbringt. Das hat mir Amber G. beigebracht.«

»Wow«, sagte Arlo.

Ihre Mutter klappte den Laptop zu. »Lass das.«

Ein stechendes Gefühl breitete sich in Arlos Brustkorb aus. »Was soll ich lassen?«

»Das hilft mir. Du solltest es auch mal ausprobieren.«

Arlos Stimmung wurde sanfter. Hier bot sich eine Öffnung, eine Gelegenheit, dieses kleine Wort auszusprechen. »Ich …«

»Ich hab nur ein paar Minuten«, sagte ihre Mutter, während sie die Yogamatte in einer Zimmerecke verstaute. »Ich muss unter die Dusche, später kommt noch der Immobiliensachverständige, und dann will ich mich noch mit Soleil zum Tee treffen. Ein großer Tag heute.«

»Das Haus ist also schon verkauft?«, fragte Arlo. Diese Neuigkeit erschütterte sie gar nicht so sehr, wie sie erwartet hatte. In erster Linie war sie überrascht. Und verwirrt. »Und wer ist überhaupt Soleil?«

Ihre Mutter ging mit großen Schritten ins angrenzende Badezimmer und tupfte sich die glänzende Stirn mit einem Gesichtshandtuch vom Frisiertisch ab. »Die hab ich in meinem Meditationskurs kennengelernt.«

Ah. Klar.

»Ich war nicht sicher, wie ich dir das sagen soll«, fügte ihre Mutter hinzu.

»Das mit Soleil?«

»Jetzt sei nicht albern, Charlotte.«

Arlo hätte sich geschämt, wenn dieses Gefühl nicht sowieso schon jede Faser ihres Seins durchdrungen hätte. »Okay, okay. Du hast ja recht.«

Ihre Mutter verschwand im begehbaren Kleiderschrank. »Worüber wolltest du mit mir reden?«

Na ja, was Arlo sagen wollte, war so ungefähr Folgendes: *Ich habe meine Stelle gekündigt, weil ich glaube, dass ich ernsthafte Hilfe brauche, aber ich weiß nicht, wo ich anfangen soll, und außerdem hab ich eine Todesangst, und bitte, bittebitte, kannst du mir helfen? Bitte?*

Aber darum ging es heute nicht.

»Ich finde es wirklich toll, wie du dich veränderst«, sagte Arlo. »Dich selbst neu erfindest.«

Ihre Mutter tauchte einen Augenblick später aus dem Kleiderschrank auf, mit einer eleganten Stoffhose und einem T-Shirt mit V-Ausschnitt, das Arlo noch nie gesehen hatte. Altersflecken überzogen die blasse Haut unter ihrem Schlüsselbein. »Es kommt mir ein bisschen lächerlich vor in meinem Alter«, sagte sie.

»Das macht es doch nur beeindruckender.«

Ihre Mutter zog eine Augenbraue hoch. »Beeindruckender?«

»Ich … bewundere dich.«

Die Miene ihrer Mutter veränderte sich von Ungläubigkeit in etwas, das eher nach Argwohn aussah. Arlo hörte wieder die Geschirrspülmaschine.

Ein Wort. Es war nur ein Wort. Sie würde es aussprechen, und dann würde sie frei sein.

»Danke«, sagte Arlo schließlich.

Ihre Mutter blinzelte. »Wofür?«

»Dafür, dass du mir den Kopf gewaschen hast. Das hab ich gebraucht.«

Ihre Mutter ließ sich neben Arlo auf die Bettkante plumpsen. »Ich hätte dir schon viel früher mal den Kopf waschen sollen.«

»Nein, dich trifft in dieser ganzen Sache keine Schuld. Ich bin ein erwachsener Mensch. Ich bin selbst für meine Entscheidungen verantwortlich. In letzter Zeit sind es keine besonders guten gewesen.«

Ihre Mutter zuckte mit den Schultern. »Du bist fünfundzwanzig.«

»Spricht mich das wirklich frei?« Arlo hatte ihre Zweifel.

»Ich weiß nur, dass es lange dauert, bevor man sich in seinem eigenen Leben zurechtfindet«, sagte ihre Mutter. »Es zu ändern dauert noch länger. Hab Geduld mit dir.«

Wieder machte sich dieses stechende Gefühl in Arlos Brustkorb breit. Sie konnte nicht behaupten, dass ihre Mutter nicht recht hätte – sie hatte durchaus recht. Persönlichkeitsentwicklung erforderte Zeit. Arlo hatte früher immer etwas in dieser Richtung gesagt, in einem oft zitierten Vortrag über Nervenbahnen und Verhaltensänderungen. Jetzt war ihr dieser Vortrag plötzlich zuwider. Jetzt wollte sie auf einmal nur noch einen Vorspulknopf.

Ihre Mutter warf einen Blick auf ihre Apple Watch. »Willst du mitkommen zum Tee? Soleil würde es nichts ausmachen. Sie ist immer …«

Arlo lehnte ab. Sie war nicht in der Stimmung, um jemand kennenzulernen, der Soleil hieß. »Ich komm aber morgen an Heiligabend, okay? Es gibt noch ein paar andere Dinge, über die ich gerne mit dir reden würde. Zu denen ich gerne deine Meinung hören würde. Wenn das okay für dich ist.«

»Du willst mich um Rat fragen?«, fragte ihre Mutter. Sie schaute Arlo zweifelnd aus dem Augenwinkel an.

»Ja, Mum. Ich will dich um Rat fragen.«

Ihrer Mutter sackte die Kinnlade herunter. Sobald sie sich wieder erholt hatte, ordnete sie ihre Gesichtszüge zu einer neutralen Position an, legte Arlo einen Arm um die Schultern und drückte sie.

EPILOG

MICKEY

Fünf Wochen später

Jeden Morgen ihr Bett zu machen war eines der ersten Dinge – und eines der besten, wie Mickey sich später überlegte –, die sie in der Therapie lernte. »Wie wollt ihr Kindchen denn jemals nüchtern bleiben«, hatte Lionel an Mickeys erstem Tag gesagt, als alle zur Gruppentherapie im Kreis saßen und auf ihre Hände starrten, »wenn ihr nicht mal ein paar Kissen glatt streichen könnt?«

Das Bett war ein Doppelbett mit einem kratzigen Überwurf – was überraschend war angesichts des Preises für einen achtwöchigen Aufenthalt. Mickey hatte auch nicht damit gerechnet, dass sie ihr Zimmer würde teilen müssen. Ihre erste Mitbewohnerin, Danielle, litt unter Schlafapnoe und stieß in regelmäßigen Abständen derartig heulende Schnarcher aus, dass Mickey es zu Anfang für einen Scherz hielt. Danielle checkte nach elf Tagen aus SkyView aus und wurde rasch ersetzt durch Taissa, die am gleichen Morgen noch einen Herzinfarkt erlitt und später im Krankenhaus starb.

»Kommt dich heute jemand besuchen?«, fragte Angelique, Mickeys dritte Zimmergenossin, als sie eine Ecke ihres Lakens unter die Matratze schob. Angelique war früher beim Militär gewesen, deswegen fiel ihr das Bettenmachen nicht schwer.

»Vielleicht.« Mickey hatte ihr Bett schon gemacht, saß auf dem Überwurf und blätterte eine Lokalzeitung durch. Ein gestohlener Pick-up war seinem rechtmäßigen Besitzer zurückgegeben worden, das Highschool-Basketball-Team fuhr zur Bezirksmeisterschaft, und von den Austern, die in einer benachbarten Bucht geerntet worden waren, waren Leute nach dem Verzehr krank geworden, sodass sie zurückgerufen werden mussten. Sie ließ ihren Blick über die Schlagzeilen gleiten, ohne sie richtig zu lesen, blätterte die Seiten um, ohne sie richtig zu fühlen. »Kannst du dich mal beeilen? Ich hab Hunger.«

»Hast du Angst, dass sie nicht kommen?«, fragte Angelique.

»Ich hab eher Angst, dass sie kommen«, sagte Mickey.

Heute war der zweite Samstag im Monat: Besuchstag. Die Therapeuten hatten die ganze Woche über mit leiser, bedeutungsschwangerer Stimme davon gesprochen. Es geschah nicht ohne Grund, dass den Patienten bei der Aufnahme die Handys abgenommen wurden und der Kontakt mit ihren Liebsten auf wöchentliche Telefonate beschränkt blieb – mit dem ersten Münztelefon, das Mickey seit anderthalb Jahrzehnten gesehen hatte.

»Du musst ja schon total aufgeregt sein«, sagte Mickey.

Angelique klopfte und schüttelte ein Kissen immer wieder auf, wobei sie mit der Handkante auf es eindrosch, als wollte sie Rache an ihm üben. »Es ist eine lange Zeit, in der ich nicht bei meinen Töchter bin.«

Mickey blätterte zu den Todesanzeigen und überflog sie auf der Suche nach bekannten Namen. Natürlich war keiner dabei. »Das kann ich mir vorstellen.« Sie faltete die Zeitung zusammen und legte sie beiseite. »Bereit?«

»Ziehst du dich gar nicht um?«, fragte Angelique, die einen Maxirock angezogen und ein geblümtes Oberteil in den Bund gesteckt hatte, als würde sie zu einem Grillfest gehen oder auf die Brautparty einer Cousine, und musterte Mickey skeptisch.

Mickey schaute auf die Jeans und das T-Shirt, das sie sich übergeworfen hatte. Sie hatte sich nicht frisiert – Lockenstäbe waren ebenso verboten wie Handys –, aber zumindest waren ihre Haare frisch gewaschen. »Nein?«

»Willst du deine Familie und Freunde denn gar nicht beeindrucken?«

Mickey lachte. »Gefährliche Frage.«

»Zieh doch dieses hübsche Sommerkleid an.«

»Draußen ist es doch bewölkt«, wandte Mickey ein.

»Aber in der Jeans siehst du aus, als wärst du schwanger.«

»Oh, danke.«

»Und das T-Shirt stinkt.«

»Stimmt doch gar nicht.«

Angelique setzte sich auf das Fußende ihres makellos gemachten Bettes. »Na komm. Ich warte auf dich.«

Grummelnd ging Mickey zu ihrem Kleiderschrank.

Im Speisesaal erkannte sie kaum einen Menschen. Lawrence, ein langjähriges Mitglied der Hell's Angels, hatte seinen Bart geölt und sich Gel in die Haare geschmiert. Minjung, ein Künstler-Typ, der eher zu Denim und Cord neigte, trug Hosenträger und eine Fliege. Sogar Tony, der Schlagzeuger einer halb berühmten Punkband, der normalerweise mit nacktem Oberkörper herumlief – sehr zum Missvergnügen des Personals –, hatte ein Hemd mit Kragen und Lederschuhe angezogen.

Mickey ging zur Getränkestation und schüttete sich aus der Glaskanne Kaffee in ihren Becher. Das Ganze war völlig lächerlich. Heute war überhaupt kein besonderer Tag. Sie würde ihrem Besucher gegenübersitzen und wohlwollend lächeln, ruhig und ganz Herrin ihrer Handlungen. Sie würde in der Gegenwart bleiben. Sie würde sich nicht im dornigen Unterholz ihrer eigenen Gedanken verheddern. Sie würde ihrem Besuch die Frage stellen, die sie ihm stellen wollte. Sie würde ihrem Besuch das Angebot machen, das sie ihm machen wollte.

Ein jäher Schmerz fuhr ihr durch die Knöchel. »Mist!« Der

Kaffee war übergelaufen, über die Hand und an ihrem Arm herunter, und bildete kleine Pfützen.

Als Mickey sich schließlich mit einem Teller Eiern hinsetzte, beschrieb Angelique Lionel bereits die Haarfarbe ihrer Tochter. Lionel stand am Kopfende des Tisches und schlürfte ein rosa schimmerndes, eisgekühltes Getränk von Starbuck's. Das Personal aß nie mit den Patienten, sie blieben bloß kurz auf dem Weg zu ihrem Pausenraum zum Plaudern stehen. Was ja auch irgendwie Sinn ergab.

»Ich würde nicht sagen, dass es wirklich rot ist, aber es hat definitiv einen roten Unterton.«

Lionel rührte ratternd in seinen Eiswürfeln. »M-hm.«

»Rotblond. Das ist der Ausdruck, der mir nicht eingefallen ist.«

Mickey trennte mit der Seite ihrer Gabel ein Stück vom Spiegelei ab, merkte dann aber, dass sie es nicht zum Mund führen konnte. Ihre Gliedmaßen waren heute Morgen nicht gerade kooperativ.

»Im Sommer allerdings nicht. Im Sommer werden ihre Haare …«

»Du bist supernervös gerade, hm?«, sagte Lionel. »Weshalb?«

Ja, weshalb. Weshalb, weshalb nur war Mickey derart nervös?

»Es ist ein großer Tag.« Angelique nippte an ihrem Orangensaft, das Einzige, was sie sich vom Frühstücksbuffet genommen hatte.

»Nur, wenn man das selbst will.« Lionel zupfte sich einen Fussel von der Uniform, ein Poloshirt mit einem aufgestickten SkyView-Logo an der Schulter. Diese kleine aufgehende Sonne fand man auf allen möglichen Gegenständen, von den Kissenbezügen bis zu den Gläsern. *Hoffnung!* schien es einem entgegenzurufen. *Du sollst Hoffnung haben!*

»Ich frag mich die ganze Zeit, ob meine Töchter mich wiedererkennen.«

»Du bist doch erst seit zehn Tagen hier«, gab Mickey zu bedenken.

Angelique musterte Mickeys Kleid. »Hast du dich bekleckert? Jetzt schon?«

»Kommt dich heute jemand besuchen?« Auch Lionel betrachtete Mickey interessiert.

Mickey mochte das gar nicht. »Eine Freundin«, sagte sie, unsicher, ob das der richtige Ausdruck war. Wenn ein Mensch schon ein unendlich komplexes Wesen war, dann war die Beziehung zwischen zwei Menschen doppelt so rätselhaft.

»Die tut immer so geheimnisvoll«, sagte Angelique.

»Denk dran, immer in deinen eigenen Schuhen zu bleiben«, sagte Lionel, wobei er diese Warnung in einem behutsam lang gezogenen Ton aussprach, wie alle hier. Alle: die Therapeuten, das Betreuungspersonal, die Mitarbeiter am Empfang. Mickey hatte einmal sogar gehört, wie die Reinigungskräfte es ein paarmal gesagt hatten. *Bleib in deinen eigenen Schuhen. Konzentrier dich auf das, was du tust. Du hast es schon so weit geschafft, also vermassel's jetzt nicht.*

Aber was hatte Mickey in ihrer unendlichen Klugheit stattdessen gemacht? Sie hatte ihren Kopf mit Gedanken an einen anderen Menschen gefüllt. Und jetzt war dieser Jemand hierher unterwegs. Sie konnte in diesem Augenblick gerade im Taxi vorfahren. Konnte auf den Gehweg aussteigen. Sich innerlich stählen für diesen Besuch, der garantiert unbehaglich und ganz entsetzlich werden würde. Am Ende würden sie sechzig qualvolle Minuten lang an irgendeinem Picknicktisch sitzen, ohne sich richtig in die Augen zu schauen, und das Schweigen mit gelegentlichen Bemerkungen zur Bläue des Himmels oder der Grünheit des Grases brechen. Und am Ende würden sie die unausgesprochene Vereinbarung treffen, sich niemals wiederzusehen.

Mickey schob ihren Stuhl zurück. »Entschuldigt mich.«

Sie rannte zu den Toiletten, wo sie sich in eine Kabine warf, sich auf die Toilettenschüssel setzte und den Oberkörper auf ihren Schoß sinken ließ. Sie inspizierte die rostbraunen Fliesen unter ihren Füßen.

»Dumm«, sagte sie. »Dumm, dumm, richtig dumm.«

Eine vertraute Stimme kam aus der Kabine nebenan. »Mickey?«

Oder vielleicht hatte doch niemand gesprochen. Vielleicht hatte niemand ihren Namen gesagt. Mickey hatte neuerdings ständig ein Rauschen in den Ohren, sodass sie ihnen nicht mehr traute.

»*Mickey*.« Wieder diese Stimme.

Sie musste nicht antworten. Sie musste überhaupt nichts sagen. Sie konnte einfach auf der Toilette bleiben, für immer und ewig oder zumindest bis zum Ende der Besuchszeit, wenn die Mitarbeiter kamen, um sie zu suchen. Das war eine völlig legitime Möglichkeit.

In der Kabine nebenan wurde die Spülung betätigt. Mickey beugte sich weit genug vor, um unter der Kabinentür durchschauen zu können, und beobachtete, wie ein vertrautes Paar Loafers aufs Waschbecken zuging.

Mickey zwang sich zum Aufstehen und griff nach dem Riegel.

Da stand sie nun und schäumte die Seife zwischen ihren leicht rosa Händen auf. Ihr Blick traf den von Mickey im Spiegel. »Ich war früh dran, deswegen bin ich … Hi! Hi, Mickey!«

»Hey, Arlo!«

✳ ✳ ✳

Mickey wollte Arlo ein bisschen Geld geben. Viel Geld sogar. Die Hälfte des Erbes. Aber war das genug? Arlo war länger an ihren Vater gefesselt gewesen als Mickey, vielleicht hatte sie auch die höhere Entschädigung verdient. Nicht, dass Mickey ihre Gefühle zu diesem Thema schon gründlicher untersucht hätte. *Wie viel Schaden hast du genau genommen, was meinst du? Würde eine Million Dollar reichen, um das abzudecken? Zwei Millionen?* Nein. Es war sicherer, wenn sie es einfach in zwei Hälften teilte, und fertig.

Unterm Strich hatte er ihnen beiden einen beträchtlichen Schaden zugefügt.

»Schöner Tag heute«, sagte Arlo.

»Ja, oder?«, sagte Mickey.

Die Kirschbäume hatten dieses Jahr früh geblüht, zumindest behaupteten das alle, und während sie über die Wege gingen, richtete Mickey den Blick auf ihre schmalen Stämme und die zuckerwatteähnlichen Blüten, die ebenso zitterten wie sie. Der leichte Wind war gerade kalt genug, um einen frösteln zu lassen.

»Es ist alles so grün hier«, sagte Arlo.

»Ja, wirklich sehr grün«, sagte Mickey.

»Und der Himmel ist so blau.«

»Ja, wirklich sehr blau.«

Eine Wand von Gestrüpp erhob sich auf einer Seite des Kiesweges und war gerade dick genug, dass Mickey sich darin hätte verkriechen können, ohne von jemand anders gesehen zu werden als den Eichhörnchen und den bauschigen kleinen Vögeln, die von Zweig zu Zweig huschten. Dort drinnen würde es wärmer sein. Einfacher.

Arlo blieb im Schatten stehen und spähte Mickey über den Rand ihrer Brille hinweg an, die ihr halb die Nase runtergerutscht war. »Warum bist du heute so komisch?«

Ein stechendes Gefühl durchzuckte Mickeys Bauch. »Ich bin nicht komisch. Du bist komisch.«

»Du hast mich die ganze Zeit kaum angeschaut.«

»Stimmt doch gar nicht«, sagte Mickey, die gerade definitiv auf den Boden blickte.

Was dann folgte, war die Art von unbehaglichem Schweigen, das zwischen echten Schwestern nie geherrscht hätte. Wenn *echte* Schwestern schwiegen, dann war das angenehm, vielleicht sogar behaglich. *Echte* Schwestern brauchten keine Worte. Sie konnten die Gedanken und Gefühle der anderen intuitiv erfassen, aufgrund ihrer Haltung, der minimalen Bewegungen ihrer Augenbrauen und der Energie in der Luft.

Mickey fühlte sich unheimlich dumm, weil sie Arlo hierher eingeladen hatte. Ganz ehrlich, was hatte sie sich davon versprochen? Monatliche Verabredungen zum Mittagessen in überteuerten Fusion-Kitchen-Restaurants? Zweistündige Telefonate? Gemeinsame Besuche im Nagelsalon? Wie sollte das denn funktionieren? Wie kam sie überhaupt auf die Idee, jemals …

»Ich finde, das hier solltest du haben.«

Arlo hielt ihr etwas hin. Ein Foto. Mickey trat näher heran und nahm das glänzende Papier in die Hand.

»Das hat er immer in seinem Portemonnaie gehabt«, sagte Arlo.

Das Foto war unzählige Male zusammengefaltet und wieder geglättet worden. Ein besonders dicker Knick verlief vertikal zwischen den beiden Motiven: einem Mann mit sandfarbenem Schnurrbart und einem kleinen Mädchen auf seinem Schoß. Der Mann schaute mit gedankenverlorenem Blick auf sie hinunter, während sie breit grinste, mit leicht offenem Mund und leicht bläulicher Zunge. Sie hatte gerade ein Eis am Stiel gegessen, erinnerte sich Mickey. Ja, da lag noch die Verpackung, gleich da auf dem Picknicktisch! Direkt im Anschluss an dieses Foto hatte Mickeys Vater sie in seine großen Arme genommen und sie kopfüber baumeln lassen. Und als ihr das Blut in den Kopf rauschte, hatte sie so kichern müssen.

Mickey versuchte »Danke« zu sagen, aber was herauskam, war: »Du hast gekündigt.«

Mit versteinertem Gesichtsausdruck zog Arlo die karierte Shirtjacke zurecht, die sie wie einen Umhang um die Schultern trug. Mist, Mickey hatte sie beleidigt oder blamiert oder vielleicht beides.

»Ich hab es von Tom gehört, der hat es von deiner Mutter«, fügte Mickey hastig hinzu, weil sie aus irgendeinem Grund glaubte, das würde es besser machen.

»Ich wohne gerade bei ihr in der neuen Wohnung. Sie hat alles vom Boden bis zur Decke mit Makramee und«, an dieser Stelle rümpfte Arlo die Nase, »so kleinen Kakteen dekoriert.«

Eine Blüte schwebte durch die Luft und blieb in ihren Haaren hängen. Sie sah aus wie ein Kind: klein und hübsch und völlig verloren. Wie natürlich es sich anfühlen würde, sie in den Arm zu nehmen, sie zu retten, ihr einen Scheck auszustellen und sie in eine (zumindest etwas) bessere Zukunft zu schicken.

»Wie lange willst du da bleiben?«, fragte Mickey.

»Ich weiß noch nicht.«

»Und womit willst du Geld verdienen?«

»Weiß ich auch noch nicht.« Irgendetwas in Arlos Miene veränderte sich. »Lass das.«

»Was soll ich lassen?«, fragte Mickey, die prompt wieder dieses stechende Gefühl im Bauch bekam.

»Mich so anzuschauen.«

»Wie schau ich dich denn an? Vor zwei Sekunden hast du dich noch beschwert, dass ich dich überhaupt nicht anschaue.«

»Ja, aber jetzt schaust du mich an, als ob …« Arlo drehte sich weg. »Als ob ich ein kostbares kleines Ding wäre.«

Aber warum denn nicht? Warum sollte Mickey ihre Halbschwester/ehemalige Therapeutin nicht zärtlich anschauen? Auch wenn sie keine *echten* Schwestern waren, hatten sie doch eine gemeinsame Geschichte. Wahrscheinlich konnte niemand auf der Welt begreifen, was ihnen passiert war. Wer ihnen passiert war.

Mickey blickte wieder auf das Foto und fasste einen Entschluss. »Wir machen halbe-halbe.«

Arlo wirbelte herum. Ihre Augen waren weit aufgerissen. »Das meinst du nicht …«

»Nicht, weil du mir leidtun würdest oder so«, versicherte Mickey.

»Das nehme ich nicht an.« Arlo schüttelte den Kopf. »Auf keinen Fall.«

»Das ist keine Mitleidsgeschichte. Du hast es verdient.«

»Investier es doch einfach oder so. Tu es auf ein Sparkonto und vergiss es.«

Mickey hob entschlossen das Kinn. »Wenn du es nicht nimmst, dann verschenke ich es.«

»Hey, Moment mal«, sagte Arlo schnell. »Das machst du nicht.«

Sie mussten beide lachen.

Die Windrichtung veränderte sich, und zum ersten Mal an diesem Morgen konnte Mickey das Meer in der Luft riechen. Obwohl der Pazifik nur eine kurze Autofahrt in westlicher Richtung entfernt war, hatte sie ihn noch nicht gesehen – außer aus dem Flugzeug – und würde ihn auch nicht wieder sehen, bis ihre acht Wochen in SkyView vorbei waren. Aber sie wusste, dass er auf sie wartete. Der Ozean und viele andere Dinge.

»Ich mache jetzt übrigens auch eine Therapie«, erzählte Arlo, als sie weitergingen.

»Und, taugt sie was?«

»Ja, schon. Aber irgendwie nervt sie auch.«

»Kenn ich.«

Eine Gruppe von Fichten umstellte sie. Irgendwann erreichten sie eine Stelle, an der der Weg matschig wurde, ein Morast aus Wurzeln und Dreck. Sie klammerten sich aneinander, um hindurchzukommen.

DANK

Dieses Buch wurde zum Teil durch meine eigenen Erfahrungen mit einer psychischen Erkrankung inspiriert und der Frage, ob Menschen wirklich gesund werden können. (Wer es bis hierhin geschafft hat, kennt meine Antwort!) An alle da draußen, die ebenfalls mit ihrer psychischen Gesundheit zu kämpfen haben: Seid euch bewusst, dass ihr nicht allein seid. Und bitte sucht euch Hilfe. Das Leben kann sich auf eine Weise verändern, wie ihr es nie für möglich gehalten hättet.

Meinen Eltern, Jon und Silvana, danke ich für ihre unendliche Liebe und ihre Ermutigungen. Und dafür, dass sie mich mit Nahrung versorgt und behütet haben, während ich lernte, wie man schreibt. Wegen euch gibt es dieses Buch. Als ich aufwuchs, waren meine älteren Geschwister Candice und Kyle wie ein zweites Paar (supercoole) Eltern für mich. Heute bin ich dankbar, dass ich sie als Freunde bezeichnen kann. Candice – danke, dass du mir Vorbild und Vertrauensperson bist. Kyle – danke, dass du immer so offen über deine Erfahrungen sprichst und sie mit anderen teilst. Du bist mein Held!

An meine Lektorinnen Bhavna Chauhan, Rosa Schierenberg und Laura Tisdel: Ihr habt mir so viel beigebracht. Diese Geschichte gemeinsam zu gestalten, hat mir an dem ganzen Prozess am besten gefallen. Danke, dass ihr dieses Buch noch besser gemacht habt. An meine Agentin Jemima Forrester, die alle Aspekte ihres Jobs so verrückt gut beherrscht – danke, dass du an mich und mein Buch geglaubt hast. Und danke, dass du jedes Mal freundlich und geduldig geantwortet hast, wenn ich dir E-Mails mit Betreffzeilen wie »Steuerproblem« und »Angstspirale« geschickt habe.

Danke an Maria Golikova, Megan Kwan, Kate Sinclair, Kate Panek, Kaitlin Smith, Val Gow, Amy Black und das gesamte Team von Doubleday Canada. Die Verlagsbranche in unserem Land ist so viel besser und strahlender dank eurer großartigen Arbeit. An Harriet Bourton, Charlotte Daniels und das gesamte Team von Viking UK – vielen Dank, dass ihr euch für dieses Buch in Großbritannien und anderswo eingesetzt habt. Danke an das Team von Viking in den USA, einschließlich Paloma Ruiz, Jenn Houghton und Lynn Buckley, dafür, dass sie Mickey und Arlo den Lesern südlich des 49. Breitengrades nahegebracht haben.

Den ersten Entwurf dieses Romans schrieb ich als Stipendiatin der Writers' Guild of Alberta im Rahmen eines Mentorenprogramms. Ich danke meinem Mentor Vern Thiessen, der mir mit seinen wertvollen Ratschlägen das Handwerkszeug und den Mut gab, eine zweite Fassung zu schreiben (und eine dritte und eine vierte …). An Jason Norman und das gesamte Team der WGA – danke, dass ihr die Autorinnen und Autoren in unserer Provinz so unerschrocken und unermüdlich fördert. Danke auch an Susie Moloney und all die anderen Teilnehmerinnen und Teilnehmer des Programms von 2022. Es ist einfach ein Fakt, dass Autoren nicht ohne andere Autoren können. An Tim Ryan, Sarah Butson, Ron Ostrander, Elena Schacherl und Karen Craig – vielen Dank für euer Feedback und eure Freundschaft. Ich vermisse unsere gemeinsamen Montagabende!